项目主持　刘大伟　尹　杰
整体设计　王曦云
特约编辑　博　林　余　祁
编　　务　马跃武　李　萍

中国西部民族文化通志（33 卷）

哲学卷	伦理卷	心理卷	宗教卷
政治卷	历史卷	古籍卷	法律卷
社会卷	妇女卷	婚姻家庭卷	游牧卷
农耕卷	建筑卷	交通卷	贸易卷
科技卷	生态卷	教育卷	饮食卷
服饰卷	体育卷	娱乐卷	旅游卷
节日卷	礼仪卷	禁忌卷	文学卷
艺术卷	影视卷	工艺美术卷	傩文化卷
吉祥物卷			

教育部人文社会科学
重点研究基地重大项目成果

中国西部民族文化通志

瞿明安　何明　主编

影视卷

吴秋林　陈学礼　著

云南出版集团
云南人民出版社

国家出版基金资助项目

教育部人文社会科学重点研究基地重大项目

教育部人文社会科学重点研究基地云南大学西南边疆少数民族研究中心项目

总 序

21 世纪之初，中国政府启动了西部大开发的战略部署，将西部各民族的繁荣发展推到了中国现代化建设的前沿阵地，使其成为中国西部发展史上最值得大书特书的一页。《国务院关于实施西部大开发若干政策措施的通知》中规定，中国西部开发的政策适用范围，包括重庆、四川、贵州、云南、西藏、陕西、甘肃、宁夏、青海、新疆、内蒙古、广西等 12 个省区市。根据以上区域划分的原则，在中国西部地区共分布着 49 个少数民族，即维吾尔族、哈萨克族、乌孜别克族、塔塔尔族、塔吉克族、柯尔克孜族、俄罗斯族、回族、土族、裕固族、东乡族、保安族、撒拉族、锡伯族、蒙古族、达斡尔族、鄂温克族、鄂伦春族、藏族、门巴族、珞巴族、羌族、傣族、哈尼族、基诺族、佤族、景颇族、德昂族、布朗族、拉祜族、阿昌族、傈僳族、独龙族、怒族、白族、纳西族、普米族、彝族、苗族、瑶族、布依族、水族、侗族、土家族、壮族、仫佬族、仡佬族、毛南族、京族等。在西部大开发的过程中，西部少数民族的现实状况和未来发展趋势将直接影响中国西部经济社会发展的总体进程。

西部大开发分别包括对西部地区自然资源的开发利用与可持续发展，以及对人文资源的开发利用与保护传承两个方面的内容。而在人文资源的开发利用与保护传承方面，如何充分有效地认识和发掘西部少数民族文化资源的价值和功能，使其在西部大开发中发挥积极的作用就是其中一项十分重要的内容。从应用民族学的角度来看，西部少数民族文化资源的开发利用与保护传承包括多种不同的表现形式，既有从经济发展和提高人民物质生活水平的需要出发对民族饮食、民族服饰、民族建筑、民族生产方式、民族贸易、民族旅游等文化资源的开发利用与保护传承，也有从构建和谐社会的需要出发对民族政治、民族法律、民族道德、民族宗教、民族心理等社会结构和文化要素的调适、引导和传承，还有从提高全民族文化素质和满足人们精神生活需要出发而对民族教育、民族科技、民族文学、民族艺术、民族古籍等传统知识和文化要素进行的传承、改造和创新。在对西部少数民族文化资源进行开发利用与保护传承的过程中，应正确处理好突出经济效益的开发利用与关注社会效益的保护传承两者之间的关系，做到开发利用与保护传承两者并重，或在开发利用的过程中高度关注民族文化资源的保护传承。可以说，西部少数民族文化资源的开发利用与保护传承是一项巨大的社会系统工程，它与西部地区自然资源的开发利用及可持续发展具有同等重要的价值。

面对西部大开发这一前所未有的宏伟规划，作为以民族群体及其文化为研究对象的中国民族学研究者，如何在西部少数民族文化资源开发利用与保护传承的过程中发挥独特的作用，就成了当代中国学术界高度关注的现实问题。其实，早在西部大开发之前的20世纪80年代中期，中国的部分民族学研究者就参与了由国务院委托中国科学院牵头组织的有关西部大开发的前期研究准备工作，为20世纪末和21世纪初西部少数民族经济社会的发展献计献策。随着21世纪初西部大开发的正式启动，中国民族学研究者再一次站在了西部少数民族文化资源开发利用与保护传承的前沿阵地，除了直接参与西部各省区市政府部门有关当地少数民族经济社会发展的应用对策研究以外，为了正确认识把握西部少数民族的历史和现状，继承和弘扬西部少数民族的优良文化传统，还有不少学者撰写了一些与西部少数民族文化有关的著作，在研究西部少数民族文化方面取得了初步的成果。在肯定以上事实的同时也应该承认，目前有关中国西部少数民族文化研究的成果仍处于零散、单一、粗浅的初期阶段，在学术界尚未形成大的气候和雄厚的优势，远远适应不了西部大开发对精神文化产品的客观现实需要。为了改变这种被动的状态，我们策划并组织全国的有关学者撰写了这套《中国西部民族文化通志》，以便为西部大开发提供精神文化方面的优秀产品，同时也为西部少数民族文化资源的保护传承献上一份厚礼。与国内其他同类的书籍相比，本通志在研究对象、学术取向和书写范式等方面具有以下几个鲜明的特点：

第一，坚持民族学的文化概念，系统深入地研究中国西部少数民族文化的各种构成要素。有关文化概念的界定问题，在不同学科的认知体系中往往存在着较大的差异。在一般人们的视野中，文化主要是指文学、艺术、教育、新闻、传播、伦理道德、思想观念等反映经济基础的意识形态。而从民族学的角度来看，文化则是指整个人类及其各个民族生活方式的总和，包括物质文化、行为文化、制度文化和精神文化等不同的构成要素，是人与自然、人与人、人与社会互动的产物。这两种不同的看法其实就与文化概念的狭义和广义之分相关。本通志坚持民族学的广义文化概念，将中国西部少数民族的各种文化构成要素划分为33个方面，相应形成了哲学卷、伦理卷、心理卷、宗教卷、政治卷、历史卷、古籍卷、法律卷、社会卷、妇女卷、婚姻家庭卷、游牧卷、农耕卷、建筑卷、交通卷、贸易卷、科技卷、生态卷、教育卷、饮食卷、服饰卷、体育卷、娱乐卷、旅游卷、节日卷、礼仪卷、禁忌卷、文学卷、艺术卷、影视卷、工艺美术卷、傩文化卷、吉祥物卷等33个分卷，几乎涵盖了中国西部少数民族文化的方方面面，由此形成一个宏大而多元的文化体系。除了从总体上将西部少数民族的各种文化现象划分为以上不同的构成要素以外，各个分卷的专题民族文化志则更进一步地将某一种特定的文化现象进行细致入微的分解。通过这种层层深入的描述和解析，使中国西部少数民族文化的各种鲜明特点得以充分地显现出来，为人们正确地认识了解中国西部少数民族文化的本质特征和表现形式提供系统翔实的文本资料。

第二，对中国西部少数民族文化进行整体的研究，为中国民族学西部学派的形成奠定坚实的基础。中国民族学以往的研究曾显现出一个鲜明的倾向，就是绝大多数学者的精力和时间都投入对某些单一民族及其文化的研究，对田野调查报告或民族志的关注超越了对文化整体的认识。在对中国少数民族的历史和现状缺乏了解的背景条件下，对各个单一民族及其文化开展的调查研究不仅是非常迫切需要的，而且也符合现代民族学的学科发展规律。而在对各个单一民族及其文化所进行的田野调查和民族志资料积累发展到一定程度的时候，对中国少数民族文化进行宏观和微观相结合的整体研究，就自然而然地成了当代中国民族学学科发展的必然趋势。本通志的研究对象和学术取向就是这一学科发展趋势的具体体现。与国内已出版的各个单一民族的文化志有所不同的是，本通志各个分卷的民族文化志都不是只单独涉及西南、西北和内蒙古等地区各个单一民族，而是打破原有的地区和民族界限，将西南、西北和内蒙古等西部地区所有少数民族的特定文化现象作为一个有机的整体来看待。通过对各种文化现象的描述和概括来认识中国西部少数民族文化的总体特点，在此基础上建立中国民族学西部学派。所谓中国民族学西部学派，就是在中国民族学研究者中以西部少数民族文化为整体研究对象的学术群体和学术取向。它既从学科发展的角度关注整个中国西部少数民族文化的构成要素和总体特点，同时又从应用实践的角度重视中国西部少数民族文化资源的开发利用与保护传承，以便在基础研究和应用研究方面构建当代中国民族学的学科体系。可以说，本通志的出版就是中国民族学西部学派正式形成的标志。同时也为今后中国民族学的学科建设和发展打下了坚实的基础。

第三，把描述性与解释性有机地结合起来，使中国西部少数民族的各种文化现象得以较完整地呈现出来。以往志书的一个鲜明特征就是完整地记录和描述某一种特定的事项，即古人所谓的“述而不作”。而本通志的设计和写作则突破了这一窠臼，即注重描述性与解释性两者之间的有机结合。本通志各个分卷包括导论和正文两个主要部分，其中各个分卷的导论是具体专题民族文化志的核心和灵魂。每一种具体的民族文化均有其基本特点、形成因素、表现形式、特定内涵、价值取向、应用功能等方面的重要内容。本通志各个专题民族文化志的导论部分，需要作者具有扎实的理论功底和素养，熟练地运用民族学有关民族文化的相关理论方法来进行高度的概括和分析，使人们对纷繁复杂的中国西部民族文化现象有一个较高层次的感悟和较全面的理解，为进一步认识中国西部民族文化的具体构成要素提供总体的思维模式和分析框架。而本通志各分卷的正文部分则是每一种专题民族文化志的主体内容。它们分别对每一种涉及的具体民族文化要素进行层层深入的描述和解释，充分展现中国西部民族文化各种构成要素具有鲜明特色的表现形式、内在含义以及与其他文化要素之间的互动关系。其显著效果就是使被描述、解释的内容显现得细致入微和丰富多样，以便加深人们对这些特定民族文化现象的认识程度。

第四，把横向的民族志资料与纵向的历史文献相结合，充分显现出中国西部少数民族传统文化形成和发展的特点。通常情况下，民族文化志书写的特点都是侧重于横向的研究，即对某一特定时期的民族文化现象进行全面客观的描述，很少涉及历史上这种特定民族文化现象形成、发展、变化的过程和特点。本通志则在这一方面有所突破，即分别从横向和纵向两个方面入手，既描述某一种民族文化现象的具体表现形式和鲜明特征，同时又对这种民族文化现象在历史上的演变乃至在现代社会中发生的变化进行简要的概括和分析，使得各个专题民族文化志能够融贯古今，使其显现出本身应有的资料价值和学术价值。而在横向与纵向相结合的书写过程中，则以横向的民族志描述为主，以纵向的历史演变为辅。通过阅读本通志，既可以从文化体系的角度认识和了解中国西部少数民族传统文化的基本特征、表现形式、形成因素、价值取向、象征意义、社会功能，也可以从历史发展的角度洞察中国西部少数民族传统文化在历史上的演变以及在现实生活中的状态和未来发展的趋势。让读者从各种不同的民族文化构成要素中充分体悟中国西部少数民族文化的多样性和复杂性。

本通志由云南大学西南边疆少数民族研究中心的瞿明安教授和何明教授担任主编。分别由云南大学、中山大学、北京师范大学、四川大学、中央民族大学、中南民族大学、广西民族大学、云南民族大学、贵州民族大学、云南师范大学、云南农业大学、云南省社会科学院、云南行政学院、中国妇女儿童博物馆、云南人民出版社等国内15所大学、科研机构和出版社长期从事民族文化研究的三十余位知名专家学者领衔撰写，参与人员近百人。全套通志约1600万字，可以说是目前国内规模最大、体系最完整的一套少数民族专题文化志，在中国民族学界尚属首次出版，堪称传世之作。这也是一项重大的基础建设工程，对于继承和发扬中国西部少数民族的优良文化传统，增强各民族的自豪感和自信心，提高中国民族学的整体研究水平具有重要的学术价值。

本通志的编辑和出版得到了有关方面的大力支持和帮助。其中云南人民出版社人文读物编辑部尹杰主任最早提出了编写这套通志的构想，并在具体策划和编辑过程中付出了辛勤的劳动，云南人民出版社刘大伟社长对本通志的出版给予了全力的支持。云南大学西南边疆少数民族研究中心将本通志中报立项为瞿明安主持的2010年教育部人文社会科学重点研究基地重大项目（批准号：10JJD850007）。本通志还得到了云南出版集团和云南大学的大力支持，在此表示衷心的感谢！

《中国西部民族文化通志》编委会

2013年10月31日

目　录

导 论

在面对中国西部影视民族志这个概念的时候，我们应当“凝视”其中的几个要素：一是“西部”，二是“影视”，三是“民族志”。中国西部的地理人文的概况在总序中已经有明确的描述和理解，于此不赘述。但在中国西部影视民族志中，这个西部是有其特定意义的。因为我们发现，中国影视民族志的许多的拍摄行为和研究行为，均密集地发生在中国西部区域里，比如说在中国影视民族学历史上早期拍摄的15部经典性的“影视民族志影视片”[①]，绝大多数都发生在我们所说的西部。还有，我们视为影视民族学一个重要组成部分的民族学图像志，在西部也有其悠久的历史和传统，比如贵州省的出现于清代的《百苗图》，以及现代的关于民族学图像志的研究，也有一系列的成果……这样，西部应该是中国影视民族学研究最为重要的地区。它的存在很大程度上影响着中国影视民族学的基本历史进程。这个判定是非常重要的，西部的12个省区市，是中国少数民族文化集中呈现的区域，也是民族学、文化人类学的研究资源富集区域，自然亦是影视民族学表述和研究的重要区域。故而在某种程度上说，中国西部影视民族志的表述，其意义不仅仅是西部，而是中国。

在“影视”这个概念上，中国西部影视民族志中的关于民族学的影视研究行为，在中国影视民族学中也是可以“圈点”的。在世界影视民族学历史上，1921年，《北方的那努克》的出现，奠定了世界影视民族学拍摄的历史。

① 这个称谓原为“中国少数民族社会历史科学纪录片”，但我们认为它是中国式样的“影视民族志影视片”，故我们其后将把这一类片子统称为“影视民族志影视片”。

十几年后的中国的西部，就出现了中国政府自己组织的类似的拍摄活动……所以，西部影视民族学的历史在中国影视民族学的历史中是举足轻重的。

“民族志”这个概念是上面两个词汇的终点，西部的、影视的都要落实到民族志的意义上来。因为我们中国的文化人类学的研究基本上都是以民族学和社会学，以及民俗学的面目出现的。影视拍摄的主要焦点也在民族志上，这个焦点在15部经典性“影视民族志影视片”中体现得最为充分。

在西部、影视和民族志这三者汇集在一起的时候，中国西部影视民族志的意义就会比较明确地体现。

一、影视民族学的概念和历史缘起

（一）影视民族学的概念

“影视民族学”和“影视人类学”实际上是一个习惯性的可以互通的称谓，我们认为它在中国语境下的完整的学理性称谓应该是“影视民族学”。“影视人类学”这个概念与“影视民族学”的概念相比，面对的东西又多了些。因为在所谓的“影视人类学”中，我们实际上只面对了文化人类学的部分，甚而说只是文化人类学适合于影视研究的部分，而不是人类学的所有研究部分，比如体质人类学和考古人类学等等。故而，在严格的意义上讲，“影视民族学”只是文化人类学的一个分支。但是，在中国的语境下，说影视民族学也是有自己的学理依据的，因为我们一开始在引进这个概念的时候，就根据中国的实际，使用了“影视民族学”这样的词汇。这已经成为历史，我们这里亦尊重这样的历史。所以，在后面我们会一直使用“影视民族学”这个词汇，但我们也不反对别人使用他们认为“合适”的词汇。

影视民族学的基本词汇最先是在英语中建立的。英语的原文是“visual anthropology”，这是由两个词组成的复合词，“visual”在英语中的词意有“视觉的”“看得见的”“形象化的”等含义。这样，“visual anthropology”一词可以理解为“可视的人类学”，或者“形象化的人类学”。邓启耀先生就把其称为“视觉人类学”。这是一个在西方国家比较通行的词汇，即可视的、形象化的人类学研究就是“影视人类学”。这个理解在西方英语国家是不会引起歧义的，但在另外的文化语境中就不一定了。“影视人类学”基本的研究实践对象肯定是文化的人类，而绝不会是自然的人类，在英语中“visual anthropology”就自然包含了这样的语境意义，而在中国的汉语中，仅仅是“visual anthropology”的“影视人类学”的字面意义是很容易引起语意上的歧义的。汉语的“影视人类学”就一定包含了对自然的人类性质的研究。这种仅仅是字面上的翻译理解，对汉语语境中“影视人类学”中心词汇概念的建立是有害的，会模糊和泛化它的中心词汇概念。所以，我们在“影视人类学”的汉语词汇表述中强调其为“影视民族学”，就是这种目的。这也可以理解为中国人对影视民族学理论建设的一种努力。

影视民族学的实践从20世纪初算起，已经有百余年的历史了，但影视民族学这一专业术语的出现却是很晚的。据张江华、李德君等著的《影视人类学概论》一书推测，“这个术语的出现很晚，大约在（20世纪）60年代后期才问世”①。

这个术语在我国的使用则更晚，“1985年，当时担任国际影视人类学委员会主席的加拿大蒙特利尔大学埃森·巴列克西教授应邀来我国访问，才把这个术语介绍过来，开始在一部分学者当中使用，直到1988年于晓刚等在《云南社会科学》发表《影视人类学的历史、现状及其理论框架》一文，这一术语才首次公开出现在刊物上”②。

影视民族学的实践可以从20世纪初算起，可以说它的出现和发展并没有什么“惊涛骇浪”，但影视民族学的理论建设之路却充满“荆棘”。在20世纪前半个世纪里，不信任影视的文化人类学家大有人在。他们认为电影是属于艺术的，而人类学是严肃的科学，把属于艺术的电影用到属于科学的人类学中是不可靠的。“尽管很早就有人类学家倡导并实践了将电影手段用于人类学研究，但从总的情况来看，传统人类学的惯性，或者说它的保守倾向，使得传统人类学界在颇大程度上对影视手段介入自己的领地采取了不信任，甚至不容纳态度，有人甚至认为在人类学领域应用声像技术手段只会带来肤浅性、表面性的消极影响。”③

意大利的影视民族学家保罗·基奥齐把这个话说得更直白：“第二次世界大战以前出生的民族学家和人类学家们倾向于否认电影是一种‘严肃的’表现方法，基本不承认电影能够成为民族志资料的可靠源泉。”④

---

① 张江华、李德君等著《影视人类学概论》，社会科学文献出版社2000年版。

② 张江华、李德君等著《影视人类学概论》，社会科学文献出版社2000年版。

③ 张江华、李德君等著《影视人类学概论》，社会科学文献出版社2000年版。

④ 参见［意］保罗·基奥齐文，知寒译《民族志电影的起源》，《民族译丛》1991年第1期。

在这里，与影视民族学有关的还有几个词汇，一个是影视民族学，另一个是影视人类学片，以及人类学电影片和人类学电视片。1989 年中央民族大学出版社出版的，美国影视民族学家卡尔·海德著，田广、王红译的影视民族学著作就叫《影视民族学》。在美国的保罗·霍金斯主编，王筑生、杨慧等人译的《影视人类学原理》一书中，有多篇文章提到影视人类学这个词汇时，使用的也是“影视民族学”。但是，这是中国学术现实情况的一种变通，我们在张江华、李德君等著的《影视人类学概论》中就看到了这样的文字。“1989 年中央民族学院出版社在翻译出版美国影视人类学家卡尔·海德的 *Ethnographic Film* 一书时，译者考虑到书中用了较多篇幅讨论理论问题，同时鉴于我国当时较少使用‘人类学’这个术语，而‘民族学’一词应用广泛，将书名译为‘影视民族学’。这以后，影视人类学和影视民族学两个术语在我国大体上并行并用。近年来，‘人类学’一词在我国的使用日益广泛起来。为便于学术交流，并与国际接轨，学术界已普遍采用‘影视人类学’作为这门学科的名称，1995 年我国影视人类学者在中国民族学学会之下成立学会机构时，即使用了‘中国民族学学会影视人类学分会’的称呼。”①

影视人类学片应该是从影视角度对影视民族学成果的一种称谓。这些片子的内容多是以民族文化为研究对象的，所以它们也被称为民族学片和民族志电影。至于人类学电影这一称谓，则是因为早期的这类片子主要是使用电影机拍摄的，故称为人类学电影，而后来用电视摄像机拍摄的人类学片，也就称为人类学电视片。对于“人类学电影”，人们也给它下了一个定义，说它是“表现文化模式的影片”，并认为“所有影片或在形式上或在内容上或形式内容上都属于民族志电影（即人类学电影）范畴”②。这些也是影视民族学概念的一部分。

张江华、李德君等在《影视人类学概论》一书中认为，影视人类学这个学术概念出现在 20 世纪的 60 年代，但这个概念在 20 世纪的 90 年代时，也还没有完全确定。卡尔·海德著的《影视民族学》一书，是影视民族学最为重要的学术著作之一，但它在书中却没有给影视民族学下一个确切的完整的定义。他只在书中如此声明：“什么是影视民族学（原文为‘民族学电影’）？

① 张江华、李德君等著《影视人类学概论》，社会科学文献出版社 2000 年版。

② ［法］埃米莉·得·布里加德著，王筑生、杨惠、蔡家麟译《民族志电影史》，选自《影视人类学原理》，云南大学出版社 2001 年版。

如果能用像标题一样的简洁短语作定义，当然再好不过了。然而，这种愿望与要求却往往令人感到不十分牢靠。”①在他的这本书中，他始终回避给影视民族学下一个明确的定义，而是在书中提出一系列衡量标尺，用来测量和评价一部电影的民族学属性的程度或学术含量。

对于影视文化人类的定义，美国影视人类学家保罗·霍金斯有过一个表述，他说：“影视人类学是一个广泛的学科，包括人类学的各个方面，但中心还是民族学电影摄制，它涉及民族文化。”② 这个表述显得泛化，与文化人类学的表述几乎不能区别开来。

相比之下，1986 年出版的《麦克米兰人类学辞典》中的“影视人类学”定义，所体现的学科概念性要更强一些，其学术性质要更为浓厚一些。在《麦克米兰人类学辞典》中的“visual anthropology”词条下面写着：“影视人类学是人类学中相对年轻的研究领域，它不仅从多个角度对人类行为的视觉形象加以研究，而且致力于促进日益精密的视觉化的研究方法在人类学研究、教学以及文化交流中的运用。其中结合了多个领域，比如艺术人类学、照片和人类学电影在人类学中的运用、空间关系学（或者对空间的社会文化功能的研究）、跨文化中的认知研究以及视觉符号学研究。”③

在我国第一部真正意义上的影视民族学学术专著《影视人类学概论》中，张江华、李德君先生也给影视民族学下了一个定义。“当然，要对什么是影视人类学这个命题做出准确的表述，并不是一件可以一蹴而就的事情，可以说该书全篇都是对这个命题的探讨。但是，我们还是愿意首先在这里给出一个简约的概括，作为一种观点提出：影视人类学是以人类学研究中影视手段的应用方式及其表现形式为研究对象，探讨影视手段在人类文化研究中的功能、性质、应用规律，以及人类学片的特征、分类和制作方法的人类学分支学科。”④

这个定义仍然有卡尔·海德《影视民族学》式的“羞涩”，作者谦虚谨

---

① ［美］卡尔·海德著，田广、王红译《影视民族学》，中央民族学院出版社 1989 年版。

② 保罗·霍金斯 1995 年在云南大学的学术讲演。

③ Charlotte Seymour - Smith, *Macmillan Dictionary of Anthropology*, London and Basingstoke: Macmillan Press Ltd., 1986: 286.

④ 张江华、李德君等著《影视人类学概论》，社会科学文献出版社 2000 年版。

慎地认为这个定义是一个“从平面描述的角度给出的定义，从另外的角度还完全可以做出另外的概括”①。但是，应该肯定，这个定义已经有非常了不起的进步了。这个定义的研究对象已经比较明确，即研究的是人类的文化。方式和手段也比较明确，即影视手段。研究问题的目的也比较明确，即人类文化研究中的功能、性质、应用规律等等。也有一定的学科定位，即人类学的分支学科。这个定义的内涵是比较广泛的。它展示了影视民族学的许多方面，但这也肯定是影视民族学发展中的一个定义，并且它过分地强调了影视手段的应用性，仍有待完善和商榷之处。

在这些前辈的非凡努力下，我们也希望给今天的影视民族学下一个明确、坚定而简洁的定义。影视民族学的定义是：用影视的技术手段和语言来叙述、表现、研究、分析文化人类的一门边缘的新兴学科。它是建立在文化人类学、民族学、电影艺术学、影视技术、图像学等一系列学科的边缘，并与其他相关学科发生广泛联系的一门学科。

这里，我们还有一个学科定位的问题。在过去不久的年代里，影视民族学的学科定位是比较漂浮的，也就是说，人们在一定程度上很难明确地解说这一学科，甚至于对影视民族学是不是一门独立的学科都在怀疑和犹疑。在张江华、李德君等著的《影视人类学概论》中，总结了这样几种表现：“但是，具体谈到影视人类学的学科位置，认识却不尽一致。目前有三种看法：第一，认为影视人类学已从人类学和影视学两门母体学科里完全分离出来，是与母体学科并行的独立学科；第二，作为影视人类学主要表现形式和研究对象的人类学片，不过是影视家族中一个特殊的片种，对它的研究不构成单独学科，至多是影视学之下一个附属支系或影视学的一个分支；第三，影视人类学已经成为一个具有自己特殊品格的学科，但从大学科框架体系看，还是应当归属在人类学学科之下，作为人类学的一个分支学科。”②

对于这些看法，我以为都有其特定的历史阶段和历史背景，历史对它们已经做出过选择，我们不必在此评价其优劣了。

在后来的研究中，也还有诸如“影视文化人类学”的概念表述……不过，在本书中，我们拟统一使用“影视民族学”这一概念，影视民族学拍摄和成

① 张江华、李德君等著《影视人类学概论》，社会科学文献出版社 2000 年版。

② 张江华、李德君等著《影视人类学概论》，社会科学文献出版社 2000 年版。

果，我们也一概称为影视民族志影像，包括影视民族志影片和图像等等。

（二）影视民族学的历史缘起

影视民族学历史肯定是在电影作为一种艺术出现之后才出现的。

在一般的电影艺术的历史描述中，1895 年的 12 月 28 日是电影的元年。在现代工业的光学、电学、声学、化学等现代科学技术的先决条件下，电影诞生了，并且逐步发展为一种具有全球性影响的艺术形式，影响一个多世纪人们生活的方方面面。

电影的物质形式和艺术形式也在影响人类学，或者说直接影响文化人类学中的一些部分，并催生出影视民族学这一新的边缘学科。当然，由于技术和文化的诸多原因，它经历了一段漫长的岁月。可以说，影视民族学历史渊源很早，但比较完备的可以史述的历史也就数十年。

人类在“制造”电影的时候并没有后来的严肃的艺术美学的诉求。而是一种地道的“工业游戏”，或者说是一种“影像游戏”（说到人类的影像游戏，其历史可以溯源很早，比如中国古代的“皮影戏”），人们把用机器手段造成的影像投到墙上，让人们看到了一种非现实的影像。电影的创始人路易·卢米埃尔就是最早制造这种影像的人之一。他的“作为”是电影艺术史的初始，一些影视人类学界的理论家也认为是影视民族学的初始。

但是，在叙述卢米埃尔之前，还有一位人类学家的电影实践值得一提。1895 年春天，在“固定底片连续摄影机”的发明者马莱（1830—1904 年）的助手夏尔·孔德的协助下，法国医生费利克斯·路易·勒尼奥在一次西非民族志陈列展的现场，拍摄了一位制陶罐的沃洛夫妇女。该影片显示了沃洛夫人的制陶方法，即用一只手旋转一种浅的凹形底座，同时用另一只手使底座上的黏土成形。

勒尼奥对人类学很有兴趣，他认为，该方法显示出从根本不需任何转盘的制陶，到古代埃及、印度和希腊所用的在原始的水平转盘上制陶之间的过渡形式。即他在 1895 春天，就已经用电影的方法来“思考”文化人类学的问题了。同时，他把自己的试验整理成文，还从影片中挑出几幅轮廓素描，一同于 1895 年 12 月出版。

这应该是马莱式的“摄影枪”的关于影视民族学的实践记载。

在勒尼奥之后，才是卢米埃尔的相关实践。在卢米埃尔公司出版的 5 本电影目录中，从 1895 年至 1897 年，路易·卢米埃尔和他的兄长奥古斯特·卢米埃尔组织拍摄的短纪录片有 785 部，其中有卢米埃尔兄弟亲自拍摄的，也有他们派出的摄影师在世界各地拍摄的。

客观地说，路易·卢米埃尔的电影实践并没有丝毫的影视民族学意识，而是他的“影像游戏”包容了影视民族学的初始状态。真正具有影视民族学意识的影视民族学行为是 1998 年的阿尔弗雷德·科特·哈登的一次探险考察。

不过，影视民族学的历史是从《北方的纳努克》开始的，这恐怕是世界影视民族学界的一个基本共识。虽然在《北方的纳努克》之前有这么多的影视民族学的实践者和实践，但大多没有给我们带来一部完整的影视民族学片所应具备的元素，而影视民族学的理论和历史的基础却需要必备这样的元素。当然，《北方的纳努克》的多方面的巨大影响力，也是它被确定为影视民族学真正历史开始的重要因素。

在罗伯特·弗莱厄蒂的《北方的纳努克》成为影视民族学的里程碑之后，人类的影视民族学开始走向自己成熟而辉煌的历史。

影视民族学的国际组织有国际人类学民族学联合会。

国际人类学民族学联合会（International Union of Anthropological and Ethnological Sciences），下设 18 个专业委员会，其中一个就是“影视人类学委员会”（Commission on Visual Anthropology）。1934 年，首届国际人类学民族学大会在伦敦召开，至今（2012 年）已有 78 年的历史了。最初“影视人类学委员会”的影视民族学的电影只是“被放映的对象”，经过发展，变成了“被研究的对象”，并在国际人类学民族学联合会中取得越来越重要的地位。在 1973 年第 9 届芝加哥大会上，与会人类学家通过了《关于影视人类学的决议》。

这个决议说：

“电影、录音带和录像带在今天已是一种不可缺少的科学资料的源泉。它们提供有关人类行为的可靠资料……它们能将我们正在变化着的生活方式的种种特征保存下来，流传给后世。我们所处的时代不只是一个变化的时代，而且是同一性增强而文化大量消失的时代。为了纠正这一过程可能导致的人类的短视行为，按现存的多样性和丰富性记录人类遗产就非常必要。”①

① 转引自［意］保罗·基奥齐文，知寒译《民族志电影的起源》，《民族译丛》1991 年第 1 期。原载美国《影视人类学》1989 年第 2 卷第 1 期。

这一论断已经成为各国影视民族学家的共识，成为世界影视民族学家的宣言。中国的影视民族学也属于世界影视民族学中的一个越来越重要的组成部分。中国西部影视民族志的基本理论表述也是建立在这样的世界影视民族学背景下的。

二、影像书写与中国西部民族文化

影视民族志和影视民族学是两个不同的学术概念，前者是用影视的动态影像手段记录民族的文化和历史的过程，以及情境等，用于表现和保存历史文化的事物，后者是研究这一现象和过程的学问。“志”是“史”的一种表现，影视民族志就是为了民族的文化历史记录而出现的，即民族的影像历史记录。影视民族志在狭隘的概念上是指动态影像的影视民族志，而广义的影视民族志可以包含静态的（画像和图片）民族志。在这样的情形下，影视民族志也可以称为影像民族志。这就是中国西部影视民族志影像书写的现实背景。

（一）中国西部影视民族志的拍摄对象

在影视民族学的实践中，我们一般都会有一些拍摄，但这样的拍摄不一定是“固定”在我们称为“民族”的群体中来拍摄，而是以表现人类文化为起点来拍摄的，所以，影视民族学在一些研究中被称为“影视文化人类学”。但是，这样的拍摄在中国往往被基本“固定”在“民族”群体上来拍摄，所以，影视人类学，或者影视民族学在中国最早被称为“影视民族学”，而且被中国的学界历史化，这就出现了我们所说的影视民族志。正因为这样，中国西部影视民族志的拍摄是以“民族”群体为主要对象的。在对民族这个词汇的认定中，国内外学界现在基本认定为它是中国对族群群体的特定称谓，已经不太用 nation 这个非常容易引起歧义的外来词了。在中国我们用“民族”一词，而国外也直接音译为“minzu”。在中国西部影视民族志的拍摄中，一开始就主要关注民族。在 1902 年鸟居龙藏的拍摄中，在 1927 年斯文・赫定的拍摄中，以及在 1933 年国民政府组织的拍摄中，其对象均是民族这个群体。虽然民族这个词汇在 1954 年后才被国家确定下来，但以前的拍摄对象也有这样的含义。在 1954 年后，这样的拍摄就基本固定下来，并且在新中国成立后的第一次国家的拍摄行为中，被明确地历史化后，就在基本形式上固化了这样的拍摄，这就是影视民族志的拍摄。

在 20 世纪的五六十年代里，中国拍摄的 15 部少数民族社会历史科学纪录片，就被明确地说明为保存少数民族社会历史文化的片子。在这样的拍摄中，中国的少数民族是被拍摄的主体，即主要的拍摄对象是中国少数民族的民族群体和文化。而且在少数民族中，其相对落后的社会形态又是被拍摄的主体，因为当时的中国拍摄者“急于”通过这样的拍摄来证明中国社会主义制度的优越性，以配合中国政府对于民族地区社会政体的民主改革。这样既定的拍摄对象和目的，直接影响了中国的影视民族志最初始的拍摄，在一定程度上给我们中国的影视民族志拍摄在对象的选择上定了基调。几十年来，中国的影视民族志拍摄，其被拍摄的对象主要就在民族这个群体中，除了其他原因之外，新中国成立后的15部经典性片子的拍摄应该是主要原因。

民族，少数民族，少数民族的社会和文化是中国影视民族志拍摄的主要对象，也是中国西部影视民族志拍摄的主要对象。这些对象直至现今都没有太大的变化。要说变化可能只是后来的拍摄多侧重于少数民族文化，反映其社会、政治制度的少。这些拍摄对象的既定，既体现了中国影视民族学的特色，又特定了中国影视民族志的存在意义。中国的影视民族志既是中国影视民族学的研究基础，也是中国民族影像文化的一种历史表述。

（二）中国西部影视民族志的拍摄任务

在中国，尤其在新中国成立之后，西方对于新中国的“妖魔化”十分严重，而新中国也于此有自己一定的反应。在新中国初始阶段就把西方的文化人类学定为西方资产阶级的“殖民主义学问”，并且在新中国的学科建设中加以排斥和禁止，就是这种反应的一个例子。在这样的“反应”中，中国的文化人类学就被部分“异化”到了其他相近的学科中。其研究对象和任务也受到这种反应的限制，我们的研究区域就逐步“边疆化”，研究的对象就逐步“少数民族化”……学界有人批评这样的人类学研究，认为把中国的边疆作为中国文化人类学的主要研究区域，以及把中国边疆的少数民族作为主要的研究对象不公平。我们不赞同这样的批评，更何况这样的“排斥和禁止”早在30年前就已经废止，文化人类学早已经成为中国学界的一门重要学科。但这样的批评揭示了一个现象，即我们的民族学、文化人类学研究确实在很长一段时间里局限于这样的领域里，而且现今依然。原因可能是多方面的，此类研究不仅仅是对“排斥和禁止”的应对，也可以归属于世界民族学、文化人类学研究的一个重要领域，而我们中国民族学、文化人类学学界在这个领域对于世界民族学、文化人类学有自己的重大贡献，而且没有被自己和国外同仁发现并承认。我们趋向于这种看法。

中国的这种研究现实决定了影视民族志的基本任务就是用影像保存和揭示作为族群的人种特征和文化特征，以及记录在时间中流动和变化的各类民族和族群的文化。影像的过程实际上是一个固化时间的过程，它可以把某一个时刻的景象停止下来，成为一种可以参照和证明的历史影像。我们可以用文字记录的手段和声音记录的手段保留信息，但它们都不具备影像的直观性。文字记录的手段和声音记录的手段都需要“转换性解读”，而影像基本不需要，基本上一切历史影像都是可以在被记录下来的影像中直观的。

在历史上的文化人类学中，这种影像记录最初只是对文字记录的一种辅助手段，但后来就发展成了一种独立的记录和研究的手段，成为一门独立的学问，是文化人类学研究的一种重要手段。在这样的研究中，影像的功能主要是作为研究的材料和表述观点的手段，而不是表述影像中族群的历史。但后来我们在其中发现了影像的史志意义，就出现了用影像的“图”来表示“志”，成为一种历史的“图志”。这在中国发展得最为突出，因为中国很早就有使用手绘图像来表示史志的历史。所以，在手绘的图志传统与现代图像技术相遇之后，中国的手绘图像史志就自然变化为现代技术的图像史志。而这样的图像史志的任务与文化人类学中的影视民族学的影像任务是不尽相同的。所以，影视民族志的任务主要是表示民族历史的图志，但是，这两者又是不可分割的。因为影视民族志的记录实际上完全可以是影视民族学的基础材料，而且影视民族志的记录也受影视民族学的基本学理的影响，二者是相互依存的。

影视民族志由于受到以上两个方面的影响，其基本的任务就是多重背景下的民族图像志。它包含了图像部分（即静态图像）和影视部分。这两个部分的图像在图像志中首要的就是保存民族或者说族群的一系列影像，而且是被影视民族学认为重要的影像，并且背负了多重的历史文化意义。

应该说在中国，影视民族志的任务还在中国特有的历史至上主义的影响下，有了更多的对史志的强调。这直接影响到中国西部的影视民族志的任务，图像的民族志被提高到一个很高的地位。我们不但要在影视民族学中实现其学术的意义，还要在民族的历史中实现其历史的意义。中国西部地区少数民族众多，其影像志在一定程度上就是中国的影像民族志。

（三）影视民族志在影视民族学中的地位和作用

在中国，影视民族志可以视同于影像民族志。它一方面继承了中国影像史志的传统，一方面又利用现代影像技术为自己服务，成为在影视民族学理论指导下的新的影视民族志。所以，中国传统文化中的影像民族志，与今天的从文化人类学中诞生的影视民族学基本没有直接的联系，而包含了静态影像和动态影像的新的影像民族志，就与影视民族学直接关联，并且在影视民族学中有其重要的地位和作用。

在中国，对民族和族群文化的拍摄，几乎都会产生两种诉求，一是为民族而拍摄的影像志，二是为影视民族学的学术研究而拍摄。应该说影视民族学是在一系列的影像拍摄中建立起来的，在用“史志”的眼光来看待这些影像之后，影视民族志的学术意义就显得特别重要。在国外和中国，影视民族志都是早于影视民族学的。1921 年《北方的纳努克》出现时，世界上没有所谓影视民族学的概念，但有民族志电影的概念。在中国，图像民族志的历史有，但没有关于图像民族志的学术概念的表达。在 20 世纪 50—60 年代的民族地区社会历史纪录片的拍摄中，也没有关于影视民族学的学术表述。但这些都不可否认的是影视民族学的历史的组成部分。1989 年，我们翻译了美国人所写的《影视人类学》，以及后来翻译了保罗·霍金斯主编的《影视人类学原理》。就事实而言，最早中译的美国人的《影视人类学》，影视技术拍摄的研究比重较大，影视人类学的学术研究展开有限。保罗·霍金斯主编的《影视人类学原理》虽然在影视民族学的许多领域展开了研究，但是关于影视民族学的体系化表述缺失。毋庸讳言，在继承国外影视民族学的学术传统基础上，体系化地发展了这门学问，这样的工作是在中国人的手中完成的。在这方面，张江华等人的《影视人类学概论》是其代表。

在这样的历史中，影视民族志就是其学科建设的坚实基础。如果我们没有自古以来的图像志传统，没有在新的现代技术条件下的影像拍摄实践，影视民族学的完整表达是不可能建立起来的。在某种程度上还可以说，是一系列民族志影像的拍摄，促进了中国影视民族学的建设。这样的事例我们可以在西南的影视民族学发展中来看，在中国，西南早就是中国影视民族学的实践和理论表述的重要区域。在中国的影视民族学中，其理论表述除了北京这个文化中心之外，主要就在中国的西南地区了。而且来源于北京的影视民族学的理论表述，其实践的主要源头就主要在中国的西南。

影视民族学是一门比较强调实践的学科，没有影视民族志的实践，它的许多理论表述是建立不起来的。影视民族学在今天已经有了比较完备的理论叙述和体系表述，但是，这些叙述都是在其影像拍摄的实践中实现的。影像是现代技术带来的一种基本技术文化表现，但应用这项技术的不仅仅是影视民族学，在艺术、工程、医学等一系列学科中都有应用。艺术的图像我们可以称为“情感性图像”，工程、医学等学科中的图像我们可以称为“理性图像”。在这些图像中，尤其以电影图像的应用对我们文化的影响最大。在这些图像应用中，影视民族学的图像应用自然要受这些图像应用的影响。但影视民族学的图像应用有其自身的特质，比如实践性就是其一大特质。影视民族学家们如果没有影像拍摄的实践，是没有其理论叙述基础的，影视民族学家不但要用民族学、文化人类学的理论“说话”，也还要用影视民族学的影像“说话”。这样，影视民族学家的实践就与影视民族志的诉求结合了起来，以现代技术为依托的民族影像志也与中国的传统影像民族志联系在一起。

三、影视民族志影像的拍摄原则和分类

“影像的拍摄是一个技术性质的过程，因而拍摄本身是中性的。电影艺术片中有拍摄，电视艺术片中有拍摄，一般的纪录片中有拍摄，一般意义的科学纪录片中有拍摄，一般的DV爱好者中也有拍摄，甚至于公众场合中的监控记录器中也有拍摄……但是，我们一旦给某一种拍摄限定某种原则，那它就具有了某种意义了。我们这里讲的影视文化人类学片（影视民族学片）的拍摄原则，就是这样的原则。它是影视文化人类学片拍摄独具的、特定的，只有影视文化人类学片中有这样的拍摄要求，也只有按照这样的拍摄要求拍摄的片子才是真正的影视文化人类学片。”① 这是吴秋林在其著作《影视文化人类学》中对于影视文化人类学片的拍摄要求的理解，即我们在明确了拍摄对象和基本任务之后，对于拍摄就要有一定的要求，影像民族志的拍摄就要有一定的拍摄原则。笔者认为，影像民族志的拍摄原则应该以影视民族学片的拍摄原则为基本参照，再兼顾影像民族志的史志性质，才能体现影像民族志的基本意义。

① 吴秋林著《影视文化人类学》，民族出版社2009年版。

（一）影视民族志影视片的拍摄原则

怎样拍摄影视民族学片（即影视民族志影视片），在影视民族学的历史上一直有不同的理解。美国式样的拍摄以《北方的纳努克》为基本代表，其深受电影艺术基本框架的影响，也是影视民族学片适应电影艺术最为成功的范例，对于影视民族学片的拍摄有极其深刻的影响。法国式样的以让·鲁什为代表……另外还有其他不同式样的拍摄，它们都展现了对影视民族学片拍摄的不同见解。但是，很少有人试图在影视民族学的理论上建立一定的区别于其他不同诉求和功能性要求的拍摄原则，而这样的拍摄原则对发展影视民族学是至关重要的。影视民族学片的拍摄应该不同于电影电视艺术片的拍摄，也不同于一般纪录片的拍摄，更不同于实用影像的拍摄。我们从电影艺术中学习了太多的东西。比如，我们一直习惯于在影视民族学片中冠以“导演”的名称，但影视民族学片是可以“导演”的吗？影视民族学片是有其拍摄原则的，只是长期以来在影视民族学理论中我们很少关注它。这在张江华等人的《影视人类学概论》中有了“发现和揭示”，这是该书对世界影视民族学研究的重要贡献。张江华、李德君等人在《影视人类学概论》中认为：“从这种比较中可以看出，（文化）人类学片之所以既不同于（文化）人类学书面著作，也不同于影视创作，主要是因为它具有直接形象性、科学真实性、信息完整性三个特征。这三个特征是构成（文化）人类学片独立性格的基本要素，离开它就无所谓（文化）人类学片。”①

在“直接形象性”原则中，张江华、李德君等人做了完全不同于艺术影像形象性意义的解读。

张江华、李德君等人高度强调“科学真实性”这一原则。他们说：“科学真实性是人类学片几个特征中具有核心意义的特征，也是拍摄人类学片（影视民族学片）所要遵循的根本原则。”② 张江华、李德君等人又把这种科学的真实性分列为真实人物、真实事件、真实场景、真实内涵等四个方面③。

“信息完整性”这一原则，被认为是关于方法论的原则。在遵循了前两个原则之后，如果忽略了这个关于影视民族学片拍摄方法论的原则，在实际的拍摄中也会“翻船”。

① 张江华、李德君等著《影视人类学概论》，社会科学文献出版社 2000 年版。

② 张江华、李德君等著《影视人类学概论》，社会科学文献出版社 2000 年版。

③ 张江华、李德君等著《影视人类学概论》，社会科学文献出版社 2000 年版。

在人类的文化表现中，形象和声音是两个最为重要的表现形式，因为人类的感知系统中，视听是两个最为重要的感知形式，人类95%以上的文化信息都是以这两种形式来表现的。从完整意义上来说，视听信息的完整性，可以说是人类文化信息的完整性。

以上是影视民族学片拍摄的三个原则。它们实际上就是影像民族志拍摄要遵循的原则，而且影像民族志还有史志的诉求，应该在更高的层面上遵循这样的原则。我们后续的对影像民族志片的分类实际上就是按照这样的原则来分类的。

在影像民族志的拍摄中，还有个人修养的问题，因为所有的拍摄行为都是拍摄者进行的。由于特定的拍摄者与被拍摄者之间的关系，以及两者之间的文化差异，影像民族志的拍摄者较一般艺术性影像拍摄者而言，要有更多的要求和限制。

（二）影视民族志影视片的功能

影视民族志影视片也可以称为影像民族志片，它包括我们前面所说的动态影像和静态影像。静态影像就是由图片组成的图像志，动态影像就是由电影电视组成的影像志。在中国，我们可以从以下几个方面来理解影视民族志影视片的功能：一是影视民族志影视片的史志功能；二是影视民族志影视片的文化人类学研究的资料功能；三是影视民族志影视片的影视民族学研究功能；四是影视民族志影视片的文化人类学普及教育功能；五是所谓的民族文化宣传功能。

影视民族志影视片的史志功能

用影像来记录历史是中国的一个传统，在汉代就有明确的使用，只不过那是手绘图像的记录。中国的历代统治者，不但想用手绘图像来记录和表彰功臣，而且还希望记录一些历史的重要场景和历史事件，比如《韩熙载夜宴图》，以及《昭君出塞》等等。这在民间亦然，最典型和最有影响的就是《清明上河图》。这种“记录”在中国的历史中已经成为一个不可忽视的部分。虽然中国的史学界因为其图录的史志与娱乐和审美相混淆，并不太重视这样的记录，但是它们的重要性依然显著。在这样的传统中，有一部分是记录少数民族和族群的，比如《皇清职贡图》《百苗图》等等。这就是影视民族志影视片的史志功能的传统影像渊源，只不过我们从传统的为政治统治服务的目的上转向了民族志的影像描述和记录，从手绘的图像成像转向了机器图像成像。在文化人类学家利用相机为文化人类学研究服务的初始阶段，欧美的文化人类学家并没有用影像来记录他们所面对的部落民族和族群历史的任务，不管是文化人类学进化学派还是功能学派，这些影像都是为殖民主义和殖民者服务的，它们是绝对没有像中国这样的影像史志功能的。而中国的民族学、文化人类学却在其中继承了中国的民族志影像的史志传统，使这样的民族志影像不但可以为民族学、文化人类学的研究服务，也可以成为民族志的一个重要组成部分。民族志的历史在文字中得到记载，在影像中也得到记载。我们在传统的手绘图像的记载中看到中国的影像历史，在现代机器成像的年代，我们在机器成像的记载中也看到了现代中国的民族志影像历史。中国在 20 世纪 50 年代和 60 年代拍摄的 15 部中国少数民族社会历史纪录片，其意义我们可以从多方面来认识，影视民族学学术的，民族志影像的等等。在影视民族学中强调影像的史志功能，应该是中国影视民族学的一个特色，也是中国影视民族学对世界影视民族学的一个贡献。在中国，作为一个影视民族学家，不但要有学者的良知，还要有史志者的责任。

影视民族志影视片的文化人类学研究的资料功能

影视民族志影视片的史志功能是一种重要的功能，但是，影视民族志影视片还有一个更为重要的功能就是文化人类学研究的资料功能。在实际的民族学、文化人类学研究中，多数的民族学、文化人类学家都会拍摄一定数量的影像，不管是动态影像，还是静态影像。这些影像的初始目的就是为民族学、文化人类学研究服务的影像，它们就是一系列的影像性质的资料。但是，这些资料性质的影像，多数时候就是具有民族志功能的影像。它既为民族学、文化人类学的研究服务，也是民族志影像的表述。比如 1902 年，民族学、文化人类学家鸟居龙藏，在中国西南地区的调查中，拍摄了大量的民族学、文化人类学的资料影像，在支撑了他的一系列研究的同时，这批“资料”也成了西南地区最早的现代机器成像的民族志影像。

影视民族志影视片的文化人类学研究的资料功能，我们可以从两个方面来理解：一是成型的影视民族志影视片作为民族学、文化人类学的资料；二是民族学、文化人类学家随着研究而拍摄的影像资料。前一个方面是指民族学、文化人类学家利用已经存在的影视民族志影视片来进行自己的研究，这样的片子在表述为史志的同时，也是民族学、文化人类学家研究的资料，而且是民族学、文化人类学家最为可靠的影像资料。所以，在一系列影像成为影视民族志影视片的时候，它的民族学、文化人类学资料价值，应该是影视民族志影视片价值的重要取向。也就是说，影视民族志影视片的价值取向绝对不是一般观众的喜好，它没有普及民族文化的义务和功能，也不能有这样的功能和义务。后一个方面是民族学、文化人类学家在研究中拍摄的影像资料，这些影像资料随时都可能成为表现史志性质的影像，成为重要的民族志的影像历史记录。所以，民族学、文化人类学家在拍摄这些影像的时候，尤其是在中国进行这样的研究的时候，有影像的史志意识应该是自然而然的事情。有时候，我们的民族学、文化人类学家，还应该有保存这些人类文化影像的历史责任感，因为这是我们全人类共同的文化财富。此外，我们民族学、文化人类学家接触的这些人类文化，往往是一些一般人很少接触和关注的古老文化的遗存，它们也是极易消亡的文化，而影像可以部分留住这些信息。留住这些信息，就可以让人类在将来的发展中多一种发展的可能性。从这个意义上讲，影视民族志影视片的文化人类学研究的资料功能，是可以有所超越的一种功能。

影视民族志影视片的影视民族学研究功能

影视民族志影视片的影视民族学研究功能是从本体论上而言的事物，影视民族学的研究是具有拍摄实践的研究，一个影视民族学家不会拍摄，或者说不懂拍摄，就等于不会研究。在欧美的影视民族学研究中，拍摄的片子也许不称为影视民族志影视片，因为他们在影视民族学片中大多没有史志的功能诉求，而在中国进行影视民族学研究则有这样的诉求。所以，我们称之为影视民族志影视片是现实和实践的要求。

在影视民族学研究中，影视民族志影视片的出现，实际上就是影视民族学研究成果的一种体现。影视民族学家一般会在片子中表述自己关于影视民族学研究的学术观点，表达他本人对于人类文化的影像认知和理解。这是一种用影像的手段和方法来研究和表达人类文化的过程，也是影视民族志影视片的影视民族学研究功能的一种表现。在文化人类学中，我们可以使用文字文本的手段来研究和表达我们对于人类文化的认知和理解，也可以使用影像文本的手段来研究和表达我们对于人类文化的认知和理解。所以说，影视民族志影视片就必然具有这样的功能。当然，史志性质的影视民族志影视片和纯粹的影视民族学片在理论上会有一定的区别，特别是在一些学术分析类型的影视民族学片中，他们在影像材料的使用上会不顾及史志的完整性，会“割裂”影像材料来分析说明一些问题，表达某些观点。这样的影视民族学片的表述和取向就与影视民族志影视片不尽相同。它们往往只是一种纯粹影视民族学的学术表达，而不兼及史志的影像记录。这样的影视民族学片就会与我们所说的影视民族志影视片有比较大的区别。但这在影视民族学界是一种很高的学术表现，目前来说比较少见。一般说来，影视民族志影视片既可以表述史志的意义，也可以表述研究的意义。这在中国的影视人类学家中，往往是“融汇”在一起来做的，既是影视民族志影视片，也是影视民族学的研究片，即在表达史志意义的同时，也表达影视民族学研究的意义。

影视民族志影视片的文化人类学普及教育功能

文化人类学是在科学文化时代关乎科学信仰的一门学问。它要解读关于人从何来的基本的信仰文化前提，所以，影视民族志影视片就在文化人类学普及教育上显示了自己的功能。在现代主义盛行的今天，是一个读图主义的时代，而影视民族志影视片就是一种文化人类学的“读图”。在这样的诉求下，影视民族志影视片就要在文化人类学普及教育中体现自己的功能。因为在影像中表述文化人类学的知识和认知，是最为直观的。当然，影视民族志影视片体现这样的普及教育功能多数时候不是简单的复映，往往是在影像志的基础上的简略化、通俗化，即会在影像志的基础上改造，以符合民众的一般趣味。

民族文化宣传功能

所谓民族文化宣传功能与影视民族志影视片的文化人类学普及教育功能有类似的地方。但这是更为急功近利的功能应用，它有时可能成为某些拍摄的行政借口。

（三）影视民族志影视片的分类

经过近百年的历史进程，中国西部民族文化的民族影像志有了很大的发展。在现实中似乎有许多方面的人都在关注和拍摄这样的影像，有民族学家、文化人类学家，也有民族事务委员会的机构，各类研究机构，还有诸如电视台和传媒公司这样的媒体，亦有民族影像爱好者，大学等教育机构，以及民间的个人影像团体等等。他们的出现展示了民族文化影像的众生态。这样的情形在中国的西南地区尤为显著，在一定程度上促进了中国民族志影像的发展和进步。但是，在这样的众生态中，由于不是全部的人士都经过了民族学、文化人类学，以及史志的训练，每个不同的方面在民族文化影像上的记录诉求也不尽相同。所以，所呈现的民族文化影像也是千差万别的。这样，在表述这些历史呈现时，我们得有一个基本的理论取向，就要根据这样的理论取向来进行一定的分类，这才使我们的叙述有一个依据和路线。故影视民族志影视片的分类是我们表述中国西部影视民族志的一个重要方面，因为没有分类，我们就不可能有表述的基础。每一种分类都会有一个基本的理论基础，影视民族志影视片的分类基础就建立在上述一系列的理论表述之上。

在中国西部民族文化的影视民族志的历史中，有以下四种不同类型的影视民族志影视片：一是影视民族志影视片；二是影视民族志影视资料片；三是纪录片中的民族专题片；四是影视民族志图像志。

影视民族志影视片基本上可以说是影视民族学片，但如上述所说的，它们也有一定的区别。前者多注重影像的民族志意义。后者多注重影像的文化人类学意义，其在影像的表述上都是有严格的规则的，完全不同于艺术影像、也不同于实用影像，以及理性影像。影视民族志影视片表述的基础都是称为民族的文化影像，这是中国民族学、文化人类学语境下的称谓。它面对的实际上就是我们所称的族群。因为族群这一称呼的边界更多的是文化，而不是带有政治和行政意味的民族，但民族志影像既是民族的，也是族群的，它似乎兼容了这两种含义。另外，民族志影像还在一定程度上贯通了中国的民族影像的传统，使我们将今天的民族志影像与民族影像历史联系起来。

影视民族志影视片是以上四类中最为基础的一类。它是中国影视民族学以及影视民族志的表述基础，它的第一诉求就是史志和学术。没有这两条，就一定不是中国语境下的影视民族志影视片。我们在中国西部影视民族志中就是这样来认定影视民族志影视片的。它是所有影视民族志影视片子中最具有价值的一类影像，是所有影视民族志影视片子的核心，没有它们的存在，这类影像的基本价值就不存在。

影视民族志影视资料片是仅次于影视民族志影视片的一个部分。在影像民族志和影视民族学的研究的历史中，我们会看到这样一种现象，影视民族志影视片和影视民族学片很重要，它们展示了民族志影像的意义和影视民族学的意义。但是，剪辑成这些影视民族志影视片和影视民族学片的那些影像资料，民族影像史志家和影视民族学家并没有放弃，反而是更加珍视这些资料性质的影像。特别是那些业已消失的民族文化影像，人们发现，这些凝固了的时空不再有，而这些资料使我们实现了某种“穿越”，也可以看到比影视民族志影视片和影视民族学片中更多的信息……这就在世界的影视民族学历史中出现了影视民族志影视片和影视民族学片与前期影像资料被双重关注的现象。这种“双重关注的现象”后来就提醒了人们，民族影像史志信息，有时候比影视民族学的学术更为重要，也就出现了专门的资料性质的影视民族志影视资料片。这样的片子的拍摄比影视民族志影视片的拍摄更为自由，只要巨量的贮存允许，它理论上可以“信马由缰”地拍摄，以此来保存更多的民族影像信息。

当然，这样的片子也有自己的缺陷，信息的散漫和稀释对民族影像志也是有害的。

影视民族志影视资料片应该是我们“影视卷”中的第二类片子，它的重要性仅次于影视民族志影视片。这样的片子实际上也是有剪辑的，但它主要是为了保存民族志影像的基本信息而做的剪辑。而且这样的片子一般都作为内部资料来使用，不在媒体展示，很少受到意识形态和民族政策等因素的限制，民族影像史志家和影视民族学家所关心的一些问题不会受到遮蔽，故这样的片子有更多的民族历史文化真相。

纪录片中的民族专题片是我们在民族志影像中看到的最为巨量的片子。它的拍摄主体一般是媒体，也有一些个人和媒体公司。纪录片是一个与艺术的影视片基本相似的片种，它是以真实记录的手法来吸引人们的“眼球”的片种，不管是审美，还是展示人们新鲜的视觉体验，甚而是猎奇，都是它们的基本的获取人们视觉鉴赏的手段。纪录片从来就没有与我们的影视民族志影视片、影视民族志影视资料片“走在一条路上”，它与这些片子“搭界”的地方是纪录片中以民族影像为纪实的部分，我们称其为纪录片中的民族专题片。在中国，纪录片中的民族专题片曾经很混乱地被认为是影视民族志影视片和影视民族学片，或者说是其中的一种，尤其是在媒体的强势话语中，这种说法很为流传，但这是一个历史的误导。纪录片中的民族专题片就是其中的关于民族的部分与我们有部分联系，是我们民族志影像的一个次要组成部分。

纪录片中的民族专题片就是以记录的方式反映民族文化的一些意义和情景，目的与一般的纪录片没有什么根本的区别。它在拍摄的时候首先是唯美的，因为它是有受众要求的，一定要有“抓住”人们眼球的视觉效果。所以，在这样的拍摄中，一般都是“导演”而来的场景，编排而来的故事和人物，是民族文化在表演，而不是一种自然生态状态中的自然呈现。其次是其拍摄是绝对的为我所用的，他们只会展示有良好镜头效果部分的民族文化，而不关心文化本身的意义，所以，这样的纪录片多集中在服饰、节日和奇风异俗上。这样的纪录片自然没有史志和学术的科学精神可言，有时候甚至是歪曲和误读。不过，这样的片子受众最多，是人们了解民族影像的最常见的渠道。在这样的拍摄中，如果由受过民族学、文化人类学训练的拍摄人员来拍摄，虽然其片子的目的性质不变，也能够在一定程度上反映民族影像的部分史志意义。也就是说，从受众的角度和拍摄者的修养两个方面而言，纪录片中的民族专题片也在一定程度上呈现了民族影像志的意义和影视民族学的意义。这也是我们把纪录片中的民族专题片作为影视民族志影像的一个组成部分的主要原因。

影视民族志图像志就是用静态图像来表述民族志影像的部分。这个部分历史悠久，直接与中国的影像表述的历史衔接，可以上溯到中国的汉代。今天的成像虽然是机器成像，但图像志的性质基本没变。但是，不是所有图像志的历史都延续到民族志影像这里，今天的民族志影像只继承了图像志中的民族图像志的部分。这部分民族图像志在历史上以《皇清职贡图》为代表，在西南地区以《百苗图》为代表。现代的民族图像志有很大的发展，已经是民族志影像的一个重要组成部分，故我们单独地把它分为一类。

四、中国西部影视民族志的重要意义

中国西部影视民族志是在历史的多重因素中构成的，也是在中国的文化人类学、民族学的学术历史中构成的。它的存在对中国的文化人类学、民族学的学术历史，以及民族志影像书写有多重的重要意义。对于这样的表述，我们可以做以下的梳理：一是中国西部影视民族志的历史影像文化背景和影视民族学图像志在中国历史上，以及民族志影像书写上的意义；二是影视民族学、影视民族志的开创性意义；三是中国西部影视民族学、影视民族志对中国民族学的特定贡献；四是中国西部影视民族学理论研究对中国和世界影视民族学研究的贡献。

（一）历史影像文化背景和影像书写意义

在中国的历史上，国家很早就有使用影像来书写民族志的历史，国家性质的书写有《皇清职贡图》，地方性质的书写有《百苗图》等。这些影像志的书写多在中国的西部发生，或者说主要是针对中国西部民族志的书写，中央王朝希望通过这种书写影像了解中国西部的民族情形，并且在数百年间形成了中国的民族影像志传统。这种影像志传统就影响到中国西部的民族影像志的书写，并对现代意义上的影视民族学产生直接的影响。所以，今天的中国西部影视民族志的兴盛，是有一定历史根源的。这样一来，中国古代西部民族影像志的历史实际上是中国西部影视民族志历史的一个组成部分，而今天新的技术条件和理念下的中国西部影视民族志，也是中国古代民族影像志的历史的一种延续。这个中国古代影像志历史的存在，在民族志影像书写上，于今天还有其特定的意义：

一是影像书写在书写民族民俗志上，早就在中国西部形成了一种书写范式，即人们早就用影像的方式来书写中国西部的民族和民俗，并且既定了影像书写的一定规则和心理定式。

二是中国西部的影像书写与文字书写一起，形成了中国西部民族民俗书写的二元通道，使中央王朝了解中国西部既有文字文本的通道，也有影像文本的通道。而且影像民族民俗志的直观性和在视觉上的影响力，还有一种比较强烈的冲击。所以，中国西部古代民族民俗影像志的书写，在历史上是比较引人注目的。

三是这种古代民族民俗影像志的书写，在今天被我们以民族学、民俗学、文化人类学的理论名义所继承，成为影视民族学的一个组成部分。而且这种继承表现主要发生在中国西部，从而也构成了中国影视民族学的基本特色。

四是由于这种古代民族民俗影像志的书写是一种静态图像的书写，也使中国西部影视民族志的书写不可能只是一种诸如西方影视民族学那样的只包含电影影像，即动态影像的书写。它不但有影视的动态书写，也有图像的静态书写，而且是多技术和多手段的图像书写。故而，中国西部影视民族志的书写是一种包含了影视和图像的影像书写。这个变化是中国特有的。中国在图像书写上一直有一条独立于审美绘画的技术和理性的线路，并且数千年未变，只不过这样的图像书写在中国西部主要表现在民族、民俗志的书写上。这种大影像的理论认知，应该是对世界影像文化的一个贡献，也是对影视民族学的一种发展和丰富。也就是说，在中国，影视民族学应该是一种包含了图像的影像文化人类学。

（二）影视民族学、影视民族志的开创性意义

中国的文化人类学、民族学是世界文化人类学、民族学的一个组成部分。

这是不容争议的一个表述。所以，中国的文化人类学、民族学也是世界背景下的一个构成。世界的文化人类学、民族学不是历史久远的学科，中国的文化人类学、民族学也如是。20 世纪初，世界的文化人类学、民族学的相关理论和学术才对中国产生影响。我们在学习西方时，也包含了对世界文化人类学、民族学的学习……这个学习过程是漫长和痛苦的。经过“学习”，我们在 20 世纪 30 年代才有了自己的比较成型的研究开展，但是，这个开创性的研究，早在 20 世纪初就由日本的鸟居龙藏先生开始了[①]。这个开创性的研究也是在中国的西南地区开展的。我们以为，这应该是中国文化人类学、民族学研究的具有划时代意义的研究，对中国的文化人类学、民族学具有开创性意义。那么，也可以说，中国的文化人类学、民族学开创性的研究，西南是其最早的发生地。鸟居龙藏是一个日本人，他因文化人类学、民族学开创性研究，被誉称为“东亚第一人”，即他把经典的文化人类学和民族学研究在东亚展开，对亚洲文化人类学、民族学的历史有重大贡献。由学术理性贡献而来的精神财富是全人类的共同财富。鸟居龙藏是在 1902 年时对中国的西南地区开展研究的，而这时我们国人对西方还知之甚少。到了 1927 年时，斯文·赫定联合中国的学者对西北地区的综合性考察和研究，又是中国的文化人类学、民族学一次著名的考察研究活动。而这时我们中国还没有像样的国家性质的文化人类学、民族学考察和研究。这次考察和研究的地区也在中国西部。这不是一个偶然现象，它说明中国的西部，在中国的文化人类学、民族学研究中，区域性意义巨大。后来的历史亦证明，中国的文化人类学、民族学研究有许多部分就是在这一区域中展开的。

中国的影视民族学、影视民族志的开创就是在这样的历史背景中实现的。而且是在中国的文化人类学、民族学开创性研究中就实现了中国的影视民族学、影视民族志的同步开创。

中国的影视民族学、影视民族志是在中国西部开创的，这是没有争议的。

---

① 在庄孔韶主编《流动的印象》（知识产权出版社，2012 年版）一书的《中国影视人类学大事记》一文中，说“1844 年 10 月 24 日，法国海关总检察官于勒·埃及尔（Jules Ltier）在‘阿基米德’号轮船上拍摄了迄今所知中国历史上第一张照片”。并且把它视为中国现代影像记录的开始，视为“中国影视人类学大事记”的开始。同时说，1896—1900 年日本人类学家鸟居龙藏在中国台湾的拍摄（照片）是现代中国影视人类学最早的拍摄，但同时认为鸟居龙藏 1902 年在中国西南地区的拍摄（照片）是人类学家在中国大陆最早的拍摄。

从大影像意义的影视民族学来说，鸟居龙藏在 1902 年拍摄的一系列图片，是中国西部影视民族志最早的影像。他的一系列拍摄，留下了亚洲最早的一批关于中国西南地区的民族志图片。这些图片经过中国留学于东京大学的博士杨志强整理，有二百多张成片，而且这些成片基本可以与鸟居龙藏先生的考察经历对应，有极强的历史再现能力和意义。1902 年，这些拍摄中所体现出的使用先进成像技术的步伐和能力，一点也不落后于同时代的欧洲人，甚至比他们还要先进。因为我们在叙述影视民族学历史时得知，真正具有影视民族学、民族学意识的影视民族学行为是 1898 年的阿尔弗雷德·科特·哈登等所为。他们在南太平洋托雷斯海峡岛屿上对土著居民进行人类学田野调查时进行了拍摄。我们不知道这次拍摄的最后成果如何，也不知道这仅仅是一个历史事件，还是一个有丰硕成果，对此后的文化人类学学术历史有直接影响的事件。但鸟居龙藏的拍摄和研究，不但成果丰硕，而且至今仍然影响中国西部的文化人类学学术历史和研究。从 1898 年到 1902 年，仅仅 4 年，鸟居龙藏就开创了中国西部影视民族志的历史。

这是影像的历史。从这里开始，中国西部影视民族志从古代的手工图画范式的历史，一下就转换到了一个科技成像的时代，并从此接续了图像影像的历史，进入一个新的时代。

在影像的历史中，科技成像的图像民族、民俗志的开创是影像志的一个方面，它还有另外一个方面，科技成像的影视民族志，即动态影像。这种动态影像的民族志在古代是没有的，完全是现代科技的创造。这个方面的开创也是在中国西部地区实现的。这就是斯文·赫定的拍摄。他在西北地区的拍摄行为，有一定的关于民族、民俗志的影片存世。但是这次考察不是一次纯粹的民族学、文化人类学考察和研究，所以其价值不好言说。但斯文·赫定的拍摄确实是中国境内关于民族学、文化人类学最早的动态影像拍摄。他的拍摄开创了中国影视民族学的动态影像的民族志的历史。但是，这些历史只是一种表征，并没有对中国的影视民族学发生直接的后续的影响。真正发生历史性影响和后续性影响的拍摄还是 1933 年的拍摄，以及 20 世纪 50 年代和 60 年代的拍摄。但是，鸟居龙藏的静态影像的开创和斯文·赫定的动态影像开创的基本表征性，是不能被忽略的。况且，鸟居龙藏先生的作为，其价值和影响力也是显而易见的。

（三）对中国民族学的特定贡献

中国西部影视民族学、影视民族志经过一百多年的发展，对中国的文化人类学、民族学是有特定贡献的。这样的特定贡献我们可以从以下几个方面来理解：

一是在中国的文化人类学、民族学还处于萌芽状态时，它就由于鸟居龙藏先生的介入而发端了中国西部影视民族学、影视民族志的历史，而且是浓重的一笔。鸟居龙藏先生对中国西南民族的研究，不能说是中国的文化人类学、民族学的肇始，但也可以算是中国地域上现代文化人类学、民族学研究的开始，鸟居龙藏先生建立的是日本的现代文化人类学、民族学，但他是以中国的台湾和西南地区为研究对象的，对中国的现代文化人类学、民族学有一定的影响。在这样的影响中，其图片影像的拍摄，成为中国西部影视民族学、影视民族志的一个组成部分。这个组成部分自然是中国西部影视民族学、影视民族志对中国现代文化人类学、民族学的特定贡献。因为这也可以算是中国现代文化人类学、民族学研究的萌芽。

二是中国的文化人类学、民族学的一个重要组成部分是影视民族学和影视民族志，但是，这个组成部分的主体部分也基本上分布在中国西部。其拍摄的主体基本在中国西部，许多的研究主体也是在中国西部成长起来的。中国重要的国内和国际性的影视民族学和影视民族志的学术活动也基本上是在中国西部地区展开的。也就是说，中国西部的一系列关于影视民族学和影视民族志的理论和实践，在一定程度上就构成了中国的影视民族学和影视民族志的历史。这应该是中国西部影视民族学和影视民族志对中国文化人类学、民族学的最大的贡献。

三是中国西部影视民族学和影视民族志的展开，对于中国文化人类学、民族学，以及社会科学学术现代性的贡献。在世界上，一个国家的社会科学研究的现代性在一定程度上就体现于该国的影视民族学和影视民族志的研究状态上。而我们国家的影视民族学和影视民族志的实践和研究，在许多时候都走在中国的文化人类学、民族学研究的前列，这也是对中国学术现代性表述的一个贡献。在镜头和摄像机出现在人们面前的时候，除了记录文化的实际功能之外，它还体现了一种国家和主流文化话语权的表达，在文化上的影响是深远的。而在中国，这样的现代性话语权的出现往往早于中国现代的文化人类学、民族学的一般研究。我们以为，它已经在中国形成了一种文化人类学、民族学研究的传统，我们基本可以与世界的影视民族学研究同步。这样的贡献和影响虽然现今还不十分明朗，但这样的贡献是基本肯定的。

四是中国西部影视民族学理论研究对中国和世界影视民族学研究的贡献。在中国改革开放初期的1989年，中国的文化人类学、民族学学界就翻译出版了美国人卡尔·海德在1982年出版的“影视人类学”著作，并且根据中国的文化人类学、民族学的学术称谓的实际情况，把此书定名为《影视民族学》。这样的著作于1982年才在美国出现，6年后在中国就有了译本，又一次说明中国学界的反应和于此之上的机敏。这样的理论思考，就是在欧美国家也是比较前沿的探索，但中国的学者中，也有人追索影视民族学的前沿，并有自己一系列的表述。在《影视民族学》出版之后，2000年，张江华、李德君、陈景源、杨光海、庞涛、李桐等人，在社会科学文献出版社出版了《影视人类学概论》一书。2001年，云南大学出版社又出版了美国著名影视人类学家保罗·霍金斯（Paul Hockings）主编，王筑生、杨慧等人翻译的《影视人类学原理》①。这两本译著基本站在了世界影视人类学研究的前沿。而张江华、李德君等的《影视人类学概论》奠定了中国影视人类学研究的基本话语，开创了中国影视人类学理论研究的先河。随后，在中国又有一批关于影视人类学研究的理论著作出版，在多个方面对影视人类学理论进行研究和探索。在这些研究中，邓启耀和吴秋林的影视人类学理论探索最有成效。邓启耀的“视觉人类学”的理论探索，拓宽了影视民族学“看”的意义范畴，在视觉的意义和理论价值上都有一个很大的发掘。吴秋林的影视文化人类学的理论梳理和认知，在影视人类学理论研究中应该是一个进步。其《影视文化人类学》（民族出版社2009年版）和《图像文化人类学》（民族出版社2010年版）两书的出现，试图建立影视文化人类学的人类影像文化的理论背景，从而推进影视民族学理论研究的进步和发展。这些方面实际上均是对世界影视民族学理论的贡献，因为它们丰富了世界影视民族学的基本理论。而这些研究者，均是立足于中国西部的学者，他们的研究是中国西部影视民族学理论研究的重要组成部分。

---

① 2007年该书又出版了第二版，补充了第一个译本中未译的内容，使其成为基本完整的一个译本。

第一章　中国西部影视民族志概述

在中国西部民族文化的书写中引入“志”的概念，是在一系列、长时间、大规模的民族学、文化人类学田野实践的基础上的一个“中国式历史化”的过程。在中国的文化历史建设上具有重要意义，在建立中国式的民族学、文化人类学表述上也具有重要意义，亦会对中国的民族学、文化人类学的理论建树具有巨大的推动作用。另外，在通志中建立“影视卷”这样一个部分，在中国民族文化志的书写中也是一个创新，因为在历史上的任何一个文化志中，都没有这样的书写。

正因为是一个创新，故我们在历史上找不到一个可以借鉴的范本。在“导论”中，我们关注了“西部”“民族文化”“影视”这三个词汇，可以认为我们中国西部影视民族志是一种历史上存在过的对于西部民族文化的影像书写的表达。即一切使用影像的手段表述的中国西部民族文化行为和成果，都是中国西部影视民族志要“志”的内容和范围。故中国西部影视民族志拟从以下几个方面来表述：一是开端；二是少数民族社会历史科学纪录片的拍摄；三是多元化时代的拍摄；四是影响中国西部影视民族志分布发展的因素。

第一节　中国西部影视民族志拍摄开端

开端是一个事物出现的开始，也是每一种表述必需的过程，说不清楚开端，我们就说不清楚历程。这在中国西部影视民族志的叙述中亦是如此。

一、西部影视民族志开端

就以上的一系列理念来理解，中国西部影视民族志的开端有宽泛的开端理解和狭义的开端理解。宽泛的开端理解可以从中国古代手工绘图中的民族文化影像实践算起，即从《皇清职贡图》中的中国西部民族文化影像算起。

因为这也是一种中国西部的民族文化影像的呈现，只不过是“手工成像”的。但从技术上来说，手工成像和机器成像，在本质上没有什么区别。狭义的开端指的是机器成像，即我们使用照相机这样的成像机器拍摄中国西部的民族文化，从而形成一系列的民族文化影像。在宽泛的开端中，中国西部影视民族志的开端时间在清代，在狭义的开端中，这个开端时间在1899年。在这样的开端表述中，又有静态影像的开端和动态影像开端的区别。宽泛开端中的静态影像可以上溯到手工成像的《皇清职贡图》，即清代；静态影像中机器成像的开端可以上溯到1899年法国人方舒雅在云南的拍摄。而动态影像的开端据知在1905年，有德国的探险家在西藏地区进行过电影拍摄，但我们没有资料佐证。这样，动态影像的开端我们还是确定为1927年的斯文·赫定在中国西北地区的拍摄，因为这是可以证实的。

《皇清职贡图》的手工成像我们可以视为是中国西部影视民族志的一种重要的历史影像文化的背景。其实，这样的静态图像开端历史还可以更早，因为在今天的南京博物院里，还能看到唐代画家阎立本绘唐太宗在长安接见国内一些民族及外藩使臣的图像，这里面就有中国西部古代民族的影像。不过，它只能说明中国静态图像记录民族文化影像历史的悠久，直接的大量表述中国西部民族文化影像的还是《皇清职贡图》。

1899年，法国人方舒雅进入云南，使用“玻璃干片”的底片，拍摄了大量的各类照片，其中不乏属于影像民族志的照片。这是可以佐证和记录的关于中国西部影视民族志的最早的拍摄。但其不是影像民族志的专业拍摄，只是其中包含了影像民族志的影像拍摄而已。真正的专业的影像民族志的拍摄是1902年进入西南地区考察的鸟居龙藏。他从湖南入黔，由黔入滇，再从滇境进入四川凉山地区，后至重庆，最后回国。他的拍摄基本是一种“人种志”的拍摄，但他留下了许多珍贵的中国西部民族文化的静态影像资料。这些静态影像的拍摄成了中国西部影视民族志的组成部分。

1903年，在鸟居龙藏还没有离开中国的时候，一个名叫威廉·费尔希讷（Wilhelm Filchner）的德国探险队的队长进入了西藏，并在西藏的一个庙里拍摄“戴面具跳神”的舞蹈，并且成为其影片《西藏东部探寻》的一部分。这是关于中国的最早的民族志影像（动态影像）的拍摄，距鸟居龙藏的静态影像的拍摄就一年。

1927年，斯文·赫定来到中国，与中国人合作，做了一次关于西北和内蒙古地区的文化调查，其中就使用了影视拍摄的手段，获取了一定的影视资料。这是有中国学者参加的中国影视民族学的第一次动态影像的拍摄，也是中国西部民族文化中最早的一批民族文化影像。

从这些开端中，开启了中国现代民族文化影像拍摄的历史。

1933 年，由国民政府组织，以凌纯声、芮逸夫、勇士衡等人为主，在湘西开展了历时 3 个月的调查。其中有人专门负责照相、绘图和拍摄电影，这是中国最早的影视民族学资料的拍摄。并且，在以后的数年间，这样的行动还在中国的其他地方展开了多次，进行了多次的影视民族学资料和研究性拍摄。这是中国人的第一次自主性质的拍摄，于此积累了一批珍贵的中国民族文化的影像资料。这批资料现在台湾“中央研究院”，据知已经实现了数字化转化。但凌纯声、芮逸夫、勇士衡等人的拍摄并没有形成成型的影视民族学片，只是一种民族文化影像资料的状态。

1939 年，中国电影学的先驱、金陵大学孙明经教授在康巴藏族聚居区拍摄，记录了当时西康省的社会政治、经济文化、人文地理、宗教习俗和茶马贸易市场等。制作了《雅安边茶》《西康见闻》《西康一瞥》《省会康定》《康人生活》《西康跳神》以及《喇嘛生活》等系列片子，为默片。这可能是中国人拍摄的最早的比较成型的影视民族志影视片。

这些个开端很重要，1927 的拍摄距离 20 世纪初叶世界上最早的影视民族学考察不远，距离影视民族学奠基之作《北方的纳努克》的出现仅仅五年……我们总体上在当时“距离”世界（所谓先进世界）很遥远，但是，我们距离世界影视民族学的历史开端并不遥远。

二、西部影视民族志意义

中国西部影视民族志是一种特定的表述，其主要表述就是使用影像的手段来表述中国西部的民族文化的历史和过程，以及意义等等。当然，它也是一种“困难”的表述，因为中国虽然是一个有悠久史志传统的国家，但用现代影像技术来记录民族文化，并且形成影像性质的史志，前无古人。同时也是一种极有意义的表述，因为我们发现，1927 年的中国影视民族学的历史启端发生在中国的西北部，1933 年发生的由中国人自己组织的影视民族学调查，即中国人自己谱写的中国影视民族学的历史，发生在中国的西南地区……而西北和西南地区，就是我们今天定义的“中国西部”。也就是说，中国的影视民族学的历史，就启端于中国的西部。这样，中国西部的影视民族学历史的表述，在一定程度上就是中国影视民族学的历史表述。

这是一个奇特的现象，但这个现象有其深厚的历史渊源。在中国这片土地上，其文化的起源上就非常注重图形的意义，即这种文化形式一开始就非常重视形象（图像）的意义和存在。与西方的文化相比，西方的文化比较注重声音的意义。当然，没有哪一种文化只有图像，或者说只有声音，但是，这两种“起始文化形态”在不同的文化形式种类中是有区别的。在东方的中国，图像意义是优先性的，而在西方，声音意义是优先性的……这样的原则深刻地影响了东、西方文化。从这个意义上说，中国的东方文化是一种重图像的文化，而且在中国的文化中，似乎在中国西部的文化中，更注重图像的意义。在汉代，中国就有置放汉代24功臣图的凌烟阁……在清代，官方有《皇清职贡图》，民间有《百苗图》（贵州）、《云南两迤夷类图说》（云南）、《普洱府与地夷人图说》（云南）、《番俗图》（云南）、《黎民图》（海南）、《蛮僚图说》等等。而这些图像性质的文化，实际上也是中国古代关于民族学、文化人类学的影像化研究和表述。我们虽然不好把它们归于现代的中国影视民族学的历史，但这样的影像传统却是我们文化的一个组成部分，它们的存在会深刻地影响我们今天的历史。这些历史上的“影像事件”基本上都发生在中国的西部，这样的影像历史文化积淀，会直接影响今天中国西部的影像文化的存在，影响关于影视民族学的论述，亦影响中国西部影视民族志的基本表达。也就是说，中国西部的影视民族学的历史能在一定程度上代表和影响中国的影视民族学的历史，是有其自身内部文化动因的。

在今天的“中国西部”的概念中，它是由两个部分组成的，一是西北和内蒙古地区，二是西南地区。这个“中国西部”地区从东北开始，一直在北面、西面到南面，半环卫着中原中心区。更为奇妙的是，它的边缘在东西的边际线上，基本上就是一条农、牧互动的边际线。而这条农、牧互动的边际线，对于中国大陆的文明进程的推进，是至关重要的，历史上有许多影响深远的事件，就发生在这条边际线上。中国西部包容了西北、西南和内蒙古地区三个部分，西北部分的意义我们可以从农、牧互动的关系来理解。但是西南部分的意义却不能这样来理解，而应该从山地农耕以及稻作文明的意义来理解。在历史上，中原的农耕文明与西北的游牧文明有一种互动关系，而中原文明与西南的山地农耕文明有一种主动关系，即主要是中原文明“进入”西南地区的关系。

这些区域的标志性区别，不但影响我们对这些地区的基本认知，也影响中国西部影视民族志的发展分布。在中国西部影视民族志中，可以分成两个不同的部分：一是西北和内蒙古地区的影视民族志，二是西南地区的影视民族志。这是行政区域的划分，也是文化区域的划分。西北和内蒙古地区以游牧文化为主，西南地区以山地农耕和稻作文化为主。这样一来，在影视民族志中被关注的对象是不同的，在区域中文化多样性表现也是不同的。在西北和内蒙古地区的区域文化中，游牧文化是主调，但是也有山地农耕，比如西藏藏南地区的河谷地带的山地农耕，比如新疆地区的“绿洲农业”，在西南地区，山地稻作文化是主调，但是，其游牧文化在高山地区普遍存在……而且，这一地区的采集文化遗存是最为富集的。

第二节　“少数民族社会历史科学纪录片”的拍摄

在1955年后，随着全国性的民族调查的展开，拍摄了15部称为“少数民族社会历史科学纪录片”影片，这样的拍摄又拉开了中国影视民族学的历史帷幕，也重新展开了中国西部民族文化影像记录的历史，成为中国西部影视民族志最为亮丽的一个组成部分。

一、15部“少数民族社会历史科学纪录片”

在1958年至1966年的8年间，中国政府拍摄了15部称为“少数民族社会历史科学纪录片”的影片，几乎全部是在我们今天称为中国西部的地区拍摄的。

在西北、内蒙古地区拍摄的有《额尔古纳河畔的鄂温克人》（1959年拍摄）、《新疆夏合勒克乡农奴制》（1960年拍摄）、《鄂伦春族》（1963年拍摄），一共3部片子。

在西南地区拍摄有《佤族》《黎族》《凉山彝族》（1958年拍摄）、《独龙族》《景颇族》《苦聪人》《西藏农奴制度》（1960年拍摄）、《西双版纳傣族农奴社会》（1962年拍摄）、《大瑶山瑶族》（1963年拍摄）、《永宁纳西族的阿注婚姻》（1965年拍摄）、《丽江纳西族的文化艺术》（1966年拍摄）一共11部片子。

这11部片子中有7部是在云南拍摄的，《大瑶山瑶族》是在广西拍摄的，《凉山彝族》是在四川拍摄的。《黎族》是在广东的海南岛拍摄的，这部片子的拍摄地属于中南地区，但文化上亦可认为与西南地区的文化是一体的，故我们也把它宽泛地归属于西南地区。

在这15部片子中，只有《赫哲族的渔猎生活》（1964年拍摄）是在黑龙江省拍摄的，是唯一在现今“中国西部”之外拍摄的片子。

这是中国影视民族志分布的基调：一是最初中国的影视民族志的表现就在中国西部，二是中国的影视民族志的表现主要在西南地区。在西北和内蒙古地区拍的4部片子中，《额尔古纳河畔的鄂温克人》和《鄂伦春族》这两部片子也许拍摄时其行政区划主要在黑龙江省，但后来有了变化，鄂伦春族人居住地现今主要在内蒙古地区，鄂温克族人居住地区也有部分属于内蒙古。所以，只能在宽泛的意义上把这两部片子归属于今天的中国西部地区的片子。

这个分布是非常有意义的。在中国，影视民族志的重点在中国西部，而中国西部的重点又在西南地区。这个分布在后来的历史中有一些变化，比如在内蒙古的一些拍摄有了游牧文化的内容，比如对内蒙古巴尔虎地区游牧文化的拍摄，对西藏“僜人”文化的拍摄，对贵州苗族文化的拍摄……但是也基本没有改变这种分布的基调，因为后来西南地区的拍摄展开的面也越来越多。

这些拍摄除了对西藏“僜人”文化的拍摄是在“文革”期间以外，其他的都是在“文革”十年浩劫之前拍摄的。在20世纪80年代，最早“复苏”的拍摄是杨光海先生的拍摄，主要有对贵州苗族的系列拍摄和对云南白族的系列拍摄。

这些拍摄应该看作15部“少数民族社会历史科学纪录片”拍摄的余绪，但是其中发生了许多变化。在技术上从胶片电影机拍摄走向了摄像机拍摄，从内容上走向了文化和审美，以及风情和风光，少数民族社会历史的影像诉求已经大大减弱。这样的片子，比如贵州苗族系列的《方排寨苗族》《清水江流域苗族的婚姻》《苗族的节日》《苗族的工艺美术》《苗族的舞蹈》等。

二、关于15部片子的拍摄

这15部片子的拍摄是在完全没有今天所谓的影视民族学理论指导的情形下的拍摄，但它却是中国乃至世界上最为珍贵的民族志影像和文化人类学影像之一，受到人们的普遍赞誉。

这15部片子的拍摄是在中国的全国性的民族社会历史调查基础上进行的，也是受到全国性的民族社会历史调查启发的结果。当时的人们认为：对各少数民族的社会形态而言，除了以文字资料的形式呈现以外，还要以电影的形式开展形象性的纪录，以保证这些资料更好地为中央制定政策和进行科研服务。这个决定1957年时就在中央高层中达成了共识，而且请由时任全国人民代表大会常务委员会副委员长的彭真负责落实具体事宜，由全国人民代表大会民族委员会组织实施。1957年开始，全国人民代表大会民族委员会就先后委托八一电影制片厂、北京科学教育电影制片厂、中央新闻纪录电影制片厂拍摄，先后涉及十多个少数民族。在15个少数民族社会历史科学纪录片中，最早投入拍摄的是《佤族》《黎族》《凉山彝族》。这3部片子在1957年拍摄，而在1958年时，就已经成片。

在这些片子的拍摄中，云南省表现得最为积极，在党中央提出要拍摄拯救、记录中国少数民族"前资本主义社会"的社会历史形态的号召以后，云南民族调查组的潭碧波就受托编写了一部称为《边疆民族纪实》的反映几个民族的大型综合纪录片脚本，并且上报到全国人民代表大会民族委员会。全国人民代表大会民族委员会又把《边疆民族纪实》的拍摄事由上报到中华人民共和国文化部。1958年8月16日中华人民共和国文化部常务委员会办公厅民族室以〔58〕文电部第492号文件，批复了这个文件。

这个文件说：

"你会〔58〕该会调陈字第003号文早悉，未能及时作复，请谅。经阅剧本《边疆民族纪实》后，我们认为反映少数民族社会生活情况的影片，目前是迫切需要的，不仅对研究人类社会生活发展史有巨大的价值，而且对广大人民也具有重大的教育意义。尤其是目前各少数民族社会生活的发生的急剧变化，如不及时拍摄，即准散失，很难补救。因此，云南省少数民族社会历史调查组编写的剧本《边疆民族纪实》是值得重视的。我们除同意及时摄制纪录少数民族社会生活情况的影片外，并建议昆明电影制片厂及有关单位尽快组织人员，进一步研究有关材料，修改剧本。并建议由云南省领导审定后，及时拍摄。如云南电影制片厂尚有困难，可本协作精神，商请其他电影制片厂协助或出拍，至于影片的样式，我们建议以科教片的手法，真实客观地反映云南少数民族的生活与斗争。"

这是《复民委建议拍摄纪录少数民族原始社会生活影片》的文件，并抄致"昆明电影制片厂和八一电影制片厂"，并把剧本《边疆民族纪实》附寄八一厂。

在接到这个批复后，云南的拍摄者们立即组织队伍，精心策划，很快就确定了7部片子的拍摄人员。

《佤族》编剧为谭碧波、徐志远，导演、摄影为郑治国、杨光海。

《苦聪人》编剧为宋恩常、杨毓骧、徐志远、杨光海，杨光海同时兼影片的导演、摄影。

《独龙族》编剧为谭碧波、王均、杨毓才、刘达成、洪俊为，导演摄影为杨光海、张文芑。

《景颇族》编剧确定为谭碧波、徐志远，导演、摄影为陈和毅。

《西双版纳傣族农奴社会》编剧为曹成章、刀永明（傣族）、刀述仁（傣族），导演为张清，摄影为杨俊雄、李云珍等。

以上的5部影片均由谭碧波担任民族顾问。

《永宁纳西族的阿注婚姻》和《丽江纳西族的文化艺术》编剧为詹承绪、杨光海，导演为杨光海，摄影是袁荛柱。该两部影片则由中国社科院民族研究所的秋浦担任民族顾问。

为了保证该批影片的顺利拍摄，工作人员通常是当时参加了少数民族社会历史大调查的成员。

这是一个历史事件。它说明云南的拍摄者在推动中国少数民族社会历史科学纪录片的拍摄上是做出了卓越贡献的。

在《佤族》《黎族》《凉山彝族》这3部片子拍摄完成时，对这样的拍摄并没有明确的概念，但在总结了这三部片子的拍摄后，才确立了“少数民族社会历史科学纪录片”的名称和概念。拍摄初期的目的应该是比较简单的，就是要把“中国少数民族‘前资本主义社会’的社会历史形态”拯救、记录下来，既没有为民族志影像服务的目的，也没有为民族学研究和文化人类学研究的学术诉求。但是，其拍摄得到的成果，却是中国历史上第一批最为珍贵的民族志影像。这些没有任何影视民族学理论指导拍摄而来的影视民族志影视片，在今天没有人否认其在影视民族学上的实践价值。这在表面上是矛盾和不可思议的，其实不然，指导拍摄这些片子的人多数是中国真正的民族学家和文化人类学家，是他们在这些拍摄中贯穿了影视民族学的基本要素和精神。

在拍摄这些片子时，一般会有“剧本”，或者拍摄提纲，分镜头剧本、完成台本，以及解说词等等。而这些所谓的“剧本”和拍摄提纲，都是先由参与调查的民族学家来写，再由导演来分列为分镜头剧本，然后在得到认可后，投入拍摄，并且在拍摄中还有参与调查的民族学家作为民族顾问。这样的拍摄与一般意义上的故事片拍摄大不一样，与一般的纪录片拍摄也不一样。它虽然深受当时电影艺术形式的影响，但科学精神却使得这样的拍摄与众不同。

“它以电影的艺术手段，系统地记录和复现了我国各少数民族民主改革前的历史和不同类型的社会形态，直接为民族学、人类学、社会学、历史学、考古学等学科的研究和教学，为普及社会科学知识，进行历史唯物主义、爱国主义和民族团结教育，提供形象化的科学资料。”①

这是20世纪80年代拍摄者在再认识中，对少数民族社会历史科学纪录片的总结，“系统地记录和复现了我国各少数民族民主改革前的历史和不同类型的社会形态”是拍摄时的定位，而“直接为民族学、人类学、社会学、历史学、考古学等学科的研究和教学……”等等就是后来的“发现”了。

在15部片子的拍摄中，开端时在云南的有最早的《佤族》的拍摄，全面推进时，云南省是15部片子的主要拍摄地。在后来的拍摄中，在西藏、内蒙古、新疆、广西、黑龙江也有拍摄。这些地区也有片子出现，但在规模、拍摄时间、数量上，它们都不能与云南相比。

15部片子的拍摄前后约10年，1957年到1966年，但有一个例外，也就是20世纪70年代对《僜人》的拍摄。这恐怕是“文革”十年能够“工作”的极少的例子之一。

第三节　多元化时代的拍摄

20世纪80年代，以杨光海为代表的拍摄者，继续着少数民族社会历史科学纪录片拍摄的余绪，拍摄了许多片子。他们的少数民族社会历史科学纪录片拍摄的基本精神还在。但是，拍摄对象、拍摄诉求、拍摄者主体、拍摄内容、拍摄形式、拍摄技术都在悄然发生着变化。

一、拍摄对象等的变化

拍摄对象的变化。20世纪50年代，拍摄对象主要是中国少数民族社会历

① 杨光海编《中国少数民族社会历史科学纪录片剧本选编》，中国社会科学院民族研究所民族学研究室1981年印。

史中的“前资本主义社会形态”。所以，在15部少数民族社会历史科学纪录片拍摄中，主要关注的就是这些少数民族社会历史中旧有的社会制度文化。《佤族》《凉山彝族》《新疆夏合勒克乡农奴制》《西藏农奴制度》《西双版纳傣族农奴社会》《黎族》等片子都首先关注的是少数民族社会历史中的“前资本主义社会形态”。这是当时历史的主调。但是，在这种主调后面，我们在看到了类似《永宁纳西族的阿注婚姻》《丽江纳西族的文化艺术》《额尔古纳河畔的鄂温克人》《赫哲族的渔猎生活》这样的片子，这样的片子既保留了抢救、记录少数民族社会历史中“前资本主义社会形态”的主调，又向少数民族文化多方位进行了扩展。《永宁纳西族的阿注婚姻》记录的是一个民族文化中的婚姻文化形态。《丽江纳西族的文化艺术》记录的是一个民族的文化艺术。《赫哲族的渔猎生活》记录的是生计方式的特定形态。《额尔古纳河畔的鄂温克人》记录的是一种人的存在和文化意义。也就是说，在20世纪60年代，少数民族社会历史科学纪录片的拍摄，在拍摄对象上就已经发生了变化，从单纯的抢救、记录少数民族社会历史中“前资本主义社会形态”，向民族文化诸方面多向度转化。这种转化在15部片子中就有明确的体现，即在少数民族社会历史科学纪录片拍摄的后期，已经向少数民族文化全面记录拍摄的路径出发了。如果不是“文革”十年，中国影视民族学片的拍摄会有一个更为辉煌的前景。20世纪80年代，拍摄对象已经发生了根本性的变化。少数民族社会历史中“前资本主义社会形态”已经不是拍摄的主要对象，中国少数民族文化的所有向度都是拍摄者关注的对象，开始了一个全面拍摄和记录民族文化的时代。20世纪90年代以后，中国少数民族文化的全向度拍摄对象已经不是问题，而开始了寻求拍摄角度和视觉变化的时代。

拍摄诉求的变化。拍摄诉求的变化主要说的是拍摄者要在拍摄中实现什么目的。20世纪50年代，拍摄诉求表现为一种国家诉求，就是要抢救、记录所谓“落后”的少数民族社会历史中的“前资本主义社会形态”，目的有两个：一是在民主改革中，这些主要表现为人类制度文化的社会形态要消失，这样的社会历史形态是“落后”的，但它在研究人类文化中有重要意义，有必要在变革中把这些东西记录下来；二是把这些记录下来的东西用于教育人民，以体现社会主义制度的优越性。这个目的在少数民族社会历史科学纪录片的前期拍摄中已经完全达到。但是，在国家拍摄诉求的前提下，全面记录拍摄少数民族文化的学者诉求又在拍摄中起作用，所以，在后期的拍摄中，慢慢地表现了这种拍摄诉求的变化。20 世纪 80 年代，这种拍摄诉求基本上完全改变，少数民族社会历史中的“前资本主义社会形态”的拍摄已经不是关注的主要方面，而关注的主要是如何全面地记录民族民间的文化。20 世纪 80 年代，杨光海在贵州拍摄的“苗族系列”就是最好的例子。杨光海 20 世纪 80 年代在贵州拍摄苗族的片子时，并没有“苗族系列”的计划，“苗族系列”是在拍摄实践中“发展”出来的。这些，我们可以参照他的“影志”。这种“发展”，就比较形象地反映了这种拍摄诉求的变化。20 世纪 80 年代，这样的拍摄也在云南民族学院、云南社会科学院展开。在这一时期，云南民族学院拍摄有《毕摩与祭坛》《云南师宗瑶族受戒仪式》《罗婺婚俗》《傈僳族澡堂会》等片子；云南省社会科学院拍摄有《景颇族“目瑙纵歌”》《傈僳族“刀杆节”》《生的狂欢》等片子。这些拍摄是地方性拍摄的最早的展开和发展。

20 世纪 90 年代，拍摄诉求从自觉性质的对少数民族文化的全面记录，向明确的带有影视民族学理论指导的拍摄转化。1989 年，美国人的《影视民族学》被翻译出版后，中国影视民族学的学术诉求被完全确立。所以，在这一时段里，中国社会科学院民族研究所的拍摄最为兴盛，许多可以载入史册的拍摄就发生在这一时期。随后，以中央民族大学为首的各民族学院，以及各省民族事务委员会的中国少数民族文化资料性拍摄，也加入到了 20 世纪 90 年代的拍摄队伍中。这样的拍摄也反映了拍摄诉求的变化。再随后，以电视为主体的拍摄也加入了这一时期的拍摄，以及后来的各种各样的拍摄诉求都全面地展示出来。

拍摄诉求的变化背后自然是拍摄者主体的变化。20 世纪 50 年代，拍摄主体只有国家，中国社会科学院、各个电影厂的拍摄，都是国家主体的体现。这个主体 20 世纪 60 年代都没有什么变化，20 世纪 80 年代这个国家主体才发生了一些变化。这时，国家的某些部门、各省、机构作为国家的一部分，成为拍摄主体，它们已经不是完全的国家性质的拍摄主体了。20 世纪 90 年代，国家的学术机构成了拍摄主体，其他各类拍摄主体也加入了拍摄的队伍。到 21 世纪初，拍摄主体已经呈多元化状态了。

以上一系列的变化，必然带来拍摄内容的变化。因为不同拍摄主体和拍摄诉求，所要关注的内容是不一样的。20 世纪 50 年代，拍摄内容是少数民族社会历史中的“前资本主义社会形态”，是少数民族文化中的制度文化部分，所以，15 部少数民族社会历史科学纪录片多数都贯穿了这一内容。虽然在后期出现了全面记录少数民族文化的倾向，但这仍然是其基本内容。到了 20 世纪 80 年代，拍摄内容就基本没有什么限制，拍摄内容已经扩展到少数民族文化的各个方面，特别是比较适于影像展示的部分。比如服饰、歌舞、工艺文化等等。到了 20 世纪 90 年代，以中国社会科学院民族研究所为主的学术性拍摄，使拍摄内容又发生了很大的变化。因为他们的拍摄更为关注的是能够表现一个民族，或者说文化共同体基本性质的那些内容，而不仅仅是表面的标志性的文化内容。到了 21 世纪初叶，随着多元化拍摄主体的进入，拍摄内容也就呈完全多元化的状态。20 世纪 90 年代，拍摄的焦点主要在少数民族文化，而到了 21 世纪初叶，中国的少数民族文化已经不是拍摄内容的必然了。其拍摄内容已经大大超越了中国少数民族文化这个主题，而发展为面对整个人类的文化了。

拍摄形式的变化是一种表现方式和角度的变化。20 世纪 50 年代，拍摄的形式借鉴的是电影艺术的形式，所以有剧本，有分镜头剧本，有最后的完成台本，有编剧，有导演等等。但明显，这样的形式与影视民族学性质的拍摄是冲突的。别的不说，“导演”一词和它的职务性质就与这样的拍摄性质不符。因为影视民族学的拍摄内容是不能如电影故事片那样可以“导演”的，既然内容都是不可以导演的，再出现导演一职就没有意义。但这是形式上的惯性。以电影艺术的形式拍摄，虽然实际的操作与实际的电影拍摄大不相同，但人们在 20 世纪八九十年代，甚至 21 世纪，都仍然沿用这样的称呼。但 21 世纪，拍摄形式已经有了一定的变化，人们已经意识到电影艺术的形式与影视民族学拍摄的矛盾性。故而，在一些拍摄中，已经没有导演一职了，就是拍摄和记录。另外，受到文化人类学“他观”和“自观”的学术表述角度的影响，拍摄形式和角度已经发生了一些变化，比如在西南地区出现的“村民影像”计划的拍摄。这种拍摄不是拍摄者的“他观”性质的拍摄，而是原来的被拍摄者自己的“自观”式样的拍摄。

拍摄技术的变化主要是由成像机器的变化和进步带来的。20 世纪 50 年代的拍摄中，主要是胶片性质的拍摄，这种化学成像的拍摄技术，与电影发明时的技术相去不远。这也是拍摄成本极高的一种技术，也就不是一般的机构和个人可以使用的技术。到了 20 世纪 80 年代，电子摄像技术出现，这是电子成像的技术，它的拍摄是把影像变成电磁信号保存和传输，实现了影像的远距离传输。但这样的保存和传输都会带来信号的衰减，以至于最后无法复原原来的影像。所以，这种技术很快被数字拍摄技术代替。数字拍摄技术是把影像数字化而保存和传输，故理论上可以不出现信息的衰减，可以永远地传输和复制清晰的影像。到了21世纪，数字拍摄技术在计算机网络技术的建立中得到飞速发展。在数字成像技术中，其机器的不断小型化、自动化、精密化，还有价格越来越便宜，个人在使用这些拍摄技术时，已经没有太多的技术和经济上的障碍。这样的拍摄技术变化，带来了一个几乎是全民的影像时代。而影视民族学的拍摄和民族志影像也自然受到这种拍摄技术进步的影响。

以上的这些拍摄在技术上逐步从胶片影像技术向电子影像技术和数字影像技术迈进，到今天基本实现了影像技术的数字化，估计还可以向3D影像技术迈进；在范畴上从影视认知向影像化和影像文化进行了更大的扩展，使影视从单纯的影视走向了动态图像的影视和静态图像的图像志，并且与人类历史上的图像和现代意义上的图像贯穿了起来。

二、多元化的拍摄主体

以上一系列的变化中，最能体现这种变化的焦点应该是拍摄主体的变化。即在20世纪90年代，有些什么样的拍摄主体进入了中国，以及哪些中国西部影视民族志影视片的拍摄，最能够反映出拍摄诉求、拍摄目的、拍摄内容、拍摄形式，以及拍摄背景的变化。这个拍摄主体的变化很重要，因为它基本决定了我们今天的中国西部影视民族志的基本内容。

到了20世纪90年代，拍摄主体多元化时代来临，大致可以分为这样几个部分：

一是原来的科学研究机构和教学研究机构广泛展开了拍摄；

二是国外的影视人类学机构和研究者来到中国展开了拍摄；

三是中央民族大学及各省民族事务委员会的民族文化资料性和宣传性拍摄；

四是学者个人的拍摄也在逐步展开；

五是电视媒体机构也在以各种方式和视角进入了拍摄。

科学研究机构和教学研究机构的拍摄主要是中国社会科学院民族研究所，以及云南民族学院、云南省社会科学院、云南大学、新疆师范大学等机构的拍摄。在这一个部分的拍摄中，以中国社会科学院民族研究所的拍摄最为突出。

在1988年时，有《黎族节日三月三》《黎族服饰》《黎族民间工艺》《黎族妇女文身习俗》《海南风光与旅游胜地》。这是中国社会科学院民族研究所在改革开放后比较早的拍摄。如果说杨光海20世纪80年代在云南和贵州的拍摄是20世纪五六十年代少数民族社会历史科学纪录片拍摄的余绪，那么这些“黎族系列”的拍摄可以视为中国社会科学院民族研究所最早的自主拍摄。在杨光海的影志中得知，这是为成立中国民族博物馆而进行的拍摄，故已经有明显的学术性拍摄的自主拍摄诉求了。

20世纪90年代，这样的拍摄呈全面开花的形势，在各地有许多这样的拍摄。

20世纪90年代在四川的康藏地区有《藏族水磨的功能和结构》《藏族的雕版印刷术》《藏族的土法淘金》《康区藏族农民生活一瞥》《康区藏族牧民生活一日》《康南“伸臂桥”》《更庆寺的时轮金刚法会》《康定天主教徒的宗教活动》等；在西藏有《轮回与圆圈——藏传佛教文化现象研究》；在广西有《唱哈的日子》；在内蒙古有《秋牧——新巴尔虎蒙古族游牧生活纪实》（上、下）、《牧歌探源》等；在新疆有《哈萨克族》系列录像片、《哈萨克族的游牧经济》《哈萨克地区风光与名胜古迹》《哈萨克族的物质文化》《哈萨克族的节庆与娱乐活动》《哈萨克族的音乐舞蹈与艺术》《哈萨克族的婚姻》《哈萨克族的丧葬习俗》《哈萨克族的宗教信仰》《哈萨克族的文化教育》，以及《新疆维吾尔族传统手工——喀什土陶》《新疆维吾尔族传统手工业——喀什铁器》《喀什牲口巴扎的萨拉及》等；在青海有《隆务河畔的鼓声》《仲巴昂仁》《年都乎的岁末》等；在四川有《祖先留下的规矩》等等。

在科学研究机构和教学研究机构的拍摄中，云南表现最为突出。云南民族学院不但延续了20世纪80年代的基本拍摄精神，20世纪90年代，也还有新的拍摄，比如具有代表性的作品《吉祥格布》《永恒之路》《沉默的家园》等等。云南社会科学院也有诸如《高原女人》这样的作品出现。在云南大学，也有《家》《弥勒可邑祭火》《故乡的小脚奶奶》《撒尼男人的盛典》《技艺不会成为记忆》《壮族面塑艺人杜武超》《苗族音乐艺人王忠林》《壮族音乐艺人王国春》《白族民间玩具》《白族建筑师》《扎升斗》《尼西情舞》《葫芦丝》《六搬村》《马散四章》《曼春满的故事》《格姆山下》等（这后四个片子的拍摄为《苦聪人》《瓦族》《傣族》《永宁纳西族的阿注婚姻》等四个少数民族社会历史科学纪录片的跟踪拍摄）一系列的作品。

在科学研究机构和教学研究机构的拍摄中，新疆师范大学有《突厥语诸民族原生态民间信仰与萨满教》《南疆维吾尔伊斯兰教苏非主义》《吐鲁番鄯善县维吾尔女萨满治病仪式》《萨满与疾病》《麦盖提县维吾尔萨满治病仪式》《阿克苏地区柯坪县维吾尔萨满治病仪式》《和田地区皮尔仪式》《维吾尔麻扎朝拜》《塔河断流与罗布人渔猎文明的终结》《哈萨克族萨满治病仪式》《哈萨克斯坦都市萨满》《柯尔克孜族萨满治病仪式》《柯尔克孜族天拜仪式》《生命的呼唤》（艾滋病预防与社会关爱国际合作项目）、《图瓦人祭敖包仪式》等片。

兰州大学拍摄有《托毛人是蒙古人吗》等片。

西藏民族学院1985年拍摄有《门巴风情》《门巴婚礼》《珞巴风情》等电视片。

1990年后，中国藏学研究中心拍摄有《纳木错湖畔牧民》《藏民族文化村》《雍和宫打鬼》《西藏一年》《西藏文化系列》等片。

20世纪90年代，国外的一些学者和学术机构进入了中国，并且也在这一时期拍摄了许多有自己角度和学术诉求的片子。比如法国范华先生在中国拍摄有《福建客家游记》；纪可梅女士在中国拍摄有《梨园弟子》和《神圣的鼓手（安多）》，以及《回到学校》等；德国人拍摄的《西藏湖盐》等。这些都是当时非常有影响的拍摄。

中央民族大学及各省民族事务委员会的民族文化资料性和宣传性拍摄，也是20世纪80年代以后兴起的一种拍摄方式。其主要目的与以上的中国社会科学院民族研究所式的学术性拍摄不一样，它是资料记录性质的拍摄，是为了保存中国各民族中即将消失的民族文化资料的拍摄。这样的拍摄以中央民族大学为先导，1983年有《柯尔克孜族》10集系列片；1985年有《白裤瑶》；1986年有《西藏》《雪顿节》《哲蚌寺》；1989年有《古羌子孙》等片。1985年，该校电化教育中心成立，拍摄有11个省区，包括藏族、苗族、塔吉克族、羌族、回族、维吾尔族、哈萨克族、蒙古族、白族、傈僳族、景颇族、德昂族、赫哲族、鄂伦春族、鄂温克族等民族在内的17个民族的近40部（集）片子。

在地方各省民族事务委员会的拍摄中，贵州表现突出，有《贵州苗族》《贵州布依族》《贵州侗族》《贵州水族》《贵州彝族》《贵州土家族》《贵州仡佬族》等 7 部民族文化资料片。

广西民族大学等单位也有一些类似民族文化资料片的拍摄，比如《斋醮》《京族哈节》《短衣壮人的习俗》等。

在这样的拍摄中，宣传性拍摄也表现其中。比如贵州省民族事务委员会的拍摄中，不但有上述的 7 部民族文化资料片，也有在这些片子基础上剪辑而来的《依山傍水布依人》《鼓楼情韵》《悠悠水家情》《杜鹃花盛开的地方》《黔乡土家族》《仡佬古风》等 6 部片子，就是一种专门的宣传性拍摄。

在这样的拍摄中，云南省民族事务委员会拍摄的 12 集大型纪录片《丽哉勐傣》也是这样的片子。

这种拍摄可以视为比较纯粹记录性质的拍摄。这样的记录性质的拍摄明显受到少数民族社会历史科学纪录片拍摄记录性质的影响。但又与其不同的是，这样的记录性质的拍摄主要指向是学术性的，即保存变化中的民族民间文化影像，没有意识形态的影响。所以，这些民族志影像的拍摄不会有拍摄上的限制，只有使用上的限制。从记录性质上来说，它比许多有学术研究诉求的拍摄更为珍贵。

学者个人的拍摄。随着拍摄技术的进步和学人经济状况的改善，学者个人的拍摄也在 20 世纪 90 年代兴起。这样的拍摄有纯粹学术性的，也有文化记录性的，还有基于个人兴趣爱好的，但不管如何，都是中国西部影视民族志的一道“风景”。兰州的徐德华从 20 世纪 80 年代就开始了这样的拍摄，有《卡力岗人》《莲花山花儿会》《藏族采花节》《藏族尕家六部落妇女头饰》《东方乌玛西道堂》《泽库和日寺石经墙》《中国回族》（五部）、《中国裕固族》（三部）、《中国的小麦加——临夏》等片子，是中国个人拍摄这类片子最多的人。

这样的拍摄有中央民族大学教授庄孔韶的《虎日》；有云南独立纪录片导演吴晓惠的《小喇嘛农布和他的葬礼》《哀牢山下的土锅寨》；有贵州民族大学吴秋林的《最后的蔡伦》《作为仪式的婚礼》《埋岩》等片子。还有，个人的拍摄也有许多类似于民族文化影像资料性的拍摄，亦记录了大量的在各个不同时间段里发生的民族民间文化事项。这些民族文化影像资料性的拍摄应该是巨量的，因为个人拍摄者的数量是很多的，它们也是拍摄民族文化影像的重要力量。但这样的拍摄漫散，在一定程度上缺少关注民族民间文化的视角。不过笔者以为，随着技术的进步和发展，个人拍摄尤其是学者的个人拍摄会在未来的民族志影像拍摄中发挥更大的影响。

电视媒体机构的拍摄是在中国社会学院民族学研究所的学术性拍摄基本告一段落之后出现的。电视媒体机构加入对民族文化影像的拍摄，在一定程度上改变了中国影视民族学的历史进程，使中国影视民族学的拍摄走向了媒体化，走向了深受观众视觉影响的影视民族学，变得更倾向于纪录片化、审美化和问题化。而传统影视民族学的科学性、学术性大大减弱。这样的拍摄也是中国西部影视民族志的一个组成部分。这样的拍摄数不胜数，但他们的拍摄永远不会成为中国西部影视民族志的主体。因为他们的拍摄性质决定了他们不是一种为了书写民族文化影像志而进行的拍摄。不过，电视媒体机构的拍摄也确实带来了一些改变。

电视媒体机构的拍摄给影视民族学拍摄带来的变化大致有以下几个方面：

一是由于电视媒体的强势，使一部分学术性拍摄对自己的一些对象做了调整，以适应媒体的需求，把部分影视民族志影视片“变化”为更容易被观众理解的民族文化纪录片。这也在一定程度上影响了影视民族志影视片的拍摄，因为这样的拍摄一定要考虑受众的“眼睛”，即观众要看什么，喜欢看什么。故一段时间里，“纪录片化”成为影视民族志拍摄的一种潮流。

二是电视媒体的强势混淆了纪录片和影视民族志影视片的界线，甚而把纪录片等同于影视民族志影视片，或者以一般纪录片的要求来要求影视民族志影视片，以及表现民族志影像的资料片。

三是影视民族志的拍摄也在一定程度上影响了电视媒体的纪录片中的民族文化专题片，使许多的电视纪录片在满足媒体受众需求的同时，也具有一定的学术性表达，成为民族志影像的一个组成部分。这部分片子不多，但是它们在传达和保存民族志影像上的作用和影响力很大，人们正是从这些片子中来理解民族志影像的。

在电视媒体中，中央电视台有专门的纪录片频道，各省区也有一些类似的频道，但它们都有的共同点，就是“探秘”“秘境”“追踪”。这是一种非常明确的猎奇于民族文化，并且适应于观众“眼球”的影像表述，从根本上不会关心记录中的学术和历史责任。在四川和上海，还有纪录片节，有一些民族文化专题片获奖，但这个平台却压根儿不是民族志影像的平台。

在多元化拍摄的时代，各种拍摄都从各自的角度发挥着自己的影响。但是，民族志影像还是有自己的基本价值标准的。中国西部影视民族志是中国西部民族文化民族志影像的“志述”。所以，民族志影像应该是它的根本标准。中国西部民族文化中的一切影像表现，都应该用“民族志影像”的尺度来衡量。

第四节　影响中国西部影视民族志发展分布的三个因素

在新中国成立后最早的十年拍摄中，注重的是“社会历史”，所以其拍摄中融进了马克思主义社会发展阶段学说的影响，也急于证明社会主义发展阶段的进步性。我们在拍摄中就最先看见了《西藏农奴制度》《新疆夏合勒克乡农奴制》《西双版纳傣族农奴社会》这样的片子。但是，新中国成立后最早的十年拍摄的主调还是“族性文化”，主要是以民族的概念来综合性反映处于某个文化阶段上的文化。这样的拍摄主题也是符合“社会历史”这个主调的。不过，这个拍摄的主调影响了后面的一切。要拍摄这样的主题，在区域上一定是在中国边疆地区，因为只有这样的地区才有“前资本主义社会”的社会历史形态。而且也只有选择少数民族，因为只有少数民族社会历史中才有这样的“前资本”的社会历史形态。而且也只有在对这些少数民族地区进行民主改革时，才会出现这样的历史契机，才会出现抢救、记录“前资本主义社会形态”的历史时机和动因。正是这些原因综合在一起，才促成了中国西部民族文化影像的书写。

这是一个中国西部民族文化民族志影像的内在分布。这个分布也影响了我们后来的中国西部影视民族学志的历史，因为这是一个拍摄什么，忽略什么，强调什么的一个标杆，或者说内在尺度。后来在 20 世纪 80 年代开始的一系列拍摄中，得到了最为充分的体现。以中国社会科学院民族研究所的拍摄为例，他们的拍摄理念主要还是延续了这个“内在尺度”，拍摄地区也还是在中国西部。虽然到了 20 世纪 90 年代以后，中国影视民族学的拍摄理念有一系列的变化和发展，比如包括中国社会科学院民族研究所在内的一些单位都开始拍摄民族文化风情宣传片了，媒体为了迎合观众的趣味，开始把民族文化的特异作为主要追寻的拍摄目标。中国的影视民族学界也开始了试验影视民族学的拍摄。但这个基本内核没变，中国西部作为中国最为重要的拍摄地这一点也没有变。

是什么导致了这样的中国西部影视民族志的发展分布呢？笔者以为应该从以下三个方面来认识：一是技术因素；二是文化因素；三是学术因素。

一、技术因素

影视民族志和民族文化影像书写最为重要的一个物质因素就是技术因素。因为进行这样的影像书写最为重要的物质手段是技术，表现在影像书写上就是成像机器——摄影机。这是现代工业化社会带给我们的“礼物”。没有工业社会“机器成像”的技术，我们从物质上是不可能成就现代影视民族志和民族文化影像书写的。在古代的民族影像志和民族文化影像书写中，人们手工绘制图像，以表现民族志影像和实现民族文化影像书写意义。而在照相技术成为可能之后，机器成像就替代了手工绘制成像。手工绘制成像是一种手工艺技术，而机器成像是一种工业的综合性技术。这种机器技术带来的成像能力，一开始就成为一种学术研究的强势表现，尤其是在文化人类学研究和民族学研究中更为如此。在某种程度上说，也是学术现代化的一种象征性表现。但是，技术因素又绝不是造就影视民族志的决定性因素，不会因为拥有影像书写技术和能力而产生影视民族学和影视民族志的学问，而关键在于某一主体对于影视技术的应用。中国西部影视民族志产生的地区，在工业技术上来说相比中国其他地方都是非常落后的，更不要说相比之于世界。但是，中国的影视民族志和民族文化影像书写主要表现却在这一地区。中国西部影视民族志可以说在一定程度上代表了中国的影视民族志和民族文化影像的书写。

1902 年，日本人鸟居龙藏就在他对中国西南地区的民族学调查中使用了影视技术，保存了一批当时的民族志影像。1927 年斯文·赫定也在西北地区留下了一些民族志影像。前者是静态影像，后者有静态影像，也有动态影像。到 1933 年，中国人自己也在中国的西部应用影视的技术手段来为民族志影像和民族文化影像书写表现服务了。

从技术因素而言，这样的技术是一个国家，或者说世界工业发展水平的基本表现。你在工业技术上表现如何，在成像技术上会立即有所表现，比如在数码成像技术还未出现之前，一整套的化学成像技术还如日中天，世界上所有的城市里都摆满了印制各种照片的冲印机。但数码成像技术一出现，这样的机器在一瞬间就消失了。这些似乎与中国西部影视民族志没有什么关系，所有的这些技术都与这一地区没有任何关联，这样的地区不会产生任何与机器成像有关的技术。但是，中国西部影视民族志却是机器成像技术在这里的完整应用。没有这样的技术，不会形成中国西部影视民族志的基本概念。也可以说，是现代工业社会的机器成像技术，成就了中国西部影视民族志。在一个完全没有影像技术生产和制造的地区，应用了完整的现代工业成像技术，肯定不是由于此地的技术发展了中国西部影视民族志，而是另外的因素，比如文化因素。

二、文化因素

是文化因素促使了人们将现代工业技术中的影像成像技术应用于中国的西部，从而形成中国西部影视民族志的。

在历史上，把现代工业技术中影像成像技术应用于文化形态相对滞后的地区，是影视民族学和图像文化人类学的一个基本取向。文化人类学所研究的对象一般都是在文化形态上发展比较滞后的文化。因为文化人类学认为，这可以看到我们文化的“过去时”，以研究现在的文化规律和文化意义，并且探索文化未来的发展。影像志、影视民族志的“作为”也离不开这样的基本理论诉求。中国西部正好就是这样的地区。在中国的版图上，曾有过一些历史悠久的盛大的流域文明，有的流域文明甚至比黄河流域文明更为古老和先进。但是，在历史的进程中，只有黄河流域文明获得了发展，或者说“扩张”的先机，成为这块大陆上绵延至今的主导性的文明形式。这个文明以中原为中心，在历史上不断地向四周发展和扩张。它的文明形式熔铸了许多的文明，也留下了两个巨大的“边缘”地区，这就是西北和内蒙古地区、西南地区。这两个地区是中国文化多样性表现最为丰富的地方。这样的文化区域，一定是所有文化人类学家所关注的地方，也是现代工业社会中影视技术应用的地方。因为只有这样的地方才是描述影视民族志和民族文化影像书写的好地方。另外，中国的文化人类学民族学化之后，实际上中国的文化人类学研究很难走出国门。一是我们没有国际文化差异研究的内在动因，也没有国际文化差异研究的外部条件，而相对于主流文化，西北和内蒙古地区、西南地区民族文化的文化差异，就是中国民族学研究的最好选择了。这样，影视民族学的研究主要呈现在这两个地区就是理所当然的了。二是中华人民共和国在成立时，曾梳理这两个地区的文化，以证明社会主义发展的先进性的内在动因，所以“应用”了民族学和影视民族学为其服务。基于这两点，可以说是这两个地区的文化表现正好满足了历史的选择。

三、学术因素

在文化因素中，我们说是中国西部的本身文化因素吸引了影视技术在这一地区的应用。但是，从文化人类学、民族学的基本学理上来说，它还包含了学术因素。即不但是这一地区的文化表现致使了这样的应用，也是人们进行学术研究的基本诉求。在以上关于这两个地区本身文化的存在的论述中，我们基本倾向于是由于这两个地区的文化存在决定了影视民族学志和民族文化影像书写在这两个地区的出现，这个判断是对的。但是，笔者以为这两个地区“吸引”中国民族学界的原因还有一个，即学术因素。日本的文化人类学家鸟居龙藏在做完中国台湾地区的人类学调查之后，很快就在1902年来到了中国大陆，并且几乎是直接就进入了中国西南地区。同样，在1927年，斯文·赫定来到中国，也是在中国西北地区展开调查；而国民政府组织的民族学调查在1933年展开，也是在中国西南地区。新中国成立后，我们有一个被“闭关锁国”的历史时期，如果说我们在这两个地区的影视民族学志和民族文化影像书写的展开有这样的历史背景存在，那么上述列举的外国学者的研究应该没有这样的背景。但是这些人还是都来到了这两个地区，其原因就不仅仅是文化了，而是学术层面的表现了。即这两个地区被文化人类学、民族学界如此关注，其中一个重要的因素就是学术的。因为我们在这些地区的研究，是包含了文化人类学、民族学学术研究的许多要素的。

第二章　中国西部影视民族志的历史

任何的文化都是有历史构成的。这在中国西部影视民族志中也是如此。而且只有这样的历史存在，才能说明中国西部影视民族志的性质和意义。

中国西部是一个行政区划的概念，许多时候它又与文化区域重叠。中国西部实际上就是这样具有“双重身份”的地区。它的大部分行政区域与文化区域重叠，并且区域文化基本显示了与中原文化的差异性质。所以，中国西部影视民族志既发生在这样的行政区域中，也发生在这样的文化区域中，或者说它涵盖了双重的意义。在中国西部影视民族志的历史中，主体自然是发生在这个区域内的一系列的关于中国西部影视民族志的事件和成果。但我们发现，这样的事件和成果是由两部分构成的，一是由本地的人和事件及成果构成，二是由外部的人在西部所经历的事件和成果构成。故我们在这里可以看到一个主要的共同点，即“关于中国西部”。这是叙说中国西部影视民族志的历史的基点。发生在中国西部的影视民族志的历史，一旦离开这个关注点，也就离开了中国西部影视民族志的历史。

说中国西部影视民族志的历史，最好的方法就是有一个分期。我们也是这样来叙述中国西部影视民族志的历史的。

在中国西部影视民族志的历史中，我们把它分为以下几个时期：

1949 年前中国西部影视民族志的历史；

1949 年后中国西部影视民族志的第一时期（1949 年至 1966 年）；

1949 年后中国西部影视民族志的第二时期（1980 年至 2000 年）。

第一节　1949 年前的影视民族志历史

说 1949 年前的中国西部影视民族志历史大概要包含两个部分，一是中国古代的中国民族志影像历史的中国西部部分，二是1949年前发生在中国西部的一系列的现代中国西部影视民族志的历史。

前者属于手工绘制的民族文化影像的书写，它是民族文化影像书写的重要历史之一，也是机器成像的民族文化影像书写的重要背景。

在导论中，我们对于机器成像出现前的中国手工绘制民族文化影像书写有一个认定，它既是我们中国重要的文化传统，也是后来机器成像时代影视民族志和民族文化影像书写的重要背景。因为它的存在不但构成了历史，也构成了重要的文化影响力，直接影响了机器成像时代影视民族志和民族文化影像书写的形式和内容。

一、手工绘制时代的民族文化影像书写——《皇清职贡图》

在手工绘制的民族文化影像的书写历史中，不是所有的影像化书写都能归于中国西部的历史，只有其中的部分可以归为中国西部。但是，这个部分的分量是非常重的，比如清代出现的《皇清职贡图》。它分为两个部分，一是国外的民族文化影像书写，二是中国的民族文化影像书写。其中的后者就基本是历史上对中国西部地区民族文化的影像书写。

在手工绘制的民族文化影像的书写历史中，除了《皇清职贡图》这样的书写外，还有许多类似的民族文化影像书写。在这些民族文化影像书写中，基本上存在两个体系，一是国家层面的民族文化影像书写，二是地方层面的民族文化影像书写。在这样的民族文化影像书写中，有两种民族志影像图志是最为重要的，一是《皇清职贡图》，二是以《百苗图》为代表的一系列西南民族影像图志。这两种民族影像图志，前者是朝廷官修编绘制的，后者是民间修编绘制的，或者说是地方官修编绘制的，再或者是地方官修编绘制后，民间“好事者”传抄，而谓民间者修编绘制的。

《皇清职贡图》在石建中的《〈百苗图〉与苗族的历史和文化》[①]一文中说有各类“职贡图”570幅。“《皇清职贡图》绘成后，篇幅宏大，超过以往所有职贡图。在总长十余丈的手卷中，共绘制亚、欧、非二十多个国家和地区的人物74幅，西藏及附近地区少数民族12幅，关东、福建、台湾、湖南等地苗、瑶、土家各族56幅，广东、广西等地瑶、僮、黎、苗、侬各族72

---

① 石建中《〈百苗图〉与苗族的历史和文化》，《中央民族大学学报》（社会科学版）1997年第1期。

幅，甘肃省撒喇、藏、土、黑番、黄番各族72幅，四川省藏、罗罗、苗、西番、保罗、摆夷、仲人、沙人、侬人、怒、蒲、窝泥、苦葱、朴喇、僳僳、么些、西番各族72幅，贵州苗、仲家、保罗、仡佬、瑶、僮各族84幅，另外补土尔扈特部等18幅。《皇清职贡图》共有570幅画图，一般每个民族各绘一男一女。苗族由于支系众多、服饰多样、文化丰富多彩，朝廷根据各地苗族来朝进贡者的服饰差异，实际绘出了多幅画图，故在编成《皇清职贡图》的570幅图的总数中，'苗图'竟占了60幅，比任何民族的画图都多。"①

该文是通过《皇清职贡图》的"苗图"在《皇清职贡图》中的比例来说明《百苗图》的意义和重要性。但570幅这一数据与文中的统计不符，文中列举的图只有460幅。

《皇清职贡图》在石建中一文中是以幅来计算的，但是在祁庆富的《〈皇清职贡图〉的编绘与刊刻》②文中，则是以"段"，以及以记录的人物来计算的。"乾隆彩绘本四卷，卷1包括补绘共70段，绘男性人物71个，女性人物67个；卷2共61段，男性61个，女性61个；卷3共92段，男性92个，女性92个；卷4共78段，男性78个，女性78个。总计301段，人物600个。其中男性302个，女性298个，另外附绘儿童6个。写本和刊本将彩绘本一卷分为两卷，变成八卷，把每段男女人物分成单幅，内容不变。最大区别是，卷1补绘的10段新成卷9。彩绘本最后一次补绘的'巴勒布大头人并从人即廓尔喀'没有收入写本和刊本。因此，写本和刊本总计300段，人物598个，其中男性300个，女性298个。乾隆时期彩绘本、写本和刊本有关国内少数民族共263段（种），人物524个，其中男性263个，女性261个，另附绘儿童6个。从所占比重看，《皇清职贡图》展现的主体是国内少数民族。"③

在祁庆富的《绚丽多彩的清代民族画卷——"苗蛮图"研究述略》一文中，又说："《皇清职贡图》中国内少数民族占主要篇幅，其中湖南6种、广西23种、四川158种、云南36种、贵州42种，占一半以上。"④

---

① 石建中《〈百苗图〉与苗族的历史和文化》，《中央民族大学学报》（社会科学版）1997年第1期。

② 祁庆富《〈皇清职贡图〉的编绘与刊刻》，《民族研究》2003年第5期。

③ 祁庆富《〈皇清职贡图〉的编绘与刊刻》，《民族研究》2003年第5期。

④ 祁庆富《绚丽多彩的清代民族画卷——"苗蛮图"研究述略》，《中央民族大学学报》（哲学社会科学版）2003年第3期。

这里的“段”相对于石文的“幅”，但不知道石文的《皇清职贡图》是依据的哪一个版本，因为《皇清职贡图》在嘉庆年间还有增补的版本。

在中国，“职贡”活动的历史悠久，且有绘制“职贡图”的传统。《周礼》有“施贡分职，以任邦国”的记载。“历来国内少数民族或国外入贡贡使到中央朝廷表示敬意，都带贡物。这种来朝入觐就是职贡，用绘画来记载这种职贡活动的画图就是职贡图。不过反映职贡活动的这些画图，历代不是所有都统称为‘职贡图’，也有称为‘王会图’‘诸夷献兽图’.‘诸夷图’等等。不管取何名，这些图都是反映职贡的情景，就属于职贡的范围。”①

在今天看来，“职贡图”是中国统治者自古以来就有的“政治读图”的一种方式，是中国统治者了解周边人群和政治的一种方略，也是中国以图像方式了解世界的一种独特方式。中国古代，“职贡”是指藩属或邦国向强大政权、中央王朝朝贡时进献的赋税或贡物，引申为表示臣属关系。所以，在盛朝之际，一般都会绘制“职贡图”以显示朝威。清代乾隆年间出现的《皇清职贡图》就是这样的典型代表。这也是中国民族文化影像书写的重要历史呈现。

最早见于记载的“职贡图”出现在魏晋时期。“历代由朝廷敕命绘制的朝贡使臣形貌的画卷被称为‘职贡图’，南朝梁元帝时所绘 30 余图为最早，今已不存。唐代画家阎立本绘唐太宗在长安接见国内一些民族及外藩使臣图像，今藏南京博物院。”②

现今我们还能见到的唐代职贡图像距今已经 1400 多年了，可见这样的“政治读图”在中国的传统是多么悠久。唐代的职贡图像不一定就是我们今天理解的民族志图像，但它一定是我们中国古代民族图像志的滥觞，也是中国和中国西部民族文化影像书写的滥觞。实际上祁庆富已经认定了这样的图像就是中国民族志图像的最早的见证，否则就不会有类似“唐代画家阎立本绘唐太宗在长安接见国内一些民族及外藩使臣图像”的话语。唐代的地缘政治的方向主要在西域，而现今的中国西部中的西北部分，也主要是在这一区域。那么，这些图像也就是中国西部民族志图像中的最早的影像。

这样的民族志影像在古代还往往会形成历史典籍，成为官家的史书。如唐

① 石建中《〈百苗图〉与苗族的历史和文化》，《中央民族大学学报》（社会科学版）1997 年第 1 期。

② 祁庆富《〈皇清职贡图〉的编绘与刊刻》，《民族研究》2003 年第 5 期。

代的《王会图》《蛮夷职贡图》《诸夷图》，宋代的《蛮王入贡图》《蛮夷朝贡图》《诸夷朝贡图》等等。并且在这样的图志中，有大量的民族志影像。

这样的影像历史延续了许多年，在清代的乾隆年间发展到了高峰，这就是《皇清职贡图》的出现。而且《皇清职贡图》还把一般意义上的职贡描述，上升到了民族志图像的描述高度，成为真正意义上的民族图像志。在上述五百多幅的职贡图中，纯粹的民族志影像有四百多幅。在这四百多幅的民族志影像中，绝大多数是中国西部地区的民族志影像。

这是中国西部地区的民族志影像最明确的影像历史。

二、手工绘制时代的民族文化影像书写——《百苗图》

《百苗图》与《皇清职贡图》均为民族志影像和民族文化影像书写，但也有一定区别。一是《百苗图》中主要是以苗族为主的民族志影像和民族文化影像书写，而《皇清职贡图》包括了国外的民族志影像和民族文化影像书写；二是《皇清职贡图》包含了整个中国的民族志影像和民族文化影像书写，而《百苗图》则主要是贵州苗族，或者说以西南地区苗族为主的民族志影像和民族文化影像书写。在历史的演化中，《百苗图》还成了中国西南地区类似民族志影像和民族文化影像书写的统称。所以，说《百苗图》的大概念时，还包含了整个西南地区许多类似的民族志影像图志。比如在云南有《云南苗夷图说》《滇省夷人图说》《白麟图说》《御制外苗图》《滇夷图说》《滇省迤西迤南夷人图说》《云南营制苗蛮图》《云南罗罗图》《云南两迤夷类图说》《普洱府与地夷人图说》《蛮僚图说》，海南有《番俗图》《琼黎图说》等等。这样的民族志影像在四川等地也有。祁庆富在《〈皇清职贡图〉的编绘与刊刻》一文中就说过，《皇清职贡图》的试点就是在四川开始的。“据台北‘故宫博物院’藏《宫中档乾隆朝奏折》，乾隆十六年十一月十七日四川总督策楞奏折称：乾隆十五年八月十一日，大学士傅恒向策楞传达上谕，命将所知‘西番、锣锣男妇形状，并衣饰服习，分别绘图注释’。”[①] 这是目前所知有关《皇清职贡图》绘制的最早记载。策楞接旨后，命人绘出二十四幅图，进呈御览。乾隆十六年八月，策楞收到军机处发下“番图”二式，谕令将所属“苗瑶以及外夷番众”照式绘图送交军机处汇呈，“以昭王会之盛”。同年十一月十七日，策楞具折奏明遵旨留心图写，俟绘就另进。由此可知，绘制《皇清

---

① 《宫中档乾隆朝奏折》（第一辑），台北“故宫博物院”1982年印。

职贡图》由乾隆皇帝下令，军机处负责，自乾隆十五年开始，以四川为试点[①]。这样，四川等地的类似民族志影像和民族文化影像书写也应该不少。

《百苗图》最早指的是陈浩所作的《八十二种苗图并说》，此本早已佚失，我们对它的了解主要来自于清人李宗昉的《黔记》。其云："《八十二种苗图并说》，原任八寨理苗同知陈浩所作，闻有刻版，存藩署，今无存矣。"李宗昉，字静远，号芝龄，江苏山阳人。嘉庆七年（1802 年）进士，十八年以太子中允视学黔中，历时十个月。在贵州巡视期间，"以黔中文献隐失，府县志多缺不修……乃檄各学校官访乡士大夫藏金石、图史、歌谣、志乘者"。加之"足所历与采访而得之者"[②]，故著有《黔记》。其卷三专述贵州少数民族，共介绍有八十二种"苗"。陈浩所作的《八十二种苗图并说》佚失，但民间各种抄本和写本众多。有情况两种，一种是在陈本的基础上抄写，另一种是独立另外绘制，所以一时间有许多冠以"苗图"的民族志图像和民族文化影像书写出现。这种情况在贵州形成了一种风气，而且还影响了整个西南地区。后期在云南也出现了大量的这样的民族志影像和民族文化影像书写。在石建中的《〈百苗图〉与苗族的历史和文化》一文中，关于国内外收藏《百苗图》的考据就可见"百苗图"的盛况。

《苗图》或《百苗图》产生在过去和平时期的封建强盛时代。最初是苗人到朝廷进贡，由皇宫绘制，这一部分本来就存于皇宫；另一部分是据皇帝指令，由到苗族地区工作的大臣组织人绘制，而后交到皇宫，这部分或在皇宫或存于当时的大臣手中；还有一部分是由地方绘制，故存于地方或民间。清王朝衰落后，随着外国列强侵略者的入侵，从 18 世纪开始，国际上一批史学家、人类学家、宗教人士来到中国，调查搜集我国的民族、民俗情况。他们到苗族地区，看到丰富多彩的苗族历史文化，即着手苗学研究，搜集苗族资料，也搜去了不少《苗图》。这样，就形成目前国内、国外、国家与个人均收藏有《苗图》或《百苗图》的状况。

在国内，北京故宫博物院、中国历史博物馆、中央民族大学民族博物馆和图书馆等单位收藏有《百苗图》；台北"故宫博物院"也有《百苗图》收藏。在我国民间也有《百苗图》，直到 20 世纪 80 年代文化部门还发现一套相

① 祁庆富《〈皇清职贡图〉的编绘与刊刻》，《民族研究》2003 年第 5 期。

② 见〔清〕李宗昉《黔记·自序》。

当完整的《百苗图》，经国家文物鉴定委员会正式确定是："有重要历史价值，研究清代我国西南少数民族的重要实物资料"的大型历史文献型书画图册。

也有的《百苗图》已流落国外又幸而得归。如我国民族学老前辈吴文藻教授，生前于1948年11月17日在日本东京购得《苗族图》一册，其中共有苗图34幅。吴老后将此书赠给中央民族学院（即今天的中央民族大学）图书馆，并亲笔注明此书收藏的经过："入手路经：广州—闽船—长崎（德川时代）—水户（儒家）—明治末期流散—零本收千里藏书。"（见该书赠时附言）

至于各种《苗图》，如《黔南苗蛮图说》《苗蛮图说》《苗族图》《苗蛮图》《苗族风俗图说》《清代苗民图》《苗族生活礼俗图》《苗族风俗图》《苗图百幅》《苗人物风俗全图》《苗疆图》《苗蛮全图》等图册，现在国内分别在故宫博物院、中国历史博物馆、北京图书馆、中国社会科学院民族学与人类学研究所图书馆、中央民族大学图书馆、民族文化宫图书馆和中南民族大学图书馆、贵州省博物馆、贵州民族大学图书馆、贵州师范大学图书馆等单位，以及个人都有收藏。

在国外，据日本学者鸟居龙藏于1905年所著的《苗族调查报告》一书介绍，《黔苗图说》早在1859年就被外国译成英文流到国外，与此同时，各种"苗图"也被外国人搜去。

在英国，据我国学者刘崇熙先生1933年在山东大学《科学丛刊》第二卷第二期发表的《苗图考略》一文，他在英国期间了解到，在英国的各大图书馆和博物馆计有《黔省各种苗图》《云南两迤夷类图说》《罗甸遗风农桑雅化》《黔苗图说》《普洱府与地夷人图说》《蛮僚图说》《苗疆图说》《黔省苗图》《贵州图册》《苗图》《名人精写苗蛮图》《黔省八十二种苗图》等共12种、25册、545图之多。另外，据近年大型专题电视系列片《百苗图》简介中说，大英博物馆东方图书室还藏有13张《百苗图》。

在日本，据中央民族大学胡起望教授撰写的《东京所见"苗图"概述》一文载：东京的东洋文库、东京大学东洋文化研究所图书馆、庆应大学图书馆都有一些《苗图》收藏。如《苗族风俗图》《苗图》《苗子风俗图》《内府精绘苗蛮图》《异族图说》《苗册》等共有11种。庆应大学伊藤清司教授个人也有一册《苗图》珍藏在家中。

在德国，据近年大型专题电视系列片《百苗图》简介："德意志民族博物馆藏有《百苗图41张。"其他国家，如越南、美国、法国等有关图书馆和博物馆也有一些“苗图”收藏。

这是石建中在文中所描述的关于《百苗图》的盛况。

在杨廷硕、潘盛之先生编著的《百苗图抄本汇编》[①] 中也有描述。在这本著作中有十一个《百苗图》抄本，在“前言”中记有：刘雍先生收藏的三个抄本原件，并提供了一个国外抄本的复制本；有贵州省博物馆收藏的两个抄本原件；有贵州民族大学收藏的一个早期抄本原件；有贵州省图书馆、贵州师范大学各提供的一个民国年间改绘本的原件等等。加上我国台湾历史语言研究所已影印出版的《百苗图册》和《番苗画册》共计十一个。而这些《百苗图》在石建中文中则多未提到。

关于《百苗图》表现的具体民族志影像，在李汉林《〈百苗图〉题解》[②] 一文中有比较详细的描述：

“《百苗图》是一部图文并茂的清代贵州民族志。据李宗昉《黔纪》和台湾‘中央研究院’影印《苗蛮图册》所记，《百苗图》原本内容分为八十二个条目，即黑保罗、罗鬼女官、白保罗、宋家苗、蔡家苗、卡尤仲家、补笼仲家（箐仲家）、青仲家、曾竹龙家、狗耳龙家、马升龙家、大头龙家、花苗、红苗、白苗、青苗、黑苗、剪发仡佬、东苗、西苗、夭苗、侬苗、打牙仡佬、猪屎仡佬、红仡佬、花仡佬、水仡佬、锅圈仡佬、土人、披袍仡佬、木佬、仡僮、僰人、蛮人、洞人、瑶人、杨保苗、佯广（杨黄）、九股苗、八番苗、紫姜苗、谷蔺苗、阿洞罗汉苗、克孟枯羊苗、洞苗、箐苗、伶家苗、侗家苗、水家苗、六额子、白额子、冉家蛮、九名九姓苗、爷头苗、洞崽苗、八寨黑苗、青江黑苗、楼居黑苗、黑山苗、黑生苗、高坡苗、平伐苗、黑仲家、青江仲家、黑民子、白儿子、白龙家、白仲家、土仡佬、鸦雀苗、葫芦苗、洪州苗、西溪苗、车寨苗、生苗、黑脚苗、黑楼苗、短裙苗、尖顶苗、郎慈苗、罗汉苗、六洞夷人。上述八十二条，每条有图有说，图绘人物生活情景，反映该民族习俗和最具代表性的文化特点。文字说明则介绍该民族生活区域、族属关系、耕织狩猎、衣着婚丧等习俗及其与官府的关系。”

在历史学家和民族学家眼里，对《百苗图》有很高的评价，李汉林对《百苗图》就有这样的评价：

---

① 杨廷硕、潘盛之先生编著《百苗图抄本汇编》，贵州人民出版社 2004 年版。

② 李汉林《〈百苗图〉题解》，《吉首大学学报》（社会科学版）2000 年第 3 期。

“作为一部地方性民族志，《百苗图》具有如下几个特点：

一、该书构建了一套体系完整的贵州民族族名系统。该系统涵盖了贵州除回族外的各世居民族，包括苗、布依、侗、彝、水、仡佬、瑶、壮、白、土家、毛南、汉12个民族，并具体界分了苗族、布依族、侗族等民族的主要支系，使该系统成为一个具有明确断代价值的族名规范。为研究贵州世居民族的族称名源、族属关系、分布区域变迁等提供了较为全面系统的资料。

二、该书图文并茂，相辅相成，较全面准确、生动形象地记载了当时贵州各民族的政治、经济、文化状况，为今天的研究者提供了一个古今资料比较研究探讨各族文化演变规律的可信史实依据。

三、该书综合利用了前代典籍及实地调查资料，匡正了前人记载的失误，增补了前人记载的缺漏，理顺了前代文献族名演变的脉络，最大限度地保持了该书与前代典籍的承接关系，为贵州各族历史民族志的整理提供了一个深入考辨的线索。

四、该书附图不仅弥补了文字记载的不足，增加了历史民族志的信息内涵，而且其富于民族风情的古香古色的彩图，更具有艺术鉴赏价值和文物收藏价值。”

由于该书具有较高的学术和艺术价值，因而该书面世后不仅为众多文人抄绘临摹，成为中外收藏家争相收藏的对象，而且对于历史学家、民族学家来说，更是研究贵州民族史志极其珍贵的文献资料[①]。

李汉林先生在史学和民族学上的评述是很到位的，但没有看到该书在民族志影像和民族文化影像书写上的重要性和意义。于此，我们后续还有表述。

类似于《百苗图》这样的民族志影像和民族文化影像书写，在云南也有极为丰富的表现，祁庆富、李德龙在《〈伯麟图说〉“考异〈御制外苗图〉和〈滇省夷人图说〉考略》[②]一文中，就列举了《御制外苗图》所涉及的云南民族志影像计104种，比《百苗图》的82种还多22种。

1. 夷，2. 罗婺，3. 刺毛，4. 缅人，5. 磨些，6. 占宗，7. 傈僳，8. 球人，9. 遮些，10. 蒲人，11. 戛喇，12. 揭些，13. 野人，14. 花苗，15. 峨昌，16. 卡瓦，17. 大倮黑，18. 蒙化彝，19. 倮黑，20. 利米，21.

① 李汉林《〈百苗图〉题解》，《吉首大学学报》（社会科学版）2000年第3期。

② 祁庆富、李德龙《〈伯麟图说〉考异〈御制外苗图〉和〈滇省夷人图说〉考略》，《民族研究》2007年第1期。

小列密，22. 且，23. 洒摩，24. 蒲蛮，25. 扯苏，26. 西番，27. 野西番，28. 妙倮㑩，29. 苦葱，30. 阿卡，31. 艮子，32. 莽子，33. 三作毛，34. 黑濮，35. 龙人，36. 黑窝泥，37. 缅和尚，38. 花白彝，39. 弋罗，40. 老挝，41. 长头发，42. 绷子，43. 鲁屋倮㑩，44. 撒桓倮㑩，45. 窝泥，46. 麦岔，47. 喇，48. 土僚，49. 白窝泥，50. 野占宗，51. 倮㑩，52. 卜，（以上为上册）53. 喇嘛，54. 怒人，55. 罗缅，56. 土人，57. 海倮㑩，58. 甘倮㑩，59. 苗子，60. 爨蛮，61. 黑干彝，62. 憧人，63. 白倮㑩，64. 黑倮㑩，65. 阿西，66. 沙人，67. 普拉，68. 拇鸡，69. 阿者倮㑩，70. 阿蝎倮㑩，71. 葛倮㑩，72. 鲁兀，73. 聂苏，74. 舍武，75. 阿系，76. 阿成，77. 山车，78. 白喇鸡，79. 普列，80. 阿戛，81. 阿倮㑩，82. 花土僚，83. 水白彝，84. 黑土僚，85. 旱白彝，86. 普剽，87. 交人，88. 白仆喇，89. 阿度，90. 腊歌，91. 孟乌，92. 普岔，93. 腊欲，94. 腊兔，95. 依人，96. 乾人，97. 披沙，98. 喇兽，99. 羿子，100. 摩察，101. 子间，102. 普特，103. 卡隋，104. 黑铺。（以上为下册）

这样的民族志影像和民族文化影像书写是中国西部民族志影像的历史基础，也是我们中国西部影视民族志的重要组成部分。

三、机器成像时代的民族文化影像书写

从古代的“职贡图”传统到清代乾隆年间的基本表现为民族志影像的《皇清职贡图》，以及纯粹的民族志影像的《百苗图》和《御制外苗图》等，也都是中国西部民族志影像史和民族文化影像书写重要的组成部分。这些民族志影像史有一个显著特点，就是它们全部是手绘的图像，而且都是按照中国传统国画绘画法绘制的民族志影像。这是中国早期的民族志影像历史，在这一历史之后，就是我们所说的1949年前发生在中国西部的一系列的现代中国西部影视民族志的历史。这个时期的中国民族志影像历史，无疑是上一段民族志影像历史的延续，但它又有两个显著的变化：一是中国西部民族志影像历史中比较早的时期主要是国外的学者在进行，后期才有中国学者进入。二是其成像已经从手工绘制完全转向了机器成像。这时候的中国民族志影像又由两个部分组成：一是影视民族志（动态影像）部分，二是图像民族志（静态影像）部分。

1949年前发生在中国西部的一系列的现代中国西部影视民族志和民族文化影像书写的历史包含了影视民族志和图像民族志两个部分。图像民族志早于影视民族志出现。

在1899年10月，一个42岁的法国人，带着7部相机和大量玻璃干片(1885年才问世的技术)，历时11个月后终于抵达了当时的云南府城昆明，开始了他对这个城市“巨细无遗的注视”。在此后将近5年的时间里，他阅尽了这里的山川湖泊、城镇乡村、街道建筑、寺庙道观，也包括上至总督巡抚，下至贩夫走卒、乞丐犯人的各色人等，以及发生在这里的重大或日常的事件；而且，更重要的是，他还将目光所及的一切尽量地凝固在了他拍下的照片里。他当时可能不会想到，这些照片百年后将成为亚洲最早、最完整地记录一个国家、一个地区社会概貌的纪实性图片。

这个法国人就是奥古斯特·弗朗索瓦（Auguste Francois）（1857—1935年）(中文名字方苏雅)。

在方苏雅的拍摄中，有部分影像属于民族影像志和民族文化影像书写的范畴。他的拍摄不一定有像鸟居龙藏那样的民族志影像拍摄性质，但应该是中国最早的民族志影像的拍摄。

在方苏雅之后，才是鸟居龙藏的专业的民族志影像拍摄。

在近代，有许多的外国人进入中国，其中不乏民族学、文化人类学家，他们的活动有时候不单是文本性质的调查，也有民族图像志的调查研究和记录。最早进入中国西部进行专业的民族学、文化人类学调查的是日本人鸟居龙藏（Torii Ryuzo，1870—1953年）。其为日本四国德岛市人，知名日本民族学家，人类学家，考古学家。明治三年四月四日生，昭和二十八年一月十四日卒。鸟居龙藏1902年8月进入中国上海，顺长江而上，至汉口，再换乘小船上至岳阳入洞庭湖，进至常德，常德的中国官员派木制炮舰护送顺沅江而上至黔阳，然后步行进入贵州，从而开始了他在西南地区的民族学、文化人类学考察。鸟居龙藏在1902年10月进入贵州，11月中旬进入云南，1903年年初进入四川，最后经重庆回国。其在西南地区的民族学、文化人类学调查足有5个多月。其考察的性质就是旅行探险式的，主要在人种志调查和文化观察，以及文化地理生态的观察上。这在一百多年前的中国，已经是很不容易了。所以，鸟居龙藏的调查研究所留下的成果，不但在中国的民族学、文化人类学研究上是极为珍贵的，在亚洲的民族学、文化人类学研究上也是弥足珍贵的。对于这次中国西南地区民族学、文化人类学调查的起因，鸟居龙藏在其《中国西南少数民族地区行记》一书中有明确的说明："我此次到中国西南地区的目的，缘于往年亲赴中国台湾调查生番之际，对番族与现今分布于西南的部分苗族间，是否在人类学上有密切关系这一问题，心生疑虑，故欲实地走访苗族地区，调查其状况，以求解答。此外还想顺便调查散布在云南、四川等地的猡猓族（即今天的彝族）等。对中国的台湾生番与大陆部分苗族间之相似，拉克伯里氏在其《台湾笔记》中也谈及此问题。他在书中论述了居住在台湾北部山区的黥面番与中国苗族的关系，最后明确指出两者间的一致。对此我虽暗自首肯，然也非毫无疑问。如无实地调查后再下结论，仍难断定其正确与否。因此事，使我对苗族探险的念头更为迫切，期望无论如何也要实现此行，以解决这一人类学上饶有兴趣的问题，并确认拉克伯里氏学说之当否。所幸（东京）帝国大学也认可其必要性，令我展开此次调查。我深受鼓舞，即刻着手准备，明治三十五年（1902 年）七月，终于踏上旅程。"①

在这次中国西南地区的调查研究中，鸟居龙藏先生已经有诸如《苗族调查报告》② 等著作，还有杨志强先生正在翻译的《中国西南少数民族地区行记》，在文本性质的研究中已经成果多多，但我们于此关心的是鸟居龙藏先生此次调查研究的另外一个方面，即民族志影像的拍摄。因为这是中国，乃至于亚洲历史上的第一次民族志影像的拍摄。从 1826 年人类用机器拍摄出第一张照片开始，在数十年间有了许多拍摄，包括电影机的动态影像的拍摄。有记录的最早的人类学田野拍摄是 1898 年。英国的生物学家阿尔弗雷德·科特·哈登发起组织了坎布里奇探险队，对南太平洋托雷斯海峡岛屿上的土著居民进行了人类学的田野调查和拍摄。这是公认的民族学、文化人类学中关于影视民族学最早的影视拍摄。但明确的具有民族志影像意义的拍摄在世界上最早的应该是鸟居龙藏先生的拍摄。他的拍摄在 1902 年，并且民族志影像的拍摄意识非常明确。像美国学者玛格丽特·米德（1901—1978 年）的民族学志影像拍摄已经是二十年后的事情了。我们说鸟居龙藏先生的拍摄具有明确的民族志影像的意识，证据在他拍摄的照片本身，在他对"黎民子"人的拍摄中，是有明确的人种志标记的。这样的照片是标准的民族志影像的拍摄，虽然如此标记有些不尊重拍摄对象，但这是明确的民族志影像采集的表现。故这样的拍摄

① ［日］鸟居龙藏著，杨志强译《中国西南少数民族地区行记》，（待出版）。

② ［日］鸟居龙藏著《苗族调查报告》，贵州大学出版社 2007 年版。

性质与旅游观光式样的拍摄完全不同。

鸟居龙藏在贵州民族地区活动月余，在云南的民族地区活动两月余，在四川的民族地区活动月余，都留下了许多照片。这些照片有许多在其《中国西南少数民族地区行记》一书中有说明。这些照片总计上万，但并不是所有的照片都是民族志影像的照片，而是其中的一小部分属于我们所说的民族志影像的图片。据在日本长期研究鸟居龙藏的杨志强先生介绍，经过他整理出来的比较清晰的这类照片有近200张。我们看了部分照片后，认为其亦不全部是我们所说的民族志影像的照片，其中不乏风物和风光的照片，但一些民族志影像的照片却非常珍贵。

这样的民族志影像是中国西部民族文化影像书写的开端，是中国西部民族志影像的一个组成部分。

1922—1932年间，活跃在云南丽江、金沙江上游的洛克，也拍摄了许多诸如东巴舞蹈、祭风仪式、羊皮筏子等当地民族文化的图像。但其只是一种业余性质的拍摄。

鸟居龙藏的民族志影像的拍摄主要在中国的西南地区，这是中国西部的一个部分。但是，鸟居龙藏做的主要是静态影像的拍摄，而拍摄动态影像最早的应该是一个德国探险家。

在保罗·霍金斯的《影视人类学原理》中译本序言（杨慧译）中我们看到了这样的文字："一部著名的影片叫《西藏东部探寻》，是一个德国探险队的队长威廉·费尔希讷（Wilhelm Filchner）拍摄的。他在一个喇嘛寺庙里成功地拍摄了《戴面具的跳神》中的舞蹈；为此他于1903—1905年、1926—1928年和1933—1938年在中国和西藏待了很长时间。20世纪30年代早期，哈佛大学人类学系的教职员把一些为帕特（Pathe）制作的新闻片所拍摄的镜头重新编辑组合成一部题为《亚洲中部的蒙古》的无声纪录片。"[①] 这部名为《西藏东部探寻》的影片应该是在1903年前后拍摄的。它应该是中国民族志影像（动态影像——电影）的最早的拍摄。这样的历史基本上与鸟居龙藏的拍摄同步，属于同一时期。这是中国最早的影视民族志（动态影像——电影）的拍摄，也是中国西部影视民族志最早的拍摄记录。

① ［美］保罗·霍金斯主编，王筑生、杨慧、蔡家麒等译《影视人类学原理》，云南大学出版社2001年版。

在“发现”这条记录之前，一般都认为1927年斯文·赫定的考察是类似于鸟居龙藏的考察和拍摄，并且第一次出现了电影机的拍摄，认为这是中国的影视民族学的历史的开始。比如吴秋林在《影视文化人类学》一书中就这样说：“中国的影视文化人类学的历史一般认为是从中国学者与外国学者在20世纪30年代对西北地区的一次联合考察开始的。”[①] 很明显，这样的判断是错误的，但是，斯文·赫定在中国西北地区的考察和拍摄仍然是中国影视民族学历史上较早的拍摄。在1927年的考察和拍摄中，也产生了一些重要的民族志影像和民族文化影像书写，包括电影的动态影像的拍摄。这也是1949年前中国西部影视民族志历史的一个组成部分。

在这次联合考察中，使用了电影机拍摄，而且使用的性质与1903年德国探险家的使用性质不同，这是把影视拍摄作为一种专业的考察手段。在这次考察中，有图片的拍摄，也有电影机的拍摄。不一定其所有的拍摄都是民族志影像和民族文化影像书写，但这次考察肯定有这样的内容。这次考察是一次综合性质的考察，也是一次中外学者的联合考察。张江华、李德君等在《影视人类学概论》中对这次考察有比较详细的描述。

“真正的人类学片的拍摄是20年代后期中国学术界与外国学者合作进行的。1926年11月，著名探险家瑞典人斯文·赫定（Sven Anders Hedin，1865—1952年）来中国北京，与中国学术界商议组织考察团对中国西北地区进行科学考察。当时的中国地质调查所所长翁文灏，北大徐旭生（徐炳昶）、袁复礼教授和周肇祥、刘复等学者代表中国学术界参加了与斯文·赫定的会谈。斯文·赫定生于瑞典首都斯德哥尔摩，少年时代起即立志做一名极地探险家。他对亚洲尤有兴趣，从1890年起至1908年，曾几次来中亚及中国探险。曾到达过中国的新疆、青海、内蒙古、西藏等地，考察了塔什拉玛干大沙漠、罗布泊、冈底斯山、雅鲁藏布江和许多冰川、古城、遗址。他于1900年发现的楼兰古城遗址，引起全世界地理学家、历史学家和探险家的关注。当然，斯文·赫定的这几次考察探险是在未经清政府允许的情况下进行的。另外，他的考察和游记著作附有的中国区域地图、照片等在客观上适应了对中国抱有野心的帝国主义者特别是沙俄的需要，因此沙俄支持他对中国的考察并提供方便。这些，学术界已早有评说。

---

① 吴秋林著《影视文化人类学》，民族出版社2009年版。

经过反复磋商，中国学术界与斯文·赫定双方同意共同组织考察团。由中国学术团体协会特组西北科学考察团理事会，依据合作办法监督并指挥该团一切事务。中国学术界与斯文·赫定共组西北科学考察团的决定，得到北洋政府的批准。1927年4月26日，在北京大学研究所，国学门、周肇祥代表中国学术团体协会与斯文·赫定签署了含有19条合作内容和办法的正式协议。协议明确规定本次“考察之事项，主要为：地质学、地磁学、气象学、天文学、人类学、考古学、民俗学”①。考察团由徐旭生任中方团长，斯文·赫定任外方团长，中方10人，瑞方4人，欧洲其他国家10人，其中丹麦人哈士伦（Haslund）是人类学家。1927年5月9日，考察团从北京出发，踏上西行之路，历时8年之久，于1935年结束了这次举世闻名的考察活动。几年中，考察团在中国新疆、甘肃、宁夏和内蒙古进行了大规模的、系统的、多学科的综合性考察，收获令世人瞩目。据此，斯文·赫定于1944年完成了他的一部最重要的著作——《1927—1935年探险史》，概述了西北科学考察团的经历及取得的成就。

从有关记载中，可以看到考察团拍摄电影的情况。考察团配备了电影摄影机，这是斯文·赫定几次来中国探险中首次使用的新设备。专门的制片员欧洲人李伯冷（Heh - Paul Libereng），他是一名飞行员，又是一流的摄影家。考察团在沿途和考察地拍摄了大量照片和电影片，有自然景观、人文景观、考察活动的记录，也有含人类学内容较多的反映西北人民生活的风土人情片。1927年7月，考察团在内蒙古白灵庙一带拍摄的买达尔圣节庙会活动等底片达1100米长。拍摄工作得到当地人帮助。1927年10月，在额济纳河流域，斯文·赫定向土尔扈特郡王子提出欲租一辆牛车将一只船从索果淖尔送到噶顺淖尔，再运至森林，以便在那里拍电影。王子不但满口应允，并表示不收取报酬。

考察团拍摄的一些影片曾在某些场合放映。1929年1月，考察团回北京作考察报告，北大1200名师生参加。会上，周肇祥、刘复先后介绍有关情况，徐旭生报告了科学考察进程，斯文·赫定则着重汇报了考察取得的科学成果。考察团拍摄的电影作为科学成果之一，在报告结束后进行了播映。

根据中国学术界与斯文·赫定达成的协议，考察团所拍影片，第一，须

---

① 邢玉林等编著《探险家斯文·赫定》，吉林教育出版社1992年版。

经理事会审查；第二，须存副本一份于理事会；第三，初次开映需在北京，未经审查者，不得发表[①]。遗憾的是，这些影片仅有很少部分在中国留存下来。这部分影片资料据说保存在中国社会科学院考古研究所，有待开发利用[②]。

在这段描述中，我们看到了关于中国西北和内蒙古地区的影视民族志和民族文化影像书写的两个情景：一是考察团在内蒙古的拍摄是中国西部地区影视民族志中最早的有中国人参加调查的拍摄，也是中国比较早的关于影视民族志的拍摄之一。二是这次考察的一些照片，虽然其具体情况不详，但在其中也肯定有一部分关于民族志影像和民族文化影像书写的拍摄。这样的照片也是继鸟居龙藏之后，最关乎于民族志影像和民族文化影像书写的拍摄。据说斯文·赫定的这些资料至今仍然完整地保存在瑞典的国家博物馆里。当然，斯文·赫定其人主要是一个探险家，而不是一个民族学、文化人类学家。他不会像鸟居龙藏那样专业地进行民族志影像和民族文化影像书写的拍摄，但他是比较早用影视的手段拍摄中国西部地区，包括西部地区民族文化的人。就这一点来说，他的一些属于民族志影像和民族文化影像书写的拍摄，以及第一次拍摄关于中国民族文化的影视资料，对于中国来说，也是极具象征意义的。

对于这段历史，张江华、李德君等人是这样评价的："西北科学考察团拍摄的具有人类学内容的电影，是中外学者合作的成果，这一过程，丰富了中国学术界将电影手段应用于科学考察（包括记录人类的文化和活动）的认识，并实现了一次经验的积累。可以说，这是中国人类学片的萌芽时期。其后，在中国民族学工作者的努力下，人类学片拍摄有所开展。"[③] 不过，如果张江华、李德君等人看见了保罗·霍金斯在《影视人类学原理》中译本的序言所言，可能就会把"中国人类学片的萌芽时期"的时间往前"推进"20多年。如果这样，威廉·费尔希讷的《戴面具的跳神》的影视民族志的历史，就比世界影视民族学的拍摄历史要早20年。当然，威廉·费尔希讷的《戴面具的跳神》自然不会有斯文·赫定的作品的影响那么大，只会是一种历史时间的象征，不会推进和成为影响历史进程的某种力量。而斯文·赫定的拍摄影响

---

① 邢玉林等编著《探险家斯文·赫定》，吉林教育出版社 1992 年版。

② 张江华、李德君等著《影视人类学概论》，社会科学文献出版社 2000 年版。

③ 张江华、李德君等著《影视人类学概论》，社会科学文献出版社 2000 年版。

了中国的影视民族志的历史。

也许是受到斯文·赫定的影响，在1933年，也就是在斯文·赫定他们还没有结束联合性综合考察之时，国民政府也在一次组织规模不小的直接的民族学、文化人类学的考察中第一次使用了电影机和照相机拍摄。

对于这段历史，张江华、李德君等的《影视人类学概论》中有比较清晰的描述：

20世纪30年代初，我国职业的民族学工作者开始把民族学和电影手段结合起来，在民族学田野调查中使用电影手段搜集资料。首先进行这一结合的是凌纯声、芮逸夫、勇士衡。1933年年初，他们受（南京国民政府）中央研究院社会科学研究所派遣，前往湘西南调查苗、瑶等民族生活和社会状况。他们携带有电影摄影机，由技术员勇士衡专门负责照相、绘图和拍摄电影。这次调查历时3个月，不仅以传统方法进行苗族地区地理、生活习俗、语言、故事、歌谣、鼓、舞等方面的资料搜集和调查，还拍摄了有关当地苗族生活的电影片。凌纯声等认为“科学目的在于求真，欲知苗族生活之真相，非借标本影片不足以表显。多方采购标本，及摄制影片，正所以求其真，而保存其特质也”①。反映了当时中国民族学家对影视人类学的基本认识。1934年10月凌纯声、勇士衡去云南做民族考察。主要在河口、金平、大理、腾冲、丽江、维西等地，考察边地民族的社会与生活。他们再次携带了包括照相机、测高仪、电影摄影机等当时已有的先进设备，应用于考察之中。

1937年，在岭南大学与中山大学联合对海南岛黎族、苗族的调查中，也拍摄了人类学片。此次调查由杨成志等著名学者组织，是南方的大学系统进行的较大规模的民族学田野调查。而且请广州三星电影社派职员邝广林参加调查，负责拍摄电影，目的是“为使社会人士明了黎族、苗族实际生活及本团工作”②。从凌纯声等开始的将电影手段应用于民族学田野调查，是20世纪40年代前我国民族学家仅有的几次影视人类学的实践，其后直到20世纪40年代末，不见有新的拍摄记载。至今尚难知晓当时所拍影片的下落。由于各种原因，这段历史长期以来似乎被遗忘，很少有人问津，以致难以其看到对后来产生多少影响。

---

① （南京国民政府）中央研究院《中央研究院致石青阳鉴函》，载《中央研究院档案》。

② 王建民著《中国民族学史》（上），云南教育出版社1997年版。

凌纯声等中国第一代民族学家将电影手段引入民族调查并非偶然，而是其学术思想发展的必然结果。凌纯声（1902—1987年）早年留学法国巴黎大学，学习人类学、民族学，师从莫斯等人，获得博士学位。在他留法期间，正是人类学片经典之作——《北方的纳努克》一片于纽约放映成功，用电影手段作人类学记录工具的思想和实践在欧美国家人类学家中产生较大影响的时期。而法国是西方较早开展民族学研究的国家，又是世界电影的诞生地和当时世界上少有的几个拍摄人类学片的活跃地区之一①。

从1933年到1937年的五年间，这些民族学、文化人类学界的前辈们做了许多中国民族学、文化人类学界的大事，有许多成果出现，对中国的民族学、文化人类学的发展做出了应有的贡献，是近现代中国，民族学、文化人类学发展得最好的时期。但是，由于意识形态方面的原因，新中国成立后，民族学家和学界在很长的时间里对此所知不多，所提不多，所见亦不多。但这在今天已经有了根本的改变。

在这段五年的历史中，都有明确的影视民族志和民族文化影像书写的作为，而且应该比较丰富和珍贵。1933年凌纯声、芮逸夫、勇士衡等人在湘西拍摄的这批资料基本在台湾“中央研究院”里，但我们很少能够见到。近年，台湾“中央研究院”对这些资料进行了一些整理，参加过此次整理的一位中国台湾的学者介绍说，1933年凌纯声、芮逸夫、勇士衡等人在湘西拍摄的“当地苗族生活的电影片”已经数字化，刻成了光盘，但不公开。问及内容，说是印象比较深的是猴鼓舞和芦笙舞。从这样的描述中，可以判定，凌纯声、芮逸夫、勇士衡等人曾到贵州来拍摄。这样的内容基本在贵州才有，而在湘西是没有的。在湖南的苗族中禁止吹奏芦笙是很早以前的事情，以至丁湖南苗族没有芦笙不是近现代的事情。所以说他们是跑到贵州来拍摄的。

1934年10月凌纯声、勇士衡等人在云南的拍摄和考察的影像资料也应该在台湾“中央研究院”。

1937年，岭南大学与中山大学联合对海南岛黎族、苗族的调查中拍摄的人类学片资料，也应该还在这两所学校里。

这些中国早期的影视民族志实践，吴秋林在《影视文化人类学》一书中是这样评价的：“这些影视活动应该是文本调查的辅助性质的活动，但也是中

① 张江华、李德君等著《影视人类学概论》，社会科学文献出版社2000年版。

国少有的几次影视文化人类学的活动，只可惜这些影片没有留下来，对后世没有什么影响。”这话由于当时资料缺乏，对一半，错一半，影片留下来了，但在中国（新中国）没有应有的影响。

以上是来自于中国民族学界的学者和机构的拍摄。它们自然是影视民族志影视片的主流。但是，在1939年时，有一个人在西康地区的电影拍摄也被人认为是影视民族志影视片的拍摄，这就是中国电影学界的先驱孙明经。1939年，“金陵大学孙明经教授在康巴藏族聚居地区拍摄了《雅安边茶》《西康跳神》等片，西康系列民族志电影可认为是完整意义上的中国第一部民族志电影。当时孙明经随中英庚款川康科学考察团一行用摄影机记录了西康省的社会政治、经济文化、人文地理、宗教习俗和茶马贸市等，制作了《雅安边茶》《西康见闻》《西康一瞥》《省会康定》《康人生活》《西康跳神》以及《喇嘛生活》等默片”①。这些拍摄在中国的民族学、文化人类学界没有受到重视。国民政府没有提孙明经的拍摄，新中国也没有提关于他的属于影视民族志影视片的拍摄，只在中国影视界非常重视他，称他为一代宗师。1939年的这一次“中英庚款川康科学考察团”的考察拍摄，完全类似于以上所述的考察，张明认为他拍摄的“西康系列民族志电影可认为是完整意义上的中国第一部民族志电影”，在一定程度上可以采信，应该是民国年间比较有影响的拍摄之一。这批片子在“文革”期间疑似被毁，但在2002年时被意外发现，外界才知道有这样一批片子的存在。其实，孙明经的关于影视民族志影视片的拍摄可能还不止于此。他一生中有数次所谓的科学考察拍摄。“孙明经一生有四次行程超过万里的拍摄经历。1937年从华东至西北的科考万里猎影，1938年至1939年的川康科考摄影（包括自四川广元至新疆迪化的驿路驿站的拍摄），1940年至1941年在美国的行程万里的科考摄影和1942年至1945年行程万里的云、贵、川科考摄影，除摄制了一大批电影外，还拍摄了数以万计的照片。经过‘文革’灾难，今存135、120、大尺寸底片及幻灯片五千余幅。”② 在这些拍摄中，应该还有一些属于影视民族志影视片的拍摄。

影视民族志影视片的影像是这一时期的主体。民族志影像也是一个组成

---

① 张明《藏地纪录片发展史略》，（未刊稿）。

② 见百度“百科名片”孙明经。

部分。但其时连明确的影视人类学概念都没有，更不要说图像志的概念了。所以那时的影视民族志影像不明确，民族志影像更不明确，不过其实践却很多，也包含了民族志影像部分。

在这一时期的民族志影像中，有一本图志值得一提。在 1995 年时，科普出版社出版了一本《旧中国大博览》，以编年体的形式收入中国 1900—1949 年拍摄的照片 6000 幅，述说了自清末至中华人民共和国成立前旧中国方方面面的历史状况。其中许多具有宝贵但零星的民族志影像。

1937 年后，由于国内、国际环境的影响，文化和学术上的事业多数中断，也包括民族学、文化人类学，以及影视民族志和民族志影像的事业。从 1937 年到 1949 年期间，其基本上都是停顿的历史。1950 年开始民族识别后，在国家的重视下，民族学的学术研究得以恢复，中国影视民族志和民族文化影像书写也开始了自己新的历史。

第二节　1949 年后影视民族志的第一时期

1949 年后中国西部影视民族志的第一时期，指的是从 1949 年到 1966 年“文革”开始的这段历史时期内的影视民族志和民族文化影像书写的历史。

一、“抢救落后”的历史

新中国成立后，中国的国家性质的民族调查在 1950 年就开始了。目的很清楚，一是要通过调查研究把各个少数民族原来所处的社会发展阶段的情况搞清楚，为党和国家制定正确的民族政策提供科学依据，使民族地区跟上社会主义革命和建设形势的发展；二是通过抢救性调查获取大量第一手民族学资料，为科学研究服务。在当时有一个比喻，叫“抢救落后”，即意思是把少数民族即将消失的前资本主义社会的原来面貌用文字和图像记录下来。

“从 1950 年起，中央人民政府先后派出有学者和专业人员参加的 4 个民族访问团和两个民族工作视察组，到西北、西南、中南、东北和内蒙古等地检查民族工作，对少数民族的生产、生活、社会制度、风俗习惯等进行调查。与此同时，中南军政委员会、川西行署、贵州省人民政府等，也组织民族访问团，对本地区的少数民族开展访问和社会调查。中国老一代的许多著名的人类学、民族学家、民族史学家，如费孝通、林耀华、吴泽霖、方国瑜、江应樑、杨成志、杨堃、马长寿等，均参加了不同形式的民族访问团，并担当业务负责人。”①

这样的调查当然不是纯粹民族学研究的调查，但这是新中国民族学调查的基础。在当时的调查中，至1956年时，应该有一些民族志影像（静态影像——照片）的拍摄，但还没有影视民族志和民族文化影像书写的拍摄。使用电影机拍摄民族志的动态影像，是1957年后的事情，而且当时的云南省民委和云南的学者对促成这一拍摄起了很大的作用。

“1956年前后，随着民族地区社会改革和社会主义建设高潮的到来，少数民族的原有面貌正在迅速发生变化。及时完成对少数民族的社会历史调查，成为民族研究工作刻不容缓的任务。1956年春，在全国人民代表大会常务委员会副委员长彭真指导下，由全国人民代表大会民族委员会牵头，大规模的少数民族社会历史调查开始进行。当时计划用4—7年时间基本弄清各主要少数民族的情况，搜集和积累中国民族研究所必需的资料。在此情况下，一些有着丰富实践经验的老一辈民族学人类学家，提出用电影手段实拍少数民族社会生活的建议。这个建议得到中央领导人的支持，并很快作为少数民族社会历史调查的一项重要内容被确定下来。在云南从事人类学研究的学者们，在调查实践中，也认识到拍摄少数民族社会历史科学纪录片的重要性。云南省民族事务委员会根据学者们的意见，也曾向全国人民代表大会民族委员会提出拍摄云南省残存有原始社会形态的几个少数民族的影片的报告。1958年8月，文化部批复了这个报告。”

按照张江华、李德君等的说法：“由此拉开了新中国影视人类学发展的序幕。”这是新中国影视民族学的序幕，但这也是中国西部影视民族志影像和民族文化影像书写的第一时期的开始。因为其后的绝大多数拍摄，基本上都是在中国西部实施的，完全属于中国西部影视民族志和民族文化影像书写的范畴。或者说中国西部影视民族志和民族文化影像书写的范畴在这一时期就是中国影视民族志和民族文化影像书写的范畴。

对于这段历史，在张江华、李德君等的《影视人类学概论》中叙述得最为清楚。其下的概述多来自于该书。

“影片的正式拍摄工作从1957年开始。全国人大民族委员会委托当时正在筹建中的中国科学院哲学社会科学部民族研究所（今中国社会科学院民族

① 张江华、李德君等著《影视人类学概论》，社会科学文献出版社2000年版。

研究所的前身）负责具体实施。该所作为中国层次最高的民族研究的专业机构，集中有一批享有较高声誉的人类学家。在民族研究所卓有成效的工作下，1957 年即组成了 3 个摄制组，分别赴海南黎族、西盟佤族、凉山彝族等 3 个民族地区拍片。1958 年，《佤族》《黎族》《凉山彝族》拍摄完成，新中国第一批人类学片诞生。当时尚无‘影视人类学’或‘人类学片’的概念，由全国少数民族社会历史调查研究办公室主任夏辅仁和业务秘书张正明代表调查组和科研人员意见，到承拍单位八一电影制片厂同厂长陈波商议后，将这种片子命名为‘少数民族科学纪录片’。其后，根据这种影片的性质和特点，正式修订为‘少数民族社会历史科学纪录片’，并一直沿用到 20 世纪 80 年代初期。”①

对于拍摄的原则和指导思想，《影视人类学概论》是这样来表述的：

“拍摄工作坚持了如下思想和原则。第一，少数民族科学纪录片的摄制是社会科学研究的一项重要任务，要与科学研究紧密结合。第二，要在深入调查研究的基础上，把拍摄重点放在即将消失或正在变化着的传统社会和文化方面，综合系统地记录下有关民族的经济结构、生产力和生产关系、政治组织与制度以及生活习俗、婚姻家庭、宗教信仰、文化艺术等面貌。第三，强调纪实性和科学性，要求电影艺术服从科学研究的要求，服从科学记录的真实性。”

这样的思想和原则在当时没有完整的影视人类学、影视人类学片理论概念的情况下，是非常先进的。其中的三条原则在今天都不过时，有的原则在我们今天都还没有完全理解和做到，比如第三条的内容。

这时期的拍摄和拍摄成就，历来人们都给予了高度评价。

“这一时期的人类学片摄制，由于是在对有关少数民族深入调查的基础上，按科学体系要求操作的，使之具有了典型、系统、完整的意义。15 部影片涉及 14 个民族。从地域分布看，有南方的民族，有北方的民族；从经济类型看，有渔猎民族，有农业民族；从社会发展看，有原始社会及其残余形态的佤族、苦聪人（拉祜族）、景颇族、独龙族、瑶族、鄂温克族、鄂伦春族、赫哲族、黎族，有奴隶制形态的彝族和封建农奴制形态的藏族、傣族、新疆部分地区的维吾尔族。还有记录纳西族特殊婚俗和他们的文化的片子。从这

① 张江华、李德君等著《影视人类学概论》，社会科学文献出版社 2000 年版。

些影片中，可以了解到不同地区、不同经济类型、不同社会发展阶段民族的基本情况，有很高的学术价值、文献价值。”①

对这样的片子给予怎样的评价都不为过。它们在许多方面都是中国影视民族学片的典范，因为在这样开创性的拍摄中，给予了我们中国影视民族学太多的东西。

这些影片的拍摄者是当时的电影拍摄厂的摄制人员，研究者为当时的民族学学者，是以以下的方式来完成这些拍摄的。

“这一阶段的影片拍摄，是在人类学界与电影界通力合作下完成的。在民族研究所具体组织下，先后参加这项工作的学术机构和承担拍摄的电影厂家有：云南少数民族社会历史调查组、云南民族历史研究所、四川少数民族历史调查组、新疆少数民族历史调查组、广西少数民族历史调查组和八一电影制片厂、中央新闻纪录电影制片厂、北京科学教育电影制片厂、新疆电影制片厂。

“双方既分工又合作，由民族研究所组织人员撰写出拍摄提纲或脚本，电影厂编导在此基础上经过亲自观察，写出供拍摄的分镜头剧本。双方共同组成摄制组，电影厂出拍摄人员和器材设备，学术机构出专业人员在现场发挥学术指导的作用，以保证影片的学术质量。

“当时拍摄多使用35毫米黑白电影胶片和“埃姆”摄影机，都是从苏联进口的。无同期录音设备，用进口的半导体磁带录音机录下现场音响，供后期制作中使用。影片配乐尽量采用被拍摄民族自己的音乐。”②

这样的拍摄是举一国之力的拍摄，国家对此是非常重视的。

这一阶段的人类学片拍摄工作，作为当时国家民族研究工作和文化事业的重要内容，受到中国最高层领导人和国家党政有关部门的重视与支持。《佤族》《凉山彝族》《黎族》3部影片完成摄制后，周恩来总理于百忙中抽空审看，他称赞道：这个工作很有意义，拍这样的片子是对世界的贡献③。1961年，在已拍摄出7部影片后，国家文化部、中央民委和民族文化工作指导委员会在北京召开了多次影片座谈会，审看影片，总结经验，对后来的拍片起到很大的指导作用。20世纪50—60年代，国家财政比较紧张，但仍拨巨额专

① 张江华、李德君等著《影视人类学概论》，社会科学文献出版社2000年版。

② 张江华、李德君等著《影视人类学概论》，社会科学文献出版社2000年版。

③《周总理的关怀鼓舞着社会科学工作者》，《光明日报》1978年2月25日。

款，由全国人民代表大会民族委员会办公厅核准，财政部直接下拨，用于影片摄制。针对胶片吃紧的情况，国家文化部副部长齐燕铭指示：在胶片减少的情况下，国内各种片子都要压缩，可以少拍点别的，但要保证少数民族社会历史科学纪录片拍摄工作的进行，不要把拍这种片子当作不重要的问题；电影局分配给有关电影制片厂拍摄这种纪录片的胶片不能挪用，等等①。这些都表明了有关部门对摄制人类学片的重视。

举国家之力的拍摄在当时的计划中不仅仅是这 15 部片子，但随着后来的“文革”的到来，被中断了。

“从中国科学院哲学社会科学部民族研究所 1963 年《关于少数民族社会历史科学纪录片拍摄工作的请示报告（草案）》中可以得知，当时已经制定了较为充分的拍摄方案。计划进行综合拍摄的有纳西族、瑶族、赫哲族、维吾尔族、塔吉克族、哈萨克族、傈僳族、布朗族、京族、苗族、蒙古族和朝鲜族等 12 个民族的社会历史科学纪录片。计划专题拍摄的有普米族、毛南族、仫佬族、壮族、满族、锡伯族、怒族、拉祜族、崩龙（德昂）族、阿昌族、哈尼族、侗族、水族、仡佬族、布依族、达斡尔族、基诺族等 17 个民族。还有伊斯兰教、萨满教、佛教等宗教专题片的拍摄计划。因为发生了众所周知的‘文化大革命’，这个计划未能全部实现。”②

二、对“少数民族社会历史科学纪录片”的历史评价

这样的拍摄是中国影视民族志的拍摄，也是中国西部影视民族志的拍摄。在 15 部片子中，大概只有一部片子属于东北黑龙江省的范畴，其余的 14 部都是在中国西部地区拍摄和实施的。这是一个伟大的历史事件，对于它的历史意义，《影视人类学概论》给予了高度而完备的评价。

20 世纪 50—60 年代兴起的少数民族社会历史科学纪录片的摄制工作，是中国影视人类学的一次大规模实践。其历史意义归纳起来主要有下述几点。

（一）抢救记录了正在消失的一批形象的民族文化资料

我国人类学民族学资料异常丰富，在世界上屈指可数，存在于中国各民族中的不同社会形态，以及各有特点的生产方式、生活习俗、婚姻家庭、文化艺术、宗教信仰等，犹如一部完整的人类社会发展史的“活化石”和一幅

① 中国社会科学院民族研究所影视人类学研究室编《影视人类学论文、译文和资料选编》，1995 年印。

② 张江华、李德君等著《影视人类学概论》，社会科学文献出版社 2000 年版。

幅生动的民俗画卷，是人类学民族学研究的宝贵财富。但是随着时代的进步，一些旧的面貌不可避免地被淘汰，要变化、要消失。必须抢在传统文化发生根本变化之前，使用各种手段把各民族传统文化的原有面貌真实地保存下来，否则将失去这批珍贵的历史遗产。1957 年拍摄的《黎族》《凉山彝族》《佤族》以及稍后拍摄的《额尔古纳河畔的鄂温克人》《苦聪人》等影片，就是抢在他们所在民族地区民主改革或社会主义改造即将开始的前夕，将其社会面貌如实记录下来的。无论如何，这些都是以后不可能真实再现的。

（二）为学术研究保存、积累和提供了可视的历史

以往中国学者在研究原始社会形态和社会发展史方面，多借用外国著作和材料进行论证；在研究奴隶制时，也言必称希腊、罗马，很少有自己的材料和例证，因此，难为学人所理解。《佤族》《苦聪人》《凉山彝族》《西藏农奴制度》等影片，使中国学者在阐述本国历史特别是早期历史方面有了形象、直观、有价值的科学资料，而且在进行国内外社会形态对比研究方面也有着重要作用。随着学术研究的发展，这一时期拍摄的影片，也被更多地直接应用于民俗学、社会学、历史学、考古学等其他社会科学领域的研究以及教学。

（三）为现实的民族工作提供了重要的参考资料

我国是一个多民族的国家，要做好民族工作，就必须很好地了解和熟悉少数民族的历史和现状，才能有的放矢地制定正确的政策和采取实事求是的步骤，帮助少数民族改变落后面貌，引导少数民族在四个现代化过程中阔步前进。这一时期影片记录的各民族原有面貌为民族工作提供了形象资料，其作用是与文字资料相辅相成的。

（四）为普及科学知识、民族知识和开展对外交流发挥了独特的作用

观众能从这些影片中看到故事片、影视片中看不到的内容。当时齐燕铭认为，少数民族社会历史科学纪录片“比公式化、概念化的艺术片好，有教育意义”。这里所说的公式化、概念化的艺术片是特指 1958 年“大跃进”时由于“左”的思想影响而拍摄的那部分影片。因电影以最易为人们理解的画面语言为主要传播媒介，因而大大减少了因受语言障碍而难以直接在其他语种和民族中传播的局限。所以，看过少数民族社会历史科学纪录片的中国领导人对其评价颇高，鼓励多拍这样的影片。许多民族工作部门和科研教学机构结合自己的工作，经常参看这些影片。改革开放后，国际上一些影视人类学研究机构、博物馆和对中国民族文化有兴趣的专家、学者也很重视观看、

收藏这些影片录像带。

（五）奠定了中国影视人类学发展的基础

尽管当时尚未产生独立的学科意识，也没有条件形成一门学科，但它已有了丰富的实践经验，初步产生了独具特色的影视人类学拍摄理论，积累了宝贵的影片资料，而且拍摄本身就是对影视人类学的一种宣传。所有这些，都为它在20世纪80年代以后的蓬勃发展和学科的建立，准备了必要的条件。

（六）为中国人类学这个大学科探索出一种新的研究方法和成果载体形式

以往，中国学者进行人类学研究，主要依靠以文字记录的方法收集资料，其成果形式也主要是用文字写成的报告、论文、专著等。而电影拍摄，则将某一具体环境中的行为、声音和语言信息形象地记录下来，然后经过组合编辑的处理，加上解说词，完成了多信息的成果形式。同传统的研究手段和成果载体相比，人类学片具有更直观具体、更形象生动、更真实可信的特点。这实际是对人类学大学科体系的补充、完善和丰富，把人类学研究提高到一个新的境界。虽然当时的认识或许还达不到这样的水平，但客观上却是朝着这个方向发展的①。

在这些历史评价中，《影视人类学概论》还给予了出身云南、把自己一生都贡献给了中国的影视民族学事业的中国的影视民族学家杨光海极为高度的评价：

“需要提到的是，20世纪50—60年代，与拍摄少数民族社会历史科学纪录片直接有关的领导者、组织者、参与者和前期调查者，以数百计，他们为记录、保存中国少数民族文化付出的辛勤劳动，值得永远纪念！这里特别要介绍的是杨光海先生。他是来自电影制片厂参加少数民族科学纪录片拍摄全过程的唯一的摄影家和编导。改革开放后又执导拍摄了数十部（集）系列人类学片。杨光海先生1932年出生于云南省大理市湾桥乡北阳溪村一个白族家庭，1947年到昆明入子雄摄影室学习摄影。新中国成立后，于1950年考入西南军政大学学习，毕业后分配到西南军区测绘局从事摄影工作。1952年调入八一电影制片厂拍摄纪录片。1957年开始，八一厂受全国人民代表大会民族委员会委托，派出拍摄人员与民族学工作者合作，拍摄少数民族社会历史科学纪录片，杨光海先生有幸成为八一厂派出的拍摄人员。1960年调入北京科学电影制片厂任编导和摄影，受中国科学院哲学社会科学部民族研究所委托，

---

① 参见张江华、李德君等著《影视人类学概论》，社会科学文献出版社2000年版。

继续拍摄少数民族社会历史科学纪录片。1977 年调入民族研究所，主持电影组工作，拍摄人类学片。四十余年来，他在新中国早期人类学片的拍摄实践和较早沟通中国影视人类学与国际学术交流等方面做出了较大贡献，获得高级职称和政府特殊津贴荣誉，成为在国际影视人类学领域中，有一定名气的中国学者。”①

这是 1949 年后中国西部影视民族志的第一时期中关于影视民族志的历史。为此，张江华、李德君等人在梳理上付出了艰辛的努力。历史是值得尊重的，而表述历史的人也是值得尊重的。但是，这些历史的叙述只是中国西部影视民族志的一个组成部分，它还有民族志影像的部分，前者是动态影像的，后者是静态影像的。在上述的中国民族社会调查和影视民族志的拍摄中，是有一批民族志影像的拍摄和拍摄成果存在的。但是它的民族志影像历史和价值还没有被人提及和理解，我们现今也无从叙述。故在中国西部民族志影像的历史表述中，我们只能从另外的一些表现中来叙述了。

在这一时期中，我们虽然在影视民族志和民族文化影像书写的拍摄上有了以上 15 部片子的经典性成果，奠定了新中国影视民族学的基础。但是客观地说，当时并没有如今天这样的明确的影视民族学的概念，也没有民族志影像的概念，但拍摄是在民族学基本理论指导下的自觉行为，亦暗合了后来的影视民族学的基本原理。在这一历史时期中，动态影像方面，我们的成果斐然，其实也还应该有一定的民族志影像的成果，但被人们忽略了。所以，我们在这段历史时期中基本上没有看到有意识的专门的民族志影像的作品，它被“淹没”在一般的历史影像中了。故这一时期的民族志影像只能在一些零星的图志中看到了。

也许这一时期的民族志影像存在最多的地方应该是 20 世纪 50 年代的民族调查。因为全国各省各地区的民族调查工作队，都或多或少地有一些照相机，多少都会拍摄一些民族志影像照片和工作照片，这样，就会留下一些民族志影像。但是，至今没有人认识到这些民族志影像的重要性，没有人梳理这方面的民族志影像。另外，在各个电影厂拍摄动态影像的时候，也会有一些民族志影像留下来，但一般不会有人重视和梳理这些照片。

① 张江华、李德君等著《影视人类学概论》，社会科学文献出版社 2000 年版。

第三节　1949 年后影视民族志的第二时期

1949 年后中国西部影视民族志的第二时期，指的是从 1980 年到 2000 年的这段历史时期内的影视民族志的历史。

一、恢复性拍摄和多元化拍摄的展开

从 1980 年到 2000 年，是一个恢复性质的时期。而在 1966 年至 1976 年是“文革”时期，其后的几年又是所谓“拨乱反正”的时期。故国家整体性的文化恢复是在 1980 年以后。

这一时期是恢复性拍摄和影视民族学理论引进和初建的时期。

在这一时期中，1949 年后中国西部影视民族志的第二时期的历史表现为三个方面：一是延续历史的惯性，在第一个时期中建立的拍摄原则基础上，进行了一系列的拍摄；二是在引进的基础上实现了中国影视民族学理论的初建；三是影视民族学学术机构的建立和影视民族学教育的开展。

这三个方面的许多部分并不是直接表述中国西部影视民族志的事件，但是，这些事件也是发生在中国西部的关联于中国西部影视民族学历史的事件，也是中国西部影视民族志一个重要的组成部分。

在这三个方面的叙述中，我们主要叙述中国西部地区的相关内容。

延续历史的惯性的一系列的拍摄。

在 1978 年，中国共产党的十一届三中全会召开之后，国内的许多学术研究开始恢复，中国少数民族社会历史科学纪录片的拍摄也被中国人类学民族学界提到了议事日程，希望能继续拍摄这些片子。杨光海就在 1978 年时撰文呼吁在新形势下“组织和集中必要的力量，有计划、有步骤地继续摄制处在过去不同社会阶段上的我国少数民族社会历史诸形态，有系统、有重点地反映和记录各民族社会的历史和现状、文化遗产”①。

而这个呼吁在当年就已经实现，中国社会科学院民族研究所于 1978 年就派出了摄制组到贵州拍摄了《苗族》《清水江流域苗族的婚姻》《苗族的工艺美术》等影片，其主要拍摄人就是杨光海。

---

①　杨光海等《努力摄制更多更好的少数民族社会历史科学纪录片》，《中央民族学院学报》1978 年第 2 期。

这几部片子的拍摄，自然是中国少数民族社会历史科学纪录片的拍摄的延续，也是1949年后中国西部影视民族志和民族文化影像书写的第二时期拍摄的开端。

在这一时期的拍摄中，虽然我们说它是第一个时期拍摄的延续，但它也在拍摄的诉求上悄然发生着变化，已经不完全是中国少数民族社会历史科学纪录片式样的拍摄了。在这里面，至少加入了两个方面的诉求：一是“抢救”临近消失的民族民间文化；二是在后期逐步有了明确的影视民族学的学术研究意识。

“1980年，在贵阳召开的首届中国民族学学术讨论会暨中国民族学研究会成立大会上，许多与会的领导者、专家和学者们都提出了刻不容缓地进行抢救性调查，搜集实物和形象化资料，用电影手段拍摄行将消亡的社会现象的意见。”[①]“抢救”临近消失的民族民间文化这个主题在后来的各方拍摄中很快就得到响应，形成这一时期惯性拍摄的第一个变化。到了20世纪90年代，随着国外影视人类学理论的引进，人们开始讨论影视人类学的一系列理论。1989年7月，中央民族学院出版社出版的美国人卡尔·海德著，田广、王红译的《影视民族学》是一个关于影视民族学理论建设的开端，中国的学人开始讨论关于影视民族学的一系列理论问题……这就直接影响到这一时期影视民族志片子的拍摄。

关于这一时期的拍摄，张江华等的《影视人类学概论》中有一个明确的分类叙述。张江华等人认为：“与20世纪50年代有很大不同，20世纪80年代以来的人类学片拍摄大都属于民族研究部门、民族高等院校、影视传媒界和音像企业的行为，而不是由政府部门统一组织的，具有广泛的社会性，其发展速度之快、规模之大、覆盖面之广，都是此前无可与之相比的。”[②] 于是，他们把一时期的拍摄分为以下三类：一是民族研究部门、民族高等院校的人类学片拍摄；二是影视系统的人类学片拍摄；三是音像公司的人类学片拍摄[③]。

---

① 张江华、李德君等著《影视人类学概论》，社会科学文献出版社2000年版。

② 张江华、李德君等著《影视人类学概论》，社会科学文献出版社2000年版。

③ 以下的叙述资料全部来源于张江华、李德君等著《影视人类学概论》，社会科学文献出版社2000年版，笔者做了一定删节。

（一）民族研究部门、民族高等院校的人类学片拍摄

参加拍摄的包括在北京和主要分布于民族省区的民族研究机构和民族高等院校。中国社会科学院民族研究所仍然是民族研究和民族教育系统内的先行者。自20世纪70年代末恢复拍摄工作后，该所于1979年成立电影组，后改建为影视人类学研究室，并调入专业研究人员和电影拍摄人员，配置了电影摄影机和电子录像机及编辑制作设备，改变了当年委托电影制片厂拍片的方式，集研究与摄制于一体。至1997年，先后在全国8省区拍摄了有关民族文化的人类学片苗族系列、黎族系列、哈萨克族系列、畲族系列、白族系列、藏族系列、蒙古族系列等，记录了这些民族传统的生存状态、传统习俗和文化变迁。如《施洞苗族的龙舟节》《黎族妇女文身习俗》《哈萨克族的丧葬习俗》《祭祖学师》（畲族）、《大理白族的本主崇拜》《轮回与圆圈——藏传佛教文化现象研究》《康区藏族牧民生活一日》《哈萨克族的游牧经济》《秋牧——新巴尔虎蒙古族游牧生活纪实》等人类学片40多部（集），加上20世纪50—60年代拍摄的电影片，总计已达60余部（集）。

中央民族大学于1983年涉足人类学片的拍摄。当年由柯尔克孜族文化学家胡振华带领摄制组前往新疆柯尔克孜族自治州拍摄了《柯尔克孜族》10集系列片。1985年，瑶族出身的文化学家刘保元带摄制组赴广西百色地区拍摄了《白裤瑶》。该片在1986年入围法国真实电影节，获提名奖。这是我国人类学片首次在国际影坛亮相。1985年，电化教育中心成立，有计划地继续进行人类学片拍摄，到11个省区，深入藏族、苗族、塔吉克族、羌族、回族、维吾尔族、哈萨克族、蒙古族、白族、傈僳族、景颇族、德昂族、赫哲族、鄂伦春族、鄂温克族等民族聚居区拍片。连同柯尔克孜族和瑶族，先后拍摄了17个民族的近40部（集）人类学片和大量照片、幻灯片。此外，民族学系庄孔韶教授结合教学实习和人类学考察，曾带领学生在闽、鄂—渝三峡地带拍摄了一批有关畲族、土家族和汉族的人类学录像素材。其中在福建拍摄的《龙舟节》已经在美国出版。在北京的民族文化宫、中国藏学研究中心等也拍摄了一批富有人类学学术价值的片子。

这一时期，分布在各民族省区的社会科学研究院所，特别是民族研究部门和民族高等院校对挖掘本省区丰富的人类学资源十分注意，纷纷投入人类学片的拍摄。许多邻近民族省区的社科研究院所和高等院校也都程度不同地加入到人类学片拍摄的领域。云南省社会科学院仅在1982年至1990年，即拍摄了

《生的狂欢》《西盟佤族边寨日录》《拉祜族宗教祭礼》《铜鼓文化之谜》等15部片子；云南民族学院较早购置了多媒体视音频非线性编辑设备，以拍摄本省少数民族题材的人类学片为己任。拍摄有《毕摩与祭坛》《云南师宗瑶族受戒仪式》《罗婺婚俗》和《傈僳族澡堂会》等十余部片子；贵州省民族研究所与省内有关单位合作参加了对省内少数民族影视片的拍摄。到1995年，已完成《贵州布依族》《贵州苗族》《贵州侗族》等8部片子的摄制。贵州民族学院拍摄了有关本省傩文化的系列片；四川省民族研究所参加了《羌寨金秋》《神秘的泸沽湖——一个记者的手记》等记录本省少数民族影片的拍摄。此外，还有辽宁大学、西藏民族学院、内蒙古大学等学校的教学和研究人员开展或参与了各自所在省区民族的人类学片的拍摄工作。

（二）影视系统的“人类学片”拍摄

社会教育节目是电视台节目的三大支柱之一，出于对人文科学的理解和关怀，中央电视台社教中心、海外中心和新闻中心的许多栏目以与人们的社会生活同步记录的方式，把拍摄制作贴近生活、内涵深刻的节目作为努力的目标。1979年，中央电视台开办的“祖国各地”中，有许多少数民族题材纪录片。自20世纪80年代以来中央电视台开始投入更大力量拍摄和播出以少数民族生活为题材的纪录片。先有《兄弟民族》，1984年又开办了《民族之林》专栏。这些栏目的一些纪录片中包含有人类学的内容。20世纪80年代，大型多集系列纪录片出现于荧屏。以中日合拍的《丝绸之路》为开端，继后有《话说长江》《南方丝绸之路》《唐蕃古道》《蜀道》等中央和地方电视台拍摄的十多部系列片，有较高的考古、历史、民俗和人类学内涵，深受观众欢迎。20世纪90年代社教中心纪录片部的《地方台30分钟》是优秀栏目之一。各地选送的节目能传递出较多的人类学信息。已经播出的数百部纪录片中，有《龙脊》《姐妹溪》《大三峡》《中国家庭》等数十部获得国内外电影节大奖。海外中心专题部的《记录中国》、新闻中心的《东方时空·生活空间》等也是以拍摄文化内涵深刻、有人类学价值的纪录片为目标的栏目。1996年12月，中央电视台又与国家民族事务委员会在社教中心专题部合办了《中华民族》栏目，已经播出节目140多期，其中相当一部分都是有人类学意义的片子。在这一时期，中国电视界于1993年成立了中国纪录片学术委员会。该委员会于1995年发起创办了《中国纪录片》栏目，到1996年，有44家电视台参加了该栏目的节目播出。许多地方电视台也都成立了纪录片创作室，有了固定的创作队伍和节目播出栏目。如四川台的《写真世界》于1994年11月开办，至1998年已播出100期；北京有线电视台的《第三只眼睛》栏目，从1996年元旦开播，到现在已经播出近200期；山东电视台的《天南地北山东人》栏目，以记录山东籍人在省内外的社会生活为己任；北京电视台不久前开办了《记录》栏目等等。地处民族省区的电视台制作和播出了以少数民族文化为内容的节目，云南电视台先后摄制了《彝族虎文化》《哈尼人一家》《远离草原的蒙古族》《布朗风情》等近百部（集）人类学信息含量丰富的片子播出；四川电视台拍摄了《中国彝族》等片子；青海电视台拍摄了《格拉丹东的儿女》等片子；贵州电视台拍摄了系列片《苗乡纪行》等等。北京电视台也与多家电视台协作摄制了内容涉及全国55个少数民族的系列节目，先后在多家电视台播出，在向公众传播各民族丰富多彩的文化信息方面发挥了很好的作用。中央和地方电视台善于发挥分工合作的优势，不断组织同一主题的系列片。如中央电视台社教中心纪录片部在1997年策划组织了有全国30家电视台参加的《中国家庭》系列片的拍摄工作。该系列片获得当年社教节目系列片类特别奖。由全国省级电视台组织的以反映改革开放以来社会变化的《中国，这20年》系列片，有21家电视台参加。拍摄纪录片22部，1998年在成都举行的第12届省级电视台对外宣传交流工作会议上，有《难忘的岁月》（特等奖，四川台）、《家园》（一等奖，陕西电视台）等13部获奖。

在电影厂家中，云南民族电影制片厂是唯一冠以“民族”二字的，拍摄少数民族纪录片是其重点选题之一。从1984—1990年，该厂与有关社科研究机构合作摄制了《白族》《迪庆藏族》《泸沽湖畔的母系亲族》《阿佤山纪行》《独龙掠影》等24个民族的纪录片30部。广西电影制片厂也拍摄了记录瑶族等民族文化的片子。这些来自影视系统的举措，对人类学片的发展，起了很大的推动作用。

（三）音像公司的人类学片拍摄

20世纪80年代后期，一些音像公司也把目光对准了民族纪录片的拍摄。曾先后在广州东亚音像制作有限公司和福建东宇影视有限公司任董事长的肖锋，自1986年开始至20世纪90年代中期，先后制作了涉及20多个民族、80多部集的民族题材纪录片。其中《普吉和他的情人们》《走进独龙江——独龙族的生存状态》入围1994年德国、瑞典、英国举行的国际电影节；《山洞里的村庄》入围1996年德国哥廷根第3届民族志电影节；《甲次卓玛和她的母系家庭》入围1998年德国哥廷根民族志电影节。云南影视广告艺术公司近几年先后摄制完成了《中国苗族》《中国瑶族》系列片。《中国瑶族》获爱沙尼亚第10届国际人类学电影节最佳纪录片奖。中国民族音像出版社也摄制了相当数量的民族题材纪录片。1998年该公司与国家教委教育司联合摄制发行了电视录像片《中华民族》，共57集，长达15小时。又如艺妍影视社1988至1989年在云南、新疆等地拍摄了记录景颇族、维吾尔族等8个民族民俗的片子十余部（集）。

张江华等人做的三个分类是针对全国各地的拍摄情况而言的，不是所有的拍摄都发生在中国西部。但是，可以说绝大部分的属于影视民族志影像的拍摄都发生在西部，而且有许多拍摄就是西部本身的机构和个人拍摄的。

张江华等人的分类我们不一定完全赞同，但他们的分类亦反映了这一时期人们对于所谓影视民族学片的认知。纪录片、专题片都不是影视民族学片，影视部门的拍摄受限于美学理论和观众眼球，不可能理解影视民族学片的意义。公司类型的受限于市场的需求，受限于投入产出的经济诉求，很难理解他们的拍摄行为。另外，我们以为张江华等人的这个分类过于宽泛。

“迄至20世纪90年代中期我国拍摄的人类学片或含有人类学意义的影视片，有千余部，其数量之多，是以前无法相比的。而且，这些片子的覆盖面极广，几乎包含了我国所有的少数民族。许多民族的影视片还不止一部，拥有10部以上的有藏族、蒙古族、柯尔克孜族、壮族、瑶族、土家族、苗族、彝族等民族。其中藏族有45部，蒙古族有23部。可以说已基本实现了学者们在10年前曾提出的多拍一些片子，以达到每个民族都有一部综合片或专题片的目标。”①

这样的片子所要表述的内容很多，其不会仅仅是影视民族学的学术性和影视民族志的表述。把这些庞杂的片子，笼统地称为“人类学片”，其意义含混不妥。这样的情形实际上张江华等人也有认知。

“这一时期拍摄的人类学片或有人类学内涵的纪录片，根据其具有人类学内容含量程度的差别，可分为三类。第一类，具有较强人类学内容的片子，约占这一时期摄制量的四分之一。……第二类，以记录‘新面貌’为出发点

① 张江华、李德君等著《影视人类学概论》，社会科学文献出版社2000年版。

的宣传教育性质的民族影视片，这主要是在电视台播放的片子。……第三类，具有明显的民俗风光旅游性质的片子，主要功能是娱乐观赏，趣味性和知识性较浓……”①

说实在话，我们很难在学理上把第二类和第三类片子纳入影视民族学片的范畴，而且第一类中也有许多不完全是影视民族学片。

在这一时期，中国西部的影视民族志有较大的发展，但是，其专门的民族志影像却很少，只能在其他一些图志中看到一些零星的民族志影像。比如我们国家近几十年中出版的《中国少数民族》《中国少数民族服饰》《中国少数民族画集丛刊》《苗族》《瑶族》《壮族》《中国面具艺术》《苗装》《背扇》等画册，在这些画册中，我们可以看到少量的民族志影像。相比较前一个时期，这一时期的民族志影像应该有了巨大的进步。其进步至少有两个方面：一是开始有了专门的以民族为题材的图像画册，虽然这样的画册主要是从审美角度编辑的，但其中一些图像完全可以视为民族志影像了；二是民族志影像开始为人所意识，或者重视，开始有了以图为文本的书写。不管从什么样的角度，人们开始用图像来表述和书写民族的文化了。

二、中国影视民族学理论的建立

中国影视民族学理论初建于何时是一个有争论的话题。一般有两种观点：一种观点认为在1949年后中国西部影视民族志的第一时期中是没有影视民族学理论的；另一种观点认为在1949年后中国西部影视民族志的第一时期是有关于影视民族学的理论探讨的。张江华等人就认为在1949年后中国西部影视民族志的第一时期中就有关于影视民族学的理论探讨，而且建立了一定的拍摄原则和理论基础，只是没有直接的关于影视民族学的概念表述，并且反对在这一时期没有关于影视民族学理论的说法。我们以为，这是一个问题的两个方面，两者是不矛盾的。我们在特定的历史时期里，有了一系列的民族学理论指导下的影视民族学的自觉，建立了后来我们自己的一些影视民族学原则，但确实没有明确的关于影视民族学的直接的概念表述。而明确的影视民族学概念表述确实出现于1949年后中国西部影视民族志的第二时期。这样一来，说中国影视民族学理论的初建在1949年后中国西部影视民族志的第二时期，也不会否定1949年后中国西部影视民族志的第一时期对影视民族学理论的探讨。

---

① 张江华、李德君等著《影视人类学概论》，社会科学文献出版社2000年版。

1949年后中国西部影视民族志的第二时期，中国影视民族学理论的初建是从对1949年后中国西部影视民族志的第一时期中拍摄的少数民族社会历史科学纪录片的重新认识开始的。20世纪70年代，人们开始讨论这些片子，但多在总结经验，也还没有上升到理论认知的层面。1985年后，我们与国际影视民族学界的人士开展了一系列的国际交流，这才促使我们开始了影视民族学理论的思考。最早思考关注影视民族学理论问题的是这样几篇文章：一是于晓刚等人在《云南社会科学》1988年第4期上发表的《影视人类学的历史现状及其理论框架》；二是张江华在《民族研究》1994年第6期上发表的《影视人类学及其影片性质论述》；三是詹承绪发表的《深入调查研究是拍好人类学影视片的重要保证》[①]。这三篇文章分别探讨了“影视人类学的定义、对象、方法、范围、目的和功能的研究”，“人类学片的性质和拍摄原则、范围”，“人类学调查与拍片的关系”三个方面的问题。

于晓刚等人的文章发表于1988年，他们认为：“影视人类学是运用人类学的基本理论、方法并用现代技术和表现技巧，对人类学的研究对象、范围进行科学综合观照的一门新兴边缘学科。它对现存人类社会中的可视性社会、文化现象进行系统搜集、拍摄、分类以及剖析研究，最后制作成能揭示其人类学内涵的，具有科学性、真实性、视听综合全息性特征的影视纪录片。”这个认知早于《影视民族学》的出版时间，证明在引进国外的影视人类学概念的同时，我们也在探讨关于影视民族学的理论概念了。这篇文章是在中国西部的云南省发表的，也可以说明中国西部的学者早于全国的同仁在关注这一理论问题，也是中国自己的影视民族学理论表述的发端。

1989年，《影视民族学》的出版，全面地开始了中国影视民族学的理论建设。在这一时期里，有许多的文章发表。张江华的《影视人类学及其影片性质论述》，詹承绪的《深入调查研究是拍好人类学影视片的重要保证》，就是这一时期最为重要的文章。在这一时期，在北京召开了“影视人类学国际学术讨论会”，并且出版了论文集《影视人类学国际学术讨论会（北京）论文集》，是一个表明在引进国际影视民族学理论的基础上，中国初步建立了自己的影视民族学理论的标志。

---

① 载于杜荣坤、肖锋主编《影视人类学国际学术讨论会（北京）论文集》，四川民族出版社1998年版。

这是中国影视民族学理论建设的一个起点。我们的影视民族学的理论思考在《影视民族学》的带动下，有了多方面的思索和突破。在这样的思索和突破中有几点我们很庆幸。一是我们的民族学基础并不落后，影视民族学的发展前沿距离我们的理论理解也不远；二是我们有完整的拍摄实践，而且在拍摄实践中自我总结出来的一些方法论认识在某种程度上暗合最为先进的影视民族学原理；三是我们某一些地区对于影视民族学理论的关注一直是比较前沿的，其信息并不十分闭塞，并一直在影视民族学方面有一些前沿性的思考，比如云南和贵州地区的影视民族学研究。这些因素叠加，我们很快就建立了中国影视民族学理论的基本认知。其中最具有代表性的就是张江华等人的《影视人类学概论》的出版。《影视人类学概论》的出版建立了中国影视民族学的基本认知体系，也融入了卡尔·海德的《影视民族学》的世界影视民族学的认知体系，并且大大地发展了它。

在《影视人类学概论》中，讨论了“影视人类学的研究对象和任务”“人类学片的特征和拍摄原则”“人类学片的多元功能及分类”“国外影视人类学的形成和发展”“中国影视人类学的发展”“新中国早期人类学片拍摄方法和部分影片”“人类学片的拍摄与制作”“现代视听科技在影视人类学中的应用”“照相与影视人类学”等十个方面的问题。在这些问题中，以第二部分的“人类学片的特征和拍摄原则”最为重要。他们在此提出了“人类学片”的三个特征。“从这种比较中可以看出，人类学片之所以既不同于人类学书面著作，也不同于影视创作，主要是因为它具有直接形象性、科学真实性、信息完整性三个特征。这三个特征是构成人类学片独立性格的基本要素，离开它就无所谓人类学片。对于拍摄制作来说，这三个特征同时也是必须遵循的原则，否则拍出来的就不会是合格的人类学片。”[①] 这也是在界定什么是影视民族学片上的努力。于此我们不难看出，这个解说来源于卡尔·海德的“完整性原则”，但它是发展性的阐述，并没有停留在相对单薄的“完整性原则”上，而是开创性地表达了“直接形象性、科学真实性、信息完整性”三个影视民族学片的特征。在这三个特征中，只有“信息完整性”与卡尔·海德的“完整性原则”关联。并且，这样的总结与中国的影视民族学拍摄的具体实践直接相关。其中尤其以“直接形象性”意义最大。

① 张江华、李德君等著《影视人类学概论》，社会科学文献出版社 2000 年版。

在《影视人类学概论》中，还注意了新技术的发展给影视民族学带来的影响，有好几个问题的探讨都与新技术有关。

《影视人类学概论》与卡尔·海德的《影视民族学》相比，前者比后者有更多更直接的理论表述，而不是拘泥于影视民族学的技术形态。比如《影视人类学概论》就在理论上明确地表述了影视人类学的研究对象和任务，并且给予了影视人类学明确的定义，而这些在《影视民族学》中都是比较含混的。这也证明《影视民族学》本身在理论思考上的缺失。而《影视人类学概论》在此之上有了很大的明确的发展。另外，在影像意义上有了拓展性研究，注意了图片在文化人类学上的意义。这一切也可以说是中国影视民族学学界对于世界影视民族学理论研究的贡献。中国的影视民族学研究在将来是无论如何都绕不开《影视人类学概论》这本学术专著的。进而也可以说，世界的影视民族学理论研究也是绕不开这本著作的。因为这本著作已经是卡尔·海德《影视民族学》体系认知的一个发展，没有谁的影视民族学理论研究能够绕开世界。

在这前后，中国影视人类学学会成立，并且在国内召开了8次（其中有一次国际性的）全国性的影视民族学学术研讨会。而且每次会议都有不少优秀的论文，对中国影视民族学的诸多问题展开了多方面多角度的探讨，亦极大地推进了中国影视民族学理论的发展和进步。

在《影视人类学概论》出版后，《影视人类学原理》出版。这部著作，把中国的影视民族学研究推向了一个更高的高度。

2005年，郑卫荣的《影视人类学思想与实践》（民族出版社）一书的出版，亦是中国影视民族学理论研究的重要著作。2009年和2010年，吴秋林在民族出版社连续出版了《影视文化人类学》和《图像文化人类学》两书，对影视民族学进行了更深层面上的理论性拓展研究。

另外，在举行的8次全国性的中国影视民族学学术研讨会后，基本都有论文集出版，它们也是中国影视民族学研究的重要成果。

在一些民族学和文艺学的学术专著中，也有一系列的篇章涉及影视民族学的理论问题。比如庄孔韶的《人类学概论》中就有专门的章节来论述影视民族学。在程金城主编的《文艺人类学的理论与实践研究》[①] 一书中也有这

① 程金城主编《文艺人类学的理论与实践研究》，民族出版社2007年版。

样的内容。在该书中研究了影视人类学的学科概况、影视人类学影片、影像资料的人类学考察、影视人类学的理论发展等问题。

在这样的发展中，中国影视民族学在理论上已经并不落后于国外同行。国际人类学与民族学联合会第十六届大会2009年在昆明召开，其中的影视人类学分会的影展和学术会议的召开就是一个标志。说明我们中国的影视民族学研究已经走在世界前列。

王海飞认为："特别值得强调的是，在这一过程中，原本由西方传入我国的影视人类学，逐渐完成了学科本土化的嬗变。我国影视人类学无论是理论研究还是生产实践，都显得更加理性和思辨。经过前一阶段社会多方力量积极参与制作大量包含有人类学信息的民族影视片，以及通过影视人类学界的田野实践和理论研究及教学，学科发展进入到全面整合的阶段。学者们认识到外来影视人类学理论和方法不足以解决这一学科在中国发展可能遇到的所有问题。他们在消化西方学说、完成学科规范的基础上，结合田野实践后的思考，结合我国民族社会的具体情况，初步建立了具有我国本土特色的影视人类学理论体系。"①

三、影视民族学机构、学术会议和教育

影视民族学学术机构的建立和交流，以及影视民族学教育的开展，也是中国西部影视民族志历史的一部分。

影视民族学的拍摄在有了比较坚实的基础之后，就要走向学术。走向学术有两个标志：一是学术研究机构的建立，二是大学的影视民族学教育的展开。在1994年前后，除了中国社会科学院民族研究所有一个影视人类学研究室之外，在中国西部，还有云南社会科学院影视人类学研究摄制中心、云南大学东亚影视人类学研究所和华文影视人类学研究制作中心。

自1985年起，中国影视人类学界就一直与国际学界有一定的学术交流与往来。但刚开始时，范围仅限于个人及部分学术机构。1995年4月24日至28日，中国社会科学院民族研究所、德国哥廷根科学电影研究所和广州东亚音像制作有限公司，在北京共同组织"首届中国影视人类学国际学术讨论会"。这是在中国大陆第一次召开影视人类学学术讨论会。与会者包括国内外的人

---

① 王海飞《近三十年来中国影视人类学的发展与研究》，《民族研究》2008年第1期。

类学家、学者和影视工作者，共 54 人，提交论文 46 篇，影视片 64 部。讨论涉及影视人类学理论和实践研究等六个方面的议题。这次会议之后，“中国民族学学会影视人类学分会”正式成立，开始编印不定期内部刊物《影视人类学通讯》。翌年，中国社会科学院民族研究所主办的《民族研究》杂志集中刊发了提交此次会议的部分论文①。

这次国际学术讨论会的召开及影视人类学分会的成立，是中国影视人类学发展过程中的一个里程碑，标志着中国影视民族学作为一个学科开始平等地参与国际影视人类学学界对话。本次会议后，2002 年、2004 年、2005 年和 2006 年，分别在兰州、昆明、呼和浩特、广州召开了第二、三、四、五届影视人类学国际学术讨论会。应该说，一系列的国际学术交流会议对我国影视民族学立足本土实践，借鉴国际经验，成熟、健康发展，起到了积极的作用。

1995 年以后，在举办系列国际学术讨论会的基础上，我国影视民族学界与国际学界开始有了更多的合作与交流。1996 年，中国社会科学院民族研究所与法国国家科学研究中心影视部等学术机构合作，在青海黄南藏族自治州拍摄记录藏族传统宗教文化的纪录片《神圣的鼓手（安多）》，1998 年获得第 17 届法国国际人类学电影节特别提名奖。在同一届电影节中获奖的还有《西藏湖盐》《回到学校》《福建客家游记》等影视片。这些影视片均是与中国合作或在中国拍摄的。

2000 年 4 月，在德国哥廷根国际民族志电影节上，4 部由云南大学影视人类学高级进修班学员拍摄的影视片入选。2001 年 10 月，德国莱比锡第 44 届国际电影节特设“中国影视人类学电影回顾展”，邀请 13 名中国代表参加。选映中国拍摄的影视人类学片 20 部，入围 10 部。2002 年后，国内众多人类学研究机构和人类学研究者与国际影视人类学界开始更广泛深入的合作研究。庄孔韶教授在“中英政府性病艾滋病防治项目”的框架下主持拍摄的人类学纪录片《虎日》，获 2003 年中英政府艾滋病防治“中国最佳实践”奖、2005 年第 16 届公共卫生国际会议暨电影节入围奖②。

在这前后，一些大学有了自己的影视民族学机构和课程。

“从 20 世纪 90 年代起，我国一些高等院校相继开始进行影视人类学的教

① 这些论文见于《民族研究》1996 年第 2 期。

② 王海飞《近三十年来中国影视人类学的发展与研究》，《民族研究》2008 年第1 期。

学。1991年，云南大学历史系人类学专业率先开设影视人类学选修课，介绍影视人类学在中国的发展和云南民族影视文化等，并配合课程放映了一些人类学影视片。1995年，中央民族学院为新闻专业的研究生开设了影视人类学课程；1997年在民族学系博物馆专业本科生中开设了影视人类学必修课，讲授影视人类学原理、中外影视人类学发展等内容，放映了一些有代表性的中外影视人类学片，同时对学生进行拍摄技能的基础训练。1996年，广西民族学院也开设了影视人类学专题讲座。到2000年后，设有人类学专业的各大学大多都开设了影视人类学课程。"①

在大学的影视民族学教育中，云南大学是表现最为突出的一个单位，也是中国西部影视民族志的一道风景和典型代表（将在本书第八章中详述）。据目前可以检索到的资料显示，云南大学是中国最早开设"影视人类学"课程的机构，也是中国目前开设影视人类学相关课程门类最多、最齐全的机构。

云南大学影视人类学教育的历史从只有历史理论，到注重实践教学，再到实践和历史理论并重的发展模式。不仅可以通过实践教学模式培养民族志电影制作的专业人才，也将会推动影视人类学理论的研究。

进入21世纪，中国西部影视民族志的历史开始走向自己的未来，在拍摄和理论上有自己的一些表现。

在拍摄中，有两个最为引人注目的特点：一是深入，即上一个时期的拍摄主要在于面上的拍摄，而这一时期则走向了思考性的拍摄。拍摄的面不是很大，但希望出现有思考、有准备的拍摄，出现在一定思想理论指导下的拍摄。这是主流。但这样情形下也有前一个时期的盲目拍摄后的沉寂，即最初认为影视民族学是文化人类学的现代性表现的潮流和标志，"勇敢前行"，但它的存在是需要多重因素的，并不是简单的热情可以解决问题的。所以，"深入"的负面就是沉寂，有许多与影视民族学相关的拍摄机构和研究机构就沉寂了。

另一个特点是影像化，即随着影像技术成像的多样化，以及人们对于影像认知的深入，影视影像向大影视的方向发展，包容了图像和图像志的意义，使影视志和图像志都包容在一个大的影像概念中。当然，这个影像化还包含了影像表述的多形式和多形态，以及民间化、"DV"化的意义。

理论探索则主要是一种逐步走向成熟的过程。

---

① 王海飞《近三十年来中国影视人类学的发展与研究》，《民族研究》2008年第1期。

第三章　影视民族志影视片和拍摄(上)

我们在导论中把影视民族志中的影视片分成三类：一是影视民族志影视片；二是影视民族志影视资料片；三是纪录片中的民族专题片。这样的区分是一种影视民族学理论不断进步和发展的结果。随着历史的进步和发展，我们有必要把影视民族志影视片和一般意义上的影像区分开来，比如科学技术中的影像、影视艺术中的艺术影像区别开来。否则，我们的影视民族志影视片难以在影像文化中找到自己存在的价值和意义。这就像某些学者所说，我们没有科学技术中影像的理性图像的意义，也没有艺术影像中的艺术的精神和价值，也没有一般意义影像的自由。但是，我们有依存于文化人类学理论的维度，有的图像的形式和角度研究人类文化的独特意义，有保存人类历时性文化过程的历史责任和义务……这些，都是以上诸多图像意义不能够替代的。还有，在中国这样一个重史的国度里，我们的影视民族学还特别地发展出了“影视民族志”，它暗合于传统影视民族学中“保存人类历时性文化过程的历史责任和义务”这一点。所以，影视民族志是中国影视民族学的特色。我们的对影视民族志影视片的分类就是建立在这样的理论认知之上的。这个分类把类似于影视民族学片的影视民族志影视片看成其中最为重要的一类，而把影视民族志资料片看成其次的一类，把纪录片中的民族专题片看成最后一类，是以文化和史志为上的分类。但是，在实践中可能我们很难完全精细准确地判断这一切，可能会有不少的歧义出现。但现今分述是最为重要的，修正在其后。

这一章主要表述中国西部西北（包括内蒙古地区，下同）地区的影视民族志影视片的拍摄。在中国西部西北和内蒙古地区，影视民族志影视片的拍摄集中地域主要在内蒙古的东蒙、西藏和青海的藏族地区，新疆的维吾尔族和哈萨克族地区。

第一节　影视民族志影视片的拍摄

中国西部的影视民族志的影像历史可以上溯到千年以前，这些我们在第二章中有叙述。

中国西部影视民族志影视片的拍摄历史应该上溯到德国探险队的队长威廉·费尔希讷（Wilhelm Filchner）1903 年在西藏的拍摄。1903 年他在西藏的一个寺庙里拍摄了《戴面具的跳神》（其应该是今天的“金刚神舞”）中的舞蹈。1927 年，斯文·赫定在中国的西北地区也拍摄有这样的片子。但这些拍摄只说明拍摄的地区，说明一个区域中出现影视拍摄的开端，但都不是中国人主导下的拍摄。其后的 1933 年，国民政府的文化人类学家也在中国的西南地区拍摄有这样的片子。据知这些片子更多的是一种影视民族志资料片，不过，这是真正的中国人自己主导性的拍摄。这条由国民政府主导的拍摄路径，在后来由于中日战争的爆发被中断了，再后来由于国家政权的更迭，也就沉寂了。

在 1933 年开始的拍摄中，其实中国还有一条拍摄的路径，这就是 1939 年金陵大学孙明经教授的拍摄。这个拍摄处于国民政府的框架，但不属于国民政府的体系。还有，由于孙明经教授的拍摄在新中国成立之后长期处于“失踪”状态，历史上人们对这一条拍摄路径知之甚少。在 2002 年，人们“发现”了 1939 年金陵大学孙明经教授在康巴藏族聚居地区的拍摄，这才有幸看到这一条路径上的拍摄。孙明经教授是当时的一个著名的摄影家。1939 年时，他在康巴藏族聚居地区有许多拍摄，其中有电影拍摄，并且留下了系列片子《雅安边茶》《西康见闻》《西康一瞥》《省会康定》《康人生活》《西康跳神》以及《喇嘛生活》等默片。这应该是中国西部的影视民族志影视片最早的片子，也是中国最早比较成型的一批影视民族志影视片。其情形在本书关于四川省影视民族志影视片和拍摄的相关叙述中有，此处略。

一、影视民族志影视片的拍摄方法

中国西部的影视民族志影视片，可以明确叙述的还是新中国在 20 世纪 50 至 60 年代拍摄的那一批少数民族社会历史科学纪录片。

我们的叙述是一种用文字来记录影像过程和意义的形式，这是一个艰难的过程。因为影像的意义是很直观的，而我们要把它们又“拉回”文字……

中国西部地区第一批影视民族志影视片是在国家统一领导和组织下拍摄的，有许多缘由和经历。

“中国人类学片拍摄实际上是从（20世纪）50年代正式展开的，在（20世纪）50年代中期至（20世纪）60年代中期的十来年时间里，一共拍摄了15部人类学片。这一阶段是新中国早期人类学片拍摄的重要时期，具有开创性质……当时国内尚无‘人类学片’的概念，拍摄工作是在摸索中进行的，摄制人员不得不借鉴电影故事片的某些工作程序，拍摄方法和步骤与现在的人类学片拍摄有较大差别。”①

当时的拍摄方法是从电影的拍摄方法中直接借用过来的。“我国早期人类学片全部是用胶片拍摄的，拍摄的技术流程完全按照电影拍摄制作的方式进行……拍摄方法也基本上是从电影、特别是从记录电影移植过来的。”②

这批影片的拍摄目的明确，就是保存变化中的民族文化遗产，并且配合当时民族政策的实施。当时由于有许多的文化人类学家参与此事，民族学、文化人类学的理论认知保证了这批影片具备影视民族学片的基本品质。“少数民族社会历史科学纪录片”的名称也保证了影片作为影视民族志影视片的意义。

在张江华、李德君等著的《影视人类学概论》中，对拍摄的方法进行了总结③：

先由人类学家对要拍摄的地区和民族进行深入的调查研究，然后组织拍摄人员短期采访，为拍摄打好基础。

当年我国人类学片拍摄不是个人行为，也不是孤立的行为，而是在国家统一领导和组织下大规模进行的少数民族社会历史调查的有机组成部分。当时的拍摄工作都有扎实的调查采访的基础。调查工作主要是由人类学家来承担的，大多数影片拍摄之前，人类学家都对所要拍摄的民族做了比较长时间的调查和比较深入的研究，掌握了丰富的第一手资料。所谓采访，主要是对电影摄影师和参与拍摄的其他人员而言。当时这部分人员没有人类学专业素养，也不熟悉民族情况，在接受拍摄任务以后并不马上开机拍摄，而是在人

---

① 张江华、李德君等著《影视人类学概论》，社会科学文献出版社2000年版。

② 张江华、李德君等著《影视人类学概论》，社会科学文献出版社2000年版。

③ 张江华、李德君等著《影视人类学概论》，社会科学文献出版社2000年出版。在引述中笔者有删节。

类学家的帮助下先学习民族理论、民族政策，请人类学家介绍要拍摄的民族的情况。然后，还要安排编导或摄影师深入到该地区和民族当中去进行短期采访。通过采访熟悉所要拍摄的具体事项，获得切身感受，并且通过对所要拍摄的人和事的亲身观察，为下一步要进行的拍摄工作积累感性认识。当时拍摄的大多数片子都是这样做的。有的片子还反复进行过多次调查研究和采访，将调查研究和采访与拍摄交错进行，以力求事实的更加准确。

此外，还要在调查研究的基础上编写出拍摄文字脚本或拍摄提纲。

我国民族众多，各民族的历史发展水平，所处自然环境差别很大，其社会状况、经济生活、宗教信仰、风俗习惯各不相同。为了准确真实而生动形象地把这些宝贵的文化资料记录下来，每一部电影都先由对所要拍摄的民族和具体文化事项有研究的人类学家写出拍摄脚本，或者写出拍摄提纲，有的也由人类学家和电影摄制人员一起来写。当时对脚本或提纲的编写要求很严格，根据当时的拍摄目的，不仅要求把所要拍摄的民族新中国成立以前所处的社会发展阶段、社会结构、生产生活状况，新中国成立以后的发展变化以及相关文化事项写清楚，而且要对如何形象地把它们表现出来做周密细致的考虑。这种考虑主要包括以下几个方面。

（一）主题思想要鲜明

当时拍摄的影片每一部都要求有明确的主题思想，大部分是展示一个民族的社会形态，揭示其社会性质。只有少数影片专门展示一个民族的文化的某一方面，如《丽江纳西族的文化艺术》《永宁纳西族的阿注婚姻》。

（二）围绕影片的主题精心选材

如《西藏的农奴制度》，主题是记录西藏藏族的农奴制社会形态，选材便集中在有关原西藏地方政府、寺庙、贵族三位一体的农奴主，与农奴（差巴、堆穷、朗生）和奴隶之间的统治与被统治、剥削与被剥削的阶级关系方面，而对西藏丰富灿烂的文化则不过多涉及。精心选材还包括材料的选取要适度，不能太少说不清楚问题，让观众看不明白，也不能堆砌庞杂，造成累赘。

（三）从电影的表现特性出发，注意发掘直观可见、生动具体、富于视觉表现力的形象和细节

静态图像根据需要也可做动态处理，如在《丽江纳西族的文化艺术》中，介绍纳西族的东巴文（象形文字）时，采用动画手法做了动态显示，使人一目了然，收到了很好的效果。由于人类学家写的脚本或提纲一般不容易充分

照顾到电影的特性，还要由拍摄人员进一步写出分镜头剧本作为拍摄的具体依据。当时每一个摄制组都是由人类学家和电影摄制人员共同组成的。摄制人员主要是摄影师，摄影师同时履行编导的职责，分镜头剧本通常由摄影师来完成。

（四）注意影片结构完整和情节、细节的合理选择，以提高可视性

当时已经注意到，对人类学片不能采用戏剧性影片的做法，不能人为地设置戏剧冲突，构成戏剧性结构。但是，认为人类学片的结构仍然应当是完整的，要求尽量做到有开头、有主体、有结尾，并且要对如何开头、怎样展开、怎样结尾做出通盘考虑。注意前后连贯和照应，做到首尾一致，紧凑严密，完整统一。现在回过头来看，由于有这种要求，当时拍摄的十几部影片，在结构上都是比较严整的。

当然，强调结构完整并不是提倡模式化，每部影片都采取同样的结构。相反，根据不同影片的不同内容，每一部影片应当有自己独特的结构，结构只是表述的形式，关键是要符合事物发展的客观规律，要有内在的逻辑联系。当年拍摄的影片在结构上也是各不相同的。

在注意结构的同时，当年在拍片时对构成影片的情节和细节也给予了充分的注意。因为对影片的科学定位明确，当时对所要拍摄的影片的情节和细节的性质有清楚的认识，要求它们必须真实自然，有科学根据，而不是人为设置的。拍摄者只能在实际生活中去选择，不能凭主观意志去编造。从当年拍摄的影片可以看到，影片中的情节和细节都是从现实生活里实际存在的情节和细节当中精心选择出来的，不是臆造的，也不是随意拈来的。不仅有现实根据，而且有科学价值。例如，《苦聪人》中有一个物品交换的完整情节：一个苦聪人把要与人交换的物品放在小路当中，自己却躲在路旁的草丛中，直到有人走来把物品取走，放下用来交换的物品离去，自己才走出来把交换得来的物品拿回家。这个情节生动地反映了苦聪社会还没有出现商品经济，尚处于物物交换阶段的真实的交换方式。这个独特的情节就是从苦聪人的实际生活中选择出来的。其他如《鄂伦春族》中祭祀猎神，《独龙族》中用木刻传递信息，《景颇族》中的神判，《大瑶山瑶族》中男子夜里“爬楼”到姑娘屋里去与姑娘谈情说爱等情节都莫不是这样。

此外，还要认真做好开机前的准备工作。开机前的准备工作分两个阶段，一是进入拍摄地区之前的准备工作，二是到达拍摄地区以后的准备工作。

进入拍摄地区之前的准备工作主要包括业务准备、物资准备，以及思想准备等几个方面。

（一）分镜头拍摄剧本的准备

这是业务准备中最重要的。当时要拍摄的内容有相当一部分已经或正在从现实生活中消失，要采取“复原重建”的方法进行拍摄，这就需要做出详细的安排。同时，当时是用电影胶片拍摄，价钱昂贵，片比不能太大……所以，除了要求为每一部片子编写出文字脚本或提纲以外，还要求写出分镜头剧本再拍摄。

（二）物资准备

当时拍片的地方都比较边远，经济落后，交通不便，许多地方不通车，没有电，甚至没有通信设施。拍摄要用的一切器材，包括电影机、录音机、照相机、胶片、照明设备、反光板、反光纸，甚至一个开关、一把改锥等等，都要准备齐全，不允许有任何疏忽，否则在关键时刻就会误事；生活上的准备也要充分，当时民族地区不像现在这样方便，特别是下到边远的村寨，生活要靠自理，不能给群众增加负担，有时还要露宿野外，并且往往一下去就是三五个月，生活上必需的东西，包括行李和常用药品，也都要自己带上。

（三）思想准备

主要是要组织摄制组成员认真学习民族政策，了解民族情况。对要去的地区和有关民族的风俗习惯、宗教信仰、日常禁忌等也要有清楚的了解。从思想上树立起民族平等、民族团结的观念，在行动上真正做到尊重少数民族群众，尊重他们的风俗习惯和宗教信仰。特别是不要触犯他们的禁忌，把维护他们的利益作为整个拍摄活动的出发点和最终归宿。当时，这方面的学习和教育不只进行一次，在拍摄工作的每一个环节差不多都要进行，而且随着拍摄工作的进展，这种教育往往越来越具体、越深入。事实证明，这对锻炼队伍和保证拍摄工作圆满完成，都起了决定性的作用。

二、影视民族志影视片的拍摄实践

一般来说，在进入拍摄地区之前都做了比较充分的准备，但是对于开机拍摄来说，准备工作还不够，有几项工作只有到了现场以后才能进行。主要有以下几项。

（一）积极争取当地政府和各级领导的支持

到达拍摄地区后，当时摄制组做的第一件事就是向当地的领导汇报拍摄计划，并且把拍摄脚本或拍摄提纲交给他们审查，听取意见；特别是需要使用“复原拍摄”方法进行拍摄的内容，更要认真听取当地领导的意见。他们了解政策，熟悉情况，往往能提出非常中肯的意见。取得当地各级领导的支持，对于拍摄工作的顺利进行有重要作用。拍摄工作很复杂，当年的拍摄工作就遇到过许多始料未及的困难。这些困难都是在当地各级政府支持下才得到解决的。比如，摄制组去独龙族地区拍摄，要带着沉重的器材和其他物资翻越碧罗雪山、高黎贡山，渡过澜沧江、怒江、独龙江，经过长达数天的徒步跋涉才能到达。如果没有当地政府的大力支持是很难想象的事情，更不用说完成拍摄任务了。

（二）向当地群众做宣传

主要做两方面内容的宣传，一是向群众宣传民族政策，二是宣传拍电影的科学知识。当时解放的时间还不长，特别是边远地区，对民族政策并不很了解，有的对拍片的意义不清楚，对民族政策的宣传，主要是通过说明要拍摄的电影的内容和性质，说明为什么要拍这样的电影，让他们认识到拍片是对他们的文化的重视和尊重，是党和国家对他们的关怀。同时把拍摄的步骤和方法告诉他们，从而取得他们对拍摄工作的支持；对电影科学知识的宣传，主要是为了解除少数群众因为没有接触过电影拍摄，不了解电影是怎么回事而生的顾虑。在独龙族地区拍摄就遇到过这样的事，开始有的群众认为被拍摄下来会把自己的“灵魂”带走，不敢参加拍摄。经过宣传解释后，大家才积极参加拍摄。

（三）“选景”和选“演员”

人类学片都是实景拍摄，被摄的人物也是实际生活里的真实人物，不像故事片那样搭制场景和由演员来表演。但是，有的时候对拍摄场景和人物仍然有个选择问题。例如《清水江流域苗族的婚姻》的脚本只要求拍摄这一带苗族的婚姻习俗，提供了该习俗的一般表现形式。但是，没有具体指出拍摄地点，更不可能提供具体的拍摄对象。这一带苗族村落很多，究竟在哪里拍摄好呢，这就需要下到拍摄地区以后根据实际情况进行选择。至于具体的拍摄对象更是只有到了现场后才能去发现，去选择，有时还需要耐心等待。当时摄制组到达清水江以后，对要拍摄的村寨反复挑选，最后才在当地干部帮助下来到一个远离交通线的山坳。这里有四五个大小不等的苗寨连成一片，苗族人口比较集中，传统习俗保存完整，而且有连绵的山岭和高坡台地，村边有茂密的森林，一条清澈的河流蜿蜒流过，景色非常优美。村边密林和台地正是苗族青年男女“游方”的场所，如果举行婚礼，迎亲送亲队伍要走田埂，过小桥，才能进入山村。这里有一个很典型很有代表性的苗族村寨，显然是拍摄该片的理想场所。最后在这里拍出了既富含人类学科学价值，又优美动人的片子。如果不在到达当地后对拍摄场地做精心选择，自然也可以拍摄到关于这一带苗族婚俗的片子，但不会收到这样满意的效果。对“演员”的选择也是一样，对特定事件中的特定人物是不能选择的，但《清水江流域苗族的婚姻》这部片子没有特定事件，不要求特定人物，以谁为主要拍摄对象来反映这个习俗都可以。因此在拍摄对象方面，存在很大的选择余地。苗族青年男女的“游方”是经常的活动，参加的人很多，这就可以按照拍摄需要来进行选择。再如《永宁纳西族的阿注婚姻》，要求通过一个纳西族家庭的阿注婚来表现永宁纳西族存在的母系家庭制度。而村里有几十户家庭，每一户家庭都存在阿注婚姻形态，那么，究竟拍哪一户呢，这就有很大的选择余地。根据母系家庭以妇女为核心的情况，该片选择了一位年龄相当、健康活泼、体态匀称、五官端正、口齿伶俐、反应敏锐的家庭主妇作为主要拍摄对象，拍摄中配合默契。影片通过对她在家庭中掌管经济、安排生产、管理仓库、分配食物、料理生活、教育子女等行为的如实记录，生动自然地反映了永宁纳西族妇女形象和母系家庭的真实状况。当然，这种选择同故事片的“选景”和“选演员”有本质的不同，不是拿剧本来规范和剪裁生活，而是从客观现实生活固有的状态中进行筛选。“选景”和“选演员”在这里只不过是一个借用的概念。

做好充分准备工作后，即可正式开机拍摄。这时拍摄人员最主要的是要注意尽量减少对拍摄对象的干扰，以保证他们自如地做他们自己要做的事。但是，这时仍然有一些组织工作要做。其中最主要的有两件事：一是维持好现场的秩序，妥善处理好与围观群众的关系，使他们不对拍摄造成干扰，保证拍摄顺利进行；二是消除被拍摄者的紧张情绪，在面对镜头的时候不失常态。从当年的拍摄实践来看，要做好这两个方面的工作并不是一件容易的事。大量工作要做在拍摄之前，到了开机拍摄的时候不宜对在场的人员指手画脚，说这说那，无论是对被拍摄者还是围观者都是一样。这时拍摄最主要的是保持冷静，要有耐心，不怕麻烦，切不可因为一时着急而采取错误行为和说错话。这样不仅会影响拍摄，使之不能正常进行，也容易伤害群众。此外，摄制组内部在现场更要相互主动配合，要求眼快手快，行为协调，配合默契，尽量不要在现场出现像拍摄故事片那样的导演的指挥行为，以免干扰拍摄对象。

广泛听取意见和及时总结经验是我国早年人类学片拍摄中一条行之有效的、成功的经验。当时没有现成经验可供借鉴，主要是靠在拍摄之前多方听取意见和开拍以后及时总结经验才保证了拍摄的成功。当年每一部片子的拍摄，从选题的酝酿和脚本（提纲）编写开始，一直到实地拍摄、初编片审查，都十分注意动员人类学家、电影工作者，以及有关地区和部门的领导和群众共同参与，听取各方面人士的意见。除此之外，还正式实行了科学顾问制度，科学顾问由资深人类学家担任，负责拍摄工作的全面指导和脚本（提纲）及成片的审定。在实拍过程中，还聘请在本民族中有威望、熟悉本民族历史和文化的人士担任现场指导和民俗顾问。总结拍摄经验的工作除了随着拍摄工作的进展随时进行以外，1961 年 7 至 9 月，还多次召开有专家和国家有关领导部门负责干部参加的专门会议，对已经完成的片子进行审查，同时对拍摄经验进行系统总结，从而把我国人类学片拍摄的实践经验升华为理论形态，为我国影视人类学理论建设奠定了初步的基础。

以上是张江华等人在《影视人类学概论》一书中对这批片子拍摄的方法和过程的梳理。从中我们不难看出，其电影拍摄的痕迹很重，但是，其中的影视民族学的理论自觉却是很到位的。这批影片的拍摄实践过程，实际上完成了中国影视民族学理论中的拍摄实践的方法论建树，虽然比较初步，但基本的方向是正确的。

“从拍摄实践来看，当时对所要拍摄的片子的科学属性和真实性特征的认定完全是自觉的，在拍摄方法上也提出了严格的纪实要求，可以认为已经初步形成了有别于一般电影观念的独特的理论观点，创造出了有别于一般电影片的独特的拍摄方法。这对后来我国影视人类学的发展起了重要的指导作用。”①

我们在叙述影视民族志影视片的前面，叙述中国西部最早的一批影视民族学片的拍摄方法和过程，是因为这样的拍摄影响到后来中国影视民族志影视片的拍摄。后来的拍摄基本上是在这样的方法论基础上的拍摄，尤其是影

① 张江华、李德君等著《影视人类学概论》，社会科学文献出版社 2000 年版。

视民族志影视片的拍摄。在纯粹的影视民族学片的拍摄中，会有一些理论诉求而带来的变化。而影视民族志影视片拍摄完全符合于这样的拍摄理念，可以说是一切影视民族志影视片的基本缘由。

在后来的影视民族志影视片的拍摄中，特别是改革开放以后，中国的影视民族志影视片的拍摄发展很快。据一些学者估计有千余部，但严格地区别下来，真正的影视民族志影视片应该没有这么多。因为我们在影视民族志影视片的分类上有许多问题没有解决，分类概念是比较混乱的。但不管怎么说，中国的影视民族志影视片的基本规范是在中国早期的 15 部经典性的影视民族志影视片的拍摄中建立起来的，这一点毋庸置疑。

在这一章的叙述中，我们对于影视民族志影视片的叙述会有一个分区，即把影视民族志影视片分为两个地区来叙述：一是中国西部地区的西北和内蒙古地区，二是中国西部地区的西南地区，并且在每个地区中又分省（区）叙述之。这个分区叙述不但在影视民族志影视片中适用，也在其他叙述中适用。

第二节　内蒙古影视民族志影视片和拍摄

内蒙古自治区最早的类似的影视民族志影视片的拍摄是在斯文·赫定拍摄的时候，但我们今天只知道有一些关于蒙古族文化的拍摄，具体的情况不得而知。

真正的影视民族志影视片的拍摄是在 20 世纪的五六十年代。在中国的著名的 15 部影视民族志影视片中，内蒙古自治区有《额尔古纳河畔的鄂温克人》《鄂伦春族》等两部。

一、《额尔古纳河畔的鄂温克人》

《额尔古纳河畔的鄂温克人》1957 年拍摄，1959 年完成。35 毫米黑白胶片，5 本；录像带 29 分 34 秒，VHS 和 BETACAM－SP。顾问：乌云达央；编剧：内蒙古少数民族社会历史调查组鄂温克组；导演：张大风；摄影：杨光海、王继英；解说：许国干。中国科学院民族研究所委托摄制，八一电影制片厂承拍，内蒙古呼伦贝尔盟行政公署协助拍摄。

额尔古纳河畔白雪茫茫的森林里，生活着勇敢的鄂温克人。他们世代过着游猎生活，在无际的原始森林里追逐着野兽的足迹。他们驯养驯鹿，把它作为生产工具和运输工具，以营养丰富的驯鹿奶为饮料。社会组织是被称为“乌力楞”的家庭公社，集体生产、平均分配是神圣的原则。他们信奉火神，烧茶做饭后从不把火种熄灭。他们一年有三次以猎物换生活用品的市场交易，在交易中珍贵的猎物被奸商用一盒火柴或一袋黑面换走。传染病蔓延，再加上日本帝国主义在鄂温克民族内部制造矛盾，致使鄂温克民族处于灭亡边缘。但是，新中国成立后，勇敢善良的鄂温克族又获得了新生……

这是中国少数民族社会历史科学纪录片中拍摄比较早的一部片子。

在杨光海编，中国社会科学院民族研究所内部印行的《中国少数民族社会历史科学纪录片剧本编选》一书中，有《额尔古纳河畔的鄂温克人》的拍摄提纲，这是这片子留下的唯一的资料，在一定程度上反映了该片的拍摄内容。

《额尔古纳河畔的鄂温克人》拍摄提纲编写者为吕光天、朱汝之、张大风。1957 年 6 月，吕光天、朱汝之、张大风三人被派到祖国的东北边疆，大兴安岭的原始森林地区，进行鄂温克民族的社会历史调查工作。《额尔古纳河畔的鄂温克人》拍摄提纲，就是在长期的民族调查后，根据调查资料写成的。

这个《额尔古纳河畔的鄂温克人》拍摄提纲，主要有两个部分的内容：一是画面的拍摄提纲；二是解说词。我们根据这个拍摄提纲，梳理描述出《额尔古纳河畔的鄂温克人》一片的基本内容。

使用驯鹿的鄂温克人世世代代过着游猎的生活。他们为了求得自己的生存，终年累月，在这茫茫无边的原始森林里，追随着野兽的足迹，到处漂流。

鄂温克人以一种叫“乌力楞”的家庭公社单元在一起生产和生活，它由一个男子的若干代子孙和有亲戚关系的人们所组成。“乌力楞”是他们集体行动、集体生产、平均分配的单位。

鄂温克人擅长狩猎。他们到了打猎的目的地，先选择一处背风平坦的地方住下来。搭起帐篷，他们把这种“帐篷”叫作“撮罗子”。“撮罗子”上冬天盖兽皮，夏天盖桦树皮，这是他们祖祖辈辈随身携带的住房。

“撮罗子”搭好后，先把“玛兽”神挂在“撮罗子”北边的树上。“玛兽”神是他们祖先的象征，绝对禁止妇女走过“撮罗子”的北面。一个“撮罗子”一般住一个小家庭，6—12 个“撮罗子”组成一个“乌力楞”。族长负责管理全“乌力楞”的生产和生活事务。生产和生活事务都是通过家族会议来实施的。一般是把几位老人请到族长自己的“撮罗子”里来，召开家族会议。会上他统一分配打猎任务，如果“公社”中哪一个成员犯了错误，也在会上进行批评教育，这是他们最严重的惩罚。族长享有很高的威信，公社每个成员都听他的话。族长由公社选举产生，三年一选，一般由老年人轮流担任。

狩猎开始，一般是早晨，猎手们三五成群地分头出发打猎去了。

这时候，妇女一天的辛勤劳动开始了，她打掉“撮罗子”上的积雪，免得雪水流进“撮罗子”里去。把前天晚上放出去的驯鹿叫回来，给它们喂盐巴。有时候，驯鹿在外边贪吃野食没有回来，就得翻山越岭，甚至走到十几里以外的树林里把它找回来。

驯鹿是鄂温克人主要的生产工具和运输工具。它在深雪中能够载重八九十斤重的东西，日行二十多公里。它不必喂饲料，专吃森林中特有的苔藓类植物。驯鹿奶富有营养，是鄂温克人主要的饮料。

鄂温克妇女勤劳、聪明，她们用揉、刮、熏、泡、晒等方法，把硬邦邦的兽皮鞣成呢绒般柔软的皮张。她们个个心灵手巧，能够用兽皮缝制结实的皮衣、皮靴、皮手套，并且还在上边绣上美丽的花纹和图案。

每一个公社都有一两个老人会做铁活，他们从商人那儿买来废铁，做成刀子和斧子，以备打猎时用。但是鄂温克人并没有独立的手工业。

小孩们从小就喜欢打猎，他们正在做打熊的游戏。

猎手们按着族长分配好的地点，在临时行猎长的指挥下，分工合作，追打野兽。猎犬是猎人最好的助手，猎人对待猎犬就像对待自己的兄弟一样。

猎人熟悉山林中的一草一木。长期的狩猎生活，把他们锻炼得机智勇敢，无论冬天和夏天，他们都能从兽踪上判断出野兽是公的还是母的，是惊走的或是自己走的。

和野兽搏斗的惊险场面差不多每个猎人都遭遇过。猎犬和猎人常常互相救助，猎人之间也经常团结互助，暗中帮忙。

每个鄂温克人从小就学会滑雪技术，他们像燕子般飞驰在林中雪山之间，日行八十公里，追打野兽。滑雪技术的好坏是鄂温克猎手优劣的标志之一。

冬季是打灰鼠的季节，儿童就从打灰鼠开始正式的狩猎生产。训练猎犬也往往从打灰鼠、捕小兽开始。妇女们的枪法也很准，她们每人一个冬天能打五六百只灰鼠。

由于生产力的低下，集体生产、平均分配是鄂温克人的神圣原则。没有劳动力的家庭同样能够得到一份猎物。即使是一个鹿心肝也把它分成若干块，每家一块。打中野兽的人自己不要皮子，假使四个人出去打猎，第一个人打着三只野兽，他就把皮子分给其他三人，只有打着第四只野兽时自己才要兽皮，如果自己打中的猎物不分给别人，鄂温克人认为是最可耻的行为。

鳏、寡、孤、独无劳动力的家庭特别受到照顾。

贵重的东西如鹿角、鹿茸、貂皮等当时不分，卖了以后，把换回来的生活用品按劳动力分配，全劳动力得一份，老弱孤寡得半份。

两个人打到一只熊，每人一半，拿回家煮熟后，把全“乌力楞”的人都请来吃，吃前先在火上浇一些肉汤表示敬火神，然后大家一齐唱道：“嘎，嘎，是乌鸦吃你的肉，不是我们鄂温克人吃你的肉。”接着先由前三人各吃三勺传给后三人，依次传三圈，然后就可以随便吃了。吃不完的每人可以带回家去。吃完后把熊的骨头、五脏进行风葬，葬时还要假装哭泣、唱咒语，表示哀悼。

鄂温克人每年有三次定期的市场交易，卖掉自己的猎物，换回生活用品。这样的市场交易主要在额尔古纳河畔的乌启罗夫村举行。他们和这里的商人有着传统的交易关系，奸商们利用这一点，用惊人的不等价交换，欺骗和剥削鄂温克人。奸商仅仅用一盒火柴就换去一张灰鼠皮，用几十公斤的黑面骗走价值千元的鹿茸。奸商甚至在酒中兑水卖给鄂温克人。鄂温克人终年劳动的收获被奸商剥削大半，换回极少的东西。他们世世代代“欠”着奸商的“债务”，“永远也还不清”。

在夏天的时候，鄂温克人回到山上，开始了夏季生活。

葱绿的森林海洋蕴藏着取不尽的宝藏。勤劳的鄂温克妇女会在森林中采集野果、野菜，她们把一部分晒成菜干，留在冬天食用。她们把桦树皮剥下来制成各种容器、玩具以及轻便精致的桦皮船。

桦皮船是鄂温克人唯一的水上交通工具和生产工具。

捕鱼也是他们重要的生活来源之一。

鄂温克猎手们深知野兽的习性。夏天的夜晚，马鹿来到水泡吃水草。这机警的家伙，现在却把脑袋全插进水里去了，它没想到猎人已经等它好久了。犴的交尾期，猎人躲在丛林里吹着犴哨。公犴以为母犴在叫它，兴冲冲地跑来了。

夏季的森林，蚊蠓成群，妇女就生烟熏蚊，保护驯鹿不受蚊蠓叮咬。

秋天到了，十几天就移动一次的鄂温克人又准备搬家了。

他们没有本民族的文字，为了使来访的亲友知道自己的去向，他们留下语言记号。圆圈圈表示搬家的方向，从圆圈圈到树干的长度表示搬家的距离。

鄂温克人唯一固定的建筑物，就是离他们住地几十里甚至几百里远的仓库。现在他们把夏季用品和积存下来的食物送到仓库里去，从那里取回冬季用品。仓库无人看管，也不上锁，其他公社的人可以随便到这儿来借用东西，等到市场交易见面时才把借用的东西归还原主。在鄂温克人当中从来没有盗窃的事情发生。

长期的原始生活，使得鄂温克人对火非常尊重，他们烧茶做饭以后不把火种扑灭，免得触犯火神。

鄂温克人在那悲惨的年代里，受传染病的摧残，特别是肺病。那时有病无医，只好请萨满跳神赶鬼。萨满是他们民族的宗教师，被视为神灵的化身。然而萨满并没有赶走病魔、唱来幸福。病人断气了，就连萨满自己也不行了！传染病像个魔鬼威胁着鄂温克人，有的全家都病死了，仅 1908 年就死了 90 多人，到日本投降时总共只剩下 170 人。整个鄂温克民族处在危机的边缘！

鄂温克人不仅受疾病的摧残，日本帝国主义为了便于统治这个民族，曾经在他们民族内部制造矛盾，引起他们相互间的残杀。贝尔茨河把驯鹿鄂温克人分成古纳部落和乌启罗夫部落两部分。这两个部落每年都有互相残杀的事情发生。

昆都依万本是古纳部落的人，因为他和乌启罗夫部落的人有过来往，古纳部落的人就把他绑起来准备杀掉。一个老年人感到本民族的人口太少了，因此劝说年轻人不要杀了他，青年听了长辈的劝告，把昆都依万绑在树上，把枪上了子弹，用枪口对着他胸前，把扳机缚在他腰带上，就这样整整绑了一夜，第二天早晨才把昆都依万放了。

昆都依万提起这件事非常幽默地说："那天夜里，只要我稍微动一下，今天就不会跟你们见面了。"

新中国成立后，两个曾因日本帝国主义侵略者制造的矛盾而互相残杀的部落在共产党和人民政府的教育下和解了。他们召开了两个部落和解大会，会上昆都依万和曾经要杀他的人热情地握手，他们表示：不记以往的血仇，共同团结在毛主席的周围。和解大会以后，古纳部落从贝尔茨河以南迁到了河以北，和乌启罗夫部落住在一起。

古纳部落的青年叔力杰耶爱上了乌启罗夫部落的姑娘格拉妮，于是两个部落开始缔结婚姻。他们按着古老的风俗习惯，由男方委托媒人到女方家求婚，格拉妮的父母喝了媒人敬的酒表示同意。到了结婚日期，叔力杰耶的父母和亲戚带着十只驯鹿和彩礼，陪着新郎到新娘家里去。

女方出来迎接了。新郎新娘先和耶稣像接吻，然后互相接吻拥抱，接着从男方送来的十只驯鹿当中选出最好的两只，由新郎新娘牵着绕“撮罗子”三圈。

当天晚上，新郎一人留在新娘家里度过新婚初夜。第二天，新娘正式来到了夫家。

两个部落的老人也在一起欢宴、说笑。

鄂温克民族内部的隔阂消除了，但这仅仅是他们幸福生活的开始。现在他们有了自己的供销合作社，再不受奸商的剥削了。供销社主任吉米德是他们民族的第一个共产党员，他熟悉汉文和自己的业务。供销社按照海拉尔的价格收购他们的猎物，这段路的运费由国家补贴。过去仅仅能换几十公斤黑面的鹿茸，现在能卖一二千元，猎民从不过问日用品的价钱，他们需要什么便拿什么，只要吉米德在账上记一下就行了。他们每家都有大批存款，许多猎民都买了闹钟、手表、留声机和呢绒的衣裳。有些人原来欠的债务，都由中央访问团给他们还清了。

鄂温克民族有史以来第一次有了自己的乡政府，乡长昆都依万和副乡长尼格来在辛勤地处理着自己民族的事务。

政府发给每个猎民一支新式步枪。步枪坏了可以再来换一支新的，零件坏了也可以来更换。

在一百多个鄂温克人中就有三个旗人民代表，七个乡政府委员，乡长昆都依万还是内蒙古自治区的人民代表。次日他要到呼和浩特参加内蒙古自治区人民代表大会。

一个老人特地穿上中央访问团赠送给他的新衣，戴上纪念章来找自己的代表。他要求昆都依万把他对共产党和毛主席的感激心情带到大会上去。另外，他还有一个心愿，希望人民政府废除过去统治阶级强加在他们头上的民族名称——雅库特人，并且恢复他们民族的原来名称——鄂温克族。后来政府满足了他们的要求，正式把雅库特人、索伦人、通古斯人统一称为鄂温克人。

一位鄂温克妇女怀孕后，丈夫劝她下山休养，她不愿意。后来还是乡支部书记亲自进了山才把她接到卫生所来。这座卫生所是各民族团结的大家庭。这里有达斡尔族大夫金春同志，有蒙古族大夫阿尔斯朗同志，还有一位汉族的司药员，护士就是鄂温克族的塔吉娅娜。

政府为了根治鄂温克人的肺病，用了七万多元的巨款为他们建立了结核病防治所。政府对鄂温克人特别照顾，他们的医药费甚至住卫生所的食宿费也全是国家供给。

鄂温克新的一代降生了。父亲把精致的礼物赠送给大夫。

鄂温克人世代与文化隔离，没有本民族的文字，几乎全是文盲。

党和政府在乌启罗夫村为他们设立了民族小学，根据他们的意愿，采用了汉文课文。鄂温克儿童的特点是聪明、诚实、不拿别人的东西。他们三个人住一个房子。学生的一切食宿费、书籍费全由国家供给。

学校建立了团队组织，经常开展有意义的活动。在教师指导下他们自己种了菜园。还帮助附近农民拔草，锄田。通过这些活动，培养他们从事农业劳动的习惯。鄂温克儿童有的升入了高小，有两个鄂温克学生已经到呼和浩特卫生学校来学习了。

鄂温克猎民已有八户定居在乌启罗夫村，开始了“定居狩猎”的新生活。乡支部书记经常关切地到他们家里去访问，了解他们定居后的生活情况。定居下来的猎民在非打猎期间还从事农业劳动，并且买了马匹。这些茁壮的马铃薯、蔬菜都是马嘎尔种的。

马嘎尔本来分不清禾苗和杂草，可是在汉族农民钟胃云的帮助下逐渐学会了种庄稼的本领。

在劳动中，他俩结下了深厚的友谊，钟胃云经常给马嘎尔修理农具，而马嘎尔每次打回野兽也总是送给他朋友一份，后来他们就干脆搬在一起住了。他们还买了新式农具。这种新的经济形态、新的生活吸引着所有鄂温克人，他们一致要求全部定居。人民政府为了满足他们的愿望，正在乌苏龙建立一座鄂温克新村，使所有终年在森林里游猎的鄂温克人定居下来。

……

鄂温克人是一个狩猎和驯鹿的民族，狩猎和围绕着狩猎生计方式的一系列族群文化是影片拍摄的主体，但是，这里也有太多的“党和国家恩情”的表述，不过这也是历史。对于这个民族的文化，在21世纪时，还有一些个人化和感悟性的拍摄，但它们属于“纪录片化”的拍摄了。

二、《鄂伦春族》

《鄂伦春族》1962 年拍摄，1963 年完成。35 毫米黑白胶片，8 本；录像片 71 分 57 秒，VHS 和 BETACAM - SP。顾问：秋浦；编剧：赵复兴、吕光天、满都尔图、杨光海；导演：杨光海；解说：王连元。中国科学院民族研究所委托拍摄，北京科学教育电影制片厂承拍，内蒙古鄂伦春自治旗人民委员会、内蒙古历史研究所协助。

内蒙古自治区与黑龙江省接壤处，大兴安岭白雪茫茫的原始密林里，生活着以狩猎为生的鄂伦春族。一个用桦树干和桦树皮搭建的锥形小屋中住着一个鄂伦春族小家庭。通常情况下五六个小屋组成一个地域组织。猎场是公有的，猎人们都到习惯的地区狩猎。出猎前大家推举年长有经验的人为行猎长，负责指挥狩猎行动。滑雪板、桦皮船、马匹是他们的交通工具。每家的马匹，在家族成员中不能乱用，夫妻、父子都有专用的马，而尾巴上拴有红黄布条的神马是不能骑也不能驮东西的。他们信奉的神有几十种，自制各种神像。“萨满”是人与神之间的代言人，负责主持各种仪式。影片记录了他们一年四季的生活情况和独特的风俗习惯以及婚丧仪式等。

以上是官方的标准的记录资料，但在具体的拍摄人的记录中，有许多关于拍摄过程和历史细节的记录，这些记录在今天已经成为那段历史中最为珍贵的历史记载了。故我们在叙述这 15 部国家经典性的影视民族志影视片拍摄时，会对杨光海的“影志”所载内容有一个介绍。

“影志”的表述在中国影视民族志影视片的拍摄历史中是一个发明，这个发明也会载入史册的。在以下的叙述中，我们会以崇敬的心情引述杨光海等人的影志，于此表示崇高的敬意！

根据杨光海的《鄂伦春族》影志①得知，他在 1962 年 5—6 月间，来到内蒙古大兴安岭鄂伦春族猎民村考察体验生活，为影片的拍摄做准备，并且与正在这里进行补充调查的民族研究所科研人员赵复兴、吕光天、满都尔图会合。此前，这几位学者对鄂伦春族的社会历史已经进行过长时间调查，并写出部分调查报告，掌握的资料很丰富。杨光海仔细阅读了鄂伦春族社会历史调查报告，又在鄂伦春族自治旗的纳尔克气和朝阳两个猎民村住了一段时间，

---

① 《鄂伦春族影志》，载杨光海著《民族影志田野集录》，云南教育出版社 2009 年版。

观察了解他们的生存环境、生活习俗。回到鄂伦春自治旗阿里河镇后，便和民族研究所的几位学者正式编写《鄂伦春族》影片拍摄提纲。杨光海执笔，三位学者提供资料，讨论修改。经反复研讨，确定以鄂伦春族特有的狩猎生产生活方式为主题，以冬春夏秋四季狩猎活动为结构框架，按岁时穿插有关内容。这些内容是：捕鱼、采集、手工业、交易、分配；衣、食、住、行；氏族、家族；婚姻、生育；丧葬、礼仪、岁时；萨满、占卜；传统艺术、体育、游戏等等，使之成为有机的整体。

拍摄提纲通过后，1962 年 12 月，成立由杨光海任编导兼摄影的 4 人组成的摄制组，民族研究所也派出一位鄂伦春族工作人员当翻译协助工作。摄制组于 1963 年 1 月离京，春节前到达阿里河开始拍摄。

最先拍摄的是一个“乌力楞”。“乌力楞”是鄂伦春语“子孙们”的意思，早先是以血缘为纽带的家族公社，新中国成立前已发展为地域性的农村公社。一个“乌力楞”一般包括五六个“斜仁柱”。“斜仁柱”俗称“撮罗子”，是鄂伦春人居住的简易棚屋，一个“斜仁柱”就是一个小家庭。

随后拍摄狩猎。出猎都有人发起，由参加的人组成一个“阿那格”，意为出猎组，一个“乌力楞”可以组织几个出猎组。在出猎组中，大家推举有经验的年长者为“塔坦达”，意为行猎长，由他领导打猎。小孩七八岁就跟随父兄出猎，学习狩猎技术，十五六岁就能成为真正的猎手，单枪匹马出猎。狩猎工具主要使用步枪和单响的“别拉弹克”枪。各种枪支都是交换来的，归小家庭私有。马匹同样归小家庭私有，一般由妇女管理，出猎时由妇女给马喂草料、食盐、备鞍。

鄂伦春人的猎场是公有的。“塔坦达”带领出猎组出猎时爬高山、过草甸、走冰河、穿密林，纵横驰骋，不受限制。途中每当遇到大树上供奉的“白那查”（山神），便停下来向山神敬酒、叩头，祈求狩猎丰收。即使是路过这里的人，也都要割下马尾、马鬃挂在神像旁，求保平安。到猎场后，选择一处能避风的地方，除去灌木和杂草，中间生起篝火，就成了他们的宿营地。“塔坦达”通常要先和猎手们一起寻查野兽的踪迹，研究对策，然后指挥猎手们向一定的方向寻找野兽。

“塔坦达”有丰富的狩猎经验，例如他根据犴的蹄印，即能准确地判断出是公犴还是母犴，大致在什么方位，于是吩咐猎手到犴的必经之地埋伏起来，有的鸣枪恐吓，有的纵马追赶，把犴赶到预定地点猎获。狍子是鄂伦春人打得最多的野兽之一，狍子肉是他们的主要食物，狍皮是做衣裤和“斜仁柱”围子的最好材料。猎获狍子后，立即开膛，取出肾脏和肝就地生吃，他们认为生吃狍肝能使眼睛敏锐。

每个猎手都能熟练地掌握剥皮技术，通常打到野兽后，就地剥皮，这样兽皮容易剥。

煮肉、做饭是妇女的事。吃兽肉的方法有烧、煮、烤。他们很喜欢吃带血筋的肉，不论是烧的，还是煮的，只有六七分熟就行。

兴安岭的隆冬，一般是零下四十多度，而且常常是风雪交加，雪花纷扬。猎手们从小即习惯在冰天雪地里生活，夜晚就睡在狍皮口袋里，凛冽的寒风袭来也能抵御。

鄂伦春族保留着以氏族为单位共同消费的风俗。猎获的野兽驮回住地后，先把兽头和内脏煮在一起，全“乌力楞”的人在一起吃。兽肉平均分配，“乌力楞”里有多少户就平均分成几份，孤寡老人尽管不去狩猎也平均分得一份。也有的只在狩猎组内平均分配，分配时由“塔坦达”发话，叫谁先拿，谁才能先拿，“塔坦达”自己拿次的一份，皮子分给射中野兽的人。

拍摄从冬季狩猎开始，对狩猎的场面，我们采取了跟踪、抢拍、偷拍的方法。

还拍摄了“萨满跳神”。在这期间，遇到一位鄂伦春族老人重病，请萨满跳神。萨满穿的神衣，是用铜镜、贝壳、各色布条做成的，足有五十多斤。萨满跳神时，手敲皮鼓，边唱边跳，引来男女老少观看，但气氛肃穆。对于占卜和古老而原始的风葬（又叫树葬，用木制棺材盛殓死人，把棺材放在树丫上），也进行了拍摄。

对鄂伦春人的迁徙也进行了拍摄。迁徙是鄂伦春人经常性的活动，一般春夏秋冬根据野兽的行踪有一定的迁徙路线。迁徙时，“斜仁柱”的架子都留在原地，其他东西一律带走。他们点燃白桦树包，火种可以很长时间不灭，这是一种古老的保存火种的方法。所供的各种各样的神灵（画像或木刻神像）则装在桦树皮盒里带走。生下不久的婴儿躺在摇篮里，背在妈妈身上跟随迁徙。

到了迁徙的目的地，男人砍树干，搭“斜仁柱”，妇女收拾用具。“斜仁柱”用三十至四十多根桦树干或松木干搭建，呈锥形，搭建时首先用两根带杈的树枝支起，然后将六根树干搭上，旁边放二十多根“斜仁”，所有的树干都插入地下固定住，“斜仁柱”的骨架就搭成了。夏秋两季盖上桦树皮，冬季和初春则覆盖皮制的围子。门朝南或偏向东方。“斜仁柱”底部直径七八米，高五六米，在这样狭窄的房间面积，各种生活用具的放置都有一定的地方，有条不紊。正对门的铺位叫“玛路”，是男客和未成年孩子的卧席；左右是父母、儿子与儿媳的卧席；中间是火塘，供取暖和炊事之用。“玛路”席上方挂有神像，两侧放置猎枪和枪架。铺席的边上堆放着制作精美的桦皮箱。

桦树是鄂伦春人居住地区的主要树种。鄂伦春人在长期的生产生活实践中学会了对桦树皮的巧妙利用，形成了独特的“桦皮文化”。夏季是扒桦树皮的季节。这时桦树水分多，容易扒。鄂伦春人的日常用具，大部分都用桦皮制作。用桦树皮制成水桶、篓子、箱子、碗、针线盒等。轻便耐用，携带方便。鄂伦春妇女还在桦皮制品上雕刻花纹图案，并涂上红、黄、黑三种颜色。他们也用桦树皮做船只，夏季河水上涨时．猎马难以通过，乘坐桦皮船狩猎、捕鱼都很方便。影片对此做了系统介绍。

影片拍摄了其氏族会议的情形。氏族组织鄂伦春语叫“木昆”，即“兄弟们”或“同姓人”的意思。包括十代以内有血缘关系的亲属。每个“木昆”都有自己的“木昆”会议。氏族长鄂伦春语叫“木昆达”，由全体成员以民主方式选举产生，氏族内发生的一切大小事情，都由氏族会议共同商量解决。违反氏族习惯法的人，要在会议上受到劝告或处罚。氏族会议期间，各个家族才有机会团聚在一起，这时大家尽情欢乐，举行歌舞、摔跤、射箭和赛马活动，以增进团结；长辈们向青年们传授家谱，并歌颂他们的祖先，跳仪式性的“依和那仁舞”。所有这些活动影片都做了系统纪录，并在现场录音。

影片对鄂伦春人的“安达”也有拍摄记录。

……

1963年9月，印制出影片标准拷贝。片长8本，放映80分钟。影片制作完成后，内蒙古自治区博物馆、黑龙江省博物馆和鄂伦春族自治旗博物馆分别印制了影片拷贝，成了当地有关鄂伦春族的形象化文献资料，是一份难得的文化遗产。

对于《鄂伦春族》这个影视民族志影视片拍摄，我们在杨光海编，中国社会科学院民族研究所内部印行的《中国少数民族社会历史科学纪录片剧本编选》一书中，我们看到了当时这部片子的三个拍摄文本，即《鄂伦春族》剧本、《鄂伦春族》分镜头剧本、《鄂伦春族》完成台本。《鄂伦春族》剧本主要为计划拍摄中的“画面”描述与解说词，两者分列对应，左边为画面描述，右边为对应画面的解说词。《鄂伦春族》分镜头剧本则是把剧本中的画面描述分解成为具体的镜头，主要有两个要素，一是镜头的类别（比如全景镜头、中景镜头、特写镜头等等，还包括镜头的动态要求），二是镜头画面的具体内容。《鄂伦春族》完成台本则是包含了最后拍摄完成的实际镜头和解说词，即在前者的基础上加进了解说词。

这是最早的关于内蒙古自治区的影视民族志影视片的拍摄。在改革开放后，又有一些这类片子的拍摄，比较重要的是《秋牧——新巴尔虎蒙古族游牧生活纪实》（上、下）、《牧歌探源》等。

《秋牧——新巴尔虎蒙古族游牧生活纪实》（上、下）

1995 年拍摄，1996 年制作完成。BETACAM - SP 摄像机拍摄，上、下各片长 48 分钟，VHS 和 BETACAM - SP。英、汉两种版本。顾问：包承迅、晨光；学术指导：张江华、陈景源、斯钦朝克图；撰稿：张江华、陈景源、庞涛；采访：斯钦朝克图；摄像、编辑制作：庞涛；制片：任一飞。中国社会科学院民族研究所摄制。

1995 年秋季，拍摄者深入内蒙古呼伦贝尔草原新巴尔虎左旗，跟随两户蒙古族游牧民家庭，记录了他们秋季的牧业活动。他们赶着牛车，开着拖拉机，载着帐房和生活用品，带着自己的畜群边放牧边逐渐转场去冬营地。到达宿营地，他们从事搭建帐房、清点畜群、为伤病羊治疗，打越冬牧草等生产劳动。片中还表现了两户牧民家庭的日常生活和骨肉亲情，反映了改革开放以来当地蒙古族人际关系的变化。此片采用跟踪介入、纯纪实的新手法，拍摄内容真实、细致。

《牧歌探源》

1995 年拍摄，1998 年制作完成。BETACAM - SP 摄像机拍摄，片长 23 分钟，VHS 和 BETACAM - SP。学术指导：张江华、陈景源、斯钦朝克图；摄像、编辑制作：庞涛。中国社会科学院民族研究所摄制。

悠扬美妙的蒙古族《牧歌》长期以来被人们广泛传唱，而《牧歌》的来源以及它背后的故事却鲜为人知。一次偶然的机会，拍摄者寻找到《牧歌》的发源地，访问了《牧歌》原创者的女儿和当地知情的老年人，得知了一个感人的故事。

不难看出，这时的内蒙古地区的影视民族志影视片的拍摄正在逐步走向

“纪录片化”。

第三节　新疆影视民族志影视片和拍摄

新疆的影视民族志影视片也是在国家层面来拍摄的，主要是《新疆夏合勒克乡农奴制》。这一拍摄可能是新疆民族志影像拍摄之首，以前我们很少有这样的记录。

一、《新疆夏合勒克乡农奴制》

新疆的影视民族志影视片要从《新疆夏合勒克乡农奴制》一片说起。该片拍摄于1960年。片子记录了墨玉县夏合勒克乡民主改革前还存在的封建社会初期的庄园制度，维吾尔族封建农奴主的封建庄园的概貌。这部片子是新中国第一批“少数民族社会历史科学纪录片”中的一部，也是新疆影视民族志影视片的第一部。但这部片子不像同期的其他片子那样，在20世纪80年代后就受到人们的广泛关注，所以，叙述它情况的资料极少。实际上这部片子也是那个时期国家“民族调查”的成果之一，也是在新疆民族调查组写出了该片的脚本之后由中央派人去拍摄的。现今，我们从杜荣坤[①]的回忆中可以了解到关于新疆的影视民族志影视片《新疆夏合勒克乡农奴制》的一些情况。

新疆的民族调查是从1956年开始的。最早的新疆调查组组长为我国著名辽金史专家冯家昇教授（原中央民族学院研究部教授，后为中国科学院民族研究所研究员），副组长为维古尔·沙依然（维吾尔族，原中国科学院新疆分院筹委会副主任）、谷苞（原中国科学院新疆分院筹委会副主任），组员由北京和新疆地区科研单位与新疆大学共同派遣，共15名。1958年，在全国各方面工作都要实现“大跃进”的形势下，为了加速完成全国少数民族社会历史调查任务，新疆调查组无论在领导力量和调查人员的数量与质量方面，都有很大的加强和提高。领导方面，除冯家昇仍任组长，谷苞仍兼任副组长外，北京方面派遣了中国科学院民族研究所的领导人之一侯方若为调查组常务副组长，全面负责调查组的日常行政管理和业务领导工作。为了便于开展调查工作和解决一些实际问题，新疆维吾尔自治区党委也派遣乌鲁木齐市市长牙

① 杜荣坤，1957年从复旦大学毕业分配到北京工作，次年参加少数民族社会历史调查新疆组的工作。后一直在中国社会科学院工作，曾任中国社会科学院民族学与人类学研究所所长。

生（维吾尔族）为调查组副组长。调查组人数也大大扩充，由原来的 15 人增加至五六十人，最多时达到 100 多人。

新疆调查组总部之下又按民族调查设 9 个分组，它们是：维吾尔族分组，组长为中国科学院民族研究所定正清；哈萨克族分组，组长为北京大学黄增强；塔吉克族分组，组长为中国科学院民族研究所萧之兴，副组长为北京大学穆舜英；锡伯族分组，组长为中国科学院新疆分院萧育民；乌孜别克、俄罗斯、塔塔尔分组，组长为北京大学李桂海；蒙古、满、回族分组，组长为中央民族学院杨光楣。另有自治区概况组、伊犁哈萨克自治州概况组等。我（杜荣坤）则担任了柯尔克孜族分组的组长。

在杜荣坤的回忆中，新疆民族调查组在 1956 年至 1963 年的 7 年多中，取得了许多资料。自 1956 年至 1963 年，新疆调查组收集和复制了大量历史和现况的调查材料，包括档案、文献资料、民族文献古籍、民族文字契约和经卷、照片资料、录音资料（音乐、舞蹈、文艺等）、电影资料，有数百万字。这些资料都有较高的学术价值，并涉及许多重要的学术问题……

新疆的第一部影视民族志影视片《新疆夏合勒克乡农奴制》也是在这段时间中完成的。杜荣坤回忆说，进行少数民族社会历史调查的过程中，调查组还拍摄了少数民族科学纪录片。新疆调查组在调查期间，采取边调查情况、边收集材料、边编写拍摄提纲、边拍摄的办法，在 1962 年最后完成了《新疆夏合勒克乡农奴制》影片的拍摄工作。

《新疆夏合勒克乡的农奴制》

1960 年拍摄，1962 年完成。35 毫米黑白胶片，6 本；录像带 50 分 37 秒，VHS 和 BETACAM－SP。顾问：侯方若；编剧：新疆少数民族社会历史调查组：侯方若、刘伯鉴、刘志霄；导演：王更一；摄影：哈里克江。中国科学院民族研究所委托拍摄，新疆电影制片厂承拍。

主要反映新疆墨玉县夏合勒克乡维吾尔族的封建农奴制。20 世纪 50 年代前夕，在维吾尔族庄园里，土地被农奴主占有。他们将大部分土地自营，由农奴为其无偿劳动；少部分土地租给农奴，农奴租种亩地就要出一个全劳动力常年为农奴主服劳役，从此他就失去人身自由。农奴主贪图享受，不关心生产，农奴又无力改善农具，生产力水平低下。主要劳动工具是坎土曼、木犁。这里的手工业还没有同农业分离，生活用品和生产工具主要靠自己制作。片中还介绍了当地的宗教信仰、风俗习惯等内容。

在杨光海编，中国社会科学院民族研究所内部印行的《中国少数民族社会历史科学纪录片剧本编选》一书中，有《新疆夏合勒克乡的农奴制》的拍摄提纲，这是这片子留下的唯一的资料，在一定程度上反映了该片的拍摄内容。我们这里依据“提纲”梳理表述《新疆夏合勒克乡的农奴制》的拍摄内容。

该文的执笔者为当时“新疆少数民族社会历史调查组”的刘伯鉴，顾问是侯方若、马木提（维吾尔族）。

影片拍摄的主要内容是以和加为农奴主的农奴社会制度。

和加是新疆夏合勒克乡的农奴主，这里所有的土地都是和加的，但这些和加的农田，绝大部分是近两百年来世代农奴开发出来的。南疆少雨，庄稼全靠水利灌溉，但和加却占去了全乡水利的85%。还有，这里天然的牧场，野生的芦苇和自古以来的荒地也都是和加所有。在这里有10户和加，但他们占去这里耕地面积的72．89%。他们将其中3/4的耕地作为自营地，另以1/4的耕地分给516户农奴作份地。份地是用来束缚农奴、给农奴主保证劳动人手的条件。农奴耕种20亩份地，就得出一个全劳动力替和加长年劳动。

在农忙的时候，农奴白天在和加的地里劳动，只有在夜里才能到自己的份地上劳动。

这个农民因破产，领了约20亩份地当了“全农”。全农一户领到一把坎土曼，也就是说要以一个全劳动力常年为和加服劳役，从此他将失去独立的人格，无权支配自己。

和加给农奴的份地，其中有一部分荒地，当荒地种成熟地或培植了果树后，和加便抽走一些熟地，另指给一些荒地，尼牙孜的份地，就被抽换过六次。

当全农年老体衰的时候，和加便把他降为半农，抽回半份土地，发半份口粮，两家半农合用一把坎土曼。半农，维语又称“百什孔奇”，即十天替和加做五天工的人。

原来和加给服劳役的农奴是管饭的，自19世纪60年代开始改为每年发一次口粮。一户全农一年领200斤苞谷，一户半农或帮农仅领100斤苞谷，一份口粮仅能吃两三个月，但劳役却是终年的。

这是和加对农奴的又一种剥削方式。春天农奴领下蚕种、母鸡或鸡蛋，秋天要向和加交小鸡和丝。

南疆少雨，庄稼靠引水灌溉，可是和加占去全乡水量的八成半，和加地里经常是大水漫灌。农奴份地里禾苗枯黄。为了活命，农奴不得不冒着危险挖水来抢救自己的一点庄稼，水的斗争在这里成了阶级斗争的一个重要内容。

和加对农奴施行残暴的统治。他们设有牢房和各种刑具，私刑拷问虐杀农奴。为了镇压农奴的反抗，仅被买买提尼汗吊打致死的就有11人之多。

这里住有极少数的自由农民，但他们也是不自由的，每年农忙时，要替和加服役若干天。另外他们还不能自由开荒、放牧、割芦苇。

南疆特有的打场方法，先用牲口把麦粒踩下，然后借风力把它扬净。

这是和加交“开普山”粮和举行祝告丰收的仪式。当和加把农奴一年的劳动成果占为已有的时候，却欺骗农奴说粮食是胡大赐给的。

农奴每年要向和加专用的清真寺交什一税，名叫“乌守尔”。

农奴向和加交纳田赋，而后由和加统一交政府，买买提尼汗给农奴的份地只占他土地的21%，却要农奴负担他交纳的田赋的44%，农奴份地上收获的一点点粮食，就这样一次再次被剥夺走了。

和加除拥有大量土地外，还占有许多手工业作坊，这是水磨和榨油房，农奴要使用还必须交纳租金，和加比那汗出租七盘水磨，每年收入七千秤苞谷。

糖坊。葡萄收获后熬成糖饴，每年送到市集上出售的约有四千秤。这些作坊生产的产品，除了满足农奴主的需要外，有一些还要拿到集市上出卖。在作坊从事劳动的农奴，他们虽有一些手艺，可是他们平时主要还是从事田间劳动，只有在农闲季节和加才集中他们从事作坊生产。

这里能拿到市场上交换的手工业品是很少的。有一些掌握技术比较复杂的手艺的人，也很少出卖产品，而是出卖手艺。如织土布的，代人织四匹土布，可得到一匹布的原料作为加工费。

农妇家庭手工业，除了供自己的需用外，还要无偿地为农奴主加工生产，如纺线、养蚕等。

逢集的日子，维语“巴扎尔”。“巴扎尔”每七天一次，一般是在午后，规模大小不等。“巴扎尔”上农民互相买卖的农产品和手工业品多，商贩贩卖的工业品少。农民出卖的一点东西，大部分为消费者买去，只有很少的一部分落在商贩手里。

这里还存在着以物易物的现象。

和加的财产不仅表现在他拥有的土地和农奴上，而且还表现在他们在附近市镇拥有的铺房上。买买提尼汗在“巴扎尔”上有十五个馕房出租。

这些小手工业者，他们很少出卖成品，多半是靠手艺替人修补加工。夏合勒克乡没有铁匠，农具只有拿到“巴扎尔”上才能修理。

和加嫁女，和加的亲戚和政府官吏前来祝贺。每逢喜庆和加常雇有民间艺人演奏助兴。

这是和加给女儿的嫁妆。管家手里托的是个家奴的卖身契约，她被作为嫁妆陪送了。家奴，维吾尔语男的称“阿尔切”，女的称“迪待克”，他们在庄园里的地位是最卑贱的，和加把他们当作财产继承，也可以把他们当作礼物转赠或作嫁妆陪送，但被和加转卖的很少。

残酷的封建剥削，苛重的差役赋税，使成千上万的维吾尔族农民的生活陷入绝境。这家流落在异乡的农民，为生活所迫，不得不把自己的亲生女儿卖给和加做家奴。

家奴的来源，主要是卖身的和世袭的。家奴卖身有卖终身的和卖二三十年的，但卖定期的在期满之后很少能离开和加家的。家奴所生的子女便成了世袭家奴。

和加买家奴时有阿訇代表宗教法庭写契约作证。

家奴不分日夜从事各种家庭杂役，如背水、打馕、牵马跟班等等，总之就是要侍候他们的主人。

和加每天发给家奴少许的苞谷馕，根本饱不了肚子，他们不得不经常用杏子、桑葚、野果，甚至有时偷马料来充饥。

荒淫无耻、强奸幼女是和加的共同罪行。牙牙汗强奸过多名幼女，有十七名幼女被买买提尼汗强奸成了残废。更卑鄙的是每次强奸还必须由阿訇给他诵经祷告。

家奴没有婚姻自由，都由和加配婚，禁止女家奴嫁出庄园以外，因为生下的子女将要继承父母的奴隶身份，世代为和加服役。

许多家奴，为了争取自由，摆脱屈辱、悲惨的生活，冒着生命危险逃出庄园。

和加们不仅是夏合勒克乡统治农奴的土皇帝，而且和反动官府有着密切联系，有的是县参议，有的是省参议。反动政权帮助镇压农奴，支持了这里濒于崩溃腐朽的农奴制。这个逃亡的农奴却终于又被伪警察局抓回来送到和加手里。他逃出了和加的院墙，却没有逃出势力的魔掌。

和加们饱食终日无事可干，于是便使出种种方法来消磨时光，骑马打猎、斗鸡斗狗是他们共同的嗜好。

在新疆夏合勒克乡，还有帮农。帮农是农奴的一种，他们领有半份土地，不领坎土曼，不定期地替和加做些杂役。如看果园、放牧、砍柴、喂狗、养鹰，和加还常把农奴的未成年的孩子征来做帮农。

和加们占有的大量耕地，就是靠这些落后的方法，用农奴的双手开垦出来的，开荒多在风雪严寒的冬天。

夏合勒克乡和加们的全部生活中都渗透着农奴们的血汗。

在这里，像整个维吾尔族地区一样宗教渗透在各个方面，影响着人们的行动。

夏合勒克这样中世纪的野蛮的农奴制度之所以能够保持下来，宗教对农奴的欺骗和麻痹起着重要的作用。

1949 年，英勇的中国人民解放军以史无前例的行军，徒步穿过了塔克拉玛干大沙漠，进驻和田。

在党的领导下，1951 年开始了民主改革，减租反霸，农民清算了血海深仇，烈火烧毁了卖身契约，刑具化成了灰烬。

……

土改后，在党的领导下，这里逐步地发展了互助组、合作社。1956 年建立了四个高级合作社。

在生产大跃进中，原来合作社的规模已不能适应生产发展的需要，党中央毛主席关于组织人民公社的号召一经发出，1958 年便成立了猛进人民公社，在公社建立后的两年多的时间里，便显示出了它的强大的生命力和无比的优越性。

先进的耕作技术代替了过去落后的生产方法，社员们创造了大面积丰收和高额增产纪录。

……

我们亲手埋葬了阶级压迫制度，我们亲手创建了社会主义事业。尽情地歌唱吧！歌颂指导我们斗争的领袖毛主席、歌颂领导我们前进的共产党。

这部影片是 15 部影片中比较早的一部，也是“宣传”“国家和党的恩情”以及社会主义制度优越性最多，并且在族群文化上表现较少的一部影片。该影片在很大程度上，反映了中国影视民族志影视片早期拍摄的幼稚和不成熟。

二、《哈萨克族》系列录像片

从这以后，新疆的影视民族志影视片的拍摄就基本陷于停顿，在1983年时，中央民族大学的柯尔克孜族文化学家胡振华带领摄制组前往新疆柯尔克孜族自治州拍摄了《柯尔克孜族》10集系列片，这才又开始了新疆影视民族志影视片的拍摄。这是新疆改革开放后最早的影视民族志影视片的拍摄。中央民族大学在以后的拍摄中还拍摄了十几个少数民族的片子，但更倾向于民族志资料片的拍摄。

到20世纪90年代，中国社会科学院民族研究所开始了《哈萨克族》系列录像片的拍摄，这是自《新疆夏合勒克乡农奴制》之后，新疆的影视民族志影视片的第二次比较大规模的拍摄。这次拍摄与20世纪60年代在新疆的民族调查有直接的关系，在某种程度上说，是20世纪60年代少数民族社会历史科学纪录片拍摄的后续行为，有一系列成果。

《哈萨克族的游牧经济》

1993年拍摄，1995年制作完成。VO摄像机拍摄，片长56分钟，VHS和BETACAM－SP。顾问：杜荣坤；监制：任一飞；撰稿：杜荣坤、张江华；编导：杨光海；摄像：孙延龄；解说：赵鹏程。中国社会科学院民族研究所摄制。

该片记录了新疆北部伊犁地区哈萨克族牧民的游牧经济生活和传统文化习俗，对改革开放以来当地商业贸易的繁荣景象也有所反映。

《哈萨克地区风光与名胜古迹》

1993年拍摄，1995年制作完成。VO摄像机拍摄，片长20分钟，VHS和BETACAM－SP。顾问：杜荣坤；监制：任一飞；撰稿：杜荣坤、张江华；编导：杨光海；摄像：孙延龄；解说：赵鹏程。中国社会科学院民族研究所摄制。

该片记录了新疆伊犁哈萨克自治州境内著名的天山、阿尔泰山、伊犁河、魔鬼城、夏塔古城址、惠远城钟楼、将军府旧址以及古代岩画、鹿石、石雕人像等自然景观和人文景观。

《哈萨克族的物质文化》

1993年拍摄，1995年制作完成。VO摄像机拍摄，片长10分钟，VHS和BETACAM－SP。撰稿：杜荣坤、张江华；监制：任一飞；编导：杨光海；摄像：孙延龄；解说：闵阅。中国社会科学院民族研究所摄制。

该片记录了哈萨克族牧民的衣、食、住、行，圆顶毡房及其内部陈设，石木结构的平顶房建筑，男女服饰，奶制品和馕的制作，以马、牛、骆驼和木轮胶轮大车为主要运输工具的交通。还对流行于牧民中的礼俗作了介绍。

《哈萨克族的节庆与娱乐活动》

1993年拍摄，1995年制作完成。VO摄像机拍摄，片长32分钟，VHS和BETACAM－SP。撰稿：杜荣坤、张江华；监制：任一飞；编导：杨光海；摄像：孙延龄；解说：闵阅。中国社会科学院民族研究所摄制。

哈萨克族的节日与宗教信仰有密切联系，他们过古尔邦节、肉孜节和本民族历史最悠久的传统节日纳吾鲁孜节（即春节）。在节庆期间进行牺牲祈祷仪式、赛马、飞马拾元宝、姑娘追、摔跤、叼羊、阿肯弹唱等游牧特色浓郁的活动。

《哈萨克族的音乐舞蹈与艺术》

1993年拍摄，1995年制作完成。VO摄像机拍摄，片长18分钟，VHS和BETACAM－SP。撰稿：杜荣坤、张江华；监制：任一飞；编导：杨光海；摄像：孙延龄；解说：闵阅。中国社会科学院民族研究所摄制。

该片介绍了哈萨克族有代表性的音乐舞蹈和工艺美术：民歌弹唱、民间歌手“阿肯”弹唱会，单人舞、集体舞表演，刺绣、雕刻和图案艺术。

《哈萨克族的婚姻》

1993年拍摄，1995年制作完成。VO摄像机拍摄，片长27分钟，VHS和BETACAM－SP。撰稿：杜荣坤、张江华；监制：任一飞；编导：杨光海；摄像：孙延龄；解说：闵阅。中国社会科学院民族研究所摄制。

哈萨克族婚姻制度是一夫一妻制，男娶女嫁实行氏族外婚。过去婚姻由父母包办，现在多为自由恋爱缔结婚约，姻缘结成一般都携手到白头。片中记录了托里县近郊区和牧区哈萨克族婚礼过程的出嫁仪式、迎亲仪式、揭面纱仪式。

《哈萨克族的丧葬习俗》

1993年拍摄，1995年制作完成。VO摄像机拍摄，片长27分钟，VHS和BETACAM－SP。撰稿：杜荣坤、张江华；监制：任一飞；摄像：孙延龄；编辑：杨光海；解说：赵鹏程。中国社会科学院民族研究所摄制。

哈萨克族的丧葬习俗与宗教信仰联系密切。他们的葬仪基本上按伊斯兰教规进行。由于信奉灵魂不灭的观念，他们十分重视葬礼。出殡前，亲属吊唁、唱挽歌、请毛拉举行祈祷赎罪仪式、“加纳扎”仪式；埋葬时举行尸体安放墓穴仪式。高山牧场还有在墓旁用云杉木搭建塔形护栏，葬后举行四十天祭和周年祭。

《哈萨克族的宗教信仰》

1993 年拍摄，1995 年制作完成。VO 摄像机拍摄，片长 8 分钟，VHS 和 BETACAM－SP。撰稿：杜荣坤、张江华；监制：任一飞；摄像：孙延龄；编辑：杨光海；解说：赵鹏程。中国社会科学院民族研究所摄制。

此片记录新疆哈萨克族宗教信仰和宗教活动的情况。乌苏清真寺、伊宁拜图拉清真寺是哈萨克族穆斯林重要的宗教活动场所，穆斯林每天按时到此听毛拉讲经、做礼拜。片中还表现了至今仍存在于哈萨克族中的自然崇拜、祖先崇拜。

《哈萨克族的文化教育》

1993 年拍摄，1995 年制作完成。VO 摄像机拍摄，片长 15 分钟，VHS 和 BETACAM－SP。撰稿：杜荣坤、张江华；监制：任一飞；摄像：孙延龄；编辑：杨光海；解说：赵鹏程。中国社会科学院民族研究所摄制。

该片记录了新疆伊犁哈萨克自治州所属伊犁、塔城、阿勒泰地区文化教育事业迅速发展的状况。介绍了中心小学、牧区寄宿学校等多种办学形式的基础教育，20 世纪 80 年代以来为适应当地经济发展而建立的农业、农牧机械、畜牧兽医、师范等高等专科学校。

这方面，在杨光海的《新疆〈哈萨克〉系列录像片》一文中有比较详细的记载。这次拍摄可以说直接促进了新疆地区影视民族学的发展，以及第一次对于西北和内蒙古地区的游牧文化有一个比较完整的民族志影像记录。

《哈萨克族》系列录像片实际上拍摄了两次，第一次是 1992 年的拍摄，由民族研究所影视人类学研究室主任张江华和摄像师孙延龄在新疆哈萨克族牧区拍摄，但因时间短，所拍材料有限，难以编辑成片。1993 年 7 月，由杨光海、孙延龄再次对哈萨克族社会生活的各个方面进行全面系统的拍摄。分别在新疆所属哈萨克族聚居的新源、霍城、富蕴、青河、福海、裕民、托里、木垒、巴里坤各县的广阔牧场上，拍摄了哈萨克人的游牧生活。包括具有草原特色的物质文化、婚姻家庭、独特的人生仪礼丧葬、宗教信仰、欢乐的节庆与娱乐活动等等都做了系统拍摄。我们根据《新疆〈哈萨克〉系列录像片》[①] 一文，把其主要的拍摄内容，梳理如后。

哈萨克族主要聚居在新疆维吾尔自治区的天山北部，伊犁哈萨克自治州所属的伊犁、塔城和阿勒泰三个地区，以及木垒、巴里坤哈萨克自治县和甘肃省的阿克塞哈萨克族自治县。在 1985 年的人口统计中，哈萨克人口有 96 400人。

哈萨克族有自己的语言文字。其语言属于阿尔泰语系，突厥语族。哈萨克人曾使用过突厥文、回鹘文，十世纪以后随着伊斯兰教的传入，改用了阿拉伯拼音文字。

哈萨克族源远流长。西汉时，天山北部的乌孙，即是哈萨克族的先民。“哈萨克”这一名称，最初见于 15 世纪中叶，是从金帐汗国分裂出来的操突厥语的一些游牧部落的集合体。“哈萨克”一词有顽强、坚强、胜利者或“白天鹅”的意思。

哈萨克族是由氏族、部落、部落联盟而发展成为稳定、独立的民族的。哈萨克族中的氏族部落组织，至今仍保留比较完整。

哈萨克古老的社会组织最基层的是“阿吾勒”。阿吾勒是由血缘关系较密切的家庭组成的游牧村落。由七代以下的几个阿吾勒组成“阿塔”，阿塔是高于阿吾勒的血缘社会组织，一般也都是同一祖先的部落。哈萨克部落的形成是适应游牧生活而产生的，不仅是氏族血缘的联合体，也是一种初级的管理体制，在过去也是一种军事组织。

畜牧业是哈萨克族主要的社会经济基础。畜牧业生产方式主要是以游牧为主。哈萨克族的游牧带有极大的原始性，完全依靠天然牧场放牧和自然繁殖。游牧即“逐水草迁徙”，把牧场分为春牧场、夏牧场、秋牧场、冬牧场。

夏牧场一般在高山草场，这里气候凉爽，水草丰茂，雨量充沛，十分宜于夏天放牧。

挤牛奶、挤马奶，几乎一年四季每天都在进行，大都是妇女分内的事，男子专从事野外放牧。

春末夏初，要剪羊毛。男女均可协作进行。剪下的羊毛用以擀毡或出售。

---

① 《新疆〈哈萨克〉系列录像片》，载杨光海著《民族影志田野记录》，云南出版集团公司、云南教育出版社 2009 年版。

打草，用的是一种长弯形钐刀。夏季是牧草丰茂的季节，哈萨克牧民都要忙于打草。把草割倒晾干后，堆放储存起来，作为牲畜过冬的饲料。

转场前，首先要拆除毡房。

哈萨克族最基本的牧业生产单位是阿吾勒。阿吾勒是由血缘关系较密切的家庭组成的游牧村落。其经济基础是牧场公有，牲畜私有。阿吾勒的各户共同在一个牧场上放牧，并按季节一起转场。每个阿吾勒都有自己的春、夏、秋、冬牧场，都有各自的转场路线。

各家的转场时间不一，但仅相差两三天。又有一家在拆毡房，准备转场。

夏牧场大都在高山上，气候变化很快，转眼间就到秋冬季节，牧民们争取时间，纷纷转场。骆驼是哈萨克族的主要运输工具，它载重量大，行走稳当，迁徙转场都离不开它。毡房用具、被褥衣箱、锅瓢碗盆等炊具，全驮在驼背上。还不能自己骑马的两三岁孩子也放在驼背上驮。这三个孩子在一起很开心，他们从小就习惯在驼背上游荡。而骆驼也小心翼翼地驮着小主人。

驯养的猎鹰要一同带走，它是狩猎的好帮手。

生下不久的婴儿躺在摇篮里，妈妈骑上马背，把摇篮挂在胸前，可以说孩子就是在马背上、驼背上长大的。

转场途中，按习惯驼队走在前面，老人、妇女、小孩骑马跟在后面。青壮年男子赶着畜群。

到了秋牧场，找一处避风又靠近水源的地方，下马、卸东西、搭建毡房。

到了目的地，负重的骆驼自动匍匐在地，好让主人将东西卸下。骆驼高大、负重、乖巧、好使唤、好喂养，在哈萨克牧民心中占有重要位置。据说，谁家的骆驼死了，主人都会伤心得掉泪。

哈萨克族的毡房可分为两种：一种是大毡房，另一种为小毡房。现在搭的是大毡房，它由两部分组成，下部是圆柱体，上部是圆弧形。下半部圆柱形的骨架为木栅栏，称为毡房墙，它是用草原上特有的红柳木做的。一般用六个木栅栏围成毡房墙，大的毡房用八到十二个木栅栏。每一个木栅栏算一面房墙，每块宽3.2—3.5米，高1.5—1.7米。房墙有大方格、中方格、小方格三种。它是活动的，搭毡房时拉开，搬迁时，合拢捆扎。

整个毡房不用一枚钉子。一般两个多小时就能“搭盖”起来，所以很受牧民的欢迎，也因此从古传到今。牧区的哈萨克族一年要搬十几次家，除冬季外，一年三季都要住这种毡房。

每搬到一个地方，毡房搭好后，就点燃火种。火的强大威力和它对人们生活的功用，使哈萨克族把火作为崇拜对象。他们认为，火是光明的象征，用火可以驱邪，引火能给家里带来好运。

……

秋天过去，冬天即将来临，无情的风雪会使牲畜丧命。牧民们开始忙碌着从秋牧场转入冬窝子。

哈萨克族聚居区是我国著名的牧业基地，也是新疆各族人民肉食的主要来源地之一。哈萨克族放牧的牲畜主要有羊、马、牛和骆驼。羊有伊犁细毛羊、阿勒泰大尾巴羊、裕民的巴思拜羊、山羊和杂种羊，也叫改良羊等。马有伊犁马、巴里坤马等。

在对哈萨克族文化的拍摄中，对以上的游牧文化的记录最为完整和珍贵。并且对于哈萨克族的狩猎、工艺、服饰，以及风光、风情等，其拍摄也很关注。

哈萨克族在从事畜牧业的同时，也狩猎。但狩猎在牧民的经济收入中所占的比重相当有限。哈萨克族在古代狩猎时主要是使用弓箭、套索等，后来则使用猎枪，还采用挖陷阱、安放捕兽夹子、挂各种套绳等方法。最富有特色的狩猎方法是驯养猎鹰捕捉野兽。

哈萨克族的家庭手工业具有悠久的历史，主要有羊毛加工业等。

在新疆各少数民族中，地毯以其精湛的工艺和独特的艺术风格为人们所喜爱。各族妇女大都是织毯能手。其品种有：铺毯、挂毯、坐垫毯、褥毯等。多层边框、图形艳丽，不但哈萨克人的家庭装饰少不了它，还远销国内各地，有的已进入国际市场。

新疆维吾尔自治区的天山北部，是中国哈萨克族的主要聚居地。这里物产资源丰富，自然环境优美。

喀纳斯湖位于布尔津县北部高山区，海拔 1374 米，湖长约 25 公里，面积 37.7 平方公里。湖水清澈而又变化多端，是一个罕见的变色湖。湖里有细鳞鲑、哲罗鲑等珍贵鱼类。湖周山峦起伏，景色秀丽。以喀纳斯湖为中心，总面积 25 万公顷，已辟为国家级林业综合性自然景观保护区。是一个理想的科研和避暑游览胜地。

鲁尔吐湖，位于阿尔泰山南麓，鲁尔吐大坂脚下，是秀丽的高山湖泊。湖周围有广阔的草场，山上林木青翠，山涧河水清澈，是理想的夏天放牧场地。

乌伦古湖，又名布伦托海湖，位于福海县西南约十公里处，是我国十大内陆湖泊之一，也是新疆重要渔业生产基地。有河鲈、鲤鱼、东方真鳊等十多种鱼类，还有天鹅、水鸭、黑颈鹤等珍贵水禽。

赛里木湖，位于伊犁地区和博尔塔拉蒙古自治州交界处，景色宜人，风光秀丽，是颇负盛名的旅游去处。

哈萨克族聚居区，野生动物种类也很多。鹰，是哈萨克牧民捕猎的助手。牧民有养鹰的习惯。在深山密林中，野生动物有猞猁、银狐、雪豹、野驴、马鹿等。马鹿体长可达二米多，大的体重约二百公斤。哈萨克牧民已有捕养。

果子沟，又称“塔勒奇”沟。沟内由无数涓涓细流汇成的小河蜿蜒曲折，横贯东西。果子沟位于霍城县境的天山丛中，是一条长二十八公里的峡谷，地势十分险要，自古为“丝绸之路”的咽喉。成吉思汗西征时，命二太子察合台负责凿山开道，架木桥四十八座。果子沟春夏之际，漫山果花盛开，入冬以后，山林银装素裹，满目北国风光。

魔鬼城，又称风城。坐落在准噶尔盆地西北边沿乌尔禾附近。它方圆十公里左右，荒无人烟。亿万年前这里是一个巨大的湖泊，后因地壳变化，湖水干涸，奇迹般地出现了风蚀地貌。这里经常风起沙飞，发出尖厉的啸声，仿佛无数魔鬼在聚会，人们便称之为“魔鬼城”。由于魔鬼城的奇异和神秘，又到处是远古时代的森林化石，地下又埋有恐龙化石，吸引着许多中外科学家和旅游者到这里考察游览。

古代岩画，在阿勒泰地区和尼勒克、昭苏、霍城的一些山麓主要河谷均有发现。其遗存形式人都为群落，面积人小不一。画面造型生动、古朴，具有典型的草原文化风格，有较高的学术研究价值。岩画内容有牛、羊、马、驼、鹿、狗、狼等与古代游牧民族生产和生活有密切关联的动物形象。各种图像多为平面单线条构图，极其传神，富有装饰感。其中男女交媾图表现了先民祈求人口繁衍，赞美两性生活的原始思维。

鹿石，均为刀形，上刻似凤首的奔鹿，构图和谐自然，美观大方，富有草原文化特色。

石雕人像，在阿勒泰地区所属各县均有发现。从形体上看，有全身、半身两类。石材多为花岗片麻岩。雕法均以浮雕为主，也间有阴线雕刻的，并多为墓饰。有八成在墓前面东而立。有高达二米以上，也有一米左右的。

夏塔古城址，位于昭苏县西南特克斯河畔的木札尔特山口平原地带，与著名丝绸之路中道相衔接。是唐代古城，占地五十多亩，城垣坍塌。据《唐书》记载，盛唐时期，沿交通要道多置驻军，当时的夏塔城有着重要的历史地位。

……

应该说，这些拍摄充分反映了哈萨克族文化的丰富多彩和深刻的文化底蕴。另外，对于哈萨克族的生活和节庆，以及婚姻爱情等亦有关注。

在新疆广袤无垠的草原上，缀满了白色蘑菇似的毡房，这就是哈萨克族的住房。哈萨克族从事畜牧业有着悠久的历史，绝大多数哈萨克人过着逐水草而居的游牧生活。因此，哈萨克族很早就创造了适合于游牧生活、便于搬迁的毡房。

毡房高一般在三米左右，占地面积有二三十平方米。

毡房内的陈设分为住宿和放物两部分。前半部分置放物品、用具，后半部分住人和待客。进门左上方是儿子和儿媳妇的床位，床前挂有缎幔；正中上方摆被、褥、衣、箱等物；右上方是主人的床位。正中的衣物箱子前，铺有华丽的毡子和地毯，是客人坐的席位；右下方摆有食品和炊具；左下方放置牲畜用具和猎具；正中央的天窗下放铁皮炉。毡房四周几乎都摆满了东西，但井井有条，中间还留有很大的空间。

哈萨克族除了住毡房之外，还住土房或木房。这种房子一般用土坯、石块或木头构筑。房屋外形是四方平顶，窗上嵌有玻璃，通风透光。

哈萨克族的主要食物都取自牲畜。在过去，奶类和肉类是日常生活的主要食物。奶类有羊奶、牛奶、马奶等，除了煮奶茶、喝鲜奶之外，还制成各种奶食品，如奶油、奶豆腐、奶疙瘩等。近几年用上了奶分离器，用它压制提取酥油。

馕，是用发酵的面做成圆饼，放进馕坑内用火炭烤制，也有的用圆煎锅烙制。此外，用发酵的面在油锅里炸他们叫“包吾尔萨克”的食品。

哈萨克族的服饰富有浓郁的民族特色。妇女都爱穿花色连衣裙和坎肩。姑娘和少妇喜穿紫红色连衣裙，西服上衣，黑色和紫红色的坎肩。坎肩胸前还缀满了彩色的扣子、银饰、银圆等装饰品。年轻姑娘还戴一顶圆形花帽，帽上缀满了珠子和银片。帽顶插一撮猫头鹰羽毛，作为勇敢和吉祥的标志。中年妇女头上戴头巾，头巾多用白布做成。男子多在野外放牧，冬季，则戴一种左、右、后三面下垂的“三叶”皮帽，适应当地冬季时间长而又严寒的特点。

夏秋时节，是草原风光最迷人的季节，也是草原欢腾热闹的时候，人们称为黄金季节。节庆、娱乐活动也多在此时举行。

阿勒泰地区青河县于1993年夏季，在风景优美的牧场举行赛羊、阿肯弹唱等文化体育盛会。远近的各族农牧民纷至沓来。一夜之间，一座草原新村拔地而起，聚集了数万人。

按传统习惯，凡举行隆重的节庆娱乐活动，先要祈祷，念祝词，然后宰马宰羊。宰羊，也同样进行祈祷。

宰马，先把马蹄捆紧，按倒在地，由一人操刀。无论是宰马或宰羊，扒皮后，都喜欢立即掏出生油吃，认为吃了有油水，图吉利。

宰羊由男子操刀，而洗肠煮肉等则由妇女承担。

哈萨克族的娱乐活动与骑马放牧、狩猎等生产活动密切相关，有着鲜明的民族特点。赛马是哈萨克人十分喜爱的一项传统的体育娱乐活动。赛马有赛走马和赛奔马两种。这是赛走马，比马的速度、耐力、稳健、美观。

飞马拾元宝。这是锻炼年轻人马上技巧的一种娱乐活动。用布把银圆包好，放在地上。骑手驰马飞奔，侧身弯腰去拾。无论谁拾到的银圆，都归自己所有。后来飞马拾元宝演变为“飞马拾手绢”，在手绢中包上钱或一些小玩具，谁拾到就归谁。有些姑娘还故意把自己的绣花手绢丢在地上，让意中人去拾。

参加赛马的骑手，少则六七十人，多则上百人。骑手的年龄最小的六七岁，大多是十二三岁的男孩。赛程一般为二十到三十公里，有的跑直线，有的绕草场跑圆圈。为了减轻马的负荷，一般不配鞍具。骑手也不着靴鞋，只穿华丽彩衣，显得轻便而英武。

在哈萨克族中，赛马不仅是参赛者个人的事情，而且是关系整个氏族部落荣誉的事。如果某匹马在赛马会上获得了第一名，不光是骑手的荣誉，而且是整个部落的光荣。第一名小骑手到达终点时，都呼喊着自己氏族或部落的口号，同部落的参观者都齐声呼应。

姑娘追，哈萨克语“克孜库瓦力”，是哈萨克人节庆或集会时经常举行的娱乐活动之一。

摔跤也是哈萨克族传统的体育活动之一，是一种力量和技巧的对抗性运动，每逢节日等吉庆日子都要举行，对获得胜利者奖给马匹或骆驼。

叼羊是哈萨克族人民普遍喜爱的传统娱乐活动。传说，叼羊活动起源于中世纪。当时，牲畜的死敌便是狼，除狼害则是牧民应尽的义务。他们一旦猎获了狼，便将狼驮于马背上奔跑，大家一拥而上，争相抢夺，以此开心娱乐。后来发展成一种专门的娱乐形式，并由叼狼改变为叼羊。

在其节庆拍摄中，对于哈萨克族人的“阿肯艺术”作了重点介绍。

节庆日，除了上述活动外，阿肯弹唱会更受人们的欢迎和喜爱。哈萨克牧民合家老少骑马从几十里外专程而来。会场往往被牧民们所包围。个个聚精会神，侧耳倾听，唱到精彩之处，牧民们更是会心欢笑。

“歌曲和骏马是哈萨克人的两只翅膀”，哈萨克人能歌善舞。在天山南北，在辽阔草原，优美动听的歌声，使你心旷神怡！

哈萨克族的民歌可分为对唱、弹唱和习俗歌两种主要类型。

对唱既是娱乐性的又是智力竞赛性的。对唱一般在男女之间进行，也常在专业化水平较高的歌手阿肯之间进行。娱乐性的互相对唱，只要一个男主角唱开了头，另一个女主角就应声对唱起来。双方以戏谑为主，或赞美，或嘲笑，目的是想方设法使对方词穷不能对答。

哈萨克族最主要的乐器有冬不拉、库布孜和笛子等。其中最流行的乐器是冬不拉。它有两根弦，左手按弦，右手弹拨。这种乐器十分轻巧，音质优美，许多哈萨克牧民都会制作。

每到盛夏，草原上都要举行阿肯弹唱会。阿肯是哈萨克群众对民间歌手的称谓。他们知识丰富，感情充沛，文思敏捷，出口成章，能弹唱，还会讲许多民间传说故事。他们既是民间文学的继承者和整理者，又是艺术表演家，他们深受哈萨克牧民的尊敬和爱戴。

演唱会上有众多的阿肯弹唱，有青年人、中年人，也有老年人；有男的，也有女的。他们歌词语言丰富，比喻生动，受到听众的赞赏。

哈萨克族是能歌善舞的民族。每逢节庆和各种喜庆的日子，男女老少翩翩起舞。

哈萨克族的舞蹈从表演形式上可分歌舞和乐舞两种。从舞蹈表演者的人数来看，又可分为单人舞、双人舞和集体舞。他们用舞蹈来表达自己的思想感情，反映自己的生产和生活。以骑马为题材的“走马舞”，紧张有力，表现了骏马奔驰的矫健姿态。以牧业生产为题材的舞蹈“挤奶舞”“剪羊毛舞”

“织花毯舞”等，生动地反映了哈萨克妇女的生产劳动情景。

哈萨克族的工艺美术主要有刺绣、雕刻和图案艺术。刺绣是哈萨克族十分普遍的手工艺术，许多妇女都是刺绣能手。

刺绣方法有挑花、补花、嵌花等多种。

哈萨克族的婚姻制度是一夫一妻制，历史上也有过一夫多妻制，但这种现象主要存在于贵族和富户中。哈萨克人注重部落外通婚，同一部落的人通婚必须在七服以上，还须征得部落的长者的同意。这是哈萨克人为繁衍人口自然形成的优生制度。

哈萨克人对自己后代的婚姻大事非常重视，从说亲到完婚要经过一系列仪式，哈萨克族称为“托依”。这类仪式在女方家举行四次，即说亲、订婚、送彩礼和出嫁仪式；在男方家举行两次，即“吉尔提斯”仪式和迎亲仪式。

哈萨克族的宗教和丧祭礼俗，也是其拍摄的重要方面。

哈萨克族信仰伊斯兰教，但早先信仰过原始宗教、佛教、景教等。至今还保留着不少原始宗教的遗迹。哈萨克人认为，自然界的万物皆有生命，均受着神的支配。神有善神和恶神，善神给人带来幸福，恶神使人遭受灾难。在哈萨克族的原始宗教遗迹中，还存在着自然崇拜、动植物崇拜、祖先崇拜和萨满教等。至今还有不少哈萨克人有崇拜日、月、天、地、水、火和其他自然力或自然现象的习俗。他们视日月为神圣，有敬日月的习俗。成人不得朝着日月小便和背着日月大便。每当日月初升，一些老人便面向日月祈祷赐福或祈求免灾。哈萨克族把天称作“腾格尔”，即“老天爷”之意；称地为“吉尔阿娜”，意即“地母”。过去每逢发生瘟疫和旱灾时，人们都聚集在河边或山包上，宰黑色的山羊羔祭献大地，祈求大地消灾降福。水是任何生物所不可缺少的，没有水，就没有生命存在。在他们看来，每一条河流，每一个湖泊，每一处泉水都有一个神在管理着，因此要保持水的洁净。哈萨克人还崇拜青草，他们把春天鲜嫩的青草当作生命的象征，所以最忌讳拔草。对泉边或河边的独立的树也非常崇拜，认为这是神树，不能砍伐。

哈萨克族的丧葬仪式按伊斯兰教教规进行。

在哈萨克族中，丧葬不仅是死者家的事，而且也是整个阿吾勒、甚至整个氏族部落的事，大家一听到噩耗，都纷纷前来帮助料理后事。

报丧，人死后必须派人到亲属家报丧。

根据伊斯兰教习俗，人死后要洗去尘埃，干干净净地进入另一个世界。

举行祈祷和赎罪仪式，“赎罪者”要替死者完成其活着的时候未完成的礼拜义务。

哈萨克人死后的遗体，一般是当天或第二天就埋葬，最多第三天必须埋葬。人死后即派人去挖墓穴。墓地一般在其父或祖父墓地旁边。墓穴有两种，一种是长方形直坑，一般长2—2.2米，深1.4—1.8米，宽0.8—1米。另一种是先垂直下挖一个长方形直坑，然后在坑底西壁再挖一个长宽可容一具尸体的长方形洞穴，尸体即放于此洞穴内。一般是一个墓坑葬一人，但在特殊情况下，也可在一个直坑两侧各掏一个洞穴，葬两人。

尸体入穴前，由亲属检查墓穴，查看是否符合规格。如没有发现问题，即将尸体放入墓穴，死者头朝西，脚朝东，面朝麦加方向。入葬后，毛拉念经祈祷，由兄弟、儿子和亲戚在上面先撒土。接着，其他送葬的人撒土，再用土砖堵好洞口。然后，送葬的人共同将墓穴填满，用土砖围边，垒临时性的坟。哈萨克族在信仰伊斯兰教之前，一般是将死者生前的乘骑、衣服、弓箭等物一起埋入坟墓，皈依伊斯兰教后，才逐步改变了过去的丧葬习俗。周年祭时，还要重修死者坟墓，修圆形、方形或八棱形，有名望的还用砖砌成拱状。

在高山牧场，哈萨克人的坟墓又是另一种形式。他们挖坑把死者埋好后，就地取材，用云杉木堆成塔形护卫，以防狼将尸体扒出，这也是高山牧场坟墓的一种标志。当中还种一棵云杉树，象征四季常青，生命不息。

祭祀，入葬后一般要举行三次祭祀仪式：七日祭、四十天祭和周年祭。

七日祭，在葬后七日举行。是日，死者亲属牵上死者的坐骑到坟上去，将祭品放于坟前，并念经和唱挽歌。回家后，在死者净身的地方点七盏油灯。亲属和邻居到房中哀悼，唱挽歌。四十天祭和七日祭基本相同。所不同的是在死者净身的地方点四十盏油灯。周年祭极为隆重，要事先邀请亲友和本氏族部落的人参加。祭祀之日，先将死者生前的坐骑牵到毡房前，这时，死者的妻子儿女哭着与死者的坐骑告别，然后宰其坐骑，并将立在房前的致哀旗拿下，折断旗杆。接着煮马肉或其他牲畜肉，招待参加的祭祀者。

……

这个系列影片在技术上是用电子录像的技术拍摄的，所以它的原始信号是保存在磁带上的电子模拟信号。

这个拍摄是系统性的全面的拍摄，希望全面地介绍哈萨克族的文化和地理风光等等。故而，其中的部分内容实际上已经不是影视民族志影视片的内容，但因为其主要部分仍然是影视民族志的内容，故我们仍把它们归属到影视民族志影视片的类别。

在以上描述的拍摄内容中，大多数属于镜头中的影像描述，但少部分实际上是解说词的描述。

这个拍摄也反映了其虽然是20世纪60年代拍摄的余绪，但在基本诉求上已经发生了很大的变化，而且有的东西已经走得很远了。

三、新疆地区其他影视民族志影视片的拍摄

在《哈萨克族》系列片拍摄之后，中国社会科学院民族研究所在新疆还有一些影视民族志影视片的拍摄，比如《新疆维吾尔族传统手工——喀什土陶》《新疆维吾尔族传统手工业——喀什铁器》《喀什牲口巴扎的萨拉及》等。

《新疆维吾尔族传统手工——喀什土陶》

2000年拍摄，2001年完成制作。AGEZ1数字机拍摄，片长33分钟，VHS和BETACAM－SP。

学术指导：张江华，摄像：张辉、张小敏，编辑制作：邓卫荣，解说词：张江华、邓卫荣，维吾尔语翻译：阿西木、亚森、努尔，英文翻译：张小敏，解说、制片：陈景源；监制：任一飞。中国社会科学院民族研究所摄制。

在新疆，流传着“不到喀什就不算到新疆”的说法。维吾尔族风情浓郁的喀什，其传统手工业产品花帽、铜器、乐器、地毯依然吸引着许多来自国内外的顾客，而土陶却只有在“土陶一条街”才有，主要是本地人去购买。该片朴素、真实地记录了行将消失的土陶制作的全过程：制坯、上釉、烧窑、出窑等。我们采访了土陶工匠以及市场销售人，从他们的叙述中，观众能对土陶生产在喀什的历史变迁和发展有自己的判断和思索。

《新疆维吾尔族传统手工业——喀什铁器》

2000年拍摄，2001年完成制作。AGEZ1数字机拍摄，片长18分钟。学术指导：张江华，摄像：张辉，编辑制作：邓卫荣，解说词：邓卫荣，维吾尔语翻译：阿西木、亚森、努尔，英文翻译：张小敏，解说、制片：陈景源，监制：任一飞。中国社会科学院民族研究所摄制。

在新疆喀什阿热亚路的中段，有一条“铁器一条街”。因为这里打制和销售得最多的是一种叫“砍土曼”的铁锄，而在维吾尔语里把“市场”叫作

“巴扎”，所以传统上这里一直叫“砍土曼巴扎”。“铁器一条街”约有25家铁器作坊，基本上是前店后作坊。此片记录了维吾尔族工匠米几提和他的工友们生产铁器的过程及他们的所思所想。同时记录了这条街上传统的钉马掌工匠的劳动情况。虽然喀什的现代化正冲击着一些传统手工业的存在，但社会的需求决定了各类铁器手工生产还不会很快消失。

《喀什牲口巴扎的萨拉及》

2000年拍摄，2002年制作完成。AGEZ1佳能Xm1数字机拍摄，片长25分钟。学术指导：张江华；摄像：张辉、张小敏；编辑制作：张小敏；解说词：张小敏；维吾尔语翻译：努尔、买买提、杜山那里；英文翻译：张小敏；解说、制片：陈景源；监制：任一飞。中国社会科学院民族研究所摄制。

盛夏八月，是南疆喀什牲口巴扎买卖最红火最热闹的时候。七十多岁的卡德尔老人在巴扎上周旋着、忙碌着。他是一个萨拉及（维吾尔语中间人的意思），他作萨拉及三十多年了。此片记录了南疆喀什牲口巴扎鲜活的交易场景，展现了这位老萨拉及的职业风采，使人们对中间人这个传统职业有了直观的了解。

在新疆，来自于中国社会科学院民族研究所的拍摄是其影视民族志影视片拍摄的主体部分。但是，在20世纪90年代后，新疆本地大学和影视民族学研究机构的影视民族志影视片的拍摄亦有很大的发展。故在《哈萨克族》系列片拍摄之后，新疆一些大学、影视民族学研究机构的学者们也开始了新疆影视民族志影视片的拍摄。

新疆本地影视民族志影视片的拍摄大致有两种形式，一是学者个人的学术拍摄和影视记录，二是研究机构的拍摄。在研究机构的拍摄中，新疆师范大学社会文化人类学研究所取得的成果最多。在这十多年间，他们拍摄了十多部影视民族志影视片，分别是：

《突厥语诸民族原生态民间信仰与萨满教》《南疆维吾尔伊斯兰教苏菲主义》《吐鲁番鄯善县维吾尔族的女萨满治病仪式》《萨满与疾病》（第16届人类学与民族学国际研讨会分会展映）、《麦盖提县维吾尔族的萨满治病仪式》《阿克苏地区柯坪县维吾尔族的萨满治病仪式》《和田地区皮尔仪式》《维吾尔麻扎朝拜》《塔河断流与罗布人渔猎文明的终结》《哈萨克族萨满治病仪式》《柯尔克孜族萨满治病仪式》《柯尔克孜族天拜仪式》《生命的呼唤》（艾滋病预防与社会关爱国际合作项目）、《图瓦人祭敖包仪式》等。

这些影视民族志影视片以信仰和民间仪式为主要表现和关注的内容。

其部分影视民族志影视片概况：

《维吾尔麻扎朝拜》，地木拉提·奥迈尔导演，2006 年摄制，地点：新疆喀什、和田地区，拍摄/编辑：努尔巴哈提·吐尔逊。

每年的 7 月至 8 月，是新疆南部维吾尔人前往各个著名麻扎进行朝拜的时期。此片详尽记录了朝拜者在麻扎的各种祭祀活动，介绍了南疆各个麻扎的地理位置、历史由来及各种各样的神物、圣物崇拜如布旗、羊角、羊皮、牲畜头骨等等，并随机访谈了朝拜者。

《突厥语诸民族原生态民间信仰与萨满教》，导演、拍摄：地木拉提·奥迈尔，编辑：努尔巴哈提·吐尔逊。1993—2005 年摄制，地点：吐鲁番鄯善县、阿克苏柯坪县、柯尔克孜自治州阿克陶县、博州精河县大河沿子镇。

该片拍摄相继延续了十几年。第一次将新疆维吾尔、哈萨克、柯尔克孜三个突厥语民族的萨满教仪式进行比较研究。通过长时间的跟踪拍摄，该片呈现了三个民族民间宗教各自的鲜活样态，探究了突厥语诸民族民间宗教中的共同点和不同之处。其实，该片记录的三个民族的萨满仪式都是各自独立的影片，各自萨满治病治疗的仪式非常完整。

《吐鲁番鄯善县维吾尔族的女萨满治病仪式》，导演、拍摄：地木拉提·奥迈尔，编辑：努尔巴哈提·吐尔逊，1994—1996 年拍摄，地点：吐鲁番鄯善县。

通过影视人类学的经典记录手段，该片真实记录了吐鲁番鄯善县维吾尔族的女萨满姐妹的疾病治疗仪式，影片很少停机，一段不间断的视频几乎就是一部影片，堪称影视人类学经典学派的实用范例。影片从女萨满对患者进行诊断开始，一直持续到整个仪式结束，所有的细节都被详尽记录。

《阿克苏地区柯坪县维吾尔族的萨满治病仪式》导演、拍摄：地木拉提·奥迈尔，编辑：努尔巴哈提·吐尔逊，1994—1997 年拍摄，地点：阿克苏地区柯坪县。

该片记录了阿克苏地区柯坪县阿恰乡一位维吾尔族的萨满的整个治病仪式。影片中，萨满仪式举行的空间正好为萨满教的三界观念提供了最好的说明。仪式在一间土屋内进行，屋内中央挖一小洞，埋下内装五十公斤土的塑料袋，中间绑着绳子，绳子的一端绑在屋顶木头上。这种仪式布局，就是维吾尔族的萨满教世界“鬼界、人界、神界”三界观的形象演示。三界通过一条绳子相衔接。该片全片没有解说，也没有通常的采访，仪式的过程和萨满的所作所为历历在目，观者只能通过自身的专业知识来观赏和理解。

《和田地区皮尔仪式》，导演、拍摄：地木拉提·奥迈尔，编辑：努尔巴哈提·吐尔逊，2006年拍摄，地点：和田地区。

该片为和田地区维吾尔族的萨满另一种治病仪式的记录，大量萨满神歌的呈现极具震撼力。在一位男萨满对一位女患者的治疗过程中，另有五位萨满的鼓手助理不停地打着鼓，相伴的是神秘悠远的萨满神歌。萨满领着患者在鼓声中来回旋转绳子跳神，借此达到治疗的目的。

《哈萨克族萨满治病仪式》，导演、拍摄：地木拉提·奥迈尔，编辑：努尔巴哈提·吐尔逊，1997年拍摄，地点：博州精河县大河沿子镇。

博尔塔拉蒙古自治州精河县有较多的哈萨克族人居住，男女萨满很常见。该片记录的是该县大河沿子镇一位哈萨克族的男萨满的治疗仪式。按常规，萨满首先对患者进行占卜诊断病情，然后开始对患者进行萨满仪式的治疗。观者通过影片可以清楚地看到这位萨满为患者治疗疾病的每一个环节和特点。

《柯尔克孜族萨满治病仪式》导演、拍摄：地木拉提·奥迈尔，编辑：努尔巴哈提·吐尔逊，1998年拍摄，地点：克州阿图什市铁格尔迈特乡。

柯尔克孜族的萨满一直不为外人所知。该片记录的萨满仪式在一架毡房里举行。仪式过程从搭建毡房一直到最后仪式结束，对研究柯尔克孜族萨满教的现状及萨满神提供了一个完整的影像读本，许多细节让人过目难忘。

《生命的呼唤》导演：地木拉提·奥迈尔，执行导演、拍摄、编辑：努尔巴哈提·吐尔逊，2007年拍摄，地点：伊宁市。

该片是一部有关艾滋病与社会关爱的影片，由新疆师范大学社会文化人类学研究所接受新疆维吾尔自治区红十字会和澳大利亚红十字会委托拍摄。由于题材的特殊性，拍摄之前，三方相关人员进行了为期一周的有关艾滋病知识的培训。2006年10月第一次赴伊宁走访调查，为影片后来的拍摄打下了良好的基础。

该片最突出的特点就是大量的访谈，采访人员涉及艾滋病患者、志愿者、宗教人士、普通人群、专家学者、政府相关人员等，勾勒出伊宁市艾滋病的疫病全貌和防控工作的艰难性和特殊性。体现出整个社会意识的不断进步与对艾滋病患者的关爱。

《神与灵的选择》（研究生毕业作品），导师：地木拉提·奥迈尔、刘湘晨，导演、拍摄、编辑：努尔巴哈提·吐尔逊，新疆师范大学社会文化人类学研究所，2009年7月至2010年5月拍摄，地点：塔城地区沙湾县、阿勒泰地区福海县。

该片是新疆影视人类学专业硕士研究生的毕业论文作品。通过人类学的跟踪调查方法，与两位哈萨克族的萨满同吃同住，详尽展示了哈萨克族的萨满的神灵选择决定的情况及其在都市语境中的生存状况。说明了他们的社会地位、社群关系及特殊的萨满仪式。

第四节　西藏、青海、甘肃的影视民族志影视片和拍摄

一、西藏影视民族志影视片

西藏地区是20世纪初被外界关注得比较多的地区。人文关注和人文影像的出现可以追溯到那位德国探险家的拍摄，以及瑞典人斯文·赫定、美国人洛克在这一地区活动，他们有一些民族志影像留下来。西藏的影视拍摄在20世纪初就不少，但风光和旅行片居多。1935年月明影片公司拍摄的纪录片《神秘的西藏》和《黄专使奉令入藏致祭达赖喇嘛》有一定的影视民族志的内容。

西藏地区真正的影视民族志影视片是从《西藏的农奴制度》开始的。《西藏的农奴制度》属于15部少数民族社会历史科学纪录片之一。这部片子是摄于1960年。反映了西藏地区在民主改革以前的非人道的地方农奴制度。反映西藏民主改革后，百万农奴获得翻身解放的生活，是西藏的第一部影视民族志影视片。在这之前，对于西藏的各种性质的拍摄比较多，但属于民族学、文化人类学研究机构拍摄的影视民族志影视片，这是第一部。

《西藏的农奴制度》

1960年拍摄，1961年完成。35毫米黑白胶片，7本；录像带62分14秒，VHS和BETACAM－SP。顾问：张向明；编剧：黄宗江；导演：康玉洁；摄影：张世宏、袁尧柱；解说：王连元。中国科学院民族研究所委托摄制，北京科学教育电影制片厂承拍，中共西藏工委、西藏自治区筹备委员会、西藏军区协助拍摄。

此片概括地反映了西藏社会民主改革前的封建农奴制度。介绍了这种制度下西藏的社会结构、经济制度、政教合一制度。表现了封建领主与农奴之间占有和被占有的关系以及他们在政治地位、经济地位、生活水平上的天壤

之别。

该片的拍摄过程和经历类似于其他少数民族社会历史科学纪录片，也是在前期民族调查的基础上拍摄的。但此片受政治意识形态的影响较重，因为在这之前已经有了郝玉生、何钟辛等拍摄的长纪录片《百万农奴站起来》，所以《西藏的农奴制度》一片在后来的影视民族志影视片的评价中受到一些批评。

“1960 年，中国科学院民族研究所委托北京科教电影厂拍摄《西藏的农奴制度》(康玉洁)，尽管有诸多创作上的限制，但参与此片的专业人员还是尽自己的努力做了一些学科领域内的探究，所以此片在一定程度上仍然反映了民族志电影的内涵。对 1959 年前西藏地方的地理、社会政治、经济风貌都有介绍，着重阐述了封建农奴制度下‘三大领主’和‘差役’对农奴的剥削和压迫。该片和《百万农奴站起来》及当时颇有影响的电影《农奴》都是作为政治任务来完成的，意识形态的片面倾向性和宣传说教的意味是显而易见的，这样就削弱了影片本身的科学性和艺术性。”①

在“文革”结束前，中国科学院民族研究所在藏东南察隅地区拍摄了第一部彩色影视民族志影视片《僜人》，这是“文革”中不多的拍摄。

《僜人》

1976 年拍摄，1977 年完成。35 毫米，彩色胶片，6 本。录像带 53 分钟，VHS 和 BETACAM－SP。顾问：阿拉；编剧：谭克让、王晓义、吴从众、王昭武、张江华；导演、摄影：鲁明；解说：李连生。中国科学院民族研究所委托摄制，北京科学教育电影制版片厂承拍，西藏自治区察隅县人民政府协助拍摄。

中国西藏东南部察隅地区，是一个气候温暖、雨量充沛、土地肥沃、山川壮丽的地方。生活在这里的僜人还保留着原始社会末期的一些氏族残余。他们居住分散，几户或十几户人家在一起，住在深山老林之中。还没有出现地域性的首领。家庭中男子长辈安排劳动和生活。他们以农业生产为主，生产力低下，刀耕火种，不施肥不灌溉。他们禁止同姓通婚。实行买卖婚姻。牛不用于生产而是充当一般等价物或在宗教仪式、请客时宰供食用。人们生病要请巫师送鬼。靠刻木结绳记事。这里还保留了相对完整的氏族公有制和个体家庭私有制的形态。后来，他们全部搬下山来，迁进了新的村庄。僜人跨处中印边境，是尚待

① 张明《藏地纪录片发展史略》(未刊稿)。

识别的族群之一。

该片对僜人在财产上的氏族公有制残余和个体家庭私有制确立，以及生产、生活、家庭组织、婚姻习俗、物物交换、下山定居等作了记录。影片还记录了僜人攀登丛林高树采取野生蜂蜜的情景和僜人妇女收割鸡头谷时所唱的优美动听的曲调。

在杨光海编，中国社会科学院民族研究所内部印行的《中国少数民族社会历史科学纪录片剧本编选》一书中，有《僜人》拍摄的解说词，根据其解说词，我们整理其《僜人》的主要拍摄内容。

僜人居住在我国西藏自治区东南部察隅一带的额曲、察隅曲、格多曲以及杜莱曲这几条河的流域。

僜人估计有一万多人。他们有自己的语言，僜语属汉藏语系，藏缅语族。没有文字。

僜人居住的地区，素有西藏的“江南”之称。这里高山峡谷，水流湍急，有着丰富的水利资源。河谷两侧，遍布着亚热带松林和樟树、楠树、青㭎树等阔叶林。茫茫林海，资源丰富。在茂密的丛林中，栖息着多种动物。

新中国成立前，僜人处于原始社会末期，氏族组织已经解体，还保留一些氏族残余。僜人都有姓，姓是父系血缘集团。姓氏共有五六十个。有的地方山林归同姓公有。居住分散，一般是几户在一起，少数地方达到十几户甚至几十户。各姓杂居的情况已比较普遍，但还没有出现地域性的首领。

同姓禁止通婚。同姓在生产和生活上互相帮助，共同商讨婚姻纠纷，有分担因违反传统习惯而受罚的义务，有血族复仇的义务。家里没有男子的，由同姓男子继承财产。没有家庭公社和家族长。

私有制已经确立。一夫一妻的个体家庭，是他们的基本经济单位。

妇女的社会地位低下，没有财产继承权。女子结婚以后就成为丈夫的附属物。她们要从事繁重的农业生产劳动和家务劳动。

长辈男子是家长，全家的劳动和生活由家长来安排。

农业是主要生产部门，还停留在刀耕火种的落后状态。在农业生产中，刀是最重要的生产工具，又是护身的武器。男子砍倒树木、晒干烧掉，开出土地，归家庭使用，没有几户共耕的现象。

由于生产力低下，经营粗放。没有力量除掉地里的石块和树根。不施肥。不灌溉。种植两三年后就丢荒或轮休。轮休地别人也不去占用。

从种到收以妇女为主。不用牛耕。播种采用点种和撒播两种，在一块地里，多种作物混杂种植。锄草一两次。草高了就用手拔。用树枝削尖的木锄，僜语叫达郭，来锄草松土。把竹片弯起来，他们叫达克惹，用来刮掉地里的小草。无力抗击自然灾害。兽害严重，庄稼经常受到熊和猴子的糟蹋。收割鸡爪谷，使用的工具是铁制的小刀。

农作物可以收获种子的二三十倍。每户开垦的土地有限，一般缺粮半年左右，常年靠采集野菜作为食物的重要补充，经常吃的野菜有二十几种。

狩猎是生活资料的重要的来源之一。他们在长期的生产斗争中，积累了丰富的经验，利用有毒的植物制成毒药，涂在箭头上，用弓或弩射杀野兽。他们的弓和弩都是自己制作的。

狩猎主要是个人进行。下地套是狩猎的常用方式之一。通常一次下几十个，把路口封锁起来，野兽踩上，就能套住。发现虎豹等猛兽，就几户联合下地套捕捉。地套巧妙地套住了一只猴子，它越挣扎套子就套得越紧。几户联合狩猎时，猎得的野兽，兽头归射中的猎手，兽肉由参加打猎的人平分。他们也用火药枪射击野兽。

僜人喜欢吃松鼠、田鼠等，用鼠类烤成的肉干是婚嫁时必备的礼物。

家畜饲养是家庭副业。手工业从属于农业，还没有成为独立的生产部门。手工业产品主要是为别人加工制作取得报酬，或用来交换。

铁炉用木炭燃烧，不会冶炼和铸铁，只能利用和相邻地区交换来的碎铁打制砍刀、箭头、矛头等。

从相邻地区交换来的各种银币，是打制银首饰的唯一原料。这是打制妇女的头饰，上面还要刻上简单的图案。

用青㭎树皮作染料，把麻染成红色。采集一种叫“德抗”的野果，把麻染成黑色。麻有野生的和种植的，是纺织的主要原料。其使用比较简单的织布工具，产量很低，织出的布，用来制作上衣和裙子等。

以物易物的交换已普遍发展，但没有形成市场。僜人之间经常互通有无，换取自己所需的物品。一只小猪可以换取一叠麻布，一只鸡也可以换到一两个竹筐。

鸡和猪都在房屋底下饲养。

野蜂蜜是僜人常用来与藏人交换的物品。僜人男子是采野蜂蜜的能手。获得野蜂蜜是非常艰险的。要攀登悬崖绝壁或高达几十米的参天大树。蜂巢总是在这样艰险的地方。树下烧起的烟，只能熏走蜂群的一部分，因此，采蜂蜜的人还要随身携带一捆烟火护身，接近蜂巢时，再用这捆烟火把留在蜂巢中的野蜂赶走。

藏人来到僜人居住点，常拿衣服向僜人交换野蜂蜜。僜人也常到藏族村庄以药材、皮张等特有的土产向藏人换取盐巴、铁锅等。交换的发展，促进了僜人和藏族人民之间的友好往来，同时也促进了各自的经济和文化的发展。交换的发展加速了贫富分化。在僜人内部出现了少数人通过交换从中牟利的现象。

僜人没有自己的货币，在交换中有的使用银圆。牟利者以少量的银圆换得珍贵的麝香、熊胆，再用麝香、熊胆到邻近地区换得更多的银圆。这些少数牟利者，就用这些银圆向外族买牛，通过他们把印度商人和西藏农奴主的剥削转嫁到贫苦的僜人的头上。印度商人和西藏农奴主以不等价交换对僜人进行残酷剥削。他们用几缕丝线就可以骗得一张熊皮，用一小碗盐巴就可以赚取一个麝香。

随着英帝国主义的侵略，约在一百年前已把鸦片输入僜人地区，致使僜人普遍种植和吸食鸦片，损害了人民的健康，严重地破坏了社会生产力。

僜人深受西藏农奴主阶级的统治、压迫和歧视。农奴主派出打手以各种借口枪夺僜人的财物。有时追上门来强迫僜人交出猎获的麝香、熊胆等名贵药材。僜人的庄稼常常被抢走。甚至不许僜人下山居住，不许走大路，就连这样艰险的溜索，僜人也只能偷偷地渡过。但是。勤劳勇敢的僜人，一直对帝国主义的侵略和西藏农奴主的压迫，进行不屈不挠的斗争。

由于生产力低下，对一些自然现象无法理解，认为万物有灵，这棵树被巫师定为鬼树，这块石头被定为鬼石。他们认为一切灾害、疾病都是鬼在作祟。门前插上树枝是表示家里有了病人，外人就不进屋，要请巫师来驱鬼。

听凭巫师判断，是小病就要杀鸡送小鬼，是中鬼就得杀猪。病情恶化，他们认为是大鬼缠身，就要杀牛送大鬼。富户家生了大病，更要多次杀牛，每次杀两三头至四五头之多。驱鬼的办法，自然挽救不了病人的生命。

人死后，在屋旁搭上这样的小棚，放上死者生前的衣物，摆上牛头，都是作为让死者带走的。盛行曲肢葬，把死者的四肢弯曲起来用席子捆包，抬进小棚。死者的同姓要停止劳动，死了男的停止十一天，死了女的停止七天。不同姓的邻居也要为死者停止一天劳动。

尸体放进小棚后，过一会或一两天，再移走火化。但他们认为鬼魂还在小棚里，还要由巫师驱鬼。

火化后，用石头掩盖起来，不留标记。没有坟地，不设立祖先牌位或其他象征，平时忌讳说出死者的名字。只有富户在周年或几年后再杀牲送鬼，表示悼念。

他们认为火葬的烟雾，会使庄稼减产。因此，在庄稼出穗到收割期间要实行土葬。处理完死者之后，还要由巫师继续驱鬼。

没有专业巫师，巫师不脱离农业生产劳动，有较高的社会地位。请他们驱鬼，都要给报酬。

由于迷信送鬼，耗费大量家畜钱财，并停止劳动，严重破坏生产，影响生活，加上其他天灾人祸，有的户就要倾家荡产。

僜人有一种人叫“呷背亚梅”，为调解者、中间人、介绍人。由能说会道被认为办事公正的人担任，按传统习惯调解内部纠纷。呷背亚梅中多数是富人。

由于婚姻纠纷，这个人前来向呷背亚梅申诉，要求调解。每申述一条理由，摆上一根小棍。

呷背亚梅接受他的申诉，到被告的家里进行调解。经调解，被告以赔偿二头牛，了结纠纷。

由于呷背亚梅的调解，制止了事态的发展。他也从中得到好处，原告要用一头牛酬谢他，这也是呷背亚梅致富的一个原因。

呷背亚梅可能是自然形成的地区首领的萌芽的一种形式。

也有调解无效的时候。一个姓杜西的人被姓达崩宁的人杀了，呷背亚梅进行调解。调解不成，就要进行血族复仇。同姓的人共同商讨，推举临时带头人进行复仇。复仇时若抓不到凶手，杀死与凶手同姓的人，就算报了仇。

富户的牛头多，因为他送鬼、请客杀的牛多。牛头是财富的标志，牛头越多，表示越富有。富人一般都没有脱离生产劳动。

富户的牛多，买来的妻子也多。僜人主要是一夫一妻，由于贫富分化和转房的习俗，出现了少数一夫多妻，根据额曲和察隅曲上游地区的统计，多妻的占已婚男子的8%左右。其中，个别富户有多到十几个妻子的。

板壁上挂了熊皮包，表示丈夫要在这个妻子这里吃住。丈夫有最高的支配权，可随意在各个妻子室内吃住。

富户的长房。每个妻子各占一两间卧室，各有灶塘，自成一个伙食单位，分别种植丈夫交给的土地。

这是富户的一个妻子在丈夫交给的土地上收割鸡爪谷。这是另一个妻子在收获玉米。

每个妻子都有粮仓，分别保管自己收获的粮食。

富户主人又要去购买新的妻子。僜人实行买卖婚姻，必须用牛才能买到妻子。富户家女子的身价是十几头牛。牛成为一般等价物。牛成年后放养在山上，没有牛圈。

结婚时还要送给女家鸡、猪和野兽肉等。

走在前面的一个是介绍人，即呷背亚梅，第二个是购买妻子的富人。跟着新郎的是他的亲属，后面牵牛背肉的是临时请来帮忙的。过些日子，新娘才被送到丈夫家里。新娘到丈夫家时，要由新娘的亲属带上相当于婚价一半左右的牛和肉干等作为陪嫁的礼物。成婚时，女家不杀牲请客，男家也不举行盛大招待。

为了使财产和妻子不转到外姓，僜人婚姻还盛行转房。丈夫死后，遗妻在同姓中转房，转给亡夫的同辈或下辈。

有个别借地和买卖土地的现象。报酬微薄，用一口大猪或少量粮食、杂物就可以买到一小块熟地。

开始零星地出现了雇佣劳动。在农忙时，富裕人家除自己劳动外，还利用原始互助习惯，雇佣短工，进行轻微的剥削。

只有借粮食时才有利息，一般是借一筐还两筐。

僜人没有文字，靠刻木结绳记事。还来两筐粮食，就抹去借时刻上的一道刀痕。

富人请客，派人把打了结的绳子送给他的亲友。打上五个结就表示五天。僜人对数字观念比较模糊，一般没有记年月日的习惯。一天割去一结，割到剩下最后一结，就是应邀去做客的日子。

这是蓄奴户的长房。僜人中有极少数人蓄养奴隶，一般蓄养一两个，多的可达十几个。长房分隔成许多间。奴隶或妻子增多，长房还可不断续接。

第一间是客房，中间各个房间是主人和妻子的卧室，最后是奴隶的房间。在多妻的家庭中，奴隶被分配跟随各个妻子劳动和吃住，由主人指定住在其他房间。

奴隶们从事做酒曲、酿酒、舂鸡爪谷、搓烟叶等家务劳动和砍树开荒等田间劳动。

奴隶的来源，有抓来的、买来的、抵债的、奴产子、赠送的，以及陪嫁来的。奴隶的价格是一至五头好牛。奴隶不到总人口的1%。奴隶制就在原始社会中孕育着、发展着。

“雄鸡一唱天下白”。

额曲和察隅曲上游的僜人度过了漫长的岁月，终于在1950年获得解放。其余大部分僜人居住在非法的“麦克马洪线”以南的我国领土上，至今还没有获得解放。

解放了的僜人，在党的民族政策的光辉照耀下，一堆火、一把刀的苦难时代一去不复返了。

1959年，西藏进行了民主改革。僜人和各族人民一道彻底摧毁了西藏农奴主阶级的反动统治，分得了土地、粮食，耕牛等胜利果实。

深山老林中火塘的火熄灭了。原来分散在这一带山林里的居民，于1968年全部搬下山来，迁入新居，建立了新村。

……

《僜人》的拍摄是一个特例：一是因为这是“文革”的文化荒芜中在影视民族志中开出的一朵奇葩；二是这样的民族志影像记录是中国未识别的族群中的唯一，任何地方都没有这样的举动。

这个拍摄是一个对族群文化比较全面的拍摄，但也是延续了“少数民族社会历史文化科学纪录片”的路径的一种拍摄，包括宣传性的结尾，与其他15部片子的结尾没有什么区别。另外，这部片子还不属于15部片子之列。

《僜人》的拍摄之后，西藏的民族志影像拍摄就很少了，一直到20世纪90年代，才有新的拍摄出现。

1993年，中国社会科学院民族研究所在藏族聚居地区摄制了一系列藏族文化的影视民族志影视片，其《轮回与圆圈——藏传佛教文化现象研究》一片，不但是西藏地区影视民族志影视片拍摄的历史延续，而且还被认为是开了影视藏学学术研究的先河。

《轮回与圆圈——藏传佛教文化现象研究》

1993年摄制。VO摄像机拍摄，片长30分钟，VHS和BETACAM－SP。学术指导、解说词：张江华；摄像、编辑制作：庞涛；解说：杨玉山、杜建军。中国社会科学院民族研究所摄制。

轮回观念是藏传佛教思想的重要组成部分。在藏族的文化生活中处处可以看到轮回的印迹。各寺庙中有以圆为轮廓的轮回图；寺院、神殿中的圆形建筑；古碑、佛塔建筑中的圆圈；拉萨八廓街的三环圆形街道；岗仁波钦、杂惹绒果等神山圆圈；玛法木错、纳木错、羊卓雍错神湖圆圈；旺果节、果谐节等节日的歌舞圆圈；六字真言、雍仲符号的文字和符号圆圈。法器圆圈最具典型意义，各种转经轮有大、中、小号之分，转动方式有挽环式、拨动式、手摇式、走马灯式、风动式、水动式和电动式，充分体现出旋转的圆这种轮回的特征。片中还介绍了转经的历史来源和轮回观念与活佛转世制度的关系等。

二、青海影视民族志影视片

青海省的影视民族志影视片的拍摄始于《隆务河畔的鼓声》。

《隆务河畔的鼓声》

1996—1997 年拍摄，2000 年制作完成。BETACAM－SP 摄像机拍摄。片长 66 分钟，VHS 和 BETACAM－SP。人类学编导、撰稿：陈景源；影视编导、摄像、编辑制作：庞涛；策划：张江华；民俗顾问：卡尔泽杰；藏语翻译卡尔泽杰、诺布旺丹、东主、扎洛；英文翻译：张小敏；制片：任一飞。中国社会科学院民族研究所摄制。

居住在青海省同仁县隆务河沿岸的藏族，既信仰藏传佛教，同时还保持着多神崇拜。这里家有家神，村有村神，神与佛一样受到人们的膜拜和供奉。每年农历六月举行的一年中最隆重的祭神盛会“六月会”上，法师作法请神附体，村民身着节日盛装，在法师带领下敲响龙鼓，在法师带领下煨桑祭神，跳起悦神、感谢神灵护佑、喜迎丰收、追求美满幸福的舞蹈。此片记录下六月会活动，探究了佛与神的联系与区别，展现了神在民间信仰及活动层面所具有的特点和功能。

该片是中国社会科学院民族研究所与法国国家科学研究中心影视部合作拍摄的。但在法国方面被编辑成为《神圣的鼓手（安多）》一片，并且在 1998 年获得第 17 届法国国际人类学电影节特别提名奖。

此片之后，中国社会科学院民族研究所在青海还有一些更为深入精彩的拍摄，比如《仲巴昂仁》《年都乎的岁末》等。

《仲巴昂仁》

2000 年拍摄，2002 年完成制作。BETACAM－SP 摄像机拍摄，片长 51 分钟。编导：陈景源、庞涛；摄像、编辑制作：庞涛；撰稿、解说：陈景源；藏语翻译：公保才旦、卡尔泽杰、东主、扎洛；英文翻译：邓卫荣；监制：揣振宇；制片：张江华。中国社会科学院民族研究所摄制。

片子的开头是一位藏族老人在阿尼玛卿雪山海拔6282米的主峰玛卿冈日上吟唱一首歌颂英雄格萨尔的歌，这个老人就是昂仁。昂仁是青海果洛藏族自治州的一个“仲巴”。“仲巴”的意思是指“专门说唱英雄格萨尔史诗的人”。昂仁出生于四川红岩，据他自己说，他出生时就有异形，整个身体上包着一层薄膜，是卵生。幼时，他常常梦见骑着马和大雁的英雄来到他的身前。8岁的时候父亲去世，他开始流浪，不识字，用说唱与人交流。这时候就显示出了他的天赋——随口就吟唱出了格萨尔的故事。

格萨尔说唱艺人一般有神授、闻知、掘藏、吟诵、圆光等多种。简而言之，有的是不学自会，有的有师傅，有的是照本宣科，其中最不可思议的是神授与圆光艺人。神授艺人均自称做过奇怪的梦，梦醒之后，便能滔滔不绝地说唱《格萨尔》。他们目不识丁，却能流利地说唱一二十部甚至几十部之多，而且是用生动优美的语言。圆光艺人则是借助铜镜，从中看到别人看不到的图像或文字来顺口说唱。昂仁就属于神授仲巴。

格萨尔王是藏族人崇拜的英雄，仲巴们通过对主人公格萨尔一生英雄业绩的描绘，讴歌正义战胜邪恶、光明战胜黑暗的伟大斗争、美好愿望和崇高的信仰。昂仁到过西藏、甘肃、内蒙古、北京等地，目前定居于果洛地区的冬季牧场德日仓部落，部落在“拉卜泽”祭（纪念战争亡灵的祭祀）等传统仪式中仍然发挥着作用。昂仁除了说唱格萨尔，同时也是宁玛派的喇嘛，他在祭祀中起着重要作用。

昂仁每次出去说唱格萨尔都带着“嘎乌”，里面是莲花生大师的像，因为据说格萨尔是莲花生大师的化身，下面则是度母，男女老少都信仰的佛母。传说格萨尔骑着枣红马，昂仁也骑着枣红马。在阿尼玛卿的高峰上，他纵声歌唱，人与山、与天地仿佛合为一体。

该片探寻了昂仁与史诗的不解之缘和他的传奇经历，记录了草原牧民对史诗的真诚热爱与史诗深深扎根于民间的事实，展示了格萨尔史诗对藏族聚居地区人民所特有的精神文化功能。昂仁的身世、藏族的日常生活、祭祀神山的宗教仪式……处处体现传唱千年的格萨尔英雄史诗独特的民间文化底蕴。

该片具有示范性的意义，曾获得2002年兰州影视人类学国际学术研讨会一等奖，2003年入围“云之南”国际人类学影像展，并在庄孔韶的《人类学概论》中作为典型的案例讲述。

《年都乎的岁末》

2001—2002年拍摄，2002年制作完成。BETACAM－SP摄像机拍摄，片长51分钟。编导：陈景源、张辉；摄像、编辑制作：张辉；撰稿、解说：陈景源；英文翻译：张小敏。监制：揣振宇。

年都乎村是青海黄南藏族自治州同仁县一个土族聚居的村落。每到年底，全村都要举行一系列的宗教活动，主要包括娱乐神灵的“邦”、红教驱鬼和极具特色的“於菟”仪式。该片以人类学的视角记录了这三个活动。

在青海，北京师范大学人类学研究所刘夏蓓的拍摄也是比较重要的拍摄。其拍摄有《女寺断章》《重回隆务寺》《更藏扎西与“六月会”》《高僧之梦》等片。

在青海，主要是外来者的拍摄，而本地的民族志影像的拍摄基本没有出现，或者说没有见到相关资料。另外，在其高等院校和科研机构里，也没有人从事这方面的实践和研究。

三、甘肃影视民族志影视片

甘肃的影视民族志影视片的拍摄出现在20世纪的80年代，是以个人的影视民族志的自觉意识来开展的拍摄。1982年，《莲花山花儿会》的出现，被认为是“甘肃第一部影视人类学纪录片”。该片拍摄者为徐德华，西北民族大学的一位教师。这样的片子近似于我们所说的影视民族志影视片，但没有如研究机构拍摄那么深厚的民族学、文化人类学背景。

徐德华拍摄有《卡力岗人》《莲花山花儿会》《藏族米花节》《藏族尕家六部落妇女头饰》《一支奇特的穆斯林》《东方乌玛西道堂》《泽库和日寺石经墙》《中国回族》（五部）、《中国裕固族》（三部）、《中国的小麦加——古河州临夏》等一系列影视民族志影视片，是中国拍摄这类片子的个人拍摄者中拍片最多的人。

《中国回族》1987年—2003年拍摄。该片时长200分钟，共五集，影片有“回族宗教”“回族经济”“回族艺术”“回族禁忌”“回族历史”等部分。该片由阿拉伯语、汉语、英语三种语言解说。主要从理论研究的角度研究以下问题：第一，回族为什么叫回族，中国的回族和其他信仰伊斯兰教的民族有什么区别；第二，回族的禁忌为什么是禁忌。民族禁忌事关民族团结与民族和谐发展问题，因此该片从历史的角度对这一问题进行了追根溯源的研究，探寻民族禁忌的历史根据；第三，该片为中国回族争取话语权，抵制歧视，试图多方面展示中国回族的纯正信仰，让世界了解中国回族。

《一支奇特的穆斯林》拍摄于20世纪末。该片以青海省化隆县德合拢（藏语）地区居住的一个独特的族群为拍摄对象。这个族群使用的语言有阿拉伯语、汉语和藏语，信仰伊斯兰教，穿藏族服装，不吸烟，不喝酒，非常虔诚。他们自己说他们是藏族，但因他们的宗教信仰，当地的藏族同胞认为他们是回族。源于这一族群族源属性的奇特性，从民族团结和理论研究两个层面，试图对这一民族的族源进行探寻。通过该片的拍摄、翔实的田野调查，对比研究得出结论，这一族群确系回族。历史上，这一族群的祖先为躲避迫害，迁居到此，并在服饰、饮食、语言等方面模仿当地的藏族同胞，但他们的信仰和体态特征却迥异于藏族同胞。事实上，这一族群藏、回两种民族文化属性混合的独特性，也引起国内外的人类学学者的关注。其中美国的人类学学者、北京大学的人类学学者也曾来到这个地方，做过类似的研究。

《中国裕固族》，1992年开始拍摄。该片计划五部，包括《裕固族历史》《裕固族文化》《裕固族婚礼》《裕固族丧葬》《裕固族宗教信仰》，到目前为止，已完成《裕固族历史》《裕固族文化》《裕固族婚礼》三部。裕固族是甘肃独有的三个民族之一，族群人数较少，因此对他们的历史、文化、民俗的拍摄记录一方面保存了这一民族可能失传的传统文化，另一方面为促进民族团结、各民族和谐发展具有重要意义。

《中国的小麦加——古河州临夏》，1993年拍摄。其中对中华民族历史上作出独特贡献的回族英才们进行了历史性总结与回顾。

徐德华拍摄的影视民族志影视片多次获奖。《藏族采花节》与《莲花山花儿会》，在1991年由国家民委、中国文联等联合举办的中国民俗电影、电视评奖活动中，《莲花山花儿会》为二等奖，《藏族采花节》为三等奖。在2002年兰州大学召开的第二届影视人类学国际学术研讨会进行的影视人类学影片的评比中，《藏族采花节》与《莲花山花儿会》获二等奖，《卡力岗人》获三等奖，《藏族头饰》获优秀奖。

在新时期，兰州大学拍摄有影视民族志影视片，如《托毛人是蒙古人吗》。

在甘肃的西北民族大学，有从事影视民族学研究的人员，而且还在该地召开了两次中国影视人类学的学术年会。

宁夏回族自治区没有影视民族志影视片的拍摄。

属于中国西部行政区划中的西北地区的陕西省，也基本没有影视民族志影视片的拍摄。

第四章　影视民族志影视片和拍摄(中)

这一章主要表述中国西南地区云南、贵州等地的影视民族志影视片的拍摄。在云南的拍摄涉及多个少数民族地区和多个少数民族。在贵州的拍摄主要涉及苗族聚居地区和苗族。

在中国影视民族志影视片的拍摄和研究中，云南是最活跃的省区，从20世纪的50年代开始，国家就在这一地区进行了大量的影视民族志影视片的拍摄。在15部著名的影视民族志影视片中，云南有：《佤族》（1957年)、《独龙族》《景颇族》《苦聪人》（1960年)、《西双版纳傣族农奴社会》（1962年)、《永宁纳西族的阿注婚姻》（1965年)、《丽江纳西族的文化艺术》（1966年）等7部。在15部片子中占近一半。这些中国最早的影视民族志影视片，其中有五部是出生于云南的杨光海先生拍摄的，他在《民族影志田野集录》[①] 一书中有详细的记录。这五部片子是中国影视民族志影视片的经典性作品。杨光海先生的“影志”基本上反映了各片子的拍摄经历和拍摄内容。我们从他的记录中完全可以看到各片的拍摄内容。其亦是影视民族学的经典性记录，在影视民族志影视片的拍摄，以及在学术历史上有多方面重要的价值。在云南的这7部片子的拍摄中，大致又可以分为两个部分，一是以“族群文化”为主的拍摄，二是以“文化事项”为主的拍摄。

第一节　在云南以“族群文化”为主的拍摄

以“族群文化”为主的拍摄主要是指全面展示族群文化的拍摄，下述

---

① 杨光海著《民族影志田野集录》，云南出版集团公司、云南教育出版社2009年版。

《佤族》《独龙族》《景颇族》《苦聪人》等四部片子都具以某一民族群体为名的拍摄。主要呈现国家和地方对于“抢救落后”，保存在国家民主改革中濒临消失的民族文化上的诉求。

一、《佤族》拍摄内容

《佤族》于1957年拍摄，1958年完成。35毫米黑白胶片，4本；录像带24分44秒，VHS和BETACAM－SP。顾问：谭碧波；编剧：云南少数民族社会历史调查组、云南省民族研究所；导演、摄影：郑治国、杨光海；解说：许国干。全国人民代表大会民族委员会、中国科学院民族研究所委托摄制，八一电影制片厂承拍，云南省少数民族社会历史调查组协助拍摄。

巍峨的云南西盟山区坐落着翠竹环绕的佤族山寨。古老的寨门、严密的刺墙壕沟是佤族村寨间仇杀械斗留下的遗迹，地缘性的村寨是西盟佤族的社会组织。20世纪50年代前夕，西盟佤族还处在原始社会末期向奴隶制过渡的阶段，生产方式十分原始，生产力极为低下。村寨的最高权力属于村寨男子全民大会。带有原始宗教色彩的“剽牛”仪式和原始群婚制度的缩影“串姑娘”习俗仍在流行。随着历史的变革，佤族人民接受了现代文明，西盟山区修了佤族历史上第一座水库。

该片曾于1988年7月在原南斯拉夫的萨格勒布举行的第十二届国际人类学与民族学大会上进行交流放映，得到与会专家学者好评；1989年5月在德国福莱堡市举行的“人种学与第三世界”电影研讨会上放映；1989年5月在德国西柏林“世界文化人之家”进行展映交流，受到外国学者的关注赞扬；德国哥廷根科学电影研究所选中并转成录像带，进入国际交流领域；2010年在云南大学首届人类学/社会学纪录影像年度论坛“重现的边疆”放映。

1957年，全国人大民族委员会委托八一电影制片厂摄制三个民族的三部影片，即海南省黎族、四川省凉山彝族、云南省西盟佤族。杨光海和郑治国负责西盟佤族影片的拍摄。

当时的拍摄条件非常艰苦，据杨光海先生在《佤族影志》[①] 一文中回忆：“我和郑治国同志携带了两台电影摄影机，一个胶片箱和装有零星用具和衣服的皮箱出发了。从北京到云南，路途遥远，交通很不方便。先是乘火车到广

① 《佤族影志》，载杨光海著《民族影志田野集录》，云南出版集团公司、云南教育出版社2009年版。

西金城江，然后乘长途汽车到贵阳，再转乘客运汽车到云南沾益，再改乘小火车到昆明。……”“1958 年的初春，陈致藩带着较为厚重的国产金钟牌盘式录音机，一把胡琴和简单行装，我带着原苏联埃姆电影摄影机、莱卡照相机和一些胶片，踏上了去西盟阿佤山的旅途。我们乘解放军运输物资的货车，约五天时间到达思茅……”“在思茅住了两天，寻找去西双版纳的汽车。那时，交通困难，汽车时有时无，即便有不愿搭人也没办法。好不容易找到一辆军车，让我们乘坐才到达西双版纳。澜沧江上没有桥，是轮渡过江。我们在西双版纳作短暂逗留，也是为了寻找搭乘去澜沧拉祜族自治县的汽车，一步步接近西盟山。”

这样的拍摄行程无疑是一次艰难的探险。

在拍摄该片的初期，云南的同志与杨光海的想法并不一致，撰写拍摄提纲的谭碧波等同志是设想选取有关佤族的部分内容，并将景颇族的目脑节、独龙族的狩猎等等，综合成一部片子，定名为《云南边疆民族纪实》。这个拍摄提纲的编写，需要一段时间，写好后，还要送到北京有关部门审批。为了不误拍摄佤族开春以后按时令进行的祭祀和农事活动，如“做水鬼”“拉木鼓”“砍牛尾巴”“刀耕火种”等等，杨光海他们就先行下去了。

当时的西盟镇只有几间草房，坐落在山坡上。杨光海等人拍摄的第一个佤族村寨是马散大寨，从工委住地西盟镇步行要二三小时，而这是最近的一个佤族村寨。后来杨光海又到过永广、翁戛科、岳宋等大寨，也到过班帅、芒杏、班哲、莫斯美、阿莫、班箐、中课等十多个村寨。

处于阿佤山中心地带的马散大寨，是一个典型的西盟佤族大村寨，有二百多户，建寨历史有四百余年。村寨四周用树木、篾笆和荆棘围起来高三四米的寨墙。墙外挖有二三米深、三四米宽的壕沟。寨门外，壕沟上架有独木桥，越过它，还要通过以竹木和荆棘筑起的阴暗狭窄的长一二十米、宽约两米的甬道。甬道地面坎坷不平，很难行走。推开厚重的木板寨门，跨过门槛，才进入了寨子。

当时的马散大寨有六个木鼓房，分布在村寨的四周。每个木鼓房有一对木鼓。木鼓是用两米长的粗树干挖空而成的，击之，发出咚咚声，可传二三十里。佤族认为木鼓能通神，所以它又是崇拜之物。平时很少敲它，在较大的宗教活动和军事行动时，方击鼓召唤寨民。木鼓房是神圣的地方，在木鼓房上端竹篓内放着祭鬼的骷髅。村寨中许多住房周围有三种标记：一是插着木制的牛角叉，据说房主人剽一头牛插一个，有的多达数十个；二是牛尾巴桩，砍一次牛尾巴插一根；三是垒有一堆大石头，是做老母猪鬼的标记。做一次老母猪鬼，就垒上一块大石头。这些石头是不能随便动的。此外，在他们的房檐下和房内放着数量不等的牛头骷髅，是房主人每次剽牛积攒的，以显示财富。他们猎获的野兽头骨，挂在房壁上，以示勇敢。

其房子的建筑和形状，是史书上记载的所谓“干栏”的一种形式。是架空的楼房，上面住人，下养牲畜、家禽。房子是用木、竹、茅草建筑的，有三间，即主间、客间和外间，设有主火塘、客火塘和鬼火塘。火塘是用土铺成的一米见方的土地（房内其他地面皆为竹篾笆铺成），上面立三块石头，以备烧火煮饭。主间的火塘是煮饭用的，也是夜晚家人围火睡觉的地方，整天火燃不熄。

在这些佤族村寨里，杨光海拍摄了佤族人的盖新房、拉木鼓等影像。

在佤族人中，谁家盖新房，全寨人相帮。妇女们背来茅草，男子们砍来木料、竹子，准备盖房材料。一个上午，拆旧房盖新房，几乎全寨人参加，很快新房就盖成了。下午，主人剽牛，并用水酒招待大家。魔巴到新房，围着火塘又唱又跳，为新房主人祝福。上百群众也在新房旁边的场地上歌舞通宵。

其拉木鼓是在岳宋寨拍摄的。

拉木鼓是西盟佤族重大的、有浓厚民族特色的大型宗教活动，每年春耕以前举行。在西盟这一带，每个村寨都有一个至数个木鼓房，每个木鼓房都有两个木鼓。岳宋寨有五个木鼓房，每一两年就要换一个新木鼓。新木鼓要从寨外森林中选粗大的树来制造，拉木鼓就是按照制造木鼓需要的尺寸，截一段树干拉回村寨。拉木鼓是全寨性的活动，全过程要经历十多天时间。事先由本寨的窝郎、头人、魔巴和有关群众商议，并做好有关准备，由魔巴鸣枪，向全寨通报拉木鼓活动开始。然后由头人和魔巴带领部分群众拿着斧子、长刀、火枪等，到寨外的森林中选定一棵直径一米多的大树。选好后向大树上方打枪，以驱逐树鬼，打完枪后由魔巴念咒语带头用斧子将大树砍几下，接着由群众轮流砍。树砍倒后，根据木鼓需要的长度砍一节约两米长的树干。就在这树干的一头凿两个眼孔，拴两根很长的藤条，在魔巴和老人的指挥下，众人分两边拽住藤条用力拉，人们边拉边唱边跳，一直把树干拉回寨里。再由魔巴作祭，将一个鸡蛋摔在树干下面，用几只烧熟的老鼠供在树干处，口述祭辞。祭辞内容从人类起源说起，一直说到村寨的历史，拉木鼓的缘由，并祈求新木鼓保佑村寨。每次拉木鼓都要剽牛，由有牛并要求主祭的人家主祭，主持剽牛，担任主祭的户数不限，每次剽牛四五头至几十头不等。牛肉除分给魔巴和主祭者的亲属一小部分外，在场的人都可分到一块。牛的内脏煮成一锅，大家分吃。晚上，本寨男女着盛装，在主祭者家附近的广场围成一圈，唱歌跳舞，通宵达旦。歌声低沉、舞步缓慢，像是缅怀、颂诵、祈祷。群众性的活动完后，由寨中木匠和铁匠共同挖空木鼓。挖好后，再由魔巴杀鸡看卦、祭祀，拉木鼓的活动才告结束。

这是先行拍摄的主要内容。在后来的正式拍摄中，摄制组拍摄了佤族人的“刀耕火种”和“挖犁撒种”的耕作方法；手工业和原始交换；窝郎、头人、魔巴和头人会议；村寨间的纠纷和械斗、习惯法；婚姻、礼仪和物质生活。特别是较大的宗教活动“砍牛尾巴”等。

“砍牛尾巴”的主要活动，是把供在木鼓房的骷髅送到寨外的鬼林中存放。鬼林实际是一片树林，里面栽着一排排桩，每个桩的顶部挖空一个洞，存放骷髅，桩上正面还刻画着简单的图形。每个寨子鬼林中的桩有四五十个，多则有一百多个不等。砍牛尾巴也要由有牛的人家主祭，剽一头至数头水牛，还要选定一头黄牛砍牛尾巴。使人惊心动魄的是砍牛尾巴抢割牛肉的时刻。一根形似牛尾巴的木桩，树立在主祭家的房旁，准备抢割牛肉的青壮年男子手持钢刀，挤满周围，刀刃亮闪闪。他们认为如果能抢到这头牛身上的一块肉，是最大的光荣和幸运，也可以显示自己是个勇敢的男子汉。寨中的老人、妇女和儿童则选择在四周较高的位置观看。在日落之前，魔巴做完祷告后，便同主祭者一起牵着黄牛，围着主祭者的房屋绕三圈，然后把牛拴在牛尾巴桩上。魔巴手持钢刀，不紧不慢地将牛尾巴一刀砍断，并将牛尾巴甩过主祭者的房子，便迅速闪开。早已等候在周围的抢割肉者便一拥而上，争先恐后，互不相让，挥刀抢割牛肉。霎时间，一头活黄牛被分割光了。每次砍牛尾巴抢肉时，往往是几百把刀子横冲直撞，砍伤人是常有的事情，受伤的人不能叫痛，叫痛被认为是最可耻的。抢不到牛肉的人被认为是最无能的人。抢牛肉的当天晚上，魔巴还要在主祭者家的鬼火塘处，念咒祭鬼，诵唱着人类起源的传说。

后来摄制组又拍摄了佤族人的丧祭仪式。

佤族成年人死了，鸣枪敲锣报丧。成年人死后，一般隔日（即第三天）

就埋葬。经济条件好的，葬有棺；经济条件差的，用麻布和竹席裹尸而埋。我们拍到了棺葬。佤族的棺是圆柱形，用一段较粗的树干刳成，即把粗木从中间剖开，再挖空，把尸体放于挖空的圆木中，两半合起用篾或藤条捆紧。佤族实行土葬，把棺埋在寨内自家住房附近，或寨内公共墓地，最远的也在寨子附近。他们之所以埋在寨内或紧靠村寨，主要是为了安全。下葬埋棺时，也放一些殉葬物，主要是死者生前常用的器物、工具和弩弓。葬后不起坟，在葬处用竹篾围成圈或垒几块石头为标记。

佤族人从死后到埋葬，家人哭泣哀悼。请魔巴杀鸡或杀猪“做鬼”，举行祭祀，祝愿死者的灵魂快乐安息，并求死者的灵魂保佑家人平安幸福！

在《佤族》的拍摄中，自然也有一些国家宣传性镜头的拍摄。

二、《苦聪人》拍摄内容

《苦聪人》于1959年拍摄，1960年完成。35毫米黑白胶片，4本；录像带38分48秒，VHS和BETACAM－SP。编剧：云南少数民族社会历史调查组、云南省民族研究所；导演、摄影：杨光海；解说：张聪。全国人民代表大会民族委员会、中国科学院民族研究所委托摄制，北京科学教育电影制片厂承拍，云南省民委、中共云南省金平县委员会协助拍摄。

云南省金平县哀牢山原始森林深处的芭蕉、竹叶屋中居住着苦聪人。苦聪人的社会还处在原始社会末期父系家族公社的阶段，在家族男性长辈的带领下，刀耕火种、采集、狩猎，过着不断迁徙漂泊的生活。他们崇拜祖先，无论迁徙去哪里都要背着祖先牌，到了新住地首先拜祖先。他们以占卜预测吉凶、诊断疾病。生活用品则是由男子们到森林外面哈尼人居住的地方去交换，用兽皮、干兽肉、背箩换来铁锅、小弯刀、盐巴。后来，苦聪人的生活终于发生了变化，他们从原始密林中走了出来，过上了定居的新生活。

该片曾于1989年5月在德国福莱堡市举行的“人种学与第三世界”电影研讨会上放映；1989年5月在德国西柏林“世界文化人之家”进行展映交流，受到外国学者的关注赞扬；德国哥廷根科学电影研究所选中并转成录像带，进入国际交流领域；2010年在云南大学首届人类学/社会学纪录影像年度论坛“重现的边疆”放映。

《苦聪人》的拍摄是杨光海在拍摄完《佤族》之后即接受的拍摄任务。《苦聪人》的拍摄在杨光海的《苦聪人影志》的回忆中，更是一次艰难困苦的探险拍摄。其艰难困苦的程度，是我们今天难以想象的。在《苦聪人影志》[①] 一文中，有这样的文字："苦聪同胞深藏在那终年云雾漫漫的哀牢山，这里已是我国最边远的国土，从金平县城前往还不通公路，我们雇了一辆平板马车，拉着摄影器材和行李，继续南行。""两天的时间，我们只走了二十多里路，就涉过三条河，乘了两次独木舟，才到了金平县第三区区政府所在地——勐拉。""在勐拉坝，我们雇了两匹当地老乡的马，驮着器材和行李，由黄正忠当向导继续赶路。我们走出坝子，钻进了哀牢山原始森林。""太阳快落山的时候，我们忽然看见山顶上一片茫茫原始森林的边缘上，有几间茅草屋顶上有炊烟升起。黄正忠指着前方的那片房子对我们说："苦聪兄弟的住地就在眼前了。""我们来到了牛塘寨，见到了苦聪同胞，心情格外激动，像是与亲人久别重逢一样。"

两个世纪以前，一群拉祜族的苦聪部落，被清王朝和封建领主赶进了原始密林，从此过上了居无定所游荡漂泊的悲惨生活。据历代文献记载：苦聪人的先民古羌人，原居住在青海东部、甘肃南部地区，后因秦朝势力向西扩张，迫使古羌人向今青海西部迁徙，沿通天河、雅砻江之间由西向南迁入今四川西北部，再由川西南渡金沙江入滇，唐代时称"锅锉蛮"，明代称"果葱"，清代称"苦聪、小古宗、野古宗、黄苦聪"等，都是拉祜语不同时代的汉语音释，其语义为"山地人或山头人"。

明末清初，拉祜族人民为反抗清王朝和傣族封建领主的镇压，加上战火连绵不断，迁徙日益频繁。拉祜族人民沿澜沧江东西两路大举南迁，以拉祜纳（黑苦聪）为主体的支系沿巍山等地进入临沧等地区，以拉祜西（黄苦聪）支系为主体的顺哀牢山西侧和无量山东侧南下迁入景东、景谷、元江等地区，然后沿红河峡谷迁入茫茫林海。据清代文献记载，当时分布在景东、镇源、金平等地的拉祜族"以叶构棚，无定居，略种杂粮，取山芋为食……"

苦聪人自称"拉祜"，共分拉祜西（黄苦聪）、拉祜纳（黑苦聪）、拉祜普（白苦聪）三个支系，属汉藏语系藏缅语族彝语支。没有文字。经过民族识别，现确定其为拉祜族的一支。有 4200 多人。

影片拍摄的是黄苦聪（拉祜西）。

---

① 《苦聪人影志》，载杨光海著《民族影志田野集录》，云南出版集团公司、云南教育出版社 2009 年版。

20 世纪 50 年代初，他们还停留在原始社会末期的父系家族公社的阶段，主要靠采集、狩猎和早期刀耕火种的农业（种苞谷）来维持生活。大多数男子没有衣服穿，而是用大片的野芭蕉叶在火上烤软后围住下身。老人、妇女也只用小块兽皮遮身。

当时，苦聪人的家族公社还没有形成固定的村落。每个家族一般是十四五个人，包括三代至四代的家族成员。每个家族共同祀奉一个“欧代”（老祖宗），用竹子或木片，编刻成一个牌位，每到一定的时间，由家族长率领大家祭祀。这个“欧代”，很受苦聪人的敬仰。因此，凡是碰上迁徙、病痛、耕作、围猎等，他们都要先祭“欧代”。家族长是公社成员联系的血缘纽带，在社会中享有较高的地位。家族长由这一家族的最长辈的男性担任。每个家庭的生活用具也十分简单：竹筒、竹篓、弩箭、小砍刀与木制锄头等。他们没有铁锅，也没有陶器，常年都用竹筒烧饭。方法是把青竹砍成一节一节，每节有一尺多长，然后把捣碎的苞谷面浇上适当的水，拌和后装入青竹筒，架在火上烘烤，不一会，饭就熟了。主妇用小砍刀把竹筒劈开，倒出苞谷饭在芭蕉叶上，一家人围坐，用手抓吃。

拍摄是在《苦聪人》分镜头剧本的基础上开始的。主要拍摄了苦聪人家族公社的迁徙、物质交换、生存环境、生产和生活方式，还记录了党和政府寻找苦聪人的情景。

苦聪人的家族公社一年或两年就要大迁徙一次。迁徙前，先由家族长占卜选择新的住地。占卜的方法是在新选的地上挖个小洞，然后在小洞里面放三粒苞谷，上面用树叶盖住。人们必须退离现场，十多分钟后，家族长率领大家回来，揭开覆着的树叶，认真仔细地观察三粒苞谷有无移动，如果移动了，表示此住地不吉，重新选择；如果一点也没有移动，就意味着可以在此搭盖住屋。于是大家就忙碌起来，在一天之内搭盖好人字形的草棚住屋。住房搭盖好了，才从旧地迁往新居。

由此他们踏上了漫长的迁徙路程，走在前面拿着火种，背着祖先牌的是这个家族公社的家族长。按习惯祖先牌一经迁走，家族成员便不能再回旧地了。

火，是苦聪人的生命，为了保护火种，迁徙中，还要选出一位老者，由他双手捧着火种，不能让它熄灭。暴风雨袭来，他们就用身子遮住火，哪怕身上烧起了血泡，也不能让暴风雨把火扑灭。密林中的天气变化莫测，暴风雨说来就来。火一旦被雨水浇灭，就要“钻木取火”。那时的苦聪人的钻木取火方法是把晒干了的芭蕉根放在地上，再用两片竹子摩擦取火。连续不停地来回摩擦半天，竹片摩擦热了，迸出点火花，掉在芭蕉根上，火燃了。火是人类生活中不可缺少的，对苦聪人来说，火成了他们生活中最重要的东西。因为取火艰难，当迁徙的时候，他们一定把火种带走。平时他们出外生产、狩猎或采集时，也必须留人在家看守火种。

那时的苦聪人没有自己的集市，也和其他民族的集市不相往来。但长期以来他们便和周围的哈尼、苗、瑶等族人民进行以物易物的无言交换。他们结队走出密林，来到哈尼或瑶族居住的村口岔路上，把自编的竹器、猎获的野兽皮、松鼠肉干等放在小路中央，自己躲在路旁的草丛中，等候路过的人来换取。过路人如不愿意交换就走开，如愿意就随便放下砍刀、盐巴、破烂衣服等与之交换。等交换的人走远了，苦聪人才走出来收取换得的东西。如换到了盐块，则喜出望外。

这组物质交换的镜头，在民族学研究中已经是非常珍贵的经典镜头了。

在这片无边无际的原始森林里，苦聪人主要靠采集野菜野果和猎取野兽、松鼠等度日。唯一种植的农作物是苞谷。每年春天，他们随便砍倒一片树林，晒两个月后，放火烧光，草木灰就是肥料，用一根削尖的木棒或弯树干制成的木锄，在地上掘个洞，丢下籽种，任其生长。这种耕种方式收获量很低，只够每年吃三四个月，碰到雨水多的年份，砍倒的树枝晒不干，烧不着火，苞谷就种不上，整年都靠野果野菜和兽肉充饥。男子狩猎，每个家族的成员集体进行，兽肉平均分配，兽头分给射中野兽的人。

影片剪辑出来后，当时民族研究所领导请中央民族学院历史系主任林耀华教授主审该片，提出了一些意见。

后来还将《苦聪人》初编样片带到昆明放映，请云南省民族事务委员会、云南省少数民族社会历史研究所领导和有关研究人员审看，广泛征求意见。之后进行了补拍。

此次补拍了苦聪人过年、婚姻家庭与恋爱以及劳动协作等影像。

过年是苦聪人唯一的节庆。年节期间，各个家族公社都忙着杀猪、备酒、互相赠送、友好往来。简单的欢宴包含着深刻的意义，它把不同家族的成员团聚在一起，以增进团结，并预祝丰年。这些镜头反映了苦聪人的社会关系、人际关系，体现了本民族内部的团结和凝聚力。也是影片的重要组成部分。

苦聪人的婚姻是氏族外婚制。家族与家族之间能够通婚。家族公社内部不能通婚。婚前恋爱是自由的。月光下，篝火旁，青年男女可以自由选择心爱的情侣。双方家长都按传统给予极大的方便，能避开的就避开。恋爱成熟，正式向女方求婚，年轻人可以做媒，酒和松鼠肉干就是礼品。结婚仪式也很简单，有媒人、有长辈，最好再有家族长在场，喝点自酿的水酒就算结婚了。结婚后，男子要住妻家二三年，帮助女方家劳动，直到期满才能回到自己的家族。

苦聪人在采集劳动中还保有集体协作的习惯，集体采集的成果平均分配。在长期的采集生活中，他们积累了十分丰富的经验，能采集到一百多种可吃的野生植物，能把董棕树加工制成粉，做饼或酿酒。生了孩子没有一寸布，只得用芭蕉叶包裹。患了疾病没有一点药，只好祈求鬼神。盛殓死人是用两块树皮，就地埋葬，等等。

补拍结束后，对《苦聪人》又进行了编辑，最后成为今天我们看到的片子。

三、《独龙族》拍摄内容

《独龙族》于1960年拍摄，1961年完成。35毫米黑白胶片，6本；录像带56分钟50秒，VHS和BETACAM－SP。编剧：云南少数民族社会历史调查组、云南省民族研究所；导演、摄影：杨光海；解说：李唐。中国科学院民族研究所委托拍摄，北京科学教育电影制片厂承拍，云南省民委、中共云南省金平县委员会协助拍摄。

生活在云南省贡山县高山峡谷间的独龙族，一般都居住在河畔台地长长的草房里。独龙族社会属于父系氏族解体时期的家族公社阶段。一个家庭公社，通常有几个公共住房，房内住三四代家庭成员，一个家族自成一个村寨。他们烧荒地，用弯曲的树枝挖地种玉米。收获的玉米、谷物按公社的规矩分配。采集植物的果实和块根也是食物的主要来源。男子们不但在森林中设绳套、陷阱、地弩行猎，还善长编竹器。滑溜索是独龙人过河的办法，天梯是上悬崖的工具。节日的祈祷仪式由巫师主持，巫师还给病人驱鬼看病。后来，独龙人的生活发生了变化。生病可以请医生；独龙河上架起了藤篾桥；独龙河两岸开垦了水稻田……

该片曾于1989年5月在德国福莱堡市举行的“人种学与第三世界”电影研讨会上放映；1989年5月在德国西柏林“世界文化人之家”进行展映交

流，受到外国学者的关注赞扬；德国哥廷根科学电影研究所选中并转成录像带，进入国际交流领域；2010 年在云南大学首届人类学/社会学纪录影像年度论坛“重现的边疆”放映。

杨光海是在 1960 年拍摄《独龙族》一片的。

独龙族居住在祖国滇西北边陲与缅甸接壤处。到那里去拍片要攀越海拔 5 千多米的碧罗雪山、高黎贡山；渡过澜沧江、怒江、独龙江，还要涉过无数条湍急的河流。没有公路，只有人行小道，大都是在临江边的悬崖峭壁上行走，要攀藤附葛才能通过。过去，曾经有人形容这条路是“山羊无路走，猴子也发愁”。故进入独龙族居住地是一件凶险万分的事情。

《独龙族》影片的拍摄提纲是云南少数民族社会历史调查组、云南省少数民族社会历史研究所编写的。拍摄提纲由中国科学院哲学社会科学部所属民族研究所审定实施拍摄。

考虑到独龙族地处祖国滇西北边陲，路途遥远，交通十分不便，而每年从 12 月至来年的四五月的半年时间是大雪封山，行人断绝。在这种情况下，民族研究所领导决定摄制组立即下去，以便赶在大雪封山之前拍完出山。

杨光海一行经过千难万险，十多天后来到贡山县，但贡山县到独龙江河谷独龙族居住的地方，还有六七天路程。这一段路山高谷深、叠嶂重峦，不少地段只有羊肠小道，危崖峭壁，要爬天梯、过溜索，走藤桥。贡山县孔志清县长专门从独龙族村寨调来七位独龙族兄弟到贡山来接摄制组，由他们把电影摄影器材和摄制组人员行李背过独龙江。

六七天后到达独龙江畔独龙族聚居的孔目当等村寨。

独龙江发源于西藏自治区察隅县伯舒拉岭的东南，江水在高黎贡山与担当力卡山之间由北向南倾泻，南流至齐朗当，向西拐入缅甸，在我国的一段长达三百公里。独龙江的西岸就是担当力卡山，海拔五千余米，是我国与缅甸的界山。

对独龙族的拍摄就在孔目当、布卡凹、献九当、迪丽、龙中、龙元、白蜡、学切等村寨进行，也是在分镜头基础上拍摄的。

1960 年拍摄时，独龙族约有 2500 人，是我国人口最少的少数民族之一。独龙族有自己的语言，属汉藏语系藏缅语族，无文字，采用刻木结绳记事和传递信息。20 世纪 50 年代初，还停留在原始社会末期父系氏族解体的家族公社阶段。家族公社也称为“其拉”或“吉克罗”，是由一个父系祖先的直系后代所组成的血缘集团。整个独龙河谷共有54个“其拉”。“其拉”间依照山岭、河谷、溪流、森林等划分界限，各自都有公共的山林、猎场、渔口子和祭祀场。有的还保留有一定的公共耕地，形成一个个自然村。也有少数村寨由几个不同家族组成。在家族公社之下，有2至3个以父系家长为主的族长。大家庭的儿子娶妻之后，家长立刻在房屋内增添一个火塘，新婚夫妇围火塘而居。大家庭中有几个火塘便说明有几个小家庭，火塘是维系这个大家庭的纽带。

独龙族的社会生产力水平低下，生产工具十分简陋，小型铁器、石器、木器并用。锄耕农业十分粗放，刀耕火种、轮歇耕作，尚未发展到犁耕。与此落后的生产力相适应，新中国成立前独龙族的土地占有情况也有其明显的特征：家族公有共耕、家庭之间伙有共耕和个体家庭私有自耕三种关系并存。家族公有共耕已趋解体，个体家庭私有自耕处于初级阶段，家庭之间伙有共耕是主要的。农作物产量很低，一般一年收获的粮食不够全年所需，缺粮达三四个月甚至半年以上，要靠采集和渔猎做补充。

狩猎是独龙族经济生活中重要的生产活动。独龙江两岸深山密林中、成群的野牛、野猪、岩羊、虎、豹、熊、鹿、獐等野生动物，给他们提供了丰富的食物及兽皮资源。每年冬季，是集体围猎的季节。围猎由族长领导，由有经验的人指挥率领。届时青壮年携带弓弩毒箭、砍刀、角叉、标枪等，去野兽出没的森林里狩猎。到达猎场之前，照例要祭山神。祭法是用槿棕粉、野百合粉、葛根粉拌和蜂蜜，捏成虎、豹、熊、野牛、野猪、岩羊、锦鸡等禽兽的模型，陈列在一棵大树下，由氏族长主祭，齐唱祭祀猎歌。祭毕，举行实箭演习。实箭射击是在数十步外的地方，剥开树皮，在树干上画上各种兽形，对着兽图射击。他们认为射中什么意味着山神将赐给他们什么。这是一种模仿巫术。

每年从4—5月河水暴涨到秋末是捕鱼季节。他们熟悉一年之内鱼群活动的规律。捕鱼的方法有竿网夹鱼、鱼叉、鱼钩、溜筒、渔具、笼箩等。捕鱼的地方叫“鱼口”，水流湍急，但岩壁有立足之处。每年五月初是鱼汛，鱼口便集中大批鱼群，直至八月，这段时间各氏族的人们都在各自的鱼口捕鱼，所捕获的鱼由氏族成员共同分享。

采集也是独龙族重要的生产活动。高黎贡山和担当力卡山上，有各种块根植物，野菜有二十多种，菌类也有二十多种。他们还有识别药材的丰富经验，采集黄连和贝母，用来对外交换。

这些都是影片拍摄的主要内容。

独龙族人精于编织，男人编出的篾箩、篾盒工艺精湛，轻巧玲珑，结构紧密。有些用竹篾片编制的器皿甚至可盛水而不漏。妇女精于织麻，她们织出的“独龙毯”色彩鲜明，图案美观，富有鲜明的民族特色。

独龙族民风淳朴，保留着许多原始风尚。在狩猎和捕鱼中，无论所获多少，都要平均分送邻里，或者邀请大家共同享用，即使是素不相识之人，也是见者一份。

“物各有主，路不拾遗”，是独龙族社会共同遵守的行为准则。生产繁忙季节，各家各户都临时迁往生产工地暂住，屋门只用一根木棍拦住，外人见此标志便不会擅自入内。平时，他们把粮食放在离住宅较远的仓房里，即使不上锁，也不用担心他人擅自取食。外出远行，为减轻负重，常把口粮和其他食物分成若干小袋，挂在沿途的树枝上或公共哨棚里，以供返回时食用。其他来往行人，即使饥饿难忍，也从不擅自取用他人的粮食。

这些，影片作了细致的记录。

对于独龙族的村落建筑也进行了拍摄。

独龙族居住在独龙江河谷两岸的山坡台地上，并按照家族和血缘亲疏关系组成了大小不等的自然村落。其房屋有木楞房和竹篾房两种，以竹篾笆为墙。房屋下层只做关拦猪、鸡用。房子一般为两间或三间。独龙族素有“一家建房，全村相帮”的良好社会风尚，一天之内即将新房建成。

独龙族的婚姻制度处在由原始的群婚、对偶婚发展为不稳固的一夫一妻制阶段。在这里，妻姊妹婚、非等辈婚、转房制以及家长多妻制等多种婚姻形式并存，其中以妻姊妹婚为主要的婚姻缔结形式。在婚姻结构方面形成了固定的氏族（家族）环状外婚集团。这种婚姻形态，对探讨古代人类婚姻制度提供了难得的科学实证资料。

影片中着重反映了妻姊妹婚缔结形式。独龙语把这种婚姻形式称为“安尼楠”，即娶姊妹为妻之意。按照独龙族的传统习惯，在通婚集团之内，甲氏族的某男子娶了乙氏族的某长女为妻之后，这个女子的二妹、三妹在成年之后可以同时或先后嫁给甲氏族的这位男子为妻，除非这位男子表示不愿再娶她的妹妹为妻，否则旁人不得娶她们。

独龙族妇女在新中国成立前普遍还保留着文面习俗，女孩到了十二三岁时必须文面。由于地区的不同，文面的图案、文型有差异，文面的纹法基本一致。文面时，先用竹签或树刺蘸锅烟灰在脸部描好纹型，待黑迹干后，有经验的刺纹者一手持竹针，一手拿拍针棍沿纹路打刺，敷以锅烟灰拌和的“墨汁”，几天之后，疮口脱痂，所纹的地方便呈青蓝色图案，洗抹不掉。

独龙族一年中有一个节日，独龙语称“卡雀哇”，意为年节。过年时间均在每年的秋收、打场完成以后。由于气候的差异和农活多少的不同，过节的具体时间并不统一，由各个家族自己择定，节日3—5天不等，大体在秋末初冬期间。年节期内各家族互相邀请，友好往来。邀请的方式是用一根特别的木刻送往别的村寨，作为“请柬”。木刻上刻几道缺口，即表示在过几天后举行年节活动。

年节里最热闹、隆重的仪式是“剽牛祭天”。庆典开始时，由主持年祭的家族把牛拴在广场当中的木桩上，然后由妇女们把珠链挂在牛角上，并用麻布披盖牛背。主祭人点燃松明和青松毛，面向东方叩头念祝词。当祭礼进入高潮时，由一个猎手持竹矛，对准牛的腋下猛刺过去。这时，广场上的人群自动结成圆圈，敲起铓锣，挥刀舞弓，欢快地跳起牛锅庄舞。另一些主事者则将剽倒的牛分割成若干块，用大锅把肉煮熟，在场的男女老幼，都平均分得一份。

四、《景颇族》拍摄内容

在云南早期的少数民族社会历史科学纪录片的拍摄中，《景颇族》也属于以“族群文化”为主的拍摄。

《景颇族》于1960年拍摄，1962年完成。35毫米黑白胶片，6本；录像带54分51秒，VHS和BETACAM－SP。顾问：杨苏；编剧：云南少数民族社会历史调查组、云南省民族研究所；导演、摄影：陈和毅；解说词：邱霞飞、李培江；解说：汪启鹏。中国科学院民族研究所委托拍摄，中央新闻记录电影制片厂承拍，云南省民族研究所、中共德宏傣族景颇族自治州委员会协助拍摄。

云南省德宏傣族景颇族自治州的潞西、瑞丽、陇川、盈江等县的景颇族社会中仍保留有原始社会的生活方式。他们用“号地”的方法占用土地，只要在无人用的土地上，将树砍上一刀并加上几根草，就可以拥有这块土地的使用权；用“闷水”这种神判的方式裁决纠纷；以祭鬼的方法治病、送葬；以原始宗教仪式“木脑脑”举行庆典活动。影片还反映了景颇族的生产方式、等级制度、血族复仇、家庭婚姻以及20世纪50年代后社会进步的情况。

在云南省的7部片子中，《景颇族》不是杨光海先生拍摄的，所以也没有类似于“影志”一样的资料性表述。但是，我们从杨光海编，中国社会科学院民族研究所内部印行的《中国少数民族社会历史科学纪录片剧本编选》中，看到了《景颇族》的解说词，我们根据其解说词整理，以表述《景颇族》的拍摄内容。

在中国云南省德宏傣族景颇族自治州的潞西、瑞丽、盈江等县的亚热带山区，居住着一个古老的民族——景颇族，有八万余人。新中国成立前，景颇族社会发展不平衡。在聚居较中心的地区，原始社会的残余保留较多。在聚居中心地以外民族杂居的地区，封建因素已有了一定的发展。

这里崇山峻岭，高山峡谷，这是高黎贡山的支脉。怒江、大盈江、陇川江、瑞丽江，奔流在高山峡谷之间。这就是景颇族居住的地方。在这些深山密林中，隐藏着无数的村落。这个较大的寨子是“山官”所在地，加上附近的几个小寨就形成这个山官的辖区部落。沟壑、溪流、小山脉便是辖区的天然界线。

每个寨子都有一道寨门，这是寨门两旁的“鬼桩”。

景颇社会还没有专业的各种工匠，只能用简单的刀斧制作竹木用具。这种木杵木臼，一天舂米仅够一天吃。

景颇族妇女都会编织，妇女们所穿的裙子、所挂的“通巴”（挎包）都是她们自己编织的。纺线就是用这种简单的方法，她们整天不停地搓、拧，也只能拧五六两粗毛线。两根木桩，九根竹签就是一架织布机。在这样的织布机上却能编出条纹斑斓，花色繁多的筒裙和“通巴”。

长刀的用处很多，既是武器，又是生产工具，伐木、砍草、制作各种木器都离不开长刀。

在聚居的中心地区，土地属村寨公有，不能买卖；山坡地可以“谁号、谁开、谁种”。

新入寨者可以向山官领取一份土地，山官也有权收调寨内的土地给新入寨者。索取土地时必须给山官头人送一筒酒作报酬。迁出寨时，土地必须交还村寨，交与山官。

轮歇丢荒，刀耕火种是景颇人的耕作方法之一。一片土地连续耕作二三年就要丢荒。冬天把坡地上的林木砍倒，到春天放火烧光。烧山可以疏松土壤，增加土地的热力，草林灰就是天然肥料，接着就在烧过的土地上播种。

钻木取火的方法，景颇人至今还保留。

春耕开种，必须在寨公地上开始，全辖区的人都汇集在这里，建盖守庄稼的“石瓦岳札”草棚。

在这里举行“纳破”——开种仪式。这是象征性的一块公地，四周布满了鬼桩，“董沙”（巫师）在念咒语，祈求鬼灵保佑五谷丰收。

开种仪式开始了，这是执行仪式的一对青年，女的手执“中介”（竹制小锄），这是在三十四年前还使用的农具。男的手拿扫帚，女的在前挖穴点种，男的在后扫土盖种。

举行开种仪式之后，三天之内不能动土。

刀耕火种，挖穴点种，多少年来，景颇人就是用这样落后的生产工具和耕作方法进行生产的。

这是另一个寨子，这个地区已经普遍使用犁耕。“吾戈拢”（原始协作）在景颇社会还很盛行。“吾戈拢”本来是不计报酬的协作，但近数十年来，已隐藏着剥削的因素。

采集是景颇人重要生活来源之一，新中国成立前每年大部分时间要靠采集生活。野果、野薯、野竹笋……他们用来充饥的野生植物，多达百余种。这是从土里挖出来的野山芋。这些山上竹笋很多，既可鲜食，也可晒干储存。这个妇女摘下来的是野枇杷，亚热带地区盛产这类野果。

狩猎已退居次要地位，不作主要生活来源，但在农闲季节还有集体围猎的习惯。猎获野兽，平均分配，见者一份，还保有原始平均分配的残余。

盖房子。景颇族没有专门盖房子的匠人，人人会做，个个动手。事先房主人准备好地基木料及招待客人的水酒饮食，到了盖房子的那天，全村人都来协作，男女老幼一齐动手，必须一天盖成，傍晚就在新屋内举行落成典礼。

新屋落成了，乡亲们都来庆贺，青年男女敲着象脚鼓也来贺喜，老年的歌手也来咏唱，祝贺清吉平安子孙繁衍。

原始互助是景颇人的习惯。在景颇人居住的地方，走到哪一家都可以吃饭，即使素不相识的人来了也有义务招待他吃饭，他们叫作“帮吃”。

庄稼成熟了，在秋收之前必须祭官庙。“官庙”是全寨献祭鬼灵的地方，在山官所在的寨子才能有“官庙”。

祭官庙要由“戛堵”（部落主持祭礼的人）主持，他在群众中很有威望，没有戛堵的村寨则由山官或寨头主祭。祭官庙群众要送祭品，山官则更多送一点，这是山官送来的猪、水酒和米。

司礼祭官庙的各有分工，“董沙”念鬼，“盆龙”杀猪，“肯庄”摆设祭品。秋收后的祭官庙主要是祭地鬼，他们把猪杀死后埋在地下，以示献祭。

在新中国成立前，景颇人种庄稼是把五谷杂粮杂乱地种在一起，不事薅锄。

景颇社会已有明显的等级制度，分为贵族、百姓、奴隶三个等级。必须是贵族等级中的所谓“官种”才能做山官，有“南瓜不能当肉，百姓不能做官”之说，山官世袭多为幼子继承。

景颇社会已经出现了程度不同的剥削关系，有田租、牛租、高利贷等。除劳役剥削外，有的地区，百姓还向山官缴纳官谷及各种贡物。

“保头税”。住在山官辖区附近的汉族、傣族及其他民族的人民，要请求山官保护他们的财产，每年要给山官缴纳保头税，一般是银数十元，鸦片若干两，此外还送酒、肉、饵饮等礼物。

“吃牛腿”，百姓打牛祭鬼要给山官送一只牛腿，这本来是群众对村寨首领的一种敬意，后来变成山官的一种特权剥削了。

在有的地区，景颇群众还要给土司服兵役，这两个青年是准备去为土司服兵役的。在土司衙门里，这两个景颇男子穿上了土司兵的服装。

景颇人很早以来就与附近的汉、傣、阿昌、德昂、傈僳等民族有密切的经济联系，他们常到附近的傣族集市里与其他民族进行交易。

景颇社会尚保留血族复仇的残余，一家人的仇，即是全寨人的仇，以至全部落的仇，全寨或全部落均有为他复仇的责任；复仇多由以往的仇杀事件或辖区纠纷而引起，结了仇就刻木为记，每当家族男女团聚的时候，就背诵祖先世系，念到被杀害一代就背诵不下去了，这时背诵者就把这一代祖先被杀事件讲给子孙们和亲友们听，要世代子孙都要记下这一仇恨，图谋报复。

这种原始的血族复仇已逐渐消失了，代之而起的是由于利害冲突而引起的械斗、拉事。

景颇人的宗教还处在万物皆有灵的阶段。

“木脑脑”是景颇人大规模的祭祀大典，要在庆祝大丰收或庆祝战争胜利时举行，由于规模庞大，耗费大量资财，须要积蓄许多年才举行一次。

举行“木脑脑”大典一般要杀数十头牛、猪、无数的鸡，作为祭鬼的牺牲。这些牛、猪，鸡、酒、米，大部分要由辖区百姓负担。

广场上竖着的雌雄木牌和太阳鬼桩。

大“董沙”念大鬼，小“董沙”念小鬼，而最大的太阳鬼和木代鬼（部落神）须要由“斋瓦”（最大的董沙）念诵。

这样大规模的祭祀必须由“戛堵”主持。

这两个人名“恼双”他俩所扮饰的，一个是木代之子，一个是木代之女。他俩围绕着“木代鬼桩”舞蹈。这里是祭“木宋鬼”。这两个人在木刀上涂满猪血，跳进人群中，跳“景哉哉”舞蹈，驱血魔鬼怪。这两个身着长袍的，名叫“勒曼”，他俩围绕雌雄木牌舞蹈。

各路跳“总戈”的队伍从四面八方汇拢来，鸣枪、吼叫、锣鼓震天。

跳“总戈”，这是数百人乃至数千人的巨型舞蹈，它集中了数种舞蹈形式，是景颇人舞蹈艺术的总体表现。

景颇族早已进入一夫一妻制，但还保留些群婚残余。恋爱是自由的，未婚男女性的关系也较随便。

深林中，篝火旁，是青年们谈情说爱的地方。男的吹奏“桑比”女的弹起口弦，他们用音乐来传情达意。如果互相爱慕，便可获取对方身上带的一件东西，请“董沙”占卜，来判定可否合婚。

景颇社会还盛行着有原始色彩的抢婚制度。

“拉事”是一种报复性的掳掠。近几十年来，拉事之风极为频繁，往往由于婚姻、债或辖区界线而引起，也是由于原始的习惯法无法维持，或调解不了纠纷而引起。这家人与另一家人的纠纷，很自然地会形成寨与寨的纠纷。到了仇寨，不仅是掳掠当事人家的财产，只要是那一个寨的牛、马、财物均可掳掠。

拉事的人冲入了仇寨，赶走了该寨的牛、马、猪、鸡，拿走了财物。仇寨人追赶来了。他们砍下牛尾巴插在路旁，表示不是抢掠，而是来拉事的。

追赶的人看见路旁的牛尾，也就不再追赶了。拉事之后要进行讲事，由山官寨头调处。在山官家门口，拴在这里的牛是拉事赶来的。

山官、寨头，以及有威望的“董沙”在这里为他们调处纠纷。

被拉事的一方慷慨陈词，拉事者一方在愤愤不平地分辩。这个老年的寨头，用苞谷粒记下他申诉的理由。这个寨头向山官提出了他处理的意见。山官做了最后的判决。

山官在这根木棒上刻上三道木刻，然后将木棒劈为两半，交与当事双方各持一半，作为判决的凭证。最后寨头拿出正在着火的柴头，用水泼熄，表示事已了结，像火一样地熄灭了。

景颇社会只有原始的习惯法，一切不能判明的嫌疑案件要诉于神灵，用迷信的方法来进行裁判，如用斗田螺、捞开水、赌咒等方式裁判。

景颇社会为使人员、财产不向外移，还盛行转房制度。兄死其妻可转嫁其弟，叔死其妻也可转嫁其侄，甚至父死其子可妻其妾。

……

以上这些内容，该片都进行了重点的拍摄。其社会历史文化中的制度文化被优先表现，其后才是景颇族人的文化，最后自然还有一系列国家宣传性的镜头。在这部片子的拍摄中，我们既看到了关于“前资本主义社会”社会形态的拍摄，也看见了关于民族文化的拍摄。

第二节 在云南以“文化事项”为主的拍摄

以“文化事项”为主的拍摄主要是指以民族文化的某一个专门的项来作为重点的拍摄。以下三部片都具有这样的特点：《西双版纳傣族农奴社会》（1962年）主要表述的是西双版纳地区，傣族文化中“农奴社会”这个关于制度文化的文化专项；《永宁纳西族的阿注婚姻》（1965 年）主要表述的是永宁地区，纳西族文化中的“阿注婚姻”专项；《丽江纳西族的文化艺术》（1966 年）则表述的是丽江地区，纳西族文化中的艺术文化专项。这些关注的诉求是不同的。《西双版纳傣族农奴社会》主要反映的是国家印证社会主义制度优越性的诉求，而后者主要反映国家和地方展现民族文化的诉求。

一、《西双版纳傣族农奴社会》

《西双版纳傣族农奴社会》于 1960 年拍摄，1962 年完成。35 毫米黑白胶片，12 本；录像带 112 分 58 秒，VHS 和 BETACAM－SP。顾问：谭碧波、曹成章、刀永明；导演：张清；摄制：杨俊雄、李云阶；解说：徐斌。中国科学院民族研究所委托摄制，北京科学教育电影制片厂承拍，中共思茅地方委员会、西双版纳傣族自治州人民委员会协助拍摄。

云南省西双版纳热带丛林中的菩提树、槟榔树、椰子林、香蕉园掩映着佛寺、佛塔和傣家茅屋。在封建领主制度下，田地分为“家族田”“寨公田”

“私田”。统治阶级内部实行严格的等级制度，农奴按不同的来源也被区分为两大等级。他们笃信小乘佛教，每个男子七至二十岁都要到佛寺当和尚，接受宗教教育。每个村寨还有各自崇拜的寨神。每逢傣历年节，举行盛大的宗教活动。他们的行政权力机关——议事庭，是由原始民主形式的部落议事会发展而来的，议事庭议事运用傣文法典。片中还介绍了他们的生产经营、婚姻、丧葬等情况。

根据《西双版纳傣族农奴社会》解说词的整理，其《西双版纳傣族农奴社会》一片大致的拍摄内容如下。

西双版纳像一颗翠绿的宝石闪耀在祖国西南边疆。在这里，有着温热的气候，充沛的雨量，肥沃的土地生长着吃不完的谷米，摘不尽的瓜果，开不败的鲜花……

这里居住着三十多万人，其中十三万多傣族人民聚居在各个大小平坝上。附近山区居住着汉、哈尼、布朗、瑶、拉祜、基诺等民族。

这里的社会经济以农业为主。根据唐代樊绰所著《蛮书》记载，这里用象代牛耕地，可见那时畜力已使用在农业上了。

从很早以来，就开始经营水稻并使用铁质农具。

澜沧江和它的支流流沙河、罗梭江、南朗河、南腊河等二十多条大小河流，纵贯全境，对农业耕种极为有利。这里的农田水利灌溉有悠久的历史，人工修筑的沟渠，在景洪还保存有十一条，有的长达十余公里，沟渠深宽一般约有一米，同时，还有一套管理和使用制度。村寨管理沟渠水利的人员叫“板闷”，通常是选水头寨和水尾寨的人来担任，免得水头寨用水过多，水尾寨缺水灌溉。

在这里，水稻一般亩产仍可达二百五十至三百斤，一个正常劳动力所能提供的剩余产品，可达到自身消费量的一倍以上，所以这里被人们誉为“滇南谷仓”。

傣族人民除了主要经营水稻以外，在坡地上还种植旱稻、玉蜀黍和豆类。经营的经济作物有花生、甘蔗、棉花。驰名中外的“普洱茶”，其实出产在这里。

这里家庭手工纺织普遍，家家户户都有纺车、织机。棉纱多来源于自纺。织成的花布，图案美观，质地坚厚耐用。傣族的织锦技术已达到相当高的水平。竹器制作也很普遍。

工艺相对发达，有榨糖、酿酒、烧制陶器等工艺作坊。手工艺艺术水平比较集中地表现在银器、银饰的制作上。其制品图案优美，刻镂精致，形式特具风格。

……

对这里的生产、生活，《西双版纳傣族农奴社会》都有拍摄。

在西双版纳，以傣族为主的社会制度，已经有很久远的历史。这样的社会制度决定了这里人与人之间的等级和在生产过程中的关系。

西双版纳的最高封建统治者，傣语称为“召片领”，意思是“广大土地的主人”。

根据历史文献记载，早在公元1世纪，傣族区域就与中央皇朝有联系。根据傣族历史——泐史记载（我们现在看到的是汉文译本），宋淳熙七年，公元1180年，傣族首领接受了中央皇朝的册封。公元1296年，元成宗元贞二年，在西双版纳地区建立了“沏里军民总管府”。明太祖洪武十七年，公元1384年，将总管府改设“车里军民宣慰司”，所以召片领又称宣慰使。

拍摄中都用历史遗存来表现这样的历史。

西双版纳傣族农奴社会的生产关系是建立在封建大土地所有制基础之上的，整个西双版纳二万五千平方公里的土地都属召片领所有。全区分为三十四个勐，召片领封自己的亲属宗臣去做各勐封君，称为“召勐”，意即一方之主。历史上这三十四个勐又曾划作十二个出负担的行政单位，即十二版纳，傣语十二读成西双，行政单位称为版纳，所以叫作“西双版纳”。

傣语“喃台领台”，意思是说水和土都是官家的。因此，人生下来就是领主的奴隶，人死了要向领主报丧。种田要出负担，不种田要向领主买水吃、买路走、买地盖屋，农奴死了要买土盖脸。

农奴盖房屋，要向领主买手脚印。农奴猎得野兽，必须把倒在地面上的一半献给领主。捕得鱼也要把大鱼献给领主。

由于土地属于领主，所以求神、赕佛的祭品，要首先献给领主一份，以便先取得领主的同意，然后才能取得对祭品的所有权，得到神佛的庇佑。

……

“傣勐”，意思是土著或建寨最早的人；他们的村寨还保留有农村公社的形式，村社集体占有土地，又以份地形式分配给单户农民耕种。

这里有剽牛祭勐神的活动。“披勐”是一个区域的地方神，相传是傣族英雄人物的化身。祭祀由傣勐主持，全勐傣勐村寨的头人或群众代表都来参加。

祭时封闭通往外勐的路口，不让外勐人闯入。

主祭人称为“摩勐”，由傣勐中的老户父袭。他身着红袍，头戴红毡帽，由仪仗队侍卫，昂首阔步，登上召勐楼房。

他告诉召勐，傣勐要祭勐神了，你有什么愿望和要求，要我们代你祈求勐神。

召勐说：请给我祈求勐神，赐福全勐风调雨顺，五谷丰登……

从剽牛的信号枪响，到祭祀终止，召勐都必须规规矩矩坐在屋里，不得乱说乱动。

这是祭坛。

摩勐宰鸡祭奠，祈求勐神，保佑全勐百姓、官员、山区奴隶，幸福平安，让江河广有螺蛳，田里长满庄稼，山林草木茂盛，鸡毛不落，鸟翅不掉，全勐幸福康乐。

剽牛开始，剽牛者披蓑衣，持竹竿刺牛。

摩勐根据牛倒地的姿态占卜吉凶。

用牛皮煮肉献给勐神。

将牛头送给摩勐。

再把一只牛腿送给召勐。

……

傣勐沦为农奴以后，其封建负担是修桥、筑路、服兵役。听候领主差遣，接受各种苛捐什派。主要是代耕领主私庄。

滚很召大致包括领囡、洪海两种人。“领囡”大部分是领主招来的依附农民，以及战俘、罪犯、买来的农奴，一部分是领主释放的家奴。他们除承担一部分与傣勐相同的封建负担外，最大的特点是为领主家庭提供各种专业劳役，各寨有各寨分工，世代相传。

“洪海”人数不多，被称为从水上漂来的人，多系外地逃来的依附民，尚未取得份地，也有本地农奴丧失了份地而靠卖工度日。这些人的共同特点是没有份地耕种，一旦领得了份地，承担了封建负担，就被融入傣勐或滚很召等级。

此外还有少数家内奴隶，叫“卡召”，意思是官家的奴隶，只占总人口的0.5%，不种地，衣食由领主供给，和领主住在一起，为领主服各种家庭杂役。

他们的社会地位极为低下，要摆脱这种奴隶地位，必须经过高价的赎身。

……

西双版纳有一套完整的政治统治机构。

召片领的司署，有大小家臣三十多人。其中为首的四个大臣，称为四大怀郎：一个是召景哈，即议事庭长，一个是怀郎曼凹，掌管行政、财政、税收，一个是怀郎曼轰，掌握司法、户籍，还有一个是怀郎庄往，掌管粮米杂务。

在四大怀郎下面，还有八卡真，即：收税官、商务官、管粮官、收租官、外交官、文书官、统兵官、典礼官。这些官员加上各勐波朗、召勐组成外议事庭。另外，还以内务总管召龙帕萨为首，组成召片领的内议事庭。

各勐召勐接受召片领分封，在所辖领地享有政治、经济、军事、司法等权力，也设置一套与召片领司署相似的政权机构。

在勐之下，各陇、火西等也设有行政权力机构。

……

领主集团为了巩固他们的统治，制订了许多野蛮的法律、条令，同时还沿用许多习惯法以统治约束人民群众。

法律有这样的规定：

“人生下来就是召的奴隶，长在头上的亿万根头发（比喻臣民）都是召的财产。”

“百姓反对官家，和尚反对佛爷，家奴反对主人，儿子反对父亲，都不懂道理，不准申诉。”

“凡有徒弟告师傅，和尚告佛爷，寨子百姓告头人，奴隶告主人，人民告官家，小勐反大勐，波郎反召片领，儿子告父亲者，都是不通人情，不懂礼信的人，就是有理也不准他告。寨子人民告老叭，各寨人民告召勐，要在本地解决，不能声扬至外寨、外勐。”

“头人发怒了，向农民罚款，农民发怒，则犯了王法。”

“刺杀官家者斩首示众，拆毁佛像和砍伐神树者，轻则罚为寺奴，重则杀头。”

……

傣族人民笃信小乘佛教。佛教是封建制度的积极维护力量，精神奴役的工具，与封建等级制度相适应，佛寺则实行森严的等级制度。

在西双版纳几乎村村寨寨都有佛寺。

佛寺的建筑普遍采取这种式样。佛堂内的壁画、雕塑都很精美，反映了傣族人民的艺术才能。

傣族男子九岁以后就要到佛寺当和尚。送孩子当和尚是父母对孩子应尽的重要义务。

孩子入佛寺前，必须邀请一位有威望的人作义父，相当于保护人，义父必须给孩子准备一套袈裟和各种日用品。

……

当和尚后，佛爷要赐给他一个佛名。

……

这其后，《西双版纳傣族农奴社会》主要介绍的是当地的族群文化。

在西双版纳，傣族人民有着自己丰富的物质文化、精神文化、艺术文化和生活习俗。

傣族妇女上身着白色或绯色内衣，大襟或对襟圆领窄袖衫，镶有花边，腰身细小，下摆较宽大，衣长及腰；下身绛色筒裙，长及脚面，裙上织以彩圈。

结发于顶，插以梳子，有时用毛巾包头，以彩珠项圈及各种银器为饰。

男子服装近于汉族，上着无领对襟或大襟小袖短衫，下着长管裤，冷天披毛毡，一般不穿鞋，多用白布或青布包头，较少佩戴饰物。

男子有文身习惯，十一二岁即在胸、背、腹、腰及四肢刺上各种动物、花卉、几何纹图案或傣文等花纹作为装饰。

……

青年男女婚前社交活动相当自由，有“串布少”（找未婚女子谈情说爱）的风俗；每逢节庆，姑娘们带着花生、水果、烧得喷香的鸡腿来兜售，暗暗物色对象。

称心的小伙子，姑娘请他坐下，吃吧……他们就这样开始，倾吐彼此的爱慕。

傍晚，竹楼下燃起了篝火，小姑娘摇着纺车，小伙子循着纺车的声音轻轻走来……

双方恋爱成熟，准备结婚，要经过正式的说亲手续。

男方要请舅舅姨妈做媒人，去向女方提亲。舅舅或姨妈对女方父母说：“下寨姑娘漆齿黑眼，上寨姑娘浓眉大眼，东家不去，西家不找，专上你府说亲。谷子落地应该拾，姻缘得当应该嫁娶，请二老同意。”若女方父母回答：“鸭蛋鸡抱，我家的女儿，别家的子孙，女儿同意了，还要问家族、头人呢！

二位从哪条路来请暂时从那条路回去，好事要一次办成是不行的，下次请再来吧！”这算有了口信。

……

傣族人民生了病，一般都先要求神佛保佑，或请人送鬼，有时也请摩雅（巫医）诊断。

摩雅诊病，类似中医采用望、闻、问、切的方法，对治疗伤风感冒、骨折和瘫痪等病，有较高的疗效。药剂多为汤煎草药。从流传下来的医药抄书判断，医药已有较长的发展历史。

农民死后，全村人都来帮忙，给死者剪纸花，做棺木。丧葬以土葬为主。

盖新房也是全村性的互助活动之一。谁家盖房，全村帮助，既出劳动力，又送一些竹木、草排等材料。男子协助修盖，妇女帮助找菜、做饭。主人备上酒肉招待。只花一两天工夫，新房就可落成。

从旧屋里把家神迁出。迁进新房前，要举行一种转移所有权的手续。

青年头人恳求村寨头人说：“今日是良辰吉日，请父母官首席高坐。他们夫妻儿女向往新房，全村父老兄长已经帮助建成，这里献上他们筹办的酒、槟榔、蜡条等礼品，请接受他的乞求，把房屋所有权恩赐给他们……”头人允许了，把四把凿子钉进四方屋角，保证新房牢固。

再把买来的头人的脚印挂在梁上。

主人感谢头人及全村群众，头人把所有权交给他本人。

新房落成，家族亲友、村寨邻里都来祝贺。

贺新房宴会开始。

赞哈前来歌唱贺词。

赞哈是傣族的歌手，广布于各村寨，每逢节庆婚娶、新房落成，就请他们来唱歌祝贺。

赞哈能熟记大量著名的诗篇，具有即兴而歌的创作才能，当他们委婉的歌声伴随着竹笛响起，群众就会围向他们，往往听之不倦，彻夜不眠。

赞哈对傣族民间文学的继承发展有着巨大贡献。民间诗歌的内容丰富多彩。

泼水节，也就是傣族的傣历新年。清晨，人们都到佛寺滴水，祭祀佛祖。过年期间，村村寨寨相互拜年、祝酒。这一天要划龙船、放高升。做好的高升都先要送到佛寺赕佛。

……

这个片子的拍摄，在很大程度上带有浓重的“导演”色彩。

二、《永宁纳西族的阿注婚姻》

以上的片子基本上都是在20世纪60年代前后完成的。而《永宁纳西族的阿注婚姻》和《丽江纳西族的文化艺术》这两部片子虽然基础性拍摄是在20世纪60年代，但最后成片都是在“文革”之后，时间上有一个比较大的跨度。不过，少数民族社会历史科学纪录片的基本性质没有变化，只不过《永宁纳西族的阿注婚姻》和《丽江纳西族的文化艺术》的出现，已经开始了从“少数民族社会历史”主题的拍摄向民族文化专项主题拍摄的转化，开始了从表述“少数民族社会历史”向民族学、文化人类学、影视民族学研究方向的转化。

《永宁纳西族的阿注婚姻》于1965年拍摄，1978年完成。35毫米，黑白胶片，6本，录像带54分钟，VHS和BETACAM－SP。顾问：秋浦；编剧：詹承绪、杨光海；导演：杨光海；摄影：袁尧柱、杨光海。中国科学院民族研究所委托摄制，北京科学教育电影制片厂承拍。

云南省永宁是个高原盆地，海拔2600多米。在盆地的边缘散布着一些纳西族的村落。他们实行的“阿注”婚，是纳西族母系家庭的传统婚姻形式。“阿注”就是朋友的意思。这种婚姻的特点是：男不娶，女不嫁，双方各自在母亲家中生产和生活，建立朋友式的婚姻关系，所生子女，属于女方，血统以母系计算，财产按母系继承。这里的青壮年妇女，晚上在自己的卧室里接待男阿注住宿，青壮年男子在自己家中没有专有的卧室。他们的家庭中没有祖父和父亲，男子的身份是舅舅。影片还介绍了女孩和男孩的成人礼，青年男女的恋爱方式以及他们的家庭生活等。

该片曾于1988年7月在原南斯拉夫的萨格勒布举行的第十二届国际人类学与民族学大会上进行交流放映，得到与会专家学者好评；德国哥廷根科学电影研究所选中并转成录像带，进入国际交流领域；2010年在云南大学首届人类学/社会学纪录影像年度论坛“重现的边疆”放映。

《永宁纳西族的阿注婚姻》[①] 是杨光海先生拍摄的。在他的影志中有这样

① 《〈永宁纳西族的阿注婚姻〉影志》，载杨光海著《民族影志田野集录》，云南出版集团公司、云南教育出版社2009年版。

的回忆："《永宁纳西族的阿注婚姻》影片的摄制，有着艰难而曲折的过程。1963 年秋，我完成了《鄂伦春族》影片后期制作后，受中国科学院民族研究所委托，北京科影厂派我到云南省宁蒗县永宁区纳西族聚居地对纳西族的阿注婚姻形态进行实地考察访问。永宁地区泸沽湖一带，被人们称为传说中的'女儿国'，是保留着母系氏族制阿注婚姻形态的地方。当时中国科学院哲学社会科学部民族研究所派出科研人员在永宁和丽江进行民族调查已有一年时间，民族情况已很清楚，并写出了有关纳西族社会历史和文化的调查报告多份。"

杨光海在永宁与民族研究所研究员詹承绪会合后，得知领导的构想是把宁蒗县永宁区和丽江两地纳西族的文化拍成一部片子，但杨光海和詹承绪认为，宁蒗县永宁区和丽江的纳西族在社会、政治、经济和文化上差别很大，在纪录宁蒗县永宁区阿注婚姻形态的影片里，不好表现丽江纳西族的文化内容。所以才有后来的《永宁纳西族的阿注婚姻》和《丽江纳西族的文化艺术》这样两部影片。

在有拍摄提纲和分镜头剧本的基础上，1965 年 6 月，《永宁纳西族的阿注婚姻》开始拍摄。该片的拍摄内容多在室内，亦多涉及个人和家庭生活，所以拍摄前他们有一个比较长的时间熟悉被拍摄者的过程。其室内的拍摄也是安置在"场景"中来拍摄的。"拍摄本片遇到的最大困难是内景的拍摄。这部片子要拍的内景多，而 1965 年拍此片时，当地还没有电，只能靠日光照明。正房"一梅"是纳西族母系家庭全家人的活动中心，而正房四壁没有窗户，只有房顶上很小的天窗射下的一点亮光和火塘上闪烁的火光，在屋内连周围景物都看不清的情况下，要拍 10 多人的大家庭在屋内的生活情景是困难的。摄制组只好利用村内一间空房，拆除了屋顶木板和部分板墙，用反光板反光，把拍摄对象请到空房内。并将他们的生活用具也一起搬来，布置得跟他们原来的屋子一模一样，让他们按照自己平时在家那样生活。如主妇在火塘边做饭、分食、一家人用餐，女子成年后举行"穿裙子"礼等等，都照常运作。"①

永宁纳西族的住房，一般用木头垒成，他们叫作"木楞子"。每个家庭一

① 《〈永宁纳西族的阿注婚姻〉影志》，载杨光海著《民族影志田野集录》，云南出版集团公司、云南教育出版社 2009 年版。

般由二至四栋房屋组成一个院落。比较典型的院落布局是：第一栋是畜厩；第二栋是经堂；第三栋是双层楼房，楼下一般设有进出的大门，楼上设有小房间，多数是青壮年妇女的卧室，她们晚上在这里接待自己的男阿注，所以又叫客房；第四栋是正房。

在永宁纳西族的家庭中，妇女享有很高的地位，一般由年长、能干的妇女担任家长，负责掌管全家经济，安排生产、生活，处理对外事务。大家共同劳动，共同生活，重大事情都要共同商量，家长没有显著的特权。妇女在社会上也有较高的地位，受到人们的尊敬，如借贷、典押、租佃等，都由当家的妇女出面。家庭财产是母系继承制，当家的老年妇女，在临死前要把钥匙交给女儿，由女儿继承家业。舅死后由外甥女继承。

影片中对典型的母系家庭的房屋建筑布局及母系家庭成员的生产、生活，妇女在家庭、社会上的地位等各个方面都做了较全面的记录和剖析。

达巴教是永宁纳西族古老的宗教。人得了病，一般就请达巴施行巫术，求神驱鬼。要杀一只羊，掏出肝脏祭祀。

人死后，要用柏枝烧水洗尸，用麻布带子将死者捆成坐式，下肢曲折，膝盖与脚尖并拢，两手交于胸前，女子右手在前，男子则左手在前，然后装进麻布口袋，置于直立的棺材中。

在丧葬过程中，同一母系血统的各家，在人力、物力、财力上，有无偿帮助死者家属的义务。

出殡时，用马驮着死者的衣具，表示陪葬。

永宁纳西族实行火葬。火葬前必须请喇嘛给死者念经。尸体投入事先架好的柴堆，由喇嘛用勺浇上酥油火化。尸体烧完后，要把骨灰拾进小袋里，然后把骨灰葬在同一母系血统的公共墓地上。

影片记录了永宁纳西族独具特色的丧葬过程。

永宁纳西族的阿注婚姻部分，其内容丰富多彩。拍摄是从女孩子 13 岁举行穿裙子礼开始的。女孩手中拿着银圆，脚下踩着粮食、猪膘，象征姑娘今后吃不完、用不完。年满 13 岁的男孩，要举行穿裤子礼，仪式和穿裙子礼相同。穿裙子礼和穿裤子礼都含有成年礼的意义，象征男孩和女孩从此成年了，要承担家庭的一些主要劳动，也开始参加一些社会活动。举行仪式时，同一母系血统的各家亲友，都来祝贺。

阿注婚姻的主要特点是男不娶妻，女不嫁夫。成年男子在夜间到相好的女子家里过偶居生活，次日黎明返回自己的母亲家里。凡属不同母系血统的成年男女，均可自由建立阿注关系。建立这种关系的双方，彼此互称阿注，或者叫“主子主米”，意思是“最亲密的朋友”。女子到十五六岁，男子到十七八岁时，便开始结交阿注。他们主要通过劳动生产、节日或庙会等社交活动，来建立阿注关系。影片中反映了多种结交阿注的方式和暮合晨离“走婚”情景。年节期间，各村都立秋千架，青年男女以打秋千为乐，趁机结交阿注。“跳锅桩”是节日中的一项主要活动，也是结交阿注的好机会。农历七月二十五日是朝狮子山大会，又叫转山节。在纳西族古老的传说里，狮子山是一位女神的化身，她保佑人们身体健康、农业丰收、牲畜兴旺。所以每年的这一天，永宁坝区的家家户户都到狮子山祭祀女神，青年男女更是朝山的积极参加者。在外野餐是朝狮子山的活动之一，青年们边吃边谈，借此联络感情。朝山归途中赛马，男女互相追赶，有的就和对方结交为阿注。只要双方同意就可以交换礼物，一般男子送给女子一条腰带，女子回赠给男子一块手帕，即算是建立了阿注关系。在建立阿注关系时，还保留着集体结交的方式。在村道旁、山路上、田野间，男子们见到一群女子，便齐声喊“阿嘿嘿”和女子们打招呼，如果女子们也回答“阿嘿嘿”，就表示同意，男子们立即选出一个代表，带着大家的礼物去和女子们接洽。代表向女子们介绍礼物主人的名字，女子如果同意，便回赠礼物。这样就算建立了阿注关系，男子可以到女子家里去走访。秋天大麻成熟的时候，女子们在村外一边绩麻，一边烧起篝火，唱着调子，男子们躲在草丛中，各自看准对象，然后一齐奔向女子身旁。如果女子同意结交阿注，就和男子离开绩麻场地；如果不同意，就用挪动座位表示拒绝。

秋收，打稗子是永宁纳西族一年中紧张而又欢乐的生产活动，按习惯青年男女们都要穿上新衣服。男子们穿的是他们的女阿注亲手做的，裤子上面的花纹图案，显示出女阿注的心灵手巧。打稗子是别有风趣的活动，人们排成两行，一边是男青年，一边是女青年，他们挥动木连枷，整齐而又有节奏地打着稗子。男子们一面呼喊，一面用力地打过来，女的唱着歌缓缓地向后退去。而后又是女子们一面呼喊，一面用力地打过来，男的唱着歌缓缓地向后退去。如此反复，打下的稗子成堆的时候，两个妇女用簸箕扬着稗粒，嘴里吹着轻盈的口哨。在这里，生产劳动是神圣的、欢乐的。生活在母系大家庭中的人们情同手足，生产协作，团结互助。

以上这些，在拍摄时都有许多故事。

永宁纳西族的生存环境、自然风貌和人文古迹，是在全片拍摄最后阶段拍摄的。这些都是影片的组成部分，反映出永宁纳西族地区独特的地貌和鲜明的地域文化。

整个拍摄进行了半年多。1966 年 1 月就转道丽江，拍摄《丽江纳西族的文化艺术》。5 月份返回北京时，“文化大革命”开始，所有工作被迫中断。

1976 年，《永宁纳西族的阿注婚姻》工作才重新启动，并进行了补拍，最后剪辑为今天我们所见到的《永宁纳西族的阿注婚姻》。

三、《丽江纳西族的文化艺术》

《丽江纳西族的文化艺术》于 1966 年拍摄，1976 年完成。35 毫米黑白胶片 3 本，录像带 26 分 44 秒，VHS 和 BETACAM - SP。顾问：秋浦；编剧：詹承绪、杨光海；导演：杨光海；摄影：袁尧柱；解说：周庆瑜。中国科学院民族研究所委托摄制，北京科学教育电影制片厂承拍，云南省历史研究所及丽江纳西族自治县协助拍摄。

古木参天、花繁树茂的云南丽江，以它那美丽的自然风光滋润了纳西族多姿多彩的文化艺术。纳西族的建筑具有独特风格，饰有清秀浮雕图案的民居，镏金涂彩、层层叠叠、富丽堂皇的宫殿，铜瓦飞檐的寺庙。和这些建筑交相辉映的是各种浮雕、木雕、泥塑以及技艺精湛的明代壁画。用一千多年前纳西人创造的象形文字书写的东巴经共五百余卷，是纳西族的珍贵文化遗产。纳西族著名的铜器美观耐用，多作为装饰品的银器和妇女擅长的挑花刺绣精美别致。纳西歌舞、古乐有显著的民族特点。

该片被德国哥廷根科学电影研究所选中并转成录像带，进入国际交流领域；曾于 2010 年在云南大学首届人类学/社会学纪录影像年度论坛“重现的边疆”放映。

杨光海他们拍摄的《丽江纳西族的文化艺术》，其影片拍摄提纲，是 1965 年 7 月间他们在丽江编写的。丽江纳西族文化艺术方面的内容十分丰富，其仅选择了建筑、雕塑、壁画、手工艺品、象形文字与东巴经、音乐和舞蹈等内容。

纳西族的住宅，早期为木楞房子，现在山区还保留着这种建筑。坝区和城镇，明代已有木结构瓦房出现，到清代初期，又进一步发展成为木石结构的瓦房。农村的民房建筑，普遍采用“三坊一照壁”的格局。两重屋檐外伸，房顶横梁两端加上“风火板”和木片叶状“垂鱼”。既保护了横梁，又起着装饰作用。正房中堂有六扇隔扇门。每扇门都有浮雕。浮雕图案大都是花鸟、松鹤、石榴等。也有的隔扇门雕的是“渔、樵、耕、读”图。

拍摄了丽江城全貌，我们找到了较高的角度，天工造化的象山。从象山俯瞰丽江城，镜头摇拍约180度，只见房屋层层叠叠，鳞次栉比，千家万户连成一片，极为壮观。

城镇居民的住房，也多是“三坊一照壁”，个别是“四合五天井”的形式。以六块隔扇作门，门窗饰有浮雕，多是花虫鸟兽，图案精美，独具民族风格。

木土司的宫殿，多仿明代中原建筑，虽不高大，但层层叠叠，富丽堂皇。明代旅行家徐霞客说：“宫室之丽，拟于王者。”原建筑已经焚毁，影片所拍的这座建筑是仿原样于清末重建的，已失当年壮观。

一座高约十米的古老的石牌坊，前有雕刻的石狮子四只，后面有鳌鱼两只，雕工精细，体态生动。

五凤楼建筑，极具特色，楼角飞翘，斗拱层叠，设计精巧。五凤楼建于明代，是纳西族古建筑中具有代表性的建筑之一。

芝山福国寺庙宇辉煌，仰望寺庙层层叠叠。大殿前石阶之上一座木雕牌楼正中有“解脱林”三个大字。喇嘛教约在明代以前就已传入丽江，随即建寺。福国寺是丽江地区五大喇嘛寺之一，建寺最早。

指云寺大殿，有“白云深处”“指云法语”等横匾。大殿隔扇门上有精美的浮雕。

文峰寺坐落在深山中的参天古松翠柏间，幽深的院落，殿前的层层石阶，显出寺庙的庄严。它是五座寺庙中最大的普济寺大殿，平直屋顶，上覆铜瓦。玉峰寺大殿，横挂着“苍芝荫玉”四字。

雕塑。指云寺天顶图案雕刻。龙泉寺明代木雕释迦牟尼佛座下的雕花。福国寺神龛雕刻彩绘，泥塑千手观音像。文峰寺三尊铜像等。纳西族的雕塑艺术具有较高的造诣。神龛雕刻彩绘，色调柔和，刻画细致入微。泥塑千手观音、三尊铜铸佛像，都具有较高的造型艺术水平。

壁画。丽江纳西族的壁画在全国享有盛名。影片中拍摄的壁画，分布在大宝积宫、大定阁、金刚殿、琉璃殿、皈依堂、护法堂、大觉宫等寺庙。大觉宫壁画满堂，西壁绘有道教神祇及四天王。东壁坐佛头戴宝冠，遍体璎珞，坐莲花上，两边画道教神像，下列画佛教菩萨及四大金刚，孔雀明王海绘图。画面中有167像。道教28宿，姿态逼真。主像三面八臂、跣足，坐于莲花须弥座上。金刚圣母，无量寿星佛像。五道轮回，深山遇虎，临刑解脱，途中遇盗等故事性绘画。大定阁内壁画。普贤菩萨坐于莲花畔。右上角散花飞天主像背后以丹茶、红梅衬托。

东巴文（象形文字）与东巴经。采用了动画表现形式，一笔一画地书写出天、地、日、月、雨、人、走、红。在一千多年前，纳西族人民创造了以图形书写文意的象形文字，纳西语叫作“色究鲁究”，意思是刻在木头或石头上的符号。这种文字叫东巴文，因保存于东巴教而得名。

用东巴文书写的东巴经典，卷帙浩繁，留存至今的便多达1500多种，20 000余册。它们被分别收藏于中国丽江、昆明、南京、北京、台湾，以及美、英、德、法等国的有关图书馆、博物馆。其内容十分丰富，哲学、历史、宗教、医学、天文、民俗、文学、艺术等无所不包，堪称纳西族古代社会的“百科全书”。

手工艺品。丽江纳西族的手工艺品比较发达，尤以铜器最为著名。铜器主要是日常生活用品，有精美的铜锁、铜香炉、铜墨盒、铜笔架、铜火锅、铜瓢、铜勺、铜盆、铜碗、烧水用的铜壶等。丽江纳西族制作的银器多是装饰品，有项链、耳环、手镯、别发针等，样式多样，工艺精巧、美观。

挑花刺绣是纳西族妇女普遍从事的一项手工艺。她们穿戴的飘带、日月七星，床上用品被面、床帐、枕头等，挑花刺绣的图案鲜明、朴素美观。

音乐舞蹈。纳西族人民能歌善舞。他们特别喜欢唱调子，弹口弦。“姑气”是一个传统的普遍流行的曲调，由男女二人对唱。女的用手贴腮，沉思地唱着，哀伤动人。以诉苦、反对包办婚姻等为题材，控诉封建社会和旧的传统观念。口弦是纳西族民间广泛流行的一种乐器。纳西族男女青年普遍都会弹口弦。纳西族唱调子多同舞蹈结合，边唱边舞。“哦门达”是古老的歌调，是群众反抗封建制度下的压迫，为了倾诉而创造出来的。通常是一人领唱，大家随唱，唱者手拉手，伴以简单舞步。唱完一段后，全体边唱边跳跃。接着另一人领唱，众人唱和。唱完一段后，全体边舞边跳跃。如此反复，曲调终了，一齐跳跃。草坪上一群男女手牵手边唱边跳“乌热热”调。男子们蹦跳着，唱着“乌热热”的歌调。接着女子们欢跳着，唱着“乌热热”的歌调。歌声此起彼落。跳舞的人们情绪愈来愈高，舞步也越来越炽烈。全体舞者发出“乌热热”、“乌热热”的呼喊声。

影片的结尾部分是以纳西古乐的演奏作为压轴的。先是拍摄纳西古乐队在一处古色古香的庭院中演奏古乐《白沙细乐》中的“笃”“一封书”“三思渠”“美丽的白云”等几支曲调。乐师们手上所持的古老乐器芦管、苏古笃(波斯诗琴)、十面云锣等，影片都做了重点介绍。

纳西古乐是纳西民族在历史长河中不断传承、保留、弘扬的古老音乐，是纳西族祖祖辈辈演奏传承下来的。纳西古乐由“洞经音乐”“皇经音乐”(现已流失) 以及“白沙细乐”这几个部分组成。其音乐主体是在明朝时随中原移民传入丽江的，已有600多年的历史。

四、云南本省的影视民族志影视片拍摄

在20世纪70年代以前，影视民族志影视片的拍摄主要是来自于中国科学院民族研究所的拍摄。但到了20世纪80年代后，云南省相继成立和恢复了一系列涉足影视民族志影视片拍摄的影视民族学研究机构。它们在20世纪80年代以后，也拍摄了一系列的影视民族志影视片。

这一时期，在云南省拍摄影视民族志影视片的研究机构有云南省社会科学院、云南民族大学、云南大学东亚影视人类学研究所、云南大学西南边疆少数民族研究中心影视人类学实验室。但这几个研究机构所走的拍摄道路不同。

云南省社会科学院民族影视摄制组的拍摄就走了本土拍摄的道路，他们注重云南地区自身的民族和文化的拍摄。其中有许多拍摄属于影视民族志影视片的拍摄。比较有代表性的片子是《景颇族“目瑙纵歌”》《傈僳族“刀杆节”》《生的狂欢》等。

《景颇族“目瑙纵歌”》，拍摄时间1982年，3本，为35mm电影片。

《傈僳族“刀杆节”》，拍摄时间1982年，3本。

《生的狂欢》，伊斯曼胶片拍摄的35毫米彩色影片，中英文，拍摄时间1984—1986年。

《生的狂欢》全名《生的狂欢——哈尼族奕车人节日一瞥》，拍摄单位：云南省社会科学院情报资料室摄影组，科学顾问：杜玉亭；民族顾问：张克朗；摄影：惠松生、毕云、郝跃骏；编辑：郝跃骏、吴初蕃、邓启耀；剪辑：李福基。1986年拍摄完成。

主要内容：该片以哈尼族奕车支系的几个主要节日为线索，系统介绍了奕车人在节日期间的一些主要活动细节。如原始的生殖崇拜舞蹈，怀念先祖的原始狂欢和化装串寨活动；青年男女在节日之夜的集体社交活动和保留了某些对偶婚痕迹的原始婚俗；以及具有原始血祭特征，祈求丰收的“哈鲁哲”活动等。影片介绍了奕车人对种族繁衍、生存的渴望和对新生活的向往，可从一个侧面了解哈尼族的历史和独特的民俗。

云南民族大学现代教育技术中心也走的是本土拍摄的道路，历年来也拍摄了不少影视民族志影视片。早期拍摄以《毕摩与祭坛》《云南师宗瑶族受戒仪式》《罗婺婚俗》和《倮倮族澡堂会》等十余部片子影响最大。

1999 年，云南民族大学下设的云南省民族研究所成立影视人类学拍摄与研究中心，其后拍摄影视民族志影视片《吉祥格布》(2004 年)，《永恒之路》(2005 年)、《沉默的家园》(2005 年）等片，这些都是与韩国大真大学、KBS 以课题方式合作拍摄的。其中《吉祥格布》是中心曾庆新老师独立完成的。

云南大学的拍摄研究路子是取继承 20 世纪五六十年代中国科学院民族研究所的拍摄的姿态，跟踪拍摄中国科学院民族研究所在云南拍摄的一系列题材，以展示中国科学院民族研究所所拍摄的影视民族志影视片的后续。这样的拍摄思路很有意义，很有文脉的延续和对传统精神的继承和发扬。也把自己的拍摄研究放在一个较高的水平上来要求。

20 世纪五六十年代中国科学院民族研究所在云南所拍摄的 7 部影视民族志影视片中，云南大学的拍摄者跟踪拍摄了《苦聪人》《佤族》《西双版纳傣族农奴社会》《永宁纳西族的阿注婚姻》等四部片子。

《苦聪人》的跟踪拍摄为《六搬村》；《佤族》的跟踪拍摄为《马散四章》；《西双版纳傣族农奴社会》的跟踪拍摄为《曼春满的故事》；《永宁纳西族的阿注婚姻》的跟踪拍摄为《格姆山下》。这些都是中国科学院民族研究所拍摄的影视民族志影视片的发展性拍摄。

《六搬村》

制片人：凌代年、李聪、谭乐水；编导：欧阳斌；摄像：欧阳斌、谭乐水、朱恩立；学术顾问：杨光海、杨毓骧；出品：云南大学东亚影视人类学研究所、（香港）中国人文地理影视有限公司；语言：中文、英文；拍摄时间：2008 年 6 月至 12 月；拍摄地点：云南省红河州金平县者米乡；影片时长：50 分钟。

主要内容：苦聪人只有六千多人口，千余年来，他们一直生活在中国西南哀牢山的原始森林中，过着刀耕火种，采集狩猎的原始生活。新中国成立后，为了让苦聪人过上好日子，政府希望苦聪人搬迁出森林，到山下生活。但是苦聪人对这样的好意却“不领情”，在从1958年到2008年的50年间，苦聪人5次“被搬出”原始森林，又5次“逃回”森林中生活。2008年，政府决定第六次把苦聪人迁出森林，这一次，苦聪人会离开森林吗？

该片获2010年度（青海）世界山地纪录片节人文类最佳长纪录片“玉昆仑”大奖；入围2009年度在中国台湾举办的“国际民族志影展”和四川国际电视节的“金熊猫奖”；获新中国成立60周年纪录片大赛铜奖；被香港中文大学永久收藏；被台湾“中央研究院”永久收藏。

首映地点：2009年4月1日，云南大学人类学博物馆举行首次试映。

《马散四章》81min/HDV/2008

摄制陈学礼，云南大学西南边疆少数民族研究中心影视人类学实验室出品。

影片是对1958年《佤族》进行的一个跟踪拍摄，所以选择当年拍摄村寨之一的大马散作为拍摄地点。影片分为四个部分，即所谓的四章。包括葬礼、做鬼、看鸡卦等内容的“仪式”，标志马散村民日常生活中外来事物的“啤酒”，再现春节前后马散村民生活状况的“正月初一”，以及从马散到西盟县城，记录佤族文化保护的“文化传承”。

《曼春满的故事》

作者：谭乐水；语言：中文；拍摄时间：完成于1999年；拍摄地点：西双版纳傣族自治州曼春满村；影片时长：40分钟；影片格式：彩色/DV。

《曼春满的故事》主要内容：此片是20世纪50年代那批民族志影片的继续。作者几十年后跟随父亲潭碧波老人重返1959年时曾经拍摄过的西双版纳村落曼春满。仍住在当年居住的老乡家，尽管而今已经成为农家乐。旅游业的兴盛使这里的村民生活发生了变化，商业遍布各个角落；但是不变的东西仍在继续，如傣家人对宗教的虔敬，寺院依旧是妇女学习的主要场所。

《格姆山下》43min/HDV/PAL/2008

云南大学西南边疆少数民族研究中心影视人类学实验室张海拍摄。

位于云南西北高原川滇交界泸沽湖地区的摩梭人，因其独特的“走婚”（阿注婚姻）习俗的完整保存，挑战着人类学亲属制度研究理论的诸多观点，多年来吸引着国内外人类学民族学学者的关注。随之而来的是关于摩梭文化研究的诸多论文、专著的出版，报纸、杂志的报道，小说、电影、专题片和纪录片的大量涌现，很大程度上宣传了摩梭文化，为旅游业带来发展。而对个人家庭隐私的过度挖掘和不同程度的曲解则忽视了摩梭文化中“害羞”的一面，甚至对族群情感造成了伤害。在这股关注潮慢慢退去后的2008年年底，拍摄者一行人来到格姆山下，一个和泸沽湖水一山之隔的摩梭村落，在进行文化调查的同时，拍摄了这部片子。围绕着“结婚”和“走婚”的主题，对不同年龄群体和不同的面孔进行了采访，试着以平和平等的态度说出他们的想法。

云南大学西南边疆少数民族研究中心影视人类学实验室在21世纪初叶还拍摄有一些影视民族志影视片，比如有关于孤残儿童农村寄养的影片《家》（该影片后来入选参加2009年人类学民族学联合会第十六届世界大会“中国西南影像中的文化变迁”单元）；拍摄了云南省红河州弥勒县可邑村彝族阿细人每年祭祀火神、撵走火妖的影片《弥勒可邑祭火》；反映云南省陆良县小脚奶奶生活状态的《故乡的小脚奶奶》；在石林彝族自治县拍摄，再现撒尼人密枝祭祀活动的影片《撒尼男人的盛典》；记录云南省民族民间艺人技艺和生活的系列影片《技艺不会成为记忆》，如《壮族面塑艺人杜武超》《苗族音乐艺人王忠林》《壮族音乐艺人王国春》《白族民间玩具》《白族建筑师》《扎升斗》《尼西情舞》《葫芦丝》等。

在云南省的个人拍摄中，人数不少，也有很好的影视民族志影视片，独立导演吴晓惠就是一例。

独立纪录片导演吴晓惠拍摄有纪录片《小喇嘛农布和他的葬礼》《哀牢山下的土锅寨》，虽然她称为“纪录片”，但是笔者却认为其表现更像是地地道道的影视民族志影视片。

《小喇嘛农布和他的葬礼》

片长98分钟，2009年完成。

该片的摄制历时2年，以小喇嘛农布的生与死为线索，表现阿怒人（贡山怒族）在多元宗教信仰背景下的社会活动、思想情感、观念形态及宗教信仰状况。茶腊村位于云南省西北端怒江上游的丙中洛地区，是一个阿怒人聚居的村落。居民分别信仰喇嘛教（噶举派藏传佛教）、天主教和基督教新教。农布是茶腊村人，是丙中洛普化寺的明星“小喇嘛”（小匝巴或小和尚），他因在一部纪录片中讲述了自己的故事而尽为人知。作为当地一位崇高职业的从业者，农布经常跟随师傅（有时独立地）为村民们驱鬼治病，安抚灵魂——亡魂。2005年12月6日，农布因病去世，“南木萨”（民间巫师）为他主持作为阿怒人葬礼核心部分的传统仪式：每日供应死者的“饮食”，最终将其亡魂送往阿怒人的安息之地“南木细”（亡魂世界）。与此同时，喇嘛寺的喇嘛（农布的师傅和同学）、民间喇嘛师傅、宁玛师傅（活动于民间的宁玛派藏传佛教的宗教师）都来为农布的葬礼服务：供给、引路、驱鬼、安魂、超度等。葬礼中，信仰不同宗教的村民和亲戚们都送来了粮食、酒和家禽、家畜等礼物，参加他的葬礼仪式或在其他活动中帮忙。天主教堂的总管古拉叶也被请来担任事务总管。

《哀牢山下的土锅寨》

片长35分钟，2010年完成。

法国的雷诺先生号称，他在非洲发现了迄今为止只有那里才有的古老的烧制方法，而新平这个寨子就有这种烧制的方法……

第三节　贵州影视民族志影视片和拍摄

贵州省影视民族志影视片的拍摄是比较晚近的事情。在经典性的15部影视民族志影视片中没有在贵州的拍摄内容。但杨光海先生20世纪70年代在贵州苗族聚居地区的拍摄也应该是这种国家经典性拍摄的余绪，也是贵州省影视民族志影视片拍摄的良好开始。

一、苗族系列影视民族志影视片

杨光海先生在贵州黔东南苗族侗族自治州一共拍摄了5部关于苗族的影视民族志影视片，成为“贵州苗族系列”。这个系列有《方排寨苗族》和《清水江流域苗族的婚姻》2部黑白片，以及《苗族的节日》《苗族的工艺美术》《苗族的舞蹈》等3部彩色片。《方排寨苗族》时长为80分钟，《清水江流域苗族的婚姻》时长为40分钟，《苗族的节日》时长为30分钟，《苗族的工艺美术》时长为30分钟，《苗族的舞蹈》时长为10分钟。

这5部影片的拍摄，《方排寨苗族》和《清水江流域苗族的婚姻》是计划中的拍摄，而后3部片子则是临时加进来的拍摄。对于这5部苗族影视民族志影视片的拍摄，杨光海先生有影志记录，但在中国社会科学院民族学、人类学研究所的记录中，好像只有关于《苗族的工艺美术》和《施洞苗族的龙船节》这2部片子的情况。

《苗族的工艺美术》

1980年摄制。35毫米，彩色胶片，3本。录像带26分钟，VHS和BETA-CAM－SP。编导：杨光海；摄影：李继彭；解说：苏光琪。中国社会科学院民族研究所摄制，中共贵州台江县委员会、凯里县民族贸易公司、贵州省博物馆、贵州省群众艺术馆协助拍摄。

该片展现了贵州省台江县苗族的挑花、刺绣、织花、蜡染、银饰等手工艺品的瑰丽多彩。他们的传统银饰花纹雕琢极其精致，有手钏、项圈、头饰、胸饰、银衣等多种多样。他们的蜡染工艺，已有千年的历史。片中如实记录下苗族传统手工艺品的制作工艺。

《施洞苗族的龙船节》

1980年摄制。35毫米，彩色胶片，3本。录像带26分36秒，VHS和BETACAM－SP。编导：杨光海；摄影：李继彭；解说：王炜。中国社会科学院民族研究所摄制，中共贵州省台江县、凯里县委员会协助拍摄。

贵州省台江县施洞地区的苗族有着过龙船节的风俗。龙船节在每年的五月举行，主要活动是龙舟赛，比赛中一条条龙船破浪前进，争先抢宝，两岸的人群欢声雷动。节日里还有跑马、斗牛、踩鼓以及一些祭祀活动。龙船节来自于一个感人的故事。该片还采录了舟溪一带芦笙节的盛况。

对于该系列片子的拍摄，在杨光海的这篇影志①中，他一开篇就说："1977年秋，我调入中国社会科学院民族研究所报到后不到一周，社科院的领导接见我，要我汇报开展拍摄工作的打算，需要的必要条件等。我将事先想好的三个方面做了汇报：一是购买两台电影摄影机和一台录音机；二是调入我的助手二人，制片一人；三是解决交通工具吉普车一辆。这三方面是最基本的。我向社科院领导做了汇报后，民族研究所根据我向院领导汇报的这三个方面给院里写了报告，很快得到批复。经费拨下来后，我到甘肃宁夏甘光电影机械厂（由南京迁来）购买了两台35毫米和平牌摄影机及其附件三脚架等。在北京购买了录音机一台，前期的摄影录音器材经试验后已算完备。电影组正式成立，我任组长，并先后调来邵海光、杨小雄、吴立平三位年轻人，

---

① 《苗族系列影志》，载杨光海《民族影志田野集录》，云南出版集团公司、云南教育出版社2009年版。

作为我的助手。民族研究所自主拍片的目标已经实现，它结束了十多年来委托电影制片厂拍片的历史。这开山之作，选的是贵州省民族研究所何家礼等研究人员在 1966 年 2 月编写的《贵州省台江县方排寨苗族》拍摄提纲。"①

这段话里反映了两个历史内容：一是“民族研究所自主拍片”的起始；二是“文革”后这样的拍摄实际上就是“文革”前 15 部片子拍摄的继续。

1978 年 6 月 16 日，杨光海一行来到贵阳，与贵州民族研究所和中共贵州省委统战部协商拍摄苗族社会历史科学纪录片的事宜。中共贵州省委统战部很重视此事，在 6 月 19 日就给贵州省委写了有关拍片的报告，请省委批复以省委文件形式下达有关部门和州、县委付诸实施。

中共贵州省委统战部给贵州省委的报告中有以下意见：

一、拍摄地点主要在黔东南自治州台江、从江等地。建议黔东南州委加强对摄制工作的领导，指定一名常委管此项工作，台江、从江两县委亦应指定一名常委负责指导，并派干部参加摄制组，负责组织、宣传、后勤及联络工作。

二、请黔东南州委，台江、从江县委对摄制组在工作条件方面给予支持和帮助，如解决交通工具和拍摄时需要的布票、粮票等问题。

三、在摄制工作过程中，做好干部、群众的宣传教育工作，宣传新时期总任务和新宪法，重申党的民族政策，警惕阶级敌人的破坏活动。

四、“苗影”的摄制，涉及面广，建议省民研所派一至二名熟悉苗族社会历史的同志参加摄制组，省文化部门（如省博物馆、省歌舞团、贵阳工艺美术研究所等单位）在文物、道具、音乐、工艺美术等方面给予协助。

在 1978 年 6 月 28 日，中共贵州省委员会就以〔78〕省通字第 135 号文件，批复了这个报告。这个报告说：

省委统战部并黔东南州委：

省委同意省委统战部《关于协助摄制（苗族社会历史科学纪录片）的意见》，请省委统战部与黔东南州委进一步商量具体协助方案，并付诸实施。望省文化局和台江、从江县委等有关单位给予大力支持和帮助。此复。

在这个文件下达后，苗族系列影片的拍摄是比较顺利的，不久后就在台

---

① 《苗族系列影志》，载杨光海《民族影志田野集录》，云南出版集团公司、云南教育出版社 2009 年版。

江县的方排寨开始了拍摄。该片的拍摄是在何家礼所写的《贵州省台江县方排寨苗族》拍摄提纲之上，由杨光海写了分镜头剧本后进行的。最初的拍摄计划就是拍一部苗族社会历史科学纪录片，形成系列是后来的事情。

苗族是一个历史悠久，分布很广的民族。苗岭山区和清水江两岸，是苗族最大的聚居区之一。

台江县方排寨，是雷公山区的一个村寨。20世纪50年代初，这里居住着130多户，约540人。居民全是苗族，他们有自己的语言，属汉、藏语系苗瑶语族。这里的苗族，操苗语黔东南中部方言。寨内居民，分属几个血缘家族，聚族而居。个体小家庭，是生产、生活的基本单位。一个家庭住一幢房屋。房屋建筑多是吊脚楼，用杉树皮盖顶。正房的火塘，是小家庭活动的中心，做饭菜、用餐、休息、接待宾客，都在这里。他们的谷仓，多与住室分开。仓库离地数尺，利于防火、防潮、防鼠。另辟有一间小房关牲畜。

这里的农业耕作主要为种植水稻，其已使用犁耕，但耕作粗放，生产技术还比较落后。烂泥田要用钉耙挖和用脚踩。育苗的秧田，在施肥后，用脚将粪肥踩入田里，抹平稀泥，即撒播谷种。

插秧之前，要举行“开秧门”的仪式。过去由公认的“活路头”一人进行，后演变为各家各户单独进行。插秧时，对祖先在山上开辟的第一块田，要举行敬祭仪式，用鸭肉、鸭肝、酒作祭品。这种田称为“白石田”。树杈上放着的白石，据说是代表山，祈求它保护秧苗。

这里还保存着原始的互助习惯。农忙季节，缺乏劳动力的人家，邀请家族、亲友来帮助。应邀的人，并不推辞，认为是自己应尽的义务。他们自带午饭和生产工具，主人只备晚饭招待。以工换工的互助，也不计较劳力的强弱。插秧都是插单行，速度较慢，每人每天约插三分田。

方排寨虽已普遍种植水稻，但同时仍用火烧地种植少量小米。

薅秧，全凭双手，不用工具。

摘糯穗是用小刀，一穗一穗地收割。技术熟练的人，每天也只能收割六七十斤。稻穗先放在室外的禾廊上日夜晾晒，干后才收回家中保存。

脱粒是用脚搓，一人一天只能脱粒八九十斤。用碓舂米。

采集活动在方排寨还占有相当重要的地位。许多人家还没有种植蔬菜的习惯，一年四季，妇女和小孩上山劳动时，还要采集野菜。他们常吃的野菜达三四十种，其中以蕨菜、野芹菜、野韭菜等数量最多。蝌蚪、蜻蜓幼虫、黑壳虫、蚂蚱、蜗牛都可以佐食。捉到了鱼或其他较大的虫类，就放在火里烧吃，或用水洗一下，放进锅里煮吃。过去食盐昂贵，多数人家常用杉树叶、桐子壳或糯稻草烧灰，滤成碱水，代替食盐。无油炒菜，常以酸汤煮和。

狩猎活动在这里已居次要地位，但在农闲时节，男子也常三五成群外出围猎。他们打到一只野猪，还保留着平均分配的习惯。参加围猎的人，不论劳动强弱，武器好坏，每人平分一份。拿回家后，又分成若干小块，分送给房族、亲友，或请他们同吃，自己留食很少。

方排寨的铁匠只会修理和打制锄头、钉耙、镰刀、砍刀等简单农具，农闲帮人加工，由顾主自备材料和充当助手。

木匠除了制造简单的家具外，还会起房架屋。起房时，由木匠设计、画墨。

一家盖房，寨邻、亲友都来帮助，有的还赠送木料和出劳力，主人用酒饭招待。

方排寨妇女都会纺纱、织布和缝制衣物。有的还利用树皮的纤维，制成缝纫线，或用来织窄布。妇女们编织花纹简单的花带。

蓝靛是她们唯一的染料，用它把布染成深蓝色。每家几乎都有染缸。先把自家种植的蓝靛放入染缸里沤烂，然后浇上石灰水搅拌，沉淀杂质后，就可以染布了。

这里交换已很普遍，通常是外地的苗族或汉族货郎担进寨，以物易物，主要以稻谷交换针、线、盐等物品。有的还到约四十里外的台江县城赶场。但由于购买力低、交通不便，一般人每年赶场两三次。集市上的交易，都是通过货币进行。他们把兽皮、小猪、稻谷等物品出售后，再买回需要的东西，如农具、陶器等。

由于生产力水平低下，方排寨苗族的贫苦农民都没有棉衣、棉被，冬天全靠烤火取暖，盖秧被睡觉。秧被是用插秧时剩下的稻秧晒干后编串而成，比较柔软。只要到贫苦人家走访，不难看到秧被。

方排寨苗族人生了病，一般不服药。小孩病了，父母常为小孩拜祭大树、巨石等村寨周围的自然物，祈求保佑孩子。

大人病了，多请鬼师看鬼、祭鬼。

鬼师看鬼的方法，有“比草”和破蛋。采用“比草”的最多。“比草”时鬼师将草折成折，若折的草一致，认为已找到鬼，若不一致则再折，直到一致为止。

人们还认为鬼是成群的，有的纯系男性；有的纯系女性；也有男女两性混杂的。最大的鬼群叫“黄牛雷鬼”。祭鬼要杀一条黄牛，杀牛不用刀，用斧头敲脑门。

人死后，因贫富不同，办理丧葬仪式也繁简不一。一般是当日埋葬。在选好墓穴后，首先举行“莫嘎差”，也叫“挞谷穗”仪式，表示买地。即由死者男性亲属手执几穗谷穗在墓穴处扫一遍。

出葬不举行仪式，送葬的人很少，连死者的儿女也不送葬，怕死者带走他们的灵魂。

死尸要抬到墓地入殓。嘱咐死者安心地去，不要牵挂子女，危害子孙。主要陪葬物是一罐酒，据说是给死者拿去招待客人的。

妇女死后，娘家的兄弟就来索取“人头钱”，苗语称之为“尼奋”。交付“人头钱”时，女方家按惯例索取最高的数目，议定的钱，如果这辈人交不清，下一辈也得负责偿还，这里还保存着舅权。

以上是摄制组对于方排寨苗族文化境况的拍摄，后来，他们又拍摄了方排寨 13 年举行一次的鼓藏节和氏族会议的组织形式“勾夯”（议榔）等。

对于“勾夯”的拍摄，杨光海等人是邀请寨上的老人来指导拍摄的。

这是在黔东南苗族地区至今还保存着的民间习惯法的运行组织。在杨光海他们那里被称为“原始氏族会议的组织形式”，并且认为是清末民国初还存在，后来就消失了的事物，但实际上现今犹存，只是形式有所变化。这样，杨光海于此的拍摄在当时就是一种“复原拍摄”的举动。

这样的“原始氏族会议的组织形式”，苗语称为“勾夯”，意思是议定禁约，过去译为“议榔”。“勾夯”会议有大有小，大者包括数十寨，小者包括一两个寨。会议由各寨称为“娄方”的寨老们召集。“娄方”不是世袭或推选产生，而是由熟习古规，能说会道，逐渐为大家所公认的人担任。他们平时为群众排除纠纷，有时也代表村寨办理事务，并有权商定“夯规”，处理民事和刑事案件，他们一般都不脱离生产。

举行“勾夯”会议，由“娄方”中最有众望的人主持，他手持梭镖、芭茅，表示权威。

“勾夯”时，杀一头牛，把肉分给大家，使之牢记“夯规”，不得违反，还要立石作为标记，表示议定的“夯规”坚如石，不可随意更改。“娄方”

宣读“夯规”时，众人发出“啊！啊!”之声，表示通过。凡违犯“夯规”者，“娄方”可以召开“勾夯”会议，进行审判。最重的惩罚是用火烧死。还要由本人的亲兄弟或本家族的人执刑。

民事纠纷，经“娄方”多次调解无效时，即请“娄方”作证，鬼师作法，进行“神明裁判”。一种是“捞油锅”，由被告或原告人从滚开的油锅中将一斧头捞出来，如果手被烫伤，就算亏理。

另一种是“砍鸡剁狗”，让狗喊动天上的神灵来惩罚对方，同时还要对方喝鸡血酒，以为这样会遭到报应。

对于鼓藏节的拍摄是该拍摄的重要内容。

在黔东南苗族中，许多大的血缘家族，都要定期宰公牛或猪，举行祭祀祖先的盛典，以保子孙繁衍，世代平安。苗语称这一活动为“努匠虐”，普遍称“吃鼓脏”，有的学者称“鼓社节”“祭鼓节”。

方排寨苗族“吃鼓脏”，一般是13年举行一次，每次活动要延续三年。举办前，首先选“鼓脏头”，并请专人挑选“牯脏牛”。

每一共鼓的血缘家族，要选出五人为鼓脏头，四个专职人员，主持吃鼓脏事务。凡是13年内死了老人之家的男主人，都有被提名为鼓脏头的可能。人们都不愿当鼓脏头，因为当鼓脏头要花费大量的钱财和精力，以致卖田卖地，倾家荡产，俗话说，“十年牯脏，十年背账”。

凡被提名当鼓脏头的人，要举行杀鸡看眼，如果一对鸡眼睁着或闭着，就认为吉利，鼓脏头就算选定，不当不行，不得推脱。如果鸡眼睁一只闭一只，就认为不吉利，再另选别人。选出第一鼓脏头后，再用同样方式选出第二、三、四、五鼓脏头，然后在群众中通过。

选定了鼓脏头，首先要举行迎接“双鼓”的隆重仪式，据说，鼓的一端是祖先灵魂寄居的地方。迎鼓时，鼓脏头们穿上特备的服装，家家户户都来参加。这一对鼓在上次吃鼓脏以后，由求子心切的人家供奉，求祖先保佑生育儿女。吃鼓脏活动开始后，才把双鼓抬到第一鼓脏头家。

在“吃鼓脏”的许多活动中，“唱歌郎”要唱不同内容的“鼓脏歌”，说明各项活动的意义。

另一个重要仪式，是到“鼓藏山”，翻动上次吃鼓脏后藏在岩洞里的“单鼓”。翻单鼓的目的，是惊动祖先，请他来吃鼓脏。负责翻鼓的人叫“嘎俑”，由第一鼓脏头的女婿或姑父担任。

敲响单鼓，为五个鼓脏头跳舞伴奏。

单鼓，是吃鼓脏跳舞时敲的。每届两次翻动旧鼓以后，就要另做新鼓来使用。

制作新鼓，要举行伐木仪式，五个鼓脏头各砍树两刀，砍下的木屑要带回家。为了制作新鼓，专门杀一头黄牛，取牛皮蒙鼓。牛肉大家分吃。还用木料制作男女生殖器模型，供在鼓的上方。

“吃鼓脏”期间，常举行斗牛活动。在杀牛祭祖前夕，斗牛的规模最大，与方排寨同时吃鼓脏的邻近村寨，都把牯脏牛牵来比赛。在斗牛场上，鼓脏头们严守古规，不随便说笑，有时鼻涕流下来也要别人代擦。唱歌郎在旁唱着祝福的歌。

斗牛开始，两个家族的第一鼓脏头的牛先斗，表示事事由他带头。

斗牛是苗族人民最喜爱的活动之一，一般节日或农闲时，都有斗牛比赛。他们专门饲养用来斗牛的牯脏牛。牛斗胜了，牛主十分自豪。斗败了，牛主要遭到斗胜者一方的嘲弄。

“吃鼓脏”13年才举行一次，各村寨间、各家族间，平日很少往来，他们趁此机会在一起欢乐歌舞，以增进团结。

农历十月的一个亥日，便杀牛祭祖，杀牛前要请审牛师审牛，并念扫牛经，把牛的灵魂引到祖先那里去，免得它来伤害家族。

给审牛师和宰牛者敬酒。

杀牛，由第一鼓脏头执刀宰牛。杀牛，以一刀杀死最为吉利。

每次吃鼓脏，一个共鼓的家族，要杀牛二十头左右，方排寨及附近同吃鼓脏的五个寨，约杀牛一百头，加上杀猪、做酒和粮食等，种种消耗极大。

牛肉大家分吃，内脏每家也要分一点，用来祭祖。

祭祖活动没完，把牛头先放在牛圈内供着，表示牛还没有死。

杀牛后的13天内，要举行一系列的祭祖仪式，或表演古代先辈生活的情况。

杀牛后的第一天清早，各家都要祭祀祖先，用牛的内脏、肉、茶和酒做供品，祭后宴请外村来的亲戚吃早饭。

中午前后，各家都要派人到第一鼓脏头家陪鼓，鼓脏头招待来人喝酒、吃肉。其他四个鼓脏头也要轮流在自己的家里招待客人。一般的人不去也可，但鼓脏头和唱歌郎是不能缺席的。

亲戚、远方客人携带礼物前来祝贺。回去时，主人送给牛肉二三斤，表示还礼。

牛头、牛脚炖食，专供五个鼓脏头和寨中老人分享，吃不完的可以带回家。

唱歌郎唱歌，并举行“角形排骨”的仪式。分肉时，每条牛应留下与牛角相似的带皮肉的排骨一块，待唱歌郎唱完后，将排骨砍为两边，牛主取回一边，另一边分为三股，鼓脏头、唱歌郎及群众各分一股，群众的一股在野外煮吃。

“献牛角”仪式。把吃鼓脏宰的牛的牛角，送到鼓脏头家，集中起来，把牛角一个个捆绑在木桩上，像宝塔状，立在门前。唱歌郎唱歌，祝福牛主多子多孙，安田置地。牛主送给唱歌郎一点报酬。唱歌郎一般为两人，同唱同一内容和曲调。

迎“修一康”仪式，也就是迎取鸟窠。据说因祖先“姑昂”是鸟窠内的蛋变成的。他在窠内不能发展，所以要用火把他赶出来。开始先由嘎耶踢蛋，然后把鸟窠迎回鼓脏头家，再点火驱赶。燃火把时，火堆中一根不易燃的木棍象征蛇，因为当年是蛇衔着火爬上去把“姑昂”赶下来的。它象征性地再现了苗族起源的传说。

他们用糯米饭打粑粑。糯米饭经过锤打之后就像面团一样。用糯米粑粑捏成男女生殖器形状，粘在鼓脏头家的板壁上，未生育的妇女往往偷取回家给丈夫吃，认为这样便可生育儿女。

杀一口小猪祭祖。

传说古代祖先的住房，是用芦苇编织的，那时吃鼓脏，怕客人来多了，屋不牢固，便用草绳捆扎，后人为了纪念，也模仿着做。寨中长者们用稻草编织一根很长的粗绳，将它围绕鼓脏头家的房屋三圈，众男儿呐喊奋力！

邀请新近死去的人的鬼魂来参加“踩鼓”的仪式。每人拿着死者生前的衣裙击鼓，并跳过火堆。

鱼和松鼠，据说它们曾经帮助祖先找回失去的耕牛，所以，吃鼓脏时也请它们来做客，后来子孙们吃鼓脏时，便把它们供在桌上。

五个鼓脏头的妻子，穿着丈夫的衣服从板凳上走过，象征“过桥”。有人从背后朝她们身上洒酒，认为这样才能生儿育女，全家族就会人丁兴旺。唱歌郎在一旁唱歌。

以鼓脏头的家族为一方，和第一鼓脏头的女婿为另一方，表演反映古代氏族内婚姻集团间的联系，鼓脏头把鼓藏起来，婿方的人来找寻，如果找着了，鼓脏头一方必须给婿方一百二十斤谷子，才能将鼓抬回来；如果婿方在限期内找不着，鼓脏头就抬鼓回家。然后，让大家来跳舞。

以鼓脏头的家族为另一方，和第一鼓脏头女婿的家族为一方，还进行“竹杖抹花脸”活动。双方每人拿一根竹竿，竹竿上系着棉花条，手上抹着锅烟黑灰。当活动开始时，双方放下竹杖，跑上前去，在脸上互抹黑灰，成为一张张黑灰脸。

要这样连续举行三次才结束。

捧玉碗喝酒，是神秘而隆重的仪式。人们都争相观看，一睹为幸。

传说玉碗是祖先从江西带来的，也有说是从榕江买来的，也有说是皇帝赐给的。

玉碗世代相传，喝酒时，五个鼓脏头的手掌依次叠摆，然后用玉碗每人喝一口酒。

玉碗由“戛仰”保存。早先的玉碗已遗失，现在用的是代用品。

吃鼓脏期间，最多的活动是“踩鼓”，即一人敲鼓，大家踩着鼓点跳舞。五个鼓脏头带头，男女老幼一同参加。

节日期间，举行踩鼓、吹芦笙、吹木叶、唱歌、“游方”等活动，使人们尽情欢乐。

“游方”是不同家族的男女青年进行社交和恋爱活动的形式。“游方坡”上男女青年这里一伙，那里一群，唱“游方”歌来表达他们心中的爱情。

方排寨苗族人人都爱喝酒，节日里更是放量畅饮。

到吃鼓脏的第三年，杀猪祭祖时，上述杀牛后的各种活动，都要再重演一次。

最后把单鼓送进岩洞，吃鼓脏才告结束。

这些内容拍摄完成后，剪辑成了其系列的主片《方排寨苗族》，此片时长80分钟。

拍完此片，杨光海等人又听说施洞等苗族村寨要过龙船节，舟溪一带苗族要过芦笙节，就请示了民族研究所的领导，要求再拍龙船节、芦笙节的片子，得到批复后，又开始了新的拍摄，这才有了系列的出现。这个拍摄后来形成了《苗族的节日》一片，其主要内容有龙船节和芦笙节两个部分。

龙船节内容有：

黔东南清水江沿岸施洞一带的苗族二十四日至二十七日，要欢度龙船节。

龙船一般长约七丈，宽约三尺，子船每只长约五丈。两只子船捆绑在一只母船两旁。母船和子船，都是用泡桐或杉木挖成的独木船。

船头上的木雕龙头，上涂各种颜色。这只龙船，据说用了五代人，有一百多年的历史。

龙船节期间，出嫁的女儿要回娘家过节，远方的亲戚也来拜访。

龙船下水时，要举行祭祀，把酒肉洒在船上一点。

龙船出发前，鬼师念经，杀一只白公鸡祭山神，祈求保佑龙船安全。

鼓头主持节日的一切活动，他在船上按一定的节拍击鼓。

打锣手要男扮女装，必须选独子充任，在船划行中打锣。

水手都是青壮年，分立船两边，手中拿着桨。船上装的食物，供水手们食用。食物由鼓头准备。

鸣放铁铳，龙船起行。

龙船在途中靠岸时，青年妇女都跑到船边祝贺，"讨路边饭"吃。水手们将糯米饭团送给她们。

鼓头的亲戚，都要携带彩绸、鸡、鸭、鹅、猪、羊等礼物，来到江边来接龙。他们把小的礼品挂在船上，大的装在另一只船上，随着龙船走，借以显示鼓头的威望。

龙船划进比赛区时，水手各执芭茅草一把，划一圈后丢在水里，祝愿划行平安无事。

水手们，一面划桨，一面呼喊、高唱，统一行动。

到终点时，还要进行抢鸭子比赛，谁先抢到鸭子，谁才是最后的胜利者。

芦笙节内容有：

在黔东南凯里舟溪的数十个苗族村寨，每年正月十六至二十日，要欢度芦笙节。据说苗族先辈建立芦笙堂于此，名曰甘囊香笙堂，并立石碑。碑上写着："吹笙跳月，乃我苗族数千年盛传之正当娱乐，每逢新年正月，各地纷纷循序渐举，以资娱乐而贺新年，更为我苗族自由婚配佳期，其意义之大，良有以也。""每年正月十六起，至二十日止，各寨均得自由参加，毫无限制。"

芦笙节的日子，先在石碑前举行祭祀，祷告祖先。然后吹笙起头，鸣放鞭炮，通报各村寨参加芦笙盛会。

各村寨的吹笙能手，不断刻苦练习，要在芦笙盛会上一显身手。吹笙能手，也往往是姑娘们挑选的对象。

每逢节日，母亲总喜欢把自己的女儿打扮得漂漂亮亮。不管生活有多困难，省吃俭用，也得给女儿缝制新衣，打制银饰。

节日期间，各村芦笙队先在自己的寨子里吹笙跳舞，然后按着传统的日程，轮流到各寨举行跳芦笙活动。

在跳舞场上，吹笙的小伙子，常向姑娘们讨花带。当小伙子们吹起讨花带的乐曲时，姑娘们就把准备好的花带，系在他们的芦笙上。

这里流行的芦笙舞，大约有五种，各村略有差异。跳舞者都是年轻姑娘，吹笙者都是年轻小伙。当小伙子们吹奏起优美的芦笙舞曲时，姑娘们按着节拍，跳起了轻盈的舞步。

节日的最后三天，各村芦笙队从四面八方汇集在舟溪芦笙坪上，举行芦笙盛会，并进行评比。

这时以每一个村寨为一“堂”，形成一个个舞圈。男子吹笙，姑娘们围着跳舞。

芦笙的构造可分为两种：一是小芦笙，也叫对芦笙。另一种是大芦笙，也叫排芦笙。一般由大小不同的三到四支组合而成。

头号芦笙长达一丈五至两丈，只有一个音，有共鸣筒，外侧不开孔。二号长达一丈至一丈五左右，有三个音，其中两个音附有共鸣筒。芦笙大都作舞蹈伴奏之用。

按传统规定，在舟溪芦笙盛会上，只跳两种芦笙舞，大都比较庄重，舞步缓慢。跳舞的姑娘们神情肃穆。但在各村跳芦笙舞时，则可以形式多样，轻松活泼。

芦笙盛会，由固定的村寨组织，负责维持秩序等事务，并请有威望的人对吹笙能手进行评比，对优秀者奖以红旗。

节日结束时，主持者在芦笙坪上插上草标。标志着停止跳芦笙活动，投入生产劳动。

龙船节和芦笙节，拍的是彩色片，两个节日活动编辑成一部影片，片长30分钟。

《清水江流域苗族的婚姻》《苗族的工艺美术》《苗族的舞蹈》这三部片

子，没有资料说明是在中国社会科学院民族研究所批准下的拍摄，但这三部片子亦是其苗族系列影片的组成部分。我们以为，这是在拍摄完成主要的任务——苗族社会历史文化科学纪录片之后的在苗族文化专项上的发挥。它说明了杨光海的拍摄已经从“少数民族社会历史文化科学纪录片”的特定概念中走了出来，希望对于苗族文化有更为深入全面的表现。

《清水江流域苗族的婚姻》的拍摄和主要内容。

该片是在1978年9月至10月间，在一个叫九摆寨的村寨拍摄的。写有分镜头剧本，是根据一个叫《贵州省清水江流域部分地区苗族婚姻》的调查报告写的分镜头剧本。该片记录了清水江流域附近苗族的婚姻习俗。

青年男女的社交和恋爱活动，苗语称为“游方”。每个村寨的各个家族，都为自己的姑娘们开辟一块“游方坡”或“游方坪”。“游方坡”在寨子附近，面积不大，一般是五六平方丈的空地。

每逢节日或农闲时，小伙子们来到别的家族的游方坡上，他们吹木叶、打口哨，唱起游方歌，呼唤着这个家族的姑娘们来游方。寨中的青年姑娘闻声而起，穿戴打扮，结伙前来赴会。

游方至少有四五人在场，倘只有一对男女，就会被人讥议。

在游方坡上，小伙子们会受到姑娘们的热情接待。

他们在谈情时，主要以唱歌来表达，尤其在初期，对歌更为主要。对歌时，此起彼和。曲调和歌词，都是世代流传下来的。唱着游方歌倾吐衷肠，就无须含羞带涩，以婉转曲折的方法来试探对方，不能冒昧出口的话，也可以通过歌儿说得一清二楚。能歌善唱的歌手，容易得到对方的欢心。

游方时，男女亲近的程度各地不一，在多数村寨中，对歌的情绪虽十分活跃，但男女相距四五尺，不得靠近。如果男子想拉女子的手，必须先唱歌征询对方同意，女子如同意，就回唱一首。如随意强拉，就是失礼，会遭到女子拒绝。

游方虽是恋爱的活动，但新婚的青年男女仍可参加。苗族盛行不落夫家，婚后新妇要在娘家坐家二三年，因此，双方仍可各自到游方坡上消遣，直到生孩子以后才告结束。

少女从十一二岁起，常到游方坡去看，经过几年的耳濡目染，长大后就能参加游方活动。

有些村寨，游方不一定在游方坡上进行，凡是村边、田埂、桥头、河岸等人们看得见的地点，都可游方。

在昼夜游方的日子里，只要双方同意，姑娘就回家拿来足够的酒、食款待来客，然后尽兴对歌直到天亮。

有的村寨，男女相约，夜间游方，通常在女方家进行。人数只有二三人或四五人。到了深夜，女方还备酒肉招待。

黔东南各地，苗族每年都有几个传统的节日，比如“爬坡节”、“吃姊妹饭”都是青年们特定游方的日子。

清水江流域的苗族，普遍存在着三种婚姻缔结方式，一是青年自己做主，苗族称作“西娘”，含义是“双方偷偷约婚”。二是父母与子女都同意的。三是父母包办的。后二者苗族称为“替客乃六”，意思是“老人亲”。

自主结婚，通过游方的多次接触，双方情深意重，自愿结为夫妻时，便交换信物。到约定的婚期，男方邀约一两个同伴前往女方家接亲，女的只带几件更换的衣裙。离家时，一般不让家中人知道。至多告诉母亲一声，如估计母亲不同意这门亲事，那就连母亲也不告诉。

到了男方家，男方父母如不喜欢这门亲事，也只好承认，很少有悔婚的。如果喜欢，则请房族和亲戚来吃喜酒。客人需带礼物送给新娘。几天后，男方请人挑着礼物送到女方家认亲，从此结为姻亲。

父母包办儿女同意的婚姻，仪式比较隆重。男方请夫妇同在、儿女双全、又能说会道的中年妇女做媒人，到女方家说亲。如女方家距离遥远，可请同样条件的男子担任。男方杀鸡招待媒人。

媒人说亲时，女方还要征求舅舅的意见。只有舅舅家不娶外甥女为儿媳，才能把女儿嫁给别人。

女方家如不同意婚事，就不招待媒人吃饭，若招待媒人吃饭，婚事就算说定。

以后有“杀鸡看眼”接亲、迎亲、结婚等仪式过程。

举行婚礼后，按习惯新郎新娘不能同房，新娘由新郎的亲妹或堂妹陪伴。结婚只是名义上的夫妻结合，并不是实际夫妻生活的开始。

新娘一般在婚后四天或十三天回门。由婆婆和家族中的妇女送回，带着送给女方家族的一团糯米饭和活鸡、活鸭，用作祭祀女方祖先。

女方也请一些妇女携带酒肉，到预约地点迎接新娘回门。

结婚后，男方向新娘的舅舅家交一二十元到百余元的“外甥钱”，也叫

"姜钱"，苗语称"你姜"，反映了舅权残余。

婚后，新娘住在娘家，叫作"坐家"，一二年至四五年。只在农忙或逢年过节时，经夫家召唤，才到夫家短住几天。坐家期间，主要是备制自己的衣服，很少参加生产和家务劳动。

坐家的第一年，农忙时期，经夫家召唤，新娘回到夫家去暂住几天，来去有人接送。

坐家的第二三年，新娘要到夫家秋收，去时娘家送给一顶斗笠，戴上斗笠，表示新娘此后在夫家从事农业劳动了。

婚后两三年内，在农忙或节日里，新娘回到夫家，如果夫妻感情好，即可同房。

到第三年后，新娘即可独自往返夫家。

新娘怀孕后，回夫家生育。生了小孩后，结束坐家生活，长住夫家，承担起家务和农业劳动，只在节日，才回娘家探亲。

《苗族的工艺美术》一片的拍摄没有分镜头剧本，是在实际拍摄中最后延伸出来的。着重记录黔东南苗族的刺绣、织花、剪纸、蜡染、银饰等民间工艺美术。

刺绣工艺，在苗族中流行广泛，历史悠久，民族风格独特。

妇女的服饰，如衣袖、衣领、围裙、围腰、飘带、绣花鞋等，都用刺绣图案来装饰。也用在其他生活用品上，如枕头、背带、挂带、被面、小孩帽、小孩背带等。这些刺绣图案，是历代苗族妇女智慧的结晶。

刺绣的方法有许多种，有的信手绣出，有的依照纸花式样来刺绣。一般以各色丝线作花。刺绣图案多取自她们生活中最熟悉的题材。住在山区的苗族，主要表现马、牛、羊、鸡、飞鸟、蝴蝶、石榴、桃花等。住在清水江、巴拉河边的苗族，就更多地表现游鱼、虾、鸭子、鸟、水草等。刺绣图案，绣工精细，丝缕分明，色彩鲜艳，体现了苗族妇女的聪明才智和传统的刺绣工艺水平以及她们的审美观。

织花是一种编织工艺，在凯里舟溪一带十分盛行。苗族的织花和其他民族的织锦相似，常用在妇女服装的衣袖、肩领、小孩背带上。织花是直接在织机上挑数着纱线织出虫、鱼、鸟、兽、花草等几何形图案。

苗族的剪纸，主要是作刺绣的底样，有专门的剪纸艺人，是民间传承工艺之一。

剪纸的方法有剪刀剪和刀刻两种。

苗族的蜡染，有悠久的历史，流传很广，以黔东南丹寨等地最为盛行。

蜡染虽然只有蓝、白二色，但制作者恰当地运用了点、线、疏、密的巧妙结合，使整个图案呈现出丰富的色调，分出许多层次，突出了蜡染艺术简洁明快的特色。

蜡染所使用的材料全是当地的土产，用白布、黄蜡、草灰、蓝靛制作。用大小铜蜡刀描绘。

画幅点绘完成后，就放人蓝靛中浸染，次数多少要看深浅度为准。清漂后晒干，投入沸水中煮去蜡质，再用清水漂去黄蜡，就显出蓝白分明的图案花纹。

苗族的银饰多种多样，独具风格，具有优良的传统，有专门的匠人制作。匠人技术精湛，能打制镶嵌、雕刻各种花纹图案。他们抽出细丝用它镶嵌各种花样，制作精细的银饰。这是戴在妇女头上的银饰，很像古代的凤冠。

银项圈和手钏种类繁多，有空心的，实心的，泡花的，方形的，圆柱的，银链有连锁式的和泡花的。

项圈和手钏是妇女普遍使用的装饰品，几乎每个妇女都有一两件。

用于头部的银饰，花纹细致，工艺繁杂，制作精巧。全套头饰有银角、银梳、头围、插发针等。

服装上的银饰，有四方形、长方形、圆形的银泡和银片上都刻有精细的花纹图案，有龙、鱼、花、鸟、蝴蝶等浮雕。

《苗族的舞蹈》只有10分钟，更像是一个补充之作，是杨光海他们利用余下的胶片拍摄的。《苗族的舞蹈》一片主要记录了“庆丰收舞”“斗鸡舞”“牛打角舞”等。

二、贵州的其他拍摄

在20世纪80年代以后，贵州省在影视民族志影视片的拍摄上也就没有什么大的举动。因为贵州省的研究所和高校，基本没有影视民族学研究机构，自然也就没有这样的拍摄。

到了20世纪初叶，贵州民族学院的吴秋林等人拍摄的《最后的蔡伦》《作为仪式的婚礼》《埋岩》等片子，是影视民族志影视片的拍摄。

《最后的蔡伦》

吴秋林拍摄制作，片长55分钟。拍摄时间：2005年；拍摄地点：贵州省盘县老厂镇，盘县文广局协助拍摄。

盘县的老厂镇原是贵州省西部一个重要的传统手工纸制造地，其纸产品曾远销东南亚一带。这里保持着最为传统的手工造纸的工艺，至今仍然如此。影片拍摄了传统手工造纸的全过程，从“砍竹麻”“磕竹麻”“做窑”“做黄眼”“上窑”“煮竹麻”“踩竹麻”“洗竹麻”“装料”“起料”“磕料”“上滑水”“抄纸”“压纸”“上墙烘纸”等一系列工艺过程，计有72道工序。这里既有以竹为原料的黄纸的制作，也有以构树皮为原料的皮纸（白棉纸）的制作。

《作为仪式的婚礼》

吴秋林、张杰拍摄制作，片长90分钟。拍摄时间：2006年；拍摄地点：贵州省六枝特区捞河村。

六枝特区捞河村的布依族属于北盘江流域的布依族支系，传统文化中盛行多种仪式性歌唱。婚礼中的仪式性歌唱是其传统文化的重要表现。受“文革”动乱影响，中断多年，一位老歌师疼爱孙女，希望孙女能够举行一次传统的歌唱仪式性婚礼……就是这样的婚礼在该村的第一次恢复性举行，我们拍摄了这一仪式性婚礼的全过程。这一过程有一系列环节，整个过程全部用歌唱的形式来呈现。

《埋岩》

吴秋林、马秋晨拍摄制作，片长30分钟。拍摄时间：2008年；拍摄地点：贵州省榕江县摆丫山。

“埋岩”议榔定制“榔规”是榕江县摆丫山地区12寨苗族人在一定年代里举行的仪式，在距离上一次“埋岩议榔”20年之后，12寨的寨老齐聚摆丫山口，举行“埋岩议榔”仪式，讨论婚姻彩礼过重的问题，并且重新订立榔规。每次“埋岩议榔”要有芦笙踩场、杀牛祭祖、请祖、宣誓、斗牛等仪式和民俗活动。

第五章　影视民族志影视片和拍摄（下）

这一章主要表述中国西南地区四川、重庆、广西等地的影视民族志影视片的拍摄。在这些地区的影视民族志影视片的拍摄，广西主要在瑶族聚居的地区和京族聚居的地区，四川主要在康藏地区。

第一节　四川、重庆影视民族志影视片和拍摄

四川和重庆在文化上虽然有“巴”和“蜀”的概念，但文化的一体性还是比较强的。所以，我们基本上可以把它们归属到一起来叙述，故在说到四川时，往往就包含了重庆。

一、孙明经的拍摄

四川应该是中国影视民族志影视片的拍摄最早的省区之一，这源于2002年时对一批老电影的发掘。在这批近百部的老电影中，有一批“西康”系列影片的重现。这批片子被认为是纪录片性质的片子。1939年，由中国电影学的先驱、金陵大学孙明经教授在康巴藏族聚居地区拍摄。当时，孙明经随中英庚款川康科学考察团一行在西康地区进行科学考察，孙明经用摄影机记录了西康省的社会政治、经济文化、人文地理、宗教习俗和茶马贸市等，制作了《雅安边茶》《西康见闻》《西康一瞥》《省会康定》《康人生活》《西康跳神》以及《喇嘛生活》等系列片子，为默片。这些片子的发现，被认为是极大地丰富了中国影视民族学的视野和发展脉络。在纪录电影史和民族志电影史的研究上都极具史料价值。并且认为这些片子是完整意义上的中国第一批影视民族志影视片。我们也认为这样的说法有意义。因为在孙明经之前的国民政府组织的一系列影视民族志影视片的拍摄只是一些资料积累性质的拍摄，是为了文字的田野调查服务的影视资料，很少成片。而孙明经先生的拍摄基

本上是成片的，具有独立的影视民族志影视片性质。孙明经的西康电影是一个系列，也许不是所有的片子都具有影视民族志影视片的完整性。但《雅安边茶》《西康跳神》是这样的片子。

《雅安边茶》讲述了从雅安到康定180多公里长的茶马古道上运茶背夫们的故事。川康地区多悬崖峭壁，骡马在此地无用武之地，人力攀缘背茶进藏是唯一的途径。运茶背夫们从事此营生有一千多年的历史。每年四川背夫用臂膀背进藏族聚居地区的边茶多达千万斤，远远超过云南马帮驮茶的总量。孙明经的镜头记录了一个现已消失的背茶群体，一条废弃的川康茶马古道。

《西康跳神》充满了浓郁的藏地宗教人文气息。这部在甘孜寺拍摄的纪录电影表现了藏传佛教中一种古老而神奇的祭祀舞蹈。仪式因季节的轮转而有不同的意义。从保佑寺庙、祈愿和平、丰收到辞旧迎新，在庄严肃穆的宗教气氛中，佛家弟子们通过跳神来表达自己内心神圣的境界。

二、《凉山彝族》

四川的影视民族志影视片拍摄，在孙明经的开拓性拍摄之后，也基本没有新的进展，直到20世纪50年代才有了新的延续，这就是《凉山彝族》的拍摄。

《凉山彝族》于1957年拍摄，1958年完成。35毫米黑白胶片，6本；录像带52分38秒，VHS和BETACAM－SP。顾问：张伟才；编剧：四川少数民族社会历史调查组；导演、摄影：柴森 ；解说：万涤清。全国人民代表大会民族委员会、中国科学院民族研究所委托摄制，八一电影制片厂承拍，四川凉山彝族自治州人民委员会协助拍摄。

凉山地区是全国彝族居住较集中的地区，在他们的社会中较完整地保留着奴隶制度的生产关系、家支制度。他们的社会中存在着界线分明的四个等级，最低等级的奴隶完全失去人身自由。他们以农业生产为主，经营方式粗放。20世纪50年代民主改革使彝族社会发生了巨大变化。世代受尽欺压的奴隶们得到解放，政府发放了大批农具、粮食和衣物，调解了历代积下的冤家纠纷，办起了学校。片中还介绍了当地彝族的宗教活动、婚丧习俗等。

这是15部片子中拍摄最早的片子，它也是在国家民族调查基础上的拍摄。但是，关于影视民族志影视片《凉山彝族》的拍摄和内容的文字资料极少，我们只在《中国少数民族社会历史科学纪录影片剧本选编》中，看到有《凉山彝族》的解说词。根据解说词，我们整理描述了《凉山彝族》一片的基本拍摄内容。

我国的彝族同胞，人口约有320万（这是当时的数据，现今中国的彝族已经近900万），分布在四川、云南、贵州等省，以及广西壮族自治区的部分地区。

凉山彝族自治州，位于大渡河和金沙江之间的大小凉山地区，全州有14个县：黄茅埂以西为大凉山地区，以东为小凉山地区。

这里到处都是起伏的山岭和深邃的沟壑。龙头山是全州最高的山峰，海拔4100多米，高山地区常有积雪，气候寒冷。

一般地区海拔由1300米到2300多米，气候还算温和，雨量也很充足，部分地区有茂密的原始森林。但多数地区是还未开发的秃山和遭受严重水土流失以至于无法耕种的坡地。

境内有几条小河，水量不大，河谷狭窄，不能通行船只，人们一般都涉水过河。在水深艰险的地方，溜索就成为渡河的唯一工具。

全州居民将近100万，其中彝族近70万。过去彝族聚居区没有城镇，绝大部分村落散布在近河谷的山坡上面，房屋多用土墙打围，木板做顶。

耕地面积共300余万亩，大多分布在中山地区的埂地上，一般耕地的坡度都达30度，个别达50度，每年只种一季。作物种类不多，主要种植荞子、燕麦、苞谷、洋芋等，产量极低。荞子的收成仅为种子的三倍至八倍，最多达十余倍。洋芋、苞谷一般仅收种子的五倍左右。

这里有很多轮替休闲的耕地，常年占总耕地面积的35%左右。休耕年限有一年、三年、七年甚至长到十几年的。

凉山彝族的生产以农业为主，经营方式粗放，普遍是广种薄收，生产时主要利用铁质农具，但数量不多质量低劣。犁是翻土的主要工具，通用的是箭铧犁。不久前部分地区仍使用木犁、木锄、木耙等木质农具。现在木凿耙仍被普遍采用。耕地很少施肥或根本不施肥。对轮歇地普遍将地内翻起的稻草、矮树等堆在一起，用火烧成灰烬撒在地内充当肥料。此外，人狗粪便不作肥料，只用厩肥和堆肥，但数量也很少。高山地区多半圈羊积肥。播种从不选种，一般多为漫撒，只有极少数的农户进行点播。

牧畜业是副业性的生产，占总收入的10%至38%。牧畜有羊、牛、猪、马、鸡五种。以羊为主，羊猪牛同圈，与人隔栏同居。牧畜主要为农业生产和肉食、畜力、祭鬼等用。要剪羊毛了，先把羊赶过河，叫作洗羊子。捻毛麻线，织毛麻布和缝制毛麻衣服等，是彝族妇女的家庭副业。“人披擦尔瓦”是彝族男女最好的服装。

铁匠不会炼铁，只能打铁。原料靠汉人输入。他们一般不将铁器作为商品出售，大部分是替人加工，原料由加工的人自备。主要打制简单的农具和刑具，有些还可铸造铧口。银匠也只做加工活，主要为彝族上层打制装饰品。

过去凉山彝族社会存在界线分明的四个等级。“呷西”是最低下的等级，丝毫没有人身自由，约占总人口的8%。他们主要是从汉区抓来转卖的，部分是抽来的“瓦加”子女，极少数是由曲诺等级下降的。呷西常被当作牲畜般捆绑到各地转卖，一般一匹普通马就可换到四五个呷西，一匹好马能换到十几个呷西。

凉山过去长期存在着冤家械斗。因奴隶主用枪支交换奴隶也很普遍，一般一支普通的步枪要换取三四个呷西。

黑彝是过去彝族社会中政治经济上的贵族，约占总人口的7%，总人数不超过五万人。他们占有绝大部分的土地和娃子。完全依靠剥削所属等级的无偿劳役、地租等为生。奴隶主们住在设有碉堡的高大宅院里，过着腐朽的寄生生活。

奴隶们最好的生活，也只能从女奴隶手里分一个苦荞粑，喝一点野菜汤，而更多的时候是靠野草和树皮充饥。奴隶主们常年穿布，而奴隶们终年只是披一张破烂羊皮，季节改换了也只能改变一下毛面向里或向外的不同穿法而已。呷西被奴隶主视为牲畜，任意虐待和摧残。

以前，只有逃亡才能摆脱做奴隶的命运。山高路险，地理不熟，不容易逃出去，被抓回来的奴隶更要遭受种种酷刑毒打甚至处死。奴隶主为了补充奴隶和防止呷西逃亡，强迫呷西配婚，这简直是牲畜般的择配，常把十几岁的与五六十岁的强配为夫妻。

呷西配婚后，经主子允许，即上升为“阿加”。“阿加”约占总人口的30%。大部分住在主子四周的小茅房里，永无迁居的自由。他们占有少量的生产资料和生活资料，可以买进和租种一点土地，但不能自由处理。“阿加”一般有半年左右的时间为主子无偿劳动，甚至有的全年为主子劳动，只有把主子的事干完或者在日落收工以后才能抽出空来在自己的这点土地里劳动。另外还得给主子“送礼”和接受主子的各种摊派。

曲诺等级约占总人口的55%。是等级中阶级分化最大的一个。大多数的曲诺缺地少地，占有不多的生产资料和生活资料，过着极贫困的生活。少数曲诺自有土地，自己劳动生活。极少数富裕的曲诺，占有较多的土地和奴隶，在经济上过着奴隶主的生活。曲诺不管穷富都有黑彝主子，这不是租佃土地造成的，而是人身隶属关系。每当过年或遇到主子的红白事都得送礼，送猪头就是表示着人身的隶属关系。

曲诺大部分租种黑彝的土地，要交纳约占收成50%的实物地租。

过去，这里的彝族人有病时都是请毕摩或苏臬念经。杀牲驱鬼。

过去彝族社会主要是实行本民族的等级内婚，家支外婚的父母包办买卖的婚姻制度。结婚时女方的青年女子要向男家的接亲人泼水，作为结婚的仪式。

黑彝女子出嫁时，要穿起盛装背行一定里程，然后上马起程，一般一个黑彝女子出嫁时，要带几个甚至十几个陪嫁的女奴隶。

彝族有极少数地方还遗留着抢婚的规矩。抢婚有的是男女双方预先约好的，这样抢婚仅仅是一个形式。有些则是暗地抢掠青年女子为妻。

彝族一般每年或三年都要祭祀祖先的灵牌一次，叫作道场。这些捧着的木刻，就是他们祖先的灵牌。做道场时，要请毕摩念经。本家和亲戚的男女老幼都穿上盛装赶着牲畜绕场行走，用以表示本家的势力和威风。有些还穿起他们祖先在百年以前械斗的服装，举着武器蹦跳高呼，以此表示青年人的英勇。

每次做道场要打死几十只甚至几百只牲畜。做道场后要举行隆重的赛马仪式，以资助兴。

凉山没有统一的政权，黑彝的统治是靠家支制度实现的。家支是同姓父系的血缘集团。黑彝家支约有一百个，曲诺和阿加也有自己的家支，但都隶属于黑彝家支势力之下。

家支内部产生的一般事情，由头人们开会处理。这种会议叫“吉尔吉铁”。

家支的重大事情要召开家支大会，叫“蒙格”，由头人主持，头人称“德古”或“苏易”，是自然产生的公众领袖，无强制权力，凭习惯法能调解家支内外的纠纷和维持奴隶社会的秩序。如果家支会议决定与别的家支进行冤家械斗时，头人就派人传送木刻，召集人准备战斗。

冤家纠纷尽管有各种各样大大小小的原因，归根结底是黑彝为了争夺土地、奴隶等物质财富。械斗有的延续若干年，甚至十几年之久。作战除黑彝青年男子参加外，曲诺、阿加也得自带武器、口粮为主子作战。战斗无统一的指挥，大部是以支为一战斗单位，由支头带领进攻和防御。

作战勇敢的人称为“扎夸”，在双方对峙时蹦跳高呼，表示自己的胆大无畏。

战斗时间一般不长，由天明到天黑就结束，多至两三天，也有坚持到20天以上的。战斗中如果一方败退，胜利者往往冲入对方村庄，俘去未逃的人、抢走所有的财物和牲畜并烧毁房屋。

……

其后是一系列的关于如何解放奴隶，如何废除凉山彝族的奴隶制度的“国家性宣传”的拍摄。

对于这样的影视民族志影视片，40多年后中国台湾的学者做了以下评价：

“由于当时制作时缺乏对人类学影片的认识，想要解决这么多讯息的方法，唯一就是借用旁白的功能。因此这15部影片几乎都是旁白一路铺到底。旁白的作用在这些片中扮演的角色也是清一色站在文明的汉族立场来观看少数民族的文化。旁白也以偏向调查性结果的报告与偏向文学性的主观陈述居多，缺乏以多元化的角度解释不同族群文化之意涵。20世纪50年代的中国弥漫着改革封建社会的气息，政府忙着改造少数民族的生活品质，民族学工作者忙着抢救即将遗失的文化，而影片为着特定政治与经济条件而存在，因此影片制作者在拿捏取舍中，就出现了许多的矛盾性。”①

这部片子可以说是15部经典性拍摄的第一次尝试，也是一个非常重要的铺垫。

三、四川的其他拍摄

在四川的影视民族志影视片的拍摄中，延续孙明经的拍摄，20世纪90年代中国社会科学院民族研究所在四川的康藏地区有了一系列的拍摄。

在这一地区的拍摄有9部，主要有《藏族水磨的功能和结构》《藏族的雕版印刷术》《藏族的土法淘金》《康区藏族农民生活一瞥》《康区藏族牧民生活一日》《康南“伸臂桥”》《更庆寺的时轮金刚法会》《康定天主教徒的宗教活动》等。主要的摄制人员为张江华、庞涛等人。

---

① 见王慰慈《大陆影视人类学纪录片的发展与现况》，在台湾“中央研究院”民族学研究所、台湾民族志影像学会举办的“影像与民族志研讨会”上的学术报告，2001年4月16日。

《藏族水磨的功能和结构》

1993年摄制。VO摄像机拍摄，片长13分钟，VHS和BETACAM－SP。学术指导、解说词：张江华；摄像、编辑制作：庞涛；解说：杨玉山。中国社会科学院民族研究所摄制。

在沟壑纵横、水利资源丰富的四川甘孜地区，当地藏族使用一种历史悠久的传统水磨。相传唐代文成公主入藏时带去了水磨制作的方法。这种水磨，是古代藏族人民利用天然水力资源，制造出的半自动化的粮食加工工具。片中介绍了水磨的结构、特点和功能。

《藏族的雕版印刷术》

1993年摄制。VO摄像机拍摄，片长10分钟，VHS和BETACAM－SP。学术指导、解说词：张江华；摄像、编辑制作：庞涛；解说：杨玉山。中国社会科学院民族研究所摄制。

四川省甘孜藏族自治州西部的德格县有一座德格印经院，在这里还完好地保留和使用着雕版印刷这一现存最古老的印刷技术。印经院里僧俗印经匠达百人，由国家发给工资。他们用传统雕版印刷术印制出的大量经书供应寺院并销往不丹、锡金、尼泊尔和日本。他们制作的经旗、经幡，供应当地藏传佛教信徒朝拜和丧葬之用。片中还详细介绍了雕版印刷操作的全过程，探讨了当地雕版印刷历久不衰的原因。

《康南“伸臂桥”》

1993年拍摄，1994年制作完成。VO摄像机拍摄，片长15分钟，VHS和BETACAM－SP。学术指导、解说词：张江华；摄像、编辑制作：庞涛；解说：杜建军。中国社会科学院民族研究所摄制。

四川省巴塘县往西跨金沙江至八宿、波密一线及康南部分藏族聚居地区有一种独特的桥梁建筑“伸臂桥”。伸臂桥在这里已有一千多年的历史，因它是由两岸叠压原木节节伸向河心犹如人伸出的手臂而得名。伸臂桥因当地地势，利用当地木材资源，运用传统土法建造，适合当地条件，流传至今。

《康区藏族农民生活一瞥》

1993年拍摄，1994年制作完成。VO摄像机拍摄，片长24分钟，VHS和BETACAM－SP。学术指导、解说词：张江华；摄像、编辑制作：庞涛；解说：杜建军。中国社会科学院民族研究所摄制。

该片记录了四川巴塘、炉霍两个县的几户普通藏族农民家庭日常生活的片断。他们照顾孩子起床、熬制酥油茶、炒青稞、做酸奶、做牛粪饼当燃料、放牛、耕地、捻线等。

《康区藏族牧民生活一日》

1993年拍摄，1994年制作完成。VO摄像机拍摄，片长13分钟，VHS和BETACAM－SP。学术指导、解说词：张江华；摄像、编辑制作：庞涛；解说：杜建军。中国社会科学院民族研究所摄制。

该片记录了四川甘孜县下雄乡一家牧民全天的生活、劳动情况：清晨牧童赶牛上山；妇女捡牛粪、溪边提水、敬神、烧茶；请男工织牛毛绳；全家喝午茶；傍晚牛羊下山。

《更庆寺的时轮金刚法会》

1993年摄制。VO摄像机拍摄，片长14分钟，VHS和BETACAM－SP。学术指导、解说词：张江华；摄像、编辑制作：庞涛；解说：杨玉山。中国社会科学院民族研究所摄制。

在四川德格县城德格印经院北侧，坐落着巍峨壮丽的更庆寺。这座建于明朝的大寺是德格城区和附近藏族的宗教活动场所。每年藏历三月十日（公历5月）藏族都在这里举行时轮金刚法会。法会中进行诵经、祭祀、舞蹈等活动。

《康定天主教徒的宗教活动》

1993年摄制。VO摄像机拍摄，片长11分钟，VHS和BETACAM－SP。学术指导、解说词：张江华；摄像、编辑制作：庞涛；解说：杨玉山。中国社会科学院民族研究所摄制。

四川康定地区早在19世纪中叶就有法国传教士来此传教。片中记录了康定天主教堂的一个礼拜日的情况：布道、唱圣歌、领圣餐等。参加活动的教民中多数为汉族，也有藏族和其他民族。片中还介绍了天主教传入康定的历史及其发展情况。

在这一时期，中央民族大学教授庄孔韶等人在四川拍摄的《虎日》也是比较有影响的影视民族志影视片。

《虎日》（又名Tiger Day）

导演：庄孔韶、王华；拍摄地：四川大凉山。语言：彝语。

“虎日”戒毒盟誓仪式的考察与研究运用了人类学的人类研究的整体论原则，在寻找地方族群毒品依赖行为的社会文化原因的同时，考虑建立不同于科学的方法论的另一种方法论，即以文化的力量战胜人类生物性的成瘾性。彝族人民运用强大的习惯法与仪式、家支组织、信仰与尊严、民俗道德、亲情教化等集合的文化的力量，在先后两组人员中实现了较高的戒毒成功率(64% ~87%)。目前正在进一步推广。

影视人类学影片《虎日》一改传统单纯描述与诠释的特点，加入了探索影片的直接应用目的并付诸实施，从而为影视人类学开辟了新的方向。该片获2005年第16届公共卫生会议暨电影节特别提名奖（英国贝尔法斯特)。

在2006—2007年，中国社会科学院民族研究所的庞涛在四川凉山拍摄了《祖先留下的规矩》，亦是四川影视民族志影视片的重要作品。

《祖先留下的规矩》

导演：庞涛、陈景源。中国社会科学院民族学研究所，拍摄时间：2006—2007年；完成时间：2008年；拍摄地点：四川凉山；时长94分钟。

这是一部关于四川省凉山彝族地区习惯法的人类学影片。此片讲述了对一起“死给”案的调节。“死给”是彝族特有的词汇，意即以死相抗。“死给”是由民间纠纷所引发的，并会导致家族间的严重冲突。此类案件通常要由德古（彝族民间的知识分子）运用习惯法进行调解。

2007年冬季，凉山州古里区以得村彝族姑娘海来尔果经人介绍到广东打工了，其哥哥海米尔哲知道后找到打工介绍者吉克达依，要求吉克达依将尔果找回家。几次交涉未果后，海来尔哲服下农药“死给”。矛盾发展下去将愈加激化，于是不得不由德古出面进行调解……

该片记录了对这起“死给”案调解的过程，从中可以看到彝族传统习惯法在民间的运作。如德古如何运用习惯法处理民间纠纷，以及纠纷双方如何在诉求方面展开激烈的博弈。该片是从法人类学的视角来探讨“死给”现象的，揭示了国家法与习惯法在现代化过程中的互动。

在四川、重庆，新时期还有一些影视民族志影视片，比如《椎牛》（重庆邮电学院拍摄）等。

第二节　广西影视民族志影视片和拍摄

广西壮族自治区也是西南影视民族志影视片拍摄的一个重要地区。在15

部经典性的影视民族志影视片的拍摄中，它也有一部名为《大瑶山瑶族》的片子。

一、《大瑶山瑶族》

《大瑶山瑶族》于1963年拍摄，1964年完成。35毫米黑白胶片，12本；录像带110分钟，VHS和BETACAM - SP。顾问：莫矜、金宝生、吴德忠；编剧：广西壮族自治区民族研究所、广西少数民族社会历史调查组；导演：吴纯一；导演助理：杨绍云；摄影：袁尧柱、杨海庚；解说：梁良、徐斌。中国科学院民族研究所委托摄制，北京科学教育电影制片厂承拍，广西壮族自治区民委、中共大瑶山瑶族自治县委员会协助拍摄。

大瑶山坐落在广西中部的连绵群山之中。片中记录了大瑶山瑶族的生产经营、政治制度、宗教信仰、家庭生活等情况。由于语言和生活习俗的差异，当地瑶族有着不同的名称。盘瑶、山子瑶经常易地耕作，迁居频繁，因此统称他们为“过山瑶”；茶山瑶、坳瑶、花篮瑶男女都留长发，所以统称他们“长毛瑶”。“过山瑶”主要以垦种山地为生；“长毛瑶”则从事水田生产。大瑶山有一种立在村子旁边的特殊石牌，石牌上刻有类似乡村公约的条文，让大家遵守。他们崇拜多神，其中大多数是汉、壮族中有真实姓名的人神，只有少数是本民族的神。男子十五或十六岁时要举行成年礼，之后才能结婚并得到应有的社会地位。青年们的恋爱是自由的，婚后还有一种男女双方可以另找一个情人的习俗（此习俗新中国成立后已不再保留）。片中还展现了他们的文化艺术。

《大瑶山瑶族》在《中国少数民族社会历史科学纪录影片剧本选编》中有剧本、分镜头剧本、完成台本三个完整的文本。其中完整地表现了《大瑶山瑶族》片子的拍摄内容。该剧本由两个部分组成，一是画面，二是解说词。我们根据《大瑶山瑶族》剧本，整理出《大瑶山瑶族》一片的基本拍摄内容于后。

《大瑶山瑶族》一片主要表现以下八个方面的内容：

以五省、区瑶族中主要族系人物形象，全国瑶族分布图，大瑶山五个族系人物形象，瑶山风貌来表现大瑶山瑶族的基本生存和生存地理环境。

以山地生产——“刀耕火种”，水田生产和社会老制，土特产，渔猎，家庭手工业等来表现其生产力和生产状况。

以物易物，土特产外运，工匠等来表现大瑶山瑶族的贸易和交换关系和状态。

以“山主”与“山丁”，生产资料的占有，阶级分化，租佃关系和人身依附，地租形式（劳役、实物及“货币地租”）雇工、高利贷，反抗斗争，互助习惯等来表现大瑶山瑶族的生产关系。

以石牌和它的形成，石牌判案，石牌制的两重性等来表现大瑶山瑶族的政治制度。

以家庭组织，社交方式，“点火把”和陪嫁，买卖婚姻，婚礼等来表现大瑶山瑶族的家庭与婚姻。

以刺绣，草医药，刻物记事，使用汉文，歌唱等来表现大瑶山瑶族的文化艺术。

以神祇，神判，师公与道公，“度戒”，丧葬，集体祭祀和舞蹈等来表现大瑶山瑶族的民间信仰。

在中国，瑶族是一个勤劳、勇敢和具有悠久历史的民族。瑶族内部他称和自称多达二三十种，主要有盘瑶、平地瑶、蓝靛瑶、八排瑶、红瑶、背篓瑶、白裤瑶等。

瑶族在分布上有“大分散，小集中”的特点。全国瑶族（当时）共有 71 万多人，分布在广西、湖南、云南、广东和贵州等五个省、区。在广西有 46.4 万多人。占总人口的 65% 以上。

他们居住在广西的 60 多个县里，此片只介绍新中国成立前三四十年间大瑶山瑶族的社会历史。

大瑶山县（现为金秀瑶族自治县）位于广西中部，总面积 2300 多平方公里。全县人口（当时）共有 2.6 万，其中瑶族约占 67%。

这里的瑶族内部分为五个族系，茶山瑶 4200 多人，坳瑶 1200 多人，花篮瑶 800 多人，这三个族系的男女都留长头发，又称“长毛瑶”。盘瑶 11 000 人，山子瑶 1300 多人，他们经常易地耕作，迁居频繁，又称“过山瑶”。

大瑶山是五岭山脉越城岭向南延伸的一条支脉。外围群山环抱，遥望好似葱绿崔巍的屏障。内部大山连绵，峰峦起伏，仿佛汹涌的波涛。海拔平均约 1000 米。

新中国成立前，大瑶山瑶族已进入封建社会，但还保留原始社会某些残余和特点。

盘瑶和山子瑶，长期以来都是垦种山地，男女拂晓一起出工，日落回家，劳动十分艰苦。他们使用的工具比较简单。铁器工具，绝大多数是从汉、壮族地区输入。砍伐工作是在冬季农闲时进行。

他们有开火路的习惯，山的上部开的火路宽一些，两旁和下部窄一些。

春天烧山时，先从上面点火，免得烧势蔓延。

他们根据多年的经验，总是选在下雨之前烧山，雨后下种。像这样的林山，因为土质好，灰肥多，收益大，都愿多用点工。有些采用点种。

在草山，是散播。因为面积大，忙不过来，只好扫泥灰盖种子。

这种耕作粗放，广种薄收的耕作方式就叫作“刀耕火种”。

普遍实行轮种，在林山是玉米、薏米两种作物交替轮种。在茅草山是岭禾与红薯，岭禾与木薯轮种。他们从来不施肥，三五年后地力耗尽，产量显著下降，有地方便改种油茶、油桐，要不就丢荒，等七八年以后，再来重新垦植。

茶山瑶、坳瑶和花篮瑶多从事水田耕作。很早以前就会引水灌田。明代诗人就曾用“南山泉养北山田”的诗句来赞扬瑶族人民的智慧。

茶山瑶由社老掌握耕作制度。阴历二月春耕以前，他们去社庙前吃社饭，社老宣布浸谷种，割青肥，插秧等日期和其他春耕生产的规约。

在规定割青肥的那天早晨，由社老发出统一行动的信号。各户不能违反，否则要受罚。各户割来的青肥都放在自己的田里。

水田耕作，在烂泥田里，用脚踩代替犁耕，已会使用铁犁牛耕，部分地区还用木犁，用锄头挖田的现象也常见。一些缺乏劳动力和生产工具的家庭，就这样拉木耙耙田。

谷种脱粒用脚踩。

大瑶山的生产季节比较迟，在几个村的范围里插秧是互助的。共一个社庙的居民的生产活动，立夏以前由社老掌管，立夏后由“甲头”管理，“甲头”开插以后各户才能插。

他们把插秧当作最愉快的劳动。在插秧期间，大家都像过节一样穿上新衣服，打扮起来。青年男女还借这个机会来谈情说爱。

他们习惯用禾剪收割水稻，速度较慢，一个强劳力，一天剪下的禾穗只约打 150 斤谷子。水稻的亩产量也比较低，平均只有二三百斤。

大瑶山有丰富的土特产，农闲时，他们往往去山林护理香草和采摘香菇、木耳等。

瑶族中，没有专业的猎户和渔户，渔猎活动多在农闲时进行。狩猎的方法多种多样，比如“装石压”、鸟盆等。

在瑶族中也没有专业的手工业者，生产出来的用具，主要是满足家庭需要。编织竹器是瑶族中最普遍的手工业。

五个族系中都有个别的人会打铁。花篮瑶在一百多年以前已有人学会打铁技术，山子瑶是最近几十年才学会的。但是他们都还不是专业的铁匠。代人修打农具，只是换工，不收报酬。

在二十多年以前，几乎每个妇女都参加纺纱、织布、靛染等手工业活动。后来因机器制作的棉纱、棉布的大量输入，这种家庭纺织便逐渐减少了。

瑶族人民必需的铁质农具、食盐和针线、布匹等，是拿土特产换取的。他们当面议定比价，以物易物。

大瑶山瑶族在生产关系上，有“山主”和“山丁”的区分。“山主”几乎占有一切自然财富，连山上的飞禽走兽，河里的鱼虾，都归他们所有，并且拥有种种封建特权。“山丁”却一无所有，佃种“山主”的土地，喝水也得向“山主”交租。

据 1953 年茶山瑶聚居的六段、滴水两个乡的典型调查，茶山瑶的地主人口，约占总人口的 9%，富农占 13%，中农、贫农各占 39%。各阶层都以种水田为主，平均每人占有的水田，地主约为中农的 3 倍，中农为贫农的 1 倍，土地并不很集中。

土改时，据花篮瑶聚居的六巷、门头、龙华等三个村统计，只有 2 户富农，中农贫农占 87%。坳瑶的情况基本相同。这说明在山主内部，阶级分化比较缓慢。

过山瑶大都租种长毛瑶的公有土地，也有少数人租种地主和富裕户的私有土地。水田绝大部分是长毛瑶私有的，所谓的“公堂田”不到 10%，公有的山地叫“公堂山”。

山租山地有两种形式，一种是集体租佃，在立约以后，一次交清或分两三次交清地租，他们把这叫“大批”；还有一种叫“小批”，主要是个人租佃，逐年交纳地租。

大瑶山还保留着劳役地租的残余，也有用货币交租的，最多的还是实物地租。实物地租多交谷物，也有按出租者的需要交纳猪肉或鸡。山地的租额多是“做三分”，就是主一佃二。公堂山、公堂田的租子有的作为集体祭祀费用，有的当时分掉。

实物地租中，还有一种不是逐年交租，而是要求山丁按一定的规格在山上种树。山丁利用树苗空隙种农作物，等到树长大，不能再种作物时，连山带树一起还给山主。他们把这叫作“种树还山”，实际上是劳役地租的残余，剥削量比较大。

雇工剥削也早已出现，坳瑶和花篮瑶一般不雇长工，只有茶山瑶中的地主、富农，雇佣近亲房族中无依无靠的孤儿和单身汉做长工。也有雇佣汉人的。

门头村花篮瑶山主规定，盘瑶山丁每户每年要交吃水租两个东毫，房基租四个东毫，上山打柴，采猪菜，打鸟兽，下河捕鱼等，交两只鸡。交这种租，又叫“认主”。

拿钱交租的事，在坳瑶中早在雍正十三年，也就是1735年已经出现。拿钱交山租的方式很多，除了按户交的还有按人头收的，一般每人交四毫子。十六岁以下，六十岁以上的免收。

山主中的地主和富裕户，对山丁的剥削和压迫是相当残酷的。

山丁遇到天灾人祸，年景失收，交不起租，当借贷无门时，往往有被夺佃和撵走的危险。

大瑶山的阶级斗争层出不穷。被剥削、被压迫、被歧视的山丁经常地向山主进行抗租夺地斗争。在四十多年以前，盘瑶黄元明领导的规模较大的抗租运动，就持续了十五年。

瑶族劳动人民中，在生产上还保留着许多互助习惯。离村寨较远的山地，一家一户不便垦种，他们就约集全村的人去共同垦种、防兽，到收获时不论男女老幼都平均分配，每人一份。

没有劳动力，生活不下去的穷人，可以约请一二十人，甚至几十人帮他开荒，收获全部归主人所有，主人需办一些菜饭，或者等收获以后，有了粮食，养一头猪，请帮忙的人们来吃一餐饭。这种互助方式，他们叫“会工”。

大瑶山兽害严重。瑶族人民往往采用集体围猎的灭兽方法。分配兽肉时，见者有份。在场的儿童有一份，猎狗也分给一份，打中野兽的人得两份。

石牌是大瑶山长期保留的一种特殊政治组织形式。它的条文类似乡村公约，有刻石，也有写在木板上和纸上的。

从已发现的许多石牌条文看来，大都有保护生产，保障社会秩序，防御外侮和维护私有制的作用。

石牌的序言和条文内容，受到了汉族封建法制的影响。

石牌制是在社老制的基础上发展起来的，早期的石牌头人是自然形成的公众领袖。几个村联石牌时，由头人们选出联立石牌的头人。社老和师公往往兼做石牌头人。能干的妇女也可以做石牌头人，

甲头是由几户住民选举出来的，原先协助社老管理祭祀和生产，后来逐渐形成石牌的基层负责人。可是他并没有什么权力。

有会石牌的制度，户主必须到场，目的是讨论和建立规约。

在发生了严重争执时，就去请石牌头人帮助解决。

争执小事情，请头人吃便饭就行了。如果是行凶、偷盗，或像这一家人与别人争执山林，那么必须杀猪请头人。

当事人向头人申诉理由时，也都先讲盘古开天辟地，祖先从哪里迁来，住在哪一村，等等，最后讲到这次争执的事。每讲一条理由折禾秆草一节，七条放在一处。摘一节猪尾巴草和稻草一起扔到大门外，是表示去邪气，道理讲完了。

头人判案子并不传齐双方，而是采取传话的方式。他传达一条理由，放下一节禾秆草。如果这家听从头人的调解，让出一些山林，只要给头人送两个东毫的草鞋钱，争执就算结束。

脱下手镯（或戒指）交给头人，叫“交码”，这是要对方做大事的凭证，即要动武。

调解无效，头人只有把手镯、戒指分别退还给双方，任他们凭武力解决。在没有退码以前，谁乱打人，乱捆人，是犯石牌的，要受到重罚。

械斗前，双方都尽可能邀请亲友支援。瑶族中有句谚语“人多人强，狗多咬羊”，人多势力大的一方往往获胜。是非、真理，这时全凭武力决定。

甲方虽然有理，因为人少势孤，不愿再打，只有请头人去乙方求和，负责赔偿对方的一切损失，包括受惊吓的人请师公念经的“赎魂钱”。另外，还要负担双方酬谢头人的“料钱”。家里没有钱，除了向亲友借，有的卖田地和房屋。一次械斗，往往会破产。

盘瑶除了参加山主的石牌，为了维护本族系内的生产和秩序，还自己立石牌。但“只许州官放火，不许百姓点灯”的山主和石牌头人是蔑视山丁们的石牌的。

瑶族中没有比较固定的军事领袖，平常各族系之间也不团结。但一旦遇到外患，便会石牌，团结一致，抵御强暴。临时推举一两个石牌头人为军事领袖。

石牌严禁偷盗，更不得以通匪来“勾生吃熟”，危害地方。

瑶族的家庭一般是由父母血亲的两三代人组成的。长毛瑶为了维持一定的生活水平，限制人口的发展，采取所谓“一脉单传”的方式。每户一般只留子女两人，一个留在家娶媳妇或招郎入赘，另一个无论是男是女都要离开家，子女超过了两三个，便用其他方法加以限制。

过山瑶为了适应山地生产的需要，非但不限制人口，还收养汉、壮族的子女，分家时不论亲生儿女、收养的儿女和来上门的女婿都同样分到一份财产。

瑶族的青年男女恋爱自由，婚姻由父母做主。从正月初一到十五的年节里，茶山瑶一些村寨的青年男女可以公开地去“正月屋”谈情说爱。

他们还可以利用夜间“爬楼”的方式进行自由恋爱。

茶山瑶中，有些人结婚时不举行什么仪式，傍晚或深夜把新娘背回来就行了。

他们同姓可以结婚，一般只隔三代。有些父母亲的婚礼同孩子的满月礼同时举行。

在长毛瑶中有“点火把”的习俗。男女婚后一个月就可以另找情人，妻子可以公开约情夫来家里住宿。因为情夫是夜间点着火把来，所以这种习俗被称作“点火把”。情夫和情妇互称“相好”，丈夫和情夫互称“亲家”。情夫和情妇之间，有一方感到不满意，就可以另找对象。此习俗新中国成立后已不再保留。

按石牌规定，是不准离婚的，哪方提出离婚，除了给对方赔钱或者赔水田，还得受石牌的罚款，如果双方坚决要离婚，先商量好条件，跑到隐蔽的地方破节竹筒，就算办完了手续。

盘瑶的婚娶礼俗比较特殊，先由男方家长请媒人向女方家长求亲，对方如果同意，就托媒人把女子的年庚带回。经过师公合八字，如果大命相合，才拿槟榔和银洋去下定，也就是举行订婚仪式。拿槟榔给女方的长亲们吃，是表示吉祥如意。从订婚到迎亲，一般相隔一年。

男方要到半路去迎亲，送嫁的有的多到四五十人，有新娘的父母、舅父母、兄弟、姐妹等。师公杀雄鸡沐血是表示给新娘“断煞”，去邪气。新娘进门前，公婆、妯娌等出门回避，这意味着对新娘的尊重，请她来当家，不是做客的。

结婚时，先拜祖先香火，后拜灶神，新娘新郎互相拜了以后，有些便接着“拜堂”。

盘瑶“拜堂”的礼俗十分隆重。这种“拜堂”仪式，往往延续到第二天的清晨。

瑶族妇女擅长刺绣，盘瑶妇女从七八岁起便开始学习绣花。

花篮瑶妇女善于利用布的经纬线，织出各种美丽的花纹。

茶山瑶妇女能用各种彩色的线，织出绚丽多彩的头巾和腰带。

瑶族懂得一些医药。瑶山的草药很有名，有的盘瑶男女还拿草药到汉壮族地区去卖，但并没有专业的医生。

盘瑶的土法接骨，疗效比较高，先用四片甘蔗把位置固定，然后敷上草药和鸡膀骨捶细的药料，不用几天骨头就长好了。

大瑶山毒蛇多，容易伤人，他们治疗蛇伤很有把握，用火烧伤口作为急救处理，吃下草药就把蛇毒解了。

瑶族人民有本民族的语言，没有本民族的文字。他们为了帮助记忆，采用刻物记事的方法。

大概早在300年以前，瑶族中就有极个别的人用汉文记载本民族的历史传说。这本《得符歌唱》是明代永乐八年，也就是1410年抄的。《评王券榜牒文给照》里比较详细地记录了瑶族的历史传说。生产和爱情的唱本很多。这本是茶山瑶的情歌《唱央丽》。央丽是对情人的称呼，就是“亲爱的”意思。

瑶族的节日大体与汉族相同，春节是一年中最盛大的节日。

瑶族崇拜多神，五个族系敬奉的神袛多到五六百种。其中少数是本民族的，绝大多数还是汉族、壮族中有真名真姓的人神。

盘瑶村旁供的石头象征着社王，这是所谓保护五谷丰收的神。

瑶族的民间信仰活动都由师公、道公主持。大瑶山的师公和道公人数约占总人口10%。他们多是石牌头人，享有很高的社会地位。师公主要管跳神祈禳，道公主要管超度亡魂，但是，他们除了分工，还有协作。

据民间传说和过山榜的记载，盘王是盘瑶和坳瑶的祖先。盘瑶把盘王供奉在自己家里，有些坳瑶把它供在庙里。坳瑶的盘王庙，每隔一两年集体祭祀一次。大祭两天一夜，小祭一天一夜。祭祀时，不让成年的妇女参加。师公跳黄泥鼓舞，又叫长鼓舞。瑶族的舞蹈，都和祭祀活动分不开。

各个族系的男子，一般到十五六岁都要举行成年礼，叫作“度戒”。以前度戒实际上要受过刀山、踩火砖、口含烧红的犁头等十几种酷刑的考验，到了后来仪式才比较简化。男子只有度戒以后，才能结婚成家，才有社会地位，受人尊敬，传说死后还可以升天和做官。

瑶族人民普遍认为，生病是得罪了鬼神，必须请师公来祈祷，才能消灾除难。

岭祖等村的茶山瑶中，有一种互助性的“父母会”组织。谁的父母去世，参加会的人便送他一块东毫，米和酒各五斤，作为办丧事的费用。没有参加会的，也送些香纸表示尊敬和哀悼。

瑶族原来盛行火葬，后来受到汉族、壮族的影响，多改用土棺葬。

……

对于瑶族的拍摄，应该说是比较繁杂的，因为要包含的族系内容很多。有的内容还不是今天存在的事物，故有许多拍摄实际上是“复原拍摄”。

在这以后，影视民族志影视片拍摄在广西就基本没有表现了，直到20世纪的90年代，中国社会科学院民族研究所在广西才有新的拍摄，该片为《唱哈的日子》。

二、《唱哈的日子》

编导：邓卫荣、陈景源；摄像：庞涛、雷亮中；撰稿：邓卫荣、陈景源；编辑：邓卫荣、雷亮中；解说：陈景源；技术：庞涛；制片人：陈景源、庞涛；监制：揣振宇，中国社会科学院民族学与人类学研究所影视人类学研究室。2004年7月拍摄，2005年4月制作。全片时长58分钟。

京族是广西特有的少数民族，也是中国唯一的一个沿海沿边的海洋民族。作为跨境民族，她与越南的主体民族越族为同源民族。“哈节”则是京族特有的节日，每年农历六月初九开始，持续一个星期左右。

“哈”在京语里有“唱”的意思，唱哈是京族独有的一种娱乐形式。在“哈节”，京族人每天都要以唱哈来欢娱神灵，祈祷神的保佑。

影片《唱哈的日子》，把唱哈作为一个标志，把“哈节”仪式作为一个线索，反映京族随着生产环境、生产方式的变迁，“哈节”及哈亭的社会功能的变迁，同时以“哈节”的举办、中断、复兴与再造作为探讨社会变迁的视角，探究民间社会与国家权力交互作用的过程。

广西地方上对于影视民族志影视片，基本没有拍摄。

第三节　影视民族志影视片拍摄的影像志意义

影视民族志影视片拍摄的影像志意义指的是这一类片子在《中国西部民族文化通志》中的影像志意义。

在《中国西部民族文化通志》中，多数的表述都是文字性质的，即通过文字的叙述就可以表达各自的内容。这在数十卷的《中国西部民族文化通志》中都是如此呈现的，但是，这在本书中就不一样。本书从字面意义上说，是以影像书写为主的民族志叙述，即中国西部地区的民族文化被进行了影像化的书写和表述。通俗点说，中国西部民族文化使用了电影拍摄为主的影像来进行描写。我们在使用机器时，就可以看到被留存下来的中国西部民族文化的方方面面的内容。故从这个意义上来说，本书应该是一个用各种影像成像手段组成的“片库”，我们在一系列的“放映”中，就可以看到本书的影像民族志的内容。实际上我们不可能这样来表述本书，而是同样使用文字的记录来表述我们使用电影机等成像机器对于中国西部民族文化的拍摄和拍摄内容，以及为什么要拍摄和一系列的相关过程。力求从这些叙述中，来体现我们在中国西部民族文化的影像化书写中，都做了些什么，是怎么做的，以及分析这么做的意义。

但我们很难像其他卷本那样做到这一点。其他卷本用文字表述了它们分类中的内容，就可以了，人们不会有什么歧义，而我们就不行。我们用文字记录了所拍摄的影像和其成为影像的过程，而这永远不是影像……但在《中国西部民族文化通志》中又确实有那么多已经成为影像的文化，确实有那么多已经影像化了的史志。不过，这也很难，文字的描述者说我们“重复”记录了他们已经记录在史志中的内容，而影像描述者说我们没有用影像来描述影像和影像的过程。故我们想说，我们描述的只是用影像描述过的中国西部民族文化，我们只试图用文字在《中国西部民族文化通志》中，把这些民族志影像形成的过程“描述放映”出来，我们几乎别无选择。其实，这与理解有关，与对书写的理解有关。

一、两种不同的书写

从这个意义上来说，影视民族志影视片的拍摄，是本书最为浓墨重彩的部分。但这个部分的理解不能延续传统的文字上的理解，因为这种书写的性质与文字书写是完全不同的。这两种书写我们可以在对比中看到它们的意义。

文字的书写是一种符号，不管是表音的符号，还是表意的符号，人们可以通过使用和理解这些符号来实现这些文字的表达。即我们可以通过这些文字符号，读到文字书写的内容，以实现事件的记录和记载，从而形成文献，成为可以被后人，以及被使用其他文字系统的群体理解的历史。这样的书写有自己一系列的特性和意义，但其不是这里一定要展开的内容。

影像的书写在现代被看成是与文字书写完全不同的一种书写方式，但在人类文化的初始时期，一些学者认为，影像书写实际上是人类最早渴望和实践的书写，而文字书写则是在影像书写的实践中发展起来的。

“直接用‘视觉判断’的能力来理解这个世界，大概是人类最早的梦想之一。这种‘梦想’我们现今可以在人类的许多洞穴岩画中看到，比如在人类艺术史上赫赫有名的一系列岩画。这些岩画一般都在数万年前就出现了，也就是说，人类在数万年以前就渴望把他眼前的影像记录下来，以表达他们对这个世界的理解，而且不是我们今天常见的抽象的逻辑的，以及文字符号的理解，而是影像的理解。我们人类在‘看见’的年代里，就有了更为本质化的对世界的理解方式了……这种‘视觉判断’是与‘观看’同时发生的。而且是观看活动本身不可分割的一个部分，与情感能力和思维能力没有直接的关系，是一更器质性的能力。所以这种理解世界的能力，比声音、比形状、比文字符号所表现的人类的理解能力更为古老。也可以说，我们人类自我培养的各种能力中，影像是最为古老的能力。我们拓展我们人的能力的第一站就是‘看见’，就是影像的意义积累和描述……从这里我们不难看出，我们人类最为‘初始’的能力是影像的理解和运用，也是它构建了我们理解世界的基础。比如说人类对文字的运用。不管是什么样的文字体系，它都有两个要素：一是音，二是形，这形的基础就是人类在数万年中建立起来的影像，没有这些影像的基础，文字中的‘象形’是无所依托的。”①

在这样的理解中，人类的书写历史和方式最早应该是一种影像书写。因为不可否认，岩画就是人类数万年间一直“使用”的一种影像化的书写方式，而文字符号类的书写，是从岩画一类的影像书写中“发展”而来的。

---

① 吴秋林著《影视文化人类学》，民族出版社 2009 年版。

我们今天在此讨论这一话题，不是为了梳理人类书写的历史脉络，而是希望表明在人类书写的历史中这两种书写的关联性。即我们在岩画的影像化书写中，是为了一种“画面”呈现的理解，而文字书写中，其最多的最生动的描述实际上也是“画面”的呈现。正因为我们人有“画面”的视觉能力，我们才会有文字中描述的“画面”呈现。在历史的很长的长河中，我们的“画面”意义在一定程度上被遮蔽了，被忽视了，或者说被符号的权力象征给遮蔽了，使我们人类几乎忘记了自己的“画面”能力。虽然我们有一些关于“画面”能力的表现，但基本归于像艺术这一类的“游戏”中去了。在机器成像时代来临以后，特别是机器的数码成像来临之后，我们似乎又找回了这种能力。在今天，我们已经可以比较完备地使用机器成像的手段来进行影像书写了。

这就是我们两种书写的历史文化背景。

使用机器成像的手段来书写，在东西方的文化认知中，其表现是不一样的。最早把影视手段用于文化人类学研究的是欧美国家的人类学家，但是，他们始终把它作为一种研究手段，作为一种记录文化人类学研究“材料”的手段，作为文字性质的文化人类学研究的一种辅助手段，而不是一种影视民族志的书写。可以说，在他们的文化认知中，影像书写概念不强烈，甚至漠然。而在东方中国，自古以来就有强烈的影像书写的文化意识。在其历史中，影像书写在一定程度上都存在着，只不过一直使用的是手工成像的手段。所以，在影视手段被中国的文化人类学家认知和使用的时候，影视民族志的影像书写意识，就是一种文化惯性的自然赋予，即中国的文化人类学家在把影视手段作为一种研究手段，作为一种记录文化人类学研究“材料”手段的同时，也将其作为民族志影像的书写来看待。实际上，本书的绝大多数的影像书写，都是在这样的情境中完成的，影视民族志影视片是这样，影视民族志资料片也是这样。只有纪录片中的民族专题片是在受众眼球的“转动”中而来的影像书写，也是普遍化的影像书写中的一种民族志影像的书写。

在影像化时代到来的今天，影像书写基本上已经成为一种常态的，必不可少的一种书写应用了。在民族志影像书写中也是这样。从民族志影像书写的历史来看，中国的民族志影像书写，已经是一种多元化、多角度、多方式、常态的影像书写了。

不管是民族志影像书写，还是一般意义上的影像书写，与文字书写相比，其在性质和方式上都有一定区别。我们于此可以从以下几个方面来理解：影像书写的直接性质、影像书写的时间和空间的特定性、影像书写的超越性质。

影像书写是直接性质的，它直接就展示了在某个时间段落里、某个空间中发生的事件。它不像语言那样，需要一系列符号的意义转换，它直接就呈现了需要一系列文字符号转述的画面和意义，使人的理解是直观的。这种直观性质在人类文化的语意中会有何等的重要意义，似乎我们还不太清楚。

影像书写带来的时间和空间是具有特定性的，即一段影像书写是一个时间和空间内发生的事情，是一段关于人和世界的影像书写。即影像书写只会是时间和空间中的一段，而我们人类的影像书写历史只会是通过一段一段的影像书写来构成的。这是影像书写的特性之一，也是影像书写的局限之一。即我们通过影像书写的手段来表达世界，也是有局限性的，我们可能在书写中超越了文字符号书写的许多局限。但是，影像书写也有自己的局限性。但影像书写的段落性质，可能比文字书写更长，我们几乎可以使用影像书写的段落，记录我们许多仪式的全部过程，可以完整地表现某个时间段落里的人类的文化历程。

影像书写的超越性质可以从其“凝固”时间和空间的性质来认识。我们拍摄了一个时间和空间中的某一个事件，那这个时间和空间就会被凝固在一定的介质中，也就不会发生任何修改和变动。你可以通过“蒙太奇”的手段来“书写”影像的意义。但是，你不可能改变原来的一系列影像的时间和空间。它凝固了这一时间和空间，使我们在未来的任何时间和空间里都可以看到过去的时间和空间中的景象，了解那个时间和空间中的历史。在这样的影像书写中，也就不可能说“任何历史都是现代史”了。

影像书写是人类科技进步在人类文化记录上带来的书写突变。也许我们还没有完全地意识到这个变化会给我们的未来带来什么样的影响。但影像书写已经汇入到人类书写方式中，这是不争的事实。

二、影视民族志影视片拍摄的“中国果实”

在中国，我们虽然具有手工影像书写的历史渊源，但是，机器成像的影像书写才是人类影像书写的真正时代。它把人类的书写从文字时代推向了图像时代。本书中的影视民族志影视片拍摄，正是这个时代变化中的“中国果实”。

这个“中国果实”有以下的意义：一是第一次使用机器影像来书写民族文化，使民族文化的书写不仅仅是文字文本，还出现了影像文本；二是第一次大规模地以影像化手段书写了中国的民族志；三是影视民族志影视片的影像化书写，几乎包含了所有中国重要地区的少数民族文化；四是影视民族志影视片的拍摄不是纯粹的影像和民族志的叙述，而是一个以学术研究为主要指向的行为。这使影视民族志影视片从一开始就具有影视民族学的学术和影像化民族志的双重意义。

使用机器影像来书写民族文化，使民族文化的书写不仅仅是文字文本，还出现了影像文本。这在《中国西部民族文化通志》中很有意义。在《中国西部民族文化通志》中，人们几乎从所有的角度和方面来书写中国西部的民族文化。它是中国民族文化史志化的一个重要过程，而在这些文本中，影像民族志的文本亦是一个重要的事项。在《中国西部民族文化通志》中，“影视卷”的存在表明，在《中国西部民族文化通志》中，还有一个独立的文本存在——影视民族志的影像文本，即它在使用影像的手段，书写中国西部民族文化的诸多内容。其影像文本不但独立地书写了中国西部民族文化，还同时成为中国西部民族文化文字文本的影像化证据。

这个使用机器成像来书写的中国西部民族文化影像文本，自然是手工成像时代中国影像书写的一个历史的延续，也是新时代影像书写的一个重要组成部分。

这个影像文本当然也不是包罗万象地书写了中国西部民族文化中的一切，而是有局限性的书写。文字的书写可以包罗万象，而影像书写则不能。它只能书写可见的画面和影像，不可能书写思想和事物的结构，这在中国西部民族文化的影像化书写中也是这样的。

谈到中国的影视民族志影视片拍摄的“中国果实”，第一次大规模地以影像化手段书写了中国的民族志，应该是所谓“中国果实”的最大收获。在历史上，欧美国家、中国人自己，都对中国有许多影像化书写，但“果实”多数是别人的，而中国以影视民族志影视片为主的影像书写，则是我们自己的果实。在这些拍摄中，又以中国社会科学院民族研究所的拍摄为主，即国家通过这一机构，对中国的，主要是中国西部的民族文化进行了大规模的影像书写，形成了一系列的中国西部民族文化的影像文本。我们不能在文字的描述中“放映”这些影像文本。但是，我们可以描述和记录这些文本出现的历史和过程，以及具体拍摄的内容等等。按照影像文本的特性，这些影像文本凝固了中国西部民族文化中的许多文化事项，成为一种特定的影像文化记录，在未来的历史进程中，这些影像文本将是我们的“国宝”。

影视民族志影视片的影像化书写，几乎包含了中国所有重要地区的少数民族文化。我们所说的“国宝”价值也就主要体现在其中了。在20世纪50年代，以及后来的历史中，我们不但用文字记录了中国西部地区的民族文化，而且还使用影像记录了中国西部地区的民族文化，这后一个记录在中国和世界都是非常重要的。

这个举动有两层意义，一是在中国的以往的关于少数民族的记录中，几乎都贯穿了“华夷之辩”的文化背景，都有“汉族文化中心论”的“有色眼镜”。但20世纪50年代的民族调查不同，它既没有“欧洲文化中心论”的背景，也没有“华夷之辩”的文化背景，而是新中国成立后，国家的一种充满善意和同情的记录。在这种历史情形中呈现和延续的影像化书写，自然也不会是某种歧视性书写和记录了。当然，这里面也有社会形态的落后和先进之说，不过，这不影响其基调。二是影像化书写是一种凝固时间和空间的记录，在几十年的影视民族志影视片的拍摄中，几乎凝固了中国大多数少数民族的社会历史文化，以及多种多样的民族文化事项，使我们中国的少数民族，特别是中国西部地区的少数民族，基本上都有了影像化的文本书写。而这些影像文本，在动态的民族文化演化中，随着时间的推移，会显得越来越珍贵。

不过，我们在本书中呈现的却不是这些影像书写，而主要用是文字“解说”了本书中使用影像的手段“书写”的中国西部民族文化中的内容。而这些内容在《中国西部民族文化通志》的其他卷本中，可能也会以文字的形式被描述和史志。只不过这是影像化的中国西部民族文化内容，是影像文本的内容，与文字文本应该不矛盾。

这些使用影像的方式来史志中国西部民族文化的内容，可能在表面上会与一部分文字文本重合，但意义是不一样的。而且在许多领域里，各自记录的文本还有许多是不可替代的。

最后，影视民族志影视片的拍摄还不是纯粹的影像和民族志的叙述，而是一个以学术研究为主要指向的行为。这使影视民族志影视片从一开始就具有影视民族学的学术和影像化民族志的双重意义。也就是说，我们中国西部地区民族文化的影像书写，最早是在这样的双重诉求中实现的。这方面，我们于前有一定叙述。

另外，影视民族志影视片是中国西部民族文化影像书写的主体，但中国西部民族文化影像书写还有影视民族志资料片和纪录片中的民族专题片的影像书写。

第六章　影视民族志资料片和拍摄

在影视民族学的历史中，一旦出现了拍摄，就会有影视民族学片的出现。“外界”会看到影视民族学家“给”人们看的片子。但是，人们几乎永远也看不到另外的被“剪辑”掉了的一些镜头，但这些镜头绝不会被“扔掉”，往往会把这些被剪辑掉了的镜头作为“资料”保存起来，并且在学界和研究界会在某种程度上会更重视这些片子之外的镜头。这些影视“资料”会在适当的时机被重新剪辑起来，形成新的影视民族学片。或者说被重新研究和解说，得出新的影视民族学和文化人类学的意义。这就是在影视民族学历史上的影视民族学资料片。这个“历史”在中国被人们利用到影视民族志的表现中时，就出现了我们所说的影视民族志资料片。但是，中国的影视民族志资料片的境况比影视民族学中的资料片要复杂得多，因为这种资料性拍摄在中国的表现是多种多样的。而且这样的拍摄在中国显得比任何拍摄都有意义，都具有特定意识和主动性。所以，影视民族志资料片和拍摄在中国的影视民族学中是非常重要的一个组成部分，也在很大程度上“独立”于影视民族志影视片的拍摄。而这样的情形在欧美国家的影视民族学中是很少见的。故它的存在不但体现了影视民族学资料性质影像的意义，也体现了民族志影像的意义，也就是说，在中国，这种资料性质的影像，不但是学术资料的，而且还是影像历史的。

第一节　西北和内蒙古地区影视民族志资料片和拍摄

在中国，比较纯粹的影视民族志影视片的拍摄是比较早的（参见前三章中的相关叙述），而影视民族志资料片的拍摄是比较晚近的事情。不过，影视民族志影视片和影视民族志资料片实际上常常是一体的，并没有严格的界线。

一般来说，被剪辑出来的就可以是影视民族志影视片，没有被剪辑而又被保存起来的拍摄影像部分，也就可以说是影视民族志资料片。

一、影视民族志资料片

我们以为，影视民族志影视片这样的拍摄应该始于中央民族大学在全国各地的拍摄。关于中央民族大学在全国各地的拍摄，在张江华等人的《影视人类学概论》中被看作是一种人类学片的拍摄。

“中央民族大学于1983年涉足人类学片的拍摄，当年由柯尔克孜族文化学家胡振华带领摄制组前往新疆克孜勒苏柯尔克孜自治州拍摄了《柯尔克孜族》10集系列片。1985年，瑶族出生的文化学家刘保元带摄制组赴广西百色地区拍摄了《白裤瑶》。1985年，中央民族大学电化教育中心成立，有计划地继续进行人类学片拍摄，到11个省区，先后拍摄了17个民族的近40部（集）人类学片和大量照片、幻灯片。此外，中央民族大学民族学系庄孔韶教授结合教学实习和人类学考察，曾带领学生在闽、鄂—渝三峡地带拍摄了一批有关畲族、土家族和汉族的人类学录像素材。其中在福建拍摄的《龙舟节》已经在美国出版。在北京的民族文化宫、中国藏学研究中心等也拍摄了一批富有人类学学术价值的片子。”①

这样的拍摄就是影视民族志资料片的起始。因为这样的拍摄不同于中国社会科学院民族研究所的拍摄，出发点和起点就是民族志的影像资料，而没有关于某些明确致用的诉求。

这样的拍摄地基本上在中国西部，故他们的拍摄也是中国西部影视民族志资料片的重要组成部分。或者说是中央民族大学的影视民族志资料片的拍摄，促进了这类片子拍摄的展廾。

“这一时期，分布在民族省区的社会科学研究院所，特别是民族研究部门和民族高等院校对挖掘本省区丰富的人类学资源十分注意，纷纷投入人类学片的拍摄。许多邻近民族省区的社科研究院所和高等院校也都程度不同地加入到人类学片拍摄的领域。……贵州省民族研究所与省内有关单位合作参加了对省内少数民族影视片的拍摄。到1995年，已完成《贵州布依族》《贵州苗族》《贵州侗族》等8部片子的摄制。贵州民族学院拍摄了有关本省傩文化的系列片；四川省民族研究所参加了《羌寨金秋》《神秘的泸沽湖——一个记

① 张江华、李德君等著《影视人类学概论》，中国社会科学出版社2000年版。

者的手记》等记录本省少数民族影片的拍摄；此外，还有辽宁大学、西藏民族学院、内蒙古大学等学校的教学和研究人员开展或参与了各自所在省区民族的人类学片的拍摄工作。”①

在该书所列举的省级院校和研究机构中，以云南和贵州的院校和研究机构表现最为突出。在这些院校和研究机构的拍摄中，这样的拍摄虽然在《影视人类学概论》中被看作是人类学片，但实际上它们应该是影视民族志资料片。不过，在有些片子中，我们实际上很难做出这样的区分。

在前面的影视民族志影视片分类中，我们把它们分为影视民族志影视片、影视民族志资料片和纪录片中的民族专题片三类，以对应现实一系列的与影视民族学有关的影视拍摄实践。在影视民族志影视片的拍摄中，我们界定的是以中国社会科学院民族学研究所为主，各省社科院研究机构、院校研究机构，极少部分个人的研究性拍摄行为，属于影视民族志影视片的拍摄。因为这样的拍摄目的很清楚，就是影视民族学研究，是学术性的拍摄，也是最能够真实表现民族志影像的拍摄。

在第二类的影视民族志资料片上，主要是以民委系统为主，兼及一些机构和个人的拍摄。这样的拍摄的目的主要就是民族志影像资料的保存。拍摄的时候没有研究、宣传和其他的一系列明确目的，就是为了保存民族志影像而进行的拍摄。这样的拍摄在理论上是可以无限制拍摄的，但是在影像不是可以巨量保存和传输的时代，实际上的拍摄也是要有所选择和安排的。但这样的限定是比较有限的，它在拍摄的时候基本上可以不受外界政策和意识形态的影响。因为这样的拍摄基本上不会作为影视作品投入社会视界，不管是民委系统的资料，还是机构资料，或者说个人资料，都不会这样做。

这样的拍摄在实践中不需要有特定的需求，比如研究和宣传，没有拍摄致用的明确目的，一般只为了保存影像而拍摄。这样的拍摄在保存的是民族影像的时候，就是我们所说的影视民族志资料片了。对这样的片子，我们可能没有一定的致用的评价，比如学术的、理论的……只有影像效果和影像过程的真实评价了。这样的拍摄可以不受时长的限制，我们可以把一个数天才完成的仪式完整地保存下来，把一个成百上千行的歌唱保存下来……这样的民族文化志意义是没有人可以怀疑的。这样的拍摄也可能比较散漫，因为它

① 张江华、李德君等著《影视人类学概论》，中国社会科学出版社2000年版。

在理论上可以不剪辑，不一定要受到某种要求的限制。这样的拍摄可以是最为本真的拍摄，它没有直接的用途，但是它展开的致用途径可能又是无限的。这样的拍摄应该是深受中国重史文化的影响，机构和个人都会受这种文化的影响。这样的拍摄对于民族志有意义，对于影视民族学有意义，对于影视文化的发展本身也有意义。

这样的拍摄以民委系统的拍摄为主，也有许多机构参与。比如前数年才出现的非物质文化遗产保护机构的拍摄也属于此类。还有个人出于多种情形也有这样的拍摄。在拍摄这些影视民族志资料片上，可能各种不同的拍摄主体的动机是不一样的，但在保持民族志影像这一点上是高度一致的。不管它是为了历史，还是为了职务工作，还是为了金钱，用影像的手段留存了民族志影像对于影视民族志都是有意义的。

在中国，这样的影视民族志资料片拍摄在过去是比较普遍的，在今天就更为普遍。因为在今天，影像基本可以巨量保存和传输，影像化时代已经深入人心。民族志影像已经成为保存历史的一个极其重要的手段。

影视民族志资料片的拍摄在中国，尤其是在中国西部是比较普遍的。其实际的片量是巨量的，故而我们在表述这一部分内容的时候，完备的叙述不可能。再则，因为影视民族志资料片一般都是内部资料保存的性质，我们不可能知晓所有的拍摄。所以表述也只能在部分的信息中选有代表性的叙述，而且这个代表性不是成就上的代表性，只是事例的代表性。

在影视民族志资料片的叙述中，我们分两个区域来叙述，一是中国西部的西北和内蒙古地区，二是中国西部的西南地区。另外，影视民族志资料片和影视民族志影视片在多数时候我们可以区分它们，但是，在实际的叙述中难免有个别交叉。

二、内蒙古、新疆影视民族志资料片和拍摄

内蒙古自治区

内蒙古是西北少数民族比较多的一个地区。这个地区在影视民族志影视片的拍摄中是比较密集的地区，主要集中在东蒙地区。但是，这些拍摄基本都是中国社会科学院民族研究所的拍摄，属于本地研究机构的拍摄基本没有。

在影视民族志资料片的拍摄中，也没有内蒙古自治区民委系统拍摄的记录。也就是说，在改革开放前后，该地区的民委系统没有这样的拍摄。

在进入21世纪之后，随着国家非物质文化遗产保护工作的开展，相关机

构才有了这样的拍摄。在近期的报道中，内蒙古自治区非物质文化遗产保护项目列入世界非物质文化遗产名录项目 2 个、国家级非物质文化遗产名录 49 个、自治区级 251 个、盟市级 396 个、旗县级 963 个。这些项目，特别是国家级以上的非物质文化遗产保护项目，都要有一系列的影像资料作为支撑。比如它申报世界级非物质文化遗产保护项目“长调”时，就收集了 84 小时视频、62 小时音频和 10 230 张照片等大量资料。这 84 小时的视频，在某种意义上说就是影视民族志资料片。

在内蒙古自治区非物质文化遗产保护的普查中，也拍摄了一批影视民族志资料片。比如在鄂尔多斯市鄂托克旗的试点工作中，就有 1784 分钟的视频资料。

内蒙古自治区非物质文化遗产保护中心，据知已经有音像资料 159 张、DV 带 205 盒。这些都在一定程度上可以构成影视民族志资料片。

这是内蒙古自治区一级的拍摄。实际上在内蒙古自治区下属的一些旗，也有一些拍摄，比如内蒙古自治区鄂伦春自治旗的非物质文化遗产保护机构，就拍摄了诸如《鄂伦春口述史》《过去的年代》《告别的年代》《北方北》这样的影视民族志资料片。

在这些方面，内蒙古大学的研究机构中也有一定的拍摄。

新疆维吾尔自治区

新疆维吾尔自治区也是西北和内蒙古地区少数民族比较多的地区。它的情形与内蒙古自治区的差不多，也是中国社会科学院在该地区有大量的影视民族志影视片的拍摄。而民委系统的影视民族志资料片的拍摄却没有相应的记录。不过，该地的影视民族志资料片的拍摄还是不少的，比如中央民族大学在该区就有许多这样的拍摄，《柯尔克孜族》10 集系列片就可以说亦是这样的片子。

新疆维吾尔自治区的非物质文化遗产保护机构也有一些拍摄。他们在 2009 年时确定了百余个新疆维吾尔自治区的非物质文化遗产保护项目。这些项目的出现，也是需要基本的视频资料支撑的。

三、西藏、青海、甘肃影视民族志资料片和拍摄

西藏自治区

西藏也是中国社会科学院民族研究所影视民族志影视片拍摄的重要地区，有一系列重要的影视民族志影视片出现。但是，西藏民委系统的影视民族志资料片拍摄不发达，但其在外宣和非物质文化遗产保护方面有一系列的影视民族志资料片拍摄。在西藏，于非物质文化遗产保护工作上，已经基本形成了国家、自治区、市、县四级非物质文化遗产名录体系。藏医药、藏纸、唐卡、拉萨囊玛等76个项目入选国家级非物质文化遗产名录。222项代表作入选自治区级非物质文化遗产名录。2005年到2011年，经过6年的普查，西藏发现14类近500个非物质文化遗产项目和83个传统戏剧演出机构，发现传承人1177名。收集民间文学、民间音乐、传统舞艺、传统手工艺作品记录稿10万余篇，录音带、录像带1500余盒，照片4万余张。这1500余盒的录音带、录像带中，有一部分属于影视民族志资料片。

青海省

青海在这方面的拍摄也是比较弱的，不管是民委系统的拍摄还是其非物质文化遗产保护机构的拍摄均是如此。在青海省，列入世界非物质文化遗产名录的项目有4项——热贡艺术、格萨尔、藏戏、花儿。列入国家级非物质文化遗产项目57项。而这些都会有一系列的影视资料的拍摄，这些拍摄部分可以视为影视民族志资料片的拍摄。

甘肃省

甘肃省民委系统的拍摄未见记录，非物质文化遗产保护机构的拍摄有一定表现。

在甘肃，有61个非物质文化项目进入国家级非物质文化遗产代表性项目名录。有数百项进入省级非物质文化遗产代表性项目名录，而这些名录都会有一定的影视资料作为支撑，会有部分资料可以视为影视民族志资料片。

第二节　西南地区影视民族志资料片和拍摄

一、云南影视民族志资料片和拍摄

云南省是中国影视民族学，或者说民族志影像最为发达的省份。许多国外的研究者和学者，以及本土人士在云南省有不少拍摄活动。中国15部经典性影视民族志影视片中有7部是在云南省民族地区拍摄的。拍摄中，云南省的民委系统和相关研究机构及个人都参与了这些拍摄……可以说云南省的民族志影像是有着深厚的根基和传统的。所以，至今为止，云南省仍然是中国民族志影像拍摄最为活跃的省份。在这样的历史背景下，云南省的影视民族志资料片拍摄显得尤为复杂，不但数量众多，而且拍摄主体多样化，其总体水平也比较高。所以有时候我们很难辨别以学术为主的影视民族志影视片和以资料为主的影视民族志资料片之间的差异。

云南省的影视民族志资料片的拍摄历史可以追溯到20世纪30年代。但是我们基本看不到这一时期的影像资料，无从说起。在新中国成立初期，云南省的影视民族志资料片拍摄亦很少，真正的影视民族志资料片拍摄我们以为应该从《大理白族文化》系列片的拍摄算起。这一系列片是中国社会科学院民族研究所摄制的。但从片子的性质来看，更多地倾向于民族志的影像资料，所以，我们把它作为云南省的影视民族志资料片拍摄的启端。

这一系列片有：

《大理白族的名胜古迹》

1990年拍摄，1993年制作完成。VO摄像机拍摄，片长39分32秒，VHS和BETACAM-SP。撰稿：詹承绪、刘龙初；编导：杨光海；摄像：孙延龄。中国社会科学院民族研究所摄制。

片中展示了云南省大理白族聚居地区的自然风光和历史遗迹。南诏、大理国经数百年不断开凿而成的剑川石宝山石窟，安放佛祖舍利的崇圣寺三塔，唐代著名的《南诏德化碑》，白羊村、海门口遗址及铜棺等出土文物，以及铁柱庙、罗刹阁、天生桥、洱海公园等名胜古迹。

《大理白族的建筑艺术》

1990年拍摄，1993年制作完成。VO摄像机拍摄，片长44分48秒，VHS和BETACAM-SP。撰稿：詹承绪、刘龙初；编导：杨光海；摄像：孙延龄。中国社会科学院民族研究所摄制。

云南省大理白族建筑具有悠久的历史和独特的传统风格。民居的建筑特点是“三坊一照壁”“四合五天井”“六合同春”的封闭型院落。建筑中皆饰以木雕、泥塑、石刻。各个历史时期建造的宫殿、楼阁、寺塔更是串角飞檐，玲珑重叠，雕刻彩绘十分精美。

《大理白族的雕刻书画文献古籍》

1990年拍摄，1993年制作完成。VO摄像机拍摄，片长17分22秒，VHS和BETACAM-SP。撰稿：詹承绪、刘龙初；编导：杨光海；摄像：孙延龄。中国社会科学院民族研究所摄制。

云南省大理白族在千百年的文化积累中遗留下许多宝贵文化遗产。片中介绍了各种碑文、石雕、木雕佛像、格子门雕刻、白文名人书画、《南诏中兴画卷》《张胜温画卷》、文献古籍、家谱以及当代壁画等。

《大理白族的工艺美术》

1990 年拍摄，1993 年制作完成。VO 摄像机拍摄，片长 17 分 22 秒，VHS 和 BETACAM－SP。撰稿：詹承绪、刘龙初；编导：杨光海；摄像：孙延龄。中国社会科学院民族研究所摄制。

介绍了白族各地具有民族特点的服饰和他们擅长的扎染、编织草帽、羽毛画、挑花刺绣、大理石制作等工艺，并展示了各种工艺产品。

《大理白族的饮食文化名优特产》

1990 年拍摄，1993 年制作完成。VO 摄像机拍摄，片长 36 分 28 秒，VHS 和 BETACAM－SP。撰稿：詹承绪、刘龙初；编导：杨光海；摄像：孙延龄。中国社会科学院民族研究所摄制。

云南省大理白族的传统饮食文化富有民族特色。他们喜饮茶，喝沱茶、烤茶，有饮三道茶的习俗。他们善于腌制火腿、弓鱼、螺蛳、梅子等食品。爱吃一种别具风味的“生皮”，即将生猪肉烤到半熟，切成肉块或肉丝佐以姜、葱、醋、辣椒食用。著名的食品有鹤庆火腿、喜洲粑粑、洱源雕梅、砂锅鱼、乳扇、饵扇等。片中还介绍了当地的土特产品。

《大理白族的节庆活动三月街》

1990 年拍摄，1993 年制作完成。VO 摄像机拍摄，片长 27 分 11 秒，VHS 和 BETACAM－SP。撰稿：詹承绪、刘龙初；编导：杨光海；摄像：孙延龄。中国社会科学院民族研究所摄制。

每年农历三月中旬大理白族都要进行三月街的节庆活动。这个古老的活动从唐朝开始，已有一千多年的历史。节庆活动以交易大牲畜、中药材、土特产品、日用百货的集市贸易为主。街期中，来自各县的演出队在街上表演白族的霸王鞭、花柳曲、耍龙，同时在露天舞台和场地上演出白剧、大本曲、洞经音乐和歌舞。各族骑手在节庆中要举行赛马比赛。这是一个充满激情的民族狂欢节。

《石宝山歌会》

1993 年制作完成。VO 摄像机拍摄，片长 12 分 44 秒，VHS 和 BETACAM－SP。罗之芳提供画面素材。中国社会科学院民族研究所制作。

云南大理白族自治州石宝山地区每到金秋时节都要举行盛大歌会。周围五六个县的青年男女数万人参加对歌活动。他们唱着热烈而具有浓郁民族色彩的情歌，表达对美好爱情和幸福生活的歌颂与向往，气氛十分活跃。

《大理白族的本主崇拜》

1990年拍摄，1993年制作完成。VO摄像机拍摄，片长39分43秒，VHS和BETACAM－SP。撰稿：詹承绪、刘龙初；编导：杨光海；摄像：孙延龄。中国社会科学院民族研究所摄制。

云南省大理白族崇拜本主神。“本主”的含义是“本境最高的保护神”。本主神包括：天、地、日、月、山、河、树等自然神；祖先、英雄、贞洁烈女等平民神；南诏大理国时期的皇帝、将军神等。不同身份的本主有着各自的传说故事和各自的本主庙。白族在过本主节的活动中诵经、祭祀、送迎本主，同时还进行杂技和歌舞表演。

《大理白族的丧葬》

1990年拍摄，1993年制作完成。VO摄像机拍摄，片长24分40秒，VHS和BETACAM－SP。撰稿：詹承绪、刘龙初；编导：杨光海；摄像：孙延龄。中国社会科学院民族研究所摄制。

云南省大理乡村地区的白族还延续着一些传统的丧葬习俗。他们在丧葬过程中要设灵堂、祭奠、宴客、出殡。墓穴埋葬之后，家人请道士超度亡灵。以后还要进行一年一次的祭祀活动。

这样的拍摄我们把其视为影视民族志资料片的拍摄。理由有三：一是这样的拍摄已经基本没有了前期拍摄的学术诉求，主要是为了区域性的文化表现而进行的拍摄；二是这样的拍摄是一种录像记录，而技术上是可以巨量记录的，已经没有了胶片时代的技术限制；三是拍摄内容中所表现的观念已经变化，有了资料保存和宣传的诉求。这样一来，我们也只有把它与中国社会科学院民族研究所同期摄制的片子区别开来对待。

这些影视民族志资料片的拍摄，对于云南省来说，有一定的示范意义。

云南省民族志资料片的拍摄在后来的历史中表现极为丰富。大致有来自于以下几个方面的拍摄：一是民委系统的拍摄；二是院校机构的拍摄；三是研究机构的拍摄；四是博物馆系统的拍摄；五是非物质文化遗产保护机构的拍摄；六是个人的拍摄。

民委系统的拍摄主要是云南省民委，以及云南省各地州民委系统，省内各个民族学会出于多种工作需要的拍摄（保存民族志影像资料也是其重要工作）。这样的拍摄有许多是珍贵的影视民族志资料片。

院校机构的拍摄主要表现在云南民族大学和云南大学。他们的拍摄除了收集基础的民族志影像资料外，还有教学和研究的诉求。其中的拍摄基础可能是民族志影像资料，但是有许多的拍摄却可以上升到影视民族志影视片的高度。

研究机构的拍摄主要是为了研究，但是，在拍摄的时候其资料的意识很强，所以在其中会有许多的民族志影像资料被拍摄和保存下来。

博物馆系统的拍摄是比较后期的一种影视民族志资料片的拍摄。这样的拍摄主要表现在云南省的博物馆系统，尤其是云南省民族博物馆。这样的拍摄主要是为了配合民族文化的展览而出现的。因为博物馆的展览一般都是静态的展览，而一些动态过程的展示就需要影像的辅助。所以，这个系统也有一系列的拍摄，其中也留存了不少的影视民族志资料片。

非物质文化遗产保护机构的拍摄是为了国家的非物质文化遗产保护政策的实施而进行的。民族志影像的留存，也是其保护的一种重要手段和措施。云南省的国家级和省级的非物质文化遗产代表作名录很多，每一个名录都会有影像资料作为支撑。其中的影像有大量的民族志影像，也有数量不小的影视民族志资料片。

在云南省，影像化是比较深入人心的，所以，有许多个人拍摄了一些民族志资料片。这样的拍摄有的出于爱好，有的出于对民族志影像资料的重要性的认识，有的出对于民族志影像价值的认识……

民委系统的拍摄以12集大型纪录片《丽哉勐僚》为例。这部片子虽然是以纪录片形态来拍摄的关于壮族文化的纪录片，但里面保存了许多关于壮族的影像资料，在一定程度上也可视为影视民族志资料片，当然，它最初的形态是纪录片，自然亦是纪录片中的民族专题片。

《丽哉勐僚》

制片人：戴光禄；编导：谭乐水、欧阳斌；摄像：祁云、欧阳斌；学术顾问：何正廷（壮族）；出品：云南省壮学会，语言：中文、英文；拍摄时间：2006年1月—2008年3月；拍摄地点：云南文山壮族苗族自治州。影片时长：12集，每集50分钟，共计600分钟；影片格式：HDV；影片制式：PAL。

主要内容：壮族是中国少数民族中人口最多的民族。云南省文山州是壮族历史文化印记保留得最为鲜明、最为完整的地方。

这部纪录片主要从文山州的壮族社会中摄取素材，运用文化人类学的视点，从铜鼓文化、生态文化、稻作文化、饮食文化、服饰文化、村落文化、医药文化、节日文化、礼俗文化、艺术文化、宗教文化、歌圩文化十二个方面，全面、系统地揭示壮族文化之秘，从文化的视角解读壮族。

获奖情况：获2008年度中国国际环保纪录片大赛金奖；获云南省文学艺术奖一等奖。

首映时地：2011年2月18日至24日中央电视台播映。

相关活动：2009年世界人类学民族学大会展映。

院校机构以东亚影视人类学研究所毕业学员的拍摄为例。

在20世纪的90年代，东亚影视人类学研究所曾招收了一批影视人类学专业的学员，他们拍摄了一批片子，有一部分就可以视为影视民族志资料片。比如《卖报人》易思成；《春节印象》朱佶丽；《平衡》曾庆新；《窗》金学丽；《文化秀》荣莉；《在路上》朱凌飞；《傣医·口功》黄永刚；《不再缠足》陈学礼、李建钦；《腾冲抄纸》黄盛茂；《弃婴与弹棉花匠》曾益群、赵心静；《街头摊贩》赵卫东；《灵魂穿越的村庄》郑明莉；《龙的记忆》邹辉；《美丽的黑齿》徐菡；《撒尼医家》李佳燕；《我要的生活》（Mr. Cool）张海；《东巴和》鲍江 艾菊红；《看上去很美》李昕，等等。

研究机构的拍摄以云南省社会科学院民族影视摄制组在20世纪80年代拍摄的一系列片子为例。

在这一时期，他们一共拍摄了15部影视片子，前3部以影视民族志影视片来叙述，其余12部我们可以视为影视民族志资料片。

《西盟佤族边寨日录》，拍摄时间1985年，时长60分钟。

《拉祜族宗教祭礼》，拍摄时间1986年，时长20分钟。

《高原弥撒》，拍摄时间1986年，时长20分钟。

《山乡婚礼》，拍摄时间1986年，时长20分钟。

《拉祜长房》，拍摄时间1986年，时长20分钟。

《城市与档案》，拍摄时间1987年，时长40分钟。

《滇海撷珠》，拍摄时间1987年（上中下三集，每集20分钟）。

《铜鼓文化之谜》，拍摄时间1988年。

《傣族佛教节庆》，拍摄时间1988年，（上下集，每集50分钟）。

《傣族佛寺生活》，拍摄时间1989年，时长60分钟。

《澜沧江》，拍摄时间 1989—1990 年，时长 30 分钟，省台、中央台均已播映。

《祭龙》，拍摄时间 1990 年。

这些片子全部为电视片，已经显露出后期纪录片的形态，但是仍然保持了影视民族志资料片的基本情形。

在云南，研究机构人员拍摄的重要的影视民族志资料片还有《拉木鼓的故事》《翻山》等。

《拉木鼓的故事》是受中共云南省委宣传部、东亚影视公司委托拍摄的一部反映佤族重大节日活动拉木鼓的影片。范志平、郝跃骏是影片的编导，邓启耀等人作为影片的合作人类学家。1992 年开始拍摄，于 1995 年制作完成，片长 120 分钟。影片完成后作为 1995 年影视人类学北京国际学术会议的参展作品在会上放映。

完成于 2010 年，由杨蕊导演的《翻山》，“豆瓣电影”在《“无情节才是生活的常态”——导演杨蕊现场解读〈翻山〉》一文中，对影片剧情做了介绍。

博物馆系统的拍摄有云南民族博物馆赵菲的《傣族水力榨糖》为例。

在这些拍摄中，云南省还有一个特定单位的影视民族志资料片的拍摄，这就是云南民族电影制片厂的拍摄。在很长一段时期里，云南民族电影制片厂与云南省社会科学院协作，拍摄了一批影视民族志资料片。

1984 年至 1990 年摄制的民族志风情风光片目录

本数	族名	片名
白　族	博南古道话白族	3
哈尼族	哈尼之歌	3
壮　族	特魔古道壮家人	2
傣　族	傣乡行	3
苗　族	苗岭秀	1
回　族	云南回族	2
拉祜族	古老的拉祜族 拉祜山纪行	2 2
佤　族	阿佤山纪行	2
纳西族	纳西族和东巴文化 泸沽湖畔的母系亲族	3 2
瑶　族	瑶山行	2

本数	族名	片名
藏　族	迪庆——吉祥如意的地方 迪庆藏族	3 2
景颇族	景颇人的追求 目瑙纵歌	3 1
布朗族	彩云深处的布朗族	2
阿昌族	阿昌风情	3
德昂族	我们的德昂兄弟	3
基诺族	古老而奇特的基诺	3
蒙古族	杞麓湖畔的蒙古人	2
布依族	布依人家	2
独龙族	独龙掠影	3
普米族	远方来的主人	2
傈僳族	傈僳风情	2
怒　族	怒族的传说	2
水　族	水族采风	2
彝　族	巍山行 彝族与火	1 3
综合片	美丽的云南	9
	30 部	73 本

注：以上影片资料由云南民族电影厂生产办公室和宣传发行科提供，由云南省社科院民族学研究所综合列表

这些片子被他们认为是“民族志风情风光片”，这样的拍摄是民族志资料和审美宣传结合的产物，既是民族风情片，也是民族志资料片。

二、贵州影视民族志资料片和拍摄

贵州省的影视民族志资料片拍摄有民委系统、院校机构、研究机构，以及非物质文化遗产保护机构。

贵州省的影视民族志资料片拍摄最早是在贵州省民族事务委员会、贵州民族研究所、院校研究机构等机构中展开的。但研究机构和院校的拍摄成果不多，而贵州省民族事务委员会主持的拍摄成果最丰硕，前面张江华等人说的“《贵州布依族》《贵州苗族》《贵州侗族》等 8 部片子的摄制”就是。这些影视民族志资料片是在 20 世纪的 90 年代拍摄的。一共有《贵州苗族》《贵州布依族》《贵州侗族》《贵州水族》《贵州彝族》《贵州土家族》《贵州仡佬族》等 7 部影视民族志资料片。这些影视民族志资料片由贵州省民族事务委

员会委托四川峨眉电影制片厂拍摄，贵州省民族研究所等单位协助拍摄。是地地道道的影视民族志资料片。因为这些片子就是民族志的影像资料，一般不对外放映。为了对外宣介这些民族的文化，拍摄者还专门编辑了《依山傍水布依人》《鼓楼情韵》《悠悠水家情》《杜鹃花盛开的地方》《黔乡土家族》《仡佬古风》等6部片子，是希望公之于众的影像。但实际上最后都成了影视民族志资料片，并没有公之于众。

我们把贵州省民族事务委员会拍摄的13部影视民族志资料片中的前面7部，以镜头叙述的方式列于后①。

《贵州苗族》

顾问：王朝文、龙志毅、王安泽、梁旺贵、李仁山、龚贤永、王思明、常征；策划：刘广洛、张人位、严天华、余克、盘太福、陈俊杰、黄世雄、潘廷映；总监制：李仁山；监制：苏太恒；制片：黄秀清、罗廷华；撰稿：潘光华、罗廷华、龙建刚、伍略；摄影：程兴怀；录音：林秉成；剪辑：徐迅雷；音乐：王承祖；解说：寒阳；副导演：程兴怀；副摄影：廖代谦、李力；导演：马长书。

全片长48分45秒。

影片一开始用了“大花苗跳芦笙舞”，“舞者在喝羊角酒”，“纤夫拉纤（在清水江）”，“两位大花苗男子扶着一位大花苗女子（该女子背上背着小孩儿）”，“苗族服饰”，“花苗姑娘吹芦笙”，“苗族男子用弓弩打猎，打野兔”，“烤鱼，小孩儿在河滩上吃烤鱼”等场景表现了苗族人的生活情景。随后用“在一棵大树下，父亲抱着一个2岁左右大的小孩儿，在他们面前生了一堆火，然后父亲将小孩儿从火堆上递给他的母亲”，“屋中，两个小孩儿在火塘旁”，“母亲在给孩子喂母乳”，“家人用棕垫垫着，睡在火塘周围”等镜头表现其生活情景。

影片的生产劳动是用以下镜头来表现的：“人们在坡地上烧山做肥，种下苞谷的种子”，“大家在田里劳作”，“男人在用人工式的犁耙在犁地”，“从山上引下来的山泉水”，“梯田景象”，“水稻从青苗到逐渐成熟的景象”等，内容为山地稻作。

在河滩上，一人站在中间，其余人呈扇形围着他，其余人头上戴着竹编

① 以下这些镜头解说文字全部由马秋晨完成。

的斗笠，在那位重要人物的面前用茅草做铺垫，上面放置了几样东西（应该是猪肉和另一种肉，还有几碗酒），在大家面前还有一面小鼓，重要人口中在念着什么，其余的人在其念完后也有回应，之后重要人将酒喝下，其余的人也可喝酒，然后人们在河滩上欢庆跳舞（围成一个圈，中间有人在击鼓，其中一人头上反扣着家中火塘上架锅的三脚铁架）……这是苗族人的野外祭祀活动。

影片用“村寨景象，干栏式民居”，“西江千户苗寨”，“老人在屋中纺线”，“年轻人在户外空地上纺线”，“妇女在染布”，“妇女们在将染好的布晾晒出来”，“妇女们在稻田中网田鱼”，“人们在家中做酸汤鱼”，“围坐在火塘边吃酸汤鱼的场景”，“杀猪，剁肉”，“吃酒席的场景”等镜头反映苗族妇女的劳作。

影片中有祭山神、树神仪式，以及杀牛议榔的仪式过程。

影片用“苗族男女青年坐在一起”，“在寨外对歌”，“着盛装的苗族姑娘”，“苗族姑娘将身上的银项圈挂在男子的芦笙上”，“用竹子围成一个围栏，妇女们在中间空地刺绣”，“旁边有小伙儿吹芦笙”……“高坡苗族射背牌的场景”，“姑娘将背牌送给小伙儿，小伙儿将其放入怀中，小伙儿将腰带送给姑娘”，“高坡苗族跳花”等镜头表现苗族跳花刺绣的情爱生活。

影片用“进入寨门，女子直接通过，男子要喝牛角酒（两口）”，“男子喝牛角酒，被妇女们抹花脸”，“拦门酒四道”等情景来表现苗族人的礼仪文化。

有“踩歌堂，中间有老人敲铜鼓”，“施洞苗族姑娘在刺绣”，“给新出生的孩子送衣帽”，“用自制的秤给小孩称重”，“将三样木制物品（具体是什么不详）埋入土地中”，“打铁的场景”，“苗族男子舞刀”等镜头出现，从而表现苗族人的日常生活。

影片中有祭桥仪式出现，祭桥的场景，先由鬼师做仪式，然后大人领着小孩儿从桥上走过。取掉桥上的红布。走出堂屋时，先落脚在一块木板上，然后再跨出门。苗族举行祭桥仪式，主要是为了保佑孩子的健康成长。

丧葬仪式时，在堂屋中横放一口棺材，其右侧有一只木鼓，有一个人在敲，另一个人在棺材前吹芦笙，棺材前有一个长条凳，其上放有七个碗（两个碗里有饭，两个碗里有肉，两个碗里有酒，还有一些菜叶上放有新鲜肉）。鬼师在棺材前做仪式。鬼师脚边有一头小黑猪。杀掉小黑猪。这是东部苗族的丧祭仪式。

另一个丧葬仪式，在户外空旷场地上，放置有一口棺材，鬼师在棺材前做仪式，鬼师身后插有一根木棒，上有茅草扎成的类似半开的伞状物，一旁有人吹芦笙，有人敲木鼓。孝女在哭。鬼师在棺材前做仪式，棺材上有四个碗，棺材旁众人捆好一头黄牛，要杀牛。将牛肉放在大簸箕中，然后放在棺材前，鬼师做仪式。抬棺下井。

影片有祭祀的仪式（为苗族十三年一次的鼓藏节祭祀）出现。鬼师手拿一只大白毛公鸡，他扯下鸡毛，撒向空中。将鸡放置大刀上，从下到下拉，杀死鸡，一旁站着很多男子，有年轻的，有老的，有的拿着芦笙。一队人走来，长者打着伞，有五人吹着长芦笙。在一崖壁底下，有一块木头，一人上前搬动它，另一人用树皮蒙住木头的一侧，又一人用两根短木棒在那一侧做敲击状。将一根系腰带在地上象征性地过一下，又戴在胸前，然后离开。几人手舞着长刀。这队人回到寨口，举刀打伞的那些人要喝姑娘们敬的酒。敲一家人的门。将两个大木鼓搬出。一人将刚才的那腰带放置火塘旁的一块木板上，然后众人都伸出手做出欲去拿的动作，反复三次，最后一次真的去抢，一人碰到后又放下。五名男子站在火塘前，一人站在他们对面，手拿一顶竹编的帽子，他们面前放有十二碗酒。单独站住的那人口中在念着什么。他将十二碗酒一一倒在地上。在一树前，几名男子用刀砍树几下，并拿走一点碎木屑。做新木鼓，用牛皮蒙住一侧，再用竹圈固定住（那侧已经被挖空）。杀牛。将牛角、四个牛蹄和牛尾放在茅草上。牛肝这些放在一个竹篮中。一根较粗的木棒上绑有五对牛角。将大竹篮放在堂屋空中。屋外两人手拿点燃的火把去烧这个竹篮，同时又有人往那里泼水。

……

在河滩上，突然倒下数根竹子，然后其中的男子们相互抱着，用自己手中的锅底灰去抹黑别人的脸。五位男人，其中一人手举着一个本，然后其余四人将一只手中粉笔依次放在其下。跳芦笙。斗牛场景。

影片的最后是“划龙舟”“吹各种芦笙”“穿着百鸟衣吹芦笙”“百鸟衣的细节”“木鼓舞”“小花苗滚山珠”“上刀山”等镜头。

《贵州布依族》

顾问：王朝文、龙志毅、王安泽、梁旺贵、李仁山、龚贤永、王思明、常征；策划：刘广洛、张人位、严天华、余克、盘太富、黄世雄、陈俊杰、潘廷映；总监制：李仁山；监制：苏太恒；制片：黄秀清、罗廷华；撰稿：伍文义、韦兴儒、周国茂；录音：林秉成；导演：李盛镛；摄影：黎云光、廖代谦；音乐：雅文；剪辑：徐迅雷；解说：寒阳。

全片长 39 分 11 秒。

影片以“山、河”，“一队布依族人骑马，马上驮着两个大竹篓，穿过一条小溪，竹篓里装的是刚摘下的青香蕉”，“两对布依族青年男女各乘一个小竹排在江上游”，“布依族人打鱼撒网”，“乡场上的布依族男女，有老有少”等镜头，来表述贵州布依族人的生境。

影片用“古堡遗址”，“王乃起义遗址”，“南笼起义遗址”，“王禳仙起义纪念碑”，“布依族男性长者在讲述一些布依族自制的武器，有大刀、火枪等”等镜头，来表述他们的历史。

影片用以下镜头来表现布依族人的生产和生活：“田地风光，梯田”，“布依族妇女在割稻子”，“布依族人在田中打谷子”，“一个石制或土陶制的物品”，“水车取水，多种方式取水、引水灌溉”，“布依族男子在用水牛犁田”，“陈列的布依族人家中的神龛牌位，以及日常农业生产使用的农具”，“石磨磨米，舂米”，“晒谷子”，“水磨碾谷子（脱粒）”等，这一切都表明布依族人是一个居住于水边的稻作民族。

影片中表现了祭祀祖先、送瘟神的仪式。一张方桌上放有两个神位（上书奉请前朝祖皇大帝位和奉请前朝皇大帝位），并各插一炷香，供有猪头一个和一些猪肉。该桌旁还有一张桌子上供有两个神位。桌子对面站有六人（三人为穿有红蓝衣的先生或布摩，另三人一个敲锣，一个打钹，一人吹笛），面前放有一张桌子，上有经书，插有六炷香，供有一碗米，其中一位布摩念着经书上的内容，突然射出手中拿着的小箭，他们身后站有许多人。三位布摩向神位三次作揖，跪拜。一位布摩右手拿一把铁或铜剑，左手拿经书，旁边站有一位男子，布摩脚前的地上放有茅草或竹子编扎成的船型物，布摩用剑在该物品上方比画几下，然后旁边的男子将那个船型物放入一旁的小溪中，任其随水漂流。

影片中有布依族人祭祀“水口”、祭祀谷魂的仪式：“众人行走在田埂间，走在前的是几位拿着刚才供品（猪头、猪肉，米碗）的人，其后是三位布摩，之后是两人挑着一只公鸡，其后还有人”，“众人分食那些猪肉”，“一位布摩在杀鸡，其左侧放有一升米，两旁有壶酒，右侧的小竹竿上挂有不少粽子，将鸡血滴在一个小饭碗里，将几片鸡毛贴于田埂附近的石头上（做事的地方，就在田埂上）”，“一家人在布摩的带领下跪拜。除了以上提到的物品外，还有四五根用竹条编扎成的杆，该杆顶端是圆圈状”，“将那个竹扎的杆子插进稻田中”，“一户人家门前的院子就连着稻田，一男子从田边到堂屋门口插上两排平行的香，成夹道状”，“在堂屋的神龛下，放有方桌一张，上放有七八个碗，其中一个盘子中放有许多鸡蛋（不知生熟），一男子在桌前烧钱纸”，“稻田中的水稻已经结穗，一男子在田中取一些稻穗和谷子”，“他回到家中，将两根稻穗和一根高粱穗插在堂屋的神龛上的香炉中”，“妇女在灶前生火”，“堂屋中放一方桌，桌上放有十个碗，其中五个碗盛有饭，一碗盛有老南瓜汤，一碗有煮好的五花肉一块，上面放有一根稻穗，还有一碗青菜，另外两个是空碗，有一壶酒，五双筷子”，“一位老人面对神龛，手拿三炷香，作揖”，“然后全家人围桌而坐，准备开饭”等。在这些镜头之后是一系列收获的镜头，表示谷物获得了丰收。

影片以“纺丝，织布（年轻姑娘在母亲的指导下操作）”，“集市上出售自己制作的布依族特色小包和布”，“几位姑娘在一起用蜡刀制作蜡染的纹样，然后放入染缸”，“拿到河边去漂洗”，“蜡染的成品”，“制作蜡染用的蜡，画纹样，下染缸”，“布依族织锦”等镜头来表示布依族人的纺织技艺。

黔中地区布依族人的房屋和村寨是用以下镜头来表现的：“黄果树镇宁布依族”，“贵阳花溪布依族”，“布依族村寨，木房，石板房，石房，砖混结构平房”等。

“布依族青年男女在山坡上玩耍，男女间打土电话”，“布依族人在田间插秧，还一边对歌、唱歌”等镜头表现了布依族人的业余生活。

影片中，婚姻仪式是用以下一系列镜头来表现的：一队人来到一户人家院中，主人家见状，出门迎接，来的人挑有两块大糍粑，许多米花糖，有新鞋、新衣物、新毛线，许多瓶酒（两大竹篮），一个猪后腿。将挑来的东西放在堂屋中，此时一位男子手持两根小红烛（点燃的），左右手交叉，面向大门，背对神龛作一个揖，然后转向神龛作两个揖，将用那两根小红烛来点燃神龛上的大红烛，大红烛边上放着拿来的两块糍粑（上面画有符号）。一位布依族妇女领着一位布依族姑娘，给她展示送来的礼物。一位长者给了一个大红封，三个小红封。接新娘，唢呐开道后跟着一个挑着猪后腿的人，一个挑糍粑的人（有两个上面写有双喜，有四个上书“良辰美景”）。浩浩荡荡的接亲队伍。来到了男方家，在堂屋门槛处的屋内放有一个耙田的耙子，然后在其上放一个大簸箕，新娘在进门时要碰到那个簸箕，让其滑落。两位小伙儿拿着粑粑狂跑，后边跟着一群小孩儿。

影片亦表现了布依族人的丧祭仪式。在屋外立有幡杆树，上有报天钱，孝男、孝女跪在幡杆树下，在堂屋中的神龛下，放有两张大方桌，桌上放有一个米升，上插有用两根竹条做的架子，用白纸糊成的一个牌位，牌位上应书写有亡人的姓名，生卒年月，插有香，还放有酒、碗、猪肉，桌旁坐有人在唱古歌。在堂屋中打糍粑。大孝子头顶一个簸箕，上放有堂屋中的那个米升，其后一人举着报天钱，之后的一个孝子头顶一个大托盘，上反扣两个碗，其下压着一种剪纸物品。男男女女来到一片空地，在进入时一位妇女要将一根茅草交给一位老人。空地上有个木桩，上捆有一头小黄牛，其后跪着众孝男，一位长者喂牛一些茅草，然后出来两人，一人拿一把大刀，一人跟着，经过一些仪式后，准备杀牛，将牛放倒在地，掌好牛腿，控制好，一刀杀死(从牛脖子处下刀)。放倒幡杆树，用一头猪（杀死，去毛）放在堂屋门口。屋内，在棺材前，布摩在做仪式。将棺材抬出屋，准备出殡上山。抬棺材上山，下葬。先生用罗盘测方位。布依族人的坟冢。

影片以“一处崖画”，“学者在记录布摩的经书、翻译”，“关于布依族民间故事，酒歌的研究专著”，“制作石碑牌”，“布依族传统乐器”，“铜鼓”，“布依戏”，“布依族‘三月三’查白歌节（在新堡)”，“男女青年在山坡上对歌”，“青年男女交换礼物”等镜头来表现布依族人的民族民间文化。

祭祀土地的仪式有以下镜头：在土地庙前杀一头大肥猪，一位布摩先做仪式，右手拿一把小刀，左手拿一个碗，碗中有一张烧过的纸钱和茶水，他喝一口茶水，又向猪喷吐而去，然后杀猪人一刀杀死猪。将猪肉好的部分分为几条，挂在一个竹竿上。布摩手拿经书在土地庙前念着，几位老人依次在庙前烧纸点香，并作揖。将那些肉分给大家。在一座木亭内，放有一张方桌，桌上放有一米升，内插三炷香，两杯酒，旁有敲铜鼓、打钹、打锣的人，外面夹道站着许多手拿长矛、腰挎大刀的男子，屋内的人做一些仪式，然后跪在桌前。排成纵队，手拿武器向外走去。来到一块大空地上，围成大圈，两队人向中间冲去，做打斗状。众长者将刀插在地里，再插上一些香，然后跪拜。舞龙、弹月琴、敲铜鼓等。

《贵州侗族》

顾问：王朝文、龙志毅、王安泽、梁旺贵、李仁山、龚贤永、王思明、常征；策划：刘广洛、张人位、严天华、余克、盘太福、陈俊杰、黄世雄、潘廷映；总监制：李仁山；监制：苏太恒；制片：黄秀清、罗廷华；撰稿：潘光华、罗廷华、龙建刚、伍略；摄影：程兴怀；录音：林秉成；剪辑：徐迅雷；音乐：王承祖；解说：寒阳；副导演：程兴怀；副摄影：廖代谦、李力；导演：马长书。

影片开头用以下镜头表现侗族人的生境："地坪风雨桥"，"鼓楼连风雨桥"，"姑娘在河边洗头"，"肇兴侗寨全景"，"森林水车"，"侗族妇女们"等。

《贵州侗族》是以明确的篇章来组织镜头的，最先展开的是"建筑篇"，有以下镜头："侗族的民居，干栏式建筑"，"建在水上的木制储粮房"，"寨门"，"风雨桥"，"鼓楼、鼓楼的内部结构"等。

"鼓楼大歌篇"有以下镜头："姑娘们着盛装在鼓楼里的火塘旁边唱大歌，与小伙儿们对歌、唱歌"。

"家庭成员分工篇"有以下镜头："男青年在山坡上用锄头挖坑，放一粒种子（具体是什么种子不详）"，"两位男子在田中犁田，一位在前拉，一位在操控犁耙"，"男性老人们坐在鼓楼内的火塘边抽旱烟、聊天，其中一位老人在喂牛王房里的牛王青草"，"老妈妈在家制作腌鱼"，"妇女们在西瓜地里劳作"，"一位妇女在榕树树干上捆上四排鸡蛋壳"，"妇女在河边纺棉纱线"，"老妈妈在家中织布"，"染布"，"小孩儿学刺绣"，"老人教孙子穿衣"等。

"吃新节篇"有以下镜头："姑娘们在田中采嫩稻穗"，"回家后放在腌鱼上，两条腌鱼，两根稻穗"，"一男子点燃几张纸钱，点燃三炷香，然后将之前倒好的三杯酒倒在地上，再拿两篮染布在钱纸上晃一下"，"老妈妈把腌鱼、糯米饭分给小孙子、小孙女，大家一起吃"等。

"婚俗篇"有以下镜头："青年男女在相互交谈、唱歌"，"几位男青年弹着侗族琵琶和牛腿琴走过来"，"一位小伙儿借助木梯子爬到高处去敲击窗门"，"一位姑娘拉开窗门，与那位小伙儿交谈起来"，"喝侗族油茶"，"一位妇女在分装蒸好的糯米饭，有红色和白色两种，在一大块白色的上面盖有一些红色的，然后装入侗族特有的竹篓中，旁边还有很多箩筐粽子"，"年轻的姑娘们挑着这样的粽子和其他物品往外走"，"她们来到另一个寨子的寨口时，遇上拦寨（各种农具等设置的一道路障）”，“对面的男青年要与她们对歌”，“对完歌后才放她们入寨”，“侗族男女在家吃长桌宴，相互敬酒、玩耍”，“火把，妇女，晚上”，“许多着盛装的姑娘在抢两名小伙儿肩上挑的一只大公鸡”，“地上的公鸡头”，“一位妇女拿着一只活鸭和一个竹篮（篮内装有糯米饭和腌鱼）来到一户人家，把东西交给家人中的一位年轻女性，她接过东西，一样吃一点，之后将篮子扔出去”，“一位男子给一家人送来一担柴”等。

“生育篇”有以下镜头：“几位着盛装的姑娘肩挑着红白两色的糍粑”，“一些人在家中吃长桌宴（吃小孩儿的满月酒）”，“在空地上妇女给男人们喂糯米饭”，“众妇女把一位男子推倒在茅草堆上”，“在山上，母亲在给孩子喂奶，父亲在一旁种下一棵杉树苗（表示生儿种树的习俗）”，“放排”等。

“丧葬篇”有以下镜头：“亡人的棺材停放在鼓楼前，棺材盖上放有很多刺绣的布带，有吹唢呐、长号的”，“下葬用木棒架起棺材，在木棒的前端系有长长的白布（两根木棒一根系有一条），孝男、孝女走在前牵着那两条白布”，“将棺材送入一个崖洞中存放起来”等。

“侗款篇”有以下镜头：“一个人在鼓楼中敲鼓”，“两位身着侗族服饰的男子来到萨岁坛的门前”，“一位男性老人从萨岁坛内递出两杯酒给那两位男子，一人一杯，喝一点酒，后跟着许多男性成员”，“在述洞村，一人走在前，手拿一杆红旗，后跟着一身着红披风，戴头盔，腰别宝剑的人”，“一队男子肩扛火枪走来”，“多队人马走向同一地点”，“跳起芦笙舞”，“众人围成圈，中间高处站着一位男性长辈”，“另一男性长辈杀死一只鸡，将鸡血滴在一个大木碗中（碗中盛酒）”，“将鸡血酒给寨老或头人喝下”，“将预先准备好的石碑立好”，“将沾血的鸡毛贴于碑上”，“在碑前有一大锅煮熟的肉，一人用长棒（一头带尖）插一块肉，每人迎上来吃下该肉”等。

“祭萨篇”有以下镜头：“在萨岁坛前吹芦笙”，“插几炷香、烧纸”，“采一种树叶插于自己帽子上（寨老）”等。

“唱侗戏篇”有以下镜头：“抢花炮”“斗牛”等。

《贵州水族》

顾问：胡品荣；总监制：苏太恒；监制：潘万洪；制片：黄秀清、贾度；撰稿：潘朝霖；导演：徐迅雷、程兴怀；摄影：程兴怀、李力；录音：屠六庆；音乐：李继昌；剪辑：徐迅雷；解说：周杰。

全片长 40 分 16 秒。

影片开头以“自然风光，村寨风光”，“邓恩铭烈士故居”，“故居内的展览”，“水族同胞赶集”，“三都水族自治县人民政府”，“水族的一种传统舞蹈”，“水族男性老人教小孩儿学水语”，“三都民族中学”，“水族女孩接受学校教育”，“妇女们在河边洗菜、捶布”，“水族同胞赶集的场景”，“姑娘们织布、刺绣”等镜头来展示水族人的生境、历史、文化和现实。

一户潘姓人家，在祖先神位下（即堂屋中），举行开秧门仪式。神龛下放一方桌，桌上放有几把稻穗，六个空碗，六杯酒，一碗糯米饭，一碗猪肉，几把秧苗，周围站了几位姑娘，其中一位站在正中，她口中念着什么，念完后她用一只筷子在酒杯上点一下，然后拿一点糯米饭、猪肉，放在桌子上，然后她们就举杯喝酒、吃肉，最后，拿上秧苗到田里去。

姑娘们来到田里，开始插秧。几位姑奶奶用人力犁铧犁地。秧田中插有一个叫秧标的东西。田埂上有一大竹篓，其上放有一个簸箕，里面放一块猪肉，一些糯米饭，五杯酒，然后开始做一个仪式。一位妇女背着女儿在一片田中，也像上面一样，不过多了一小篮鸡蛋，她做了一些仪式。

祭神石仪式有以下镜头：“祭神石，为小孩祈福，保佑小孩儿健康”，“舞龙，挑着杀好的猪头和猪肉，拿到神石前”，“将猪肉都串在木棒上，供给神石，神石上搭有一块红布，还有香，一些男性长者在神石周围坐着，经过一些仪式后，他们开始喝酒”，“一位男子手提一竹笼，竹笼中有一只黑色小猪，在秧田中走，另一只手用一种植物在戳它，然后将它扔在一个水塘中”，“一位男性长者将酒倒在神石上”等。

在水族地区，为保证妇女生育，一般都要举行祭桥仪式。先生做祭桥仪式，在桥的一头，铺上茅草，上放五个碗，五双筷子，五个酒杯，还有用纸编扎的三道小拱门。先生在各碗上象征性地点了一下后，将碗递给参与的小孩儿，每碗里有糯米饭、红鸡蛋，然后开始。先生拿起两小捆线，一捆是红的，一捆是白的，就回去，其他人跟着他后面走。把桥上的线接回家，表示孩子的魂魄已经归家，可以生育小孩了。

影片对于水族的盖新房的呈现有以下镜头：“起新房立架”，“一队人走来，第一个人牵着一头水牛，背着一床红被子，一捆稻谷，来到刚立好的新房架下”，“把被子和大号米升拴在一根梁上，一位妇女把盛有水的一个土罐放在一根柱边上，水牛拴在一根柱子上”，“三位妇女和三个小孩儿在房架旁吃饭”，“做一种粑粑，自己烤的米酒”等。

表现丧葬场景的镜头有:“在房外立起一根高高的竹竿,顶端扎一块长长的白布”,“屋外还有一头水牛”,“棺材横放在堂屋中,用一个竹编的网子隔开,网前放有一张方桌,桌上放有一个纸糊的灵房,一个米升上插有不少香,还插有一个牌位,另有白烛一对,酒杯五个,地上有一坛酒,一篓鱼”,“孝子们穿孝服,拿着孝棒,弯着腰,被带到田间跪下,然后又带回寨子,带到棺材前跪下,此时先生念经书祭文,向插有亡人牌位的米升上香,然后吃饭”,“孝子们和亲属再次跪拜在棺前,然后起来,大孝子手捧着插有亡人牌位的那个米升,其他人拆离那个竹网,准备抬棺材上山”,“众人抬棺上山,孝子穿孝服走在前,手中拿着从棺材前端拴着的长白布往前走”,“水族的墓式和墓碑(石制)”等。

水族人的婚姻礼俗有以下镜头:“年轻男女在一起扔花毽”,“婚礼,男方家派人到女方家接亲,这些人被女方家的人留下吃饭,女方家的人(女性)在一旁唱歌,她们给他们敬酒,他们又给她们唱歌,她们突然都掏其中一人的包包”,“抬嫁妆,几位妇女在往嫁妆里放红鸡蛋,红花生”,“男方家接亲的两位主要人物在唱歌,与女方家的人对歌”,“之后她们把两根染红的竹竿拿给他们俩”,“抬着嫁妆走”,“新娘着盛装,穿新鞋,在晚上天黑后,由一小伙儿从自己家中背出”,“到了男方家,进屋跨过门槛时,门槛(屋内)放在一个盆,里面有一个鸡蛋和一碗东西(五谷杂粮)”,“小孩儿满月酒,众人来贺喜,送来酒、布、衣服,主人家回给一块猪肉,给小孩儿做仪式”等。

过端节是水族人最为重要的节日,其镜头有:“在田中捕鱼,准备过端节”,“做鱼包韭菜”,“由两位男性长者让祖先先吃,然后做仪式”,“在一面铜鼓上放一碗糯米饭,一点鱼包韭菜,一块豆腐,三杯九阡酒,一位先生将三样东西一样掐一点在铜鼓上”,“先生喝一杯酒,含在口中,然后喷吐在另一面挂着的铜鼓鼓面上”,“一对男女配合敲铜鼓”,“一大家人过端节,吃长桌宴”,“端节赛马”等。

《贵州彝族》

顾问:王朝文、龙志毅、黄瑶、梁旺贵、李仁山、龚贤永、王思明、禄文斌;策划:郝鑫中、严天华、李明金、龙国辉、刘天文、黄世雄、罗廷华、刘振国。

全片长40分钟。

影片用了以下镜头来表现彝族人的生境、历史、文化和现实情景:“彝族男子用溜索的方式过江"，"有虎图样的旗子和版画"，"自然环境，村寨全景"，"彝族人耕作的场景"，"夜晚，彝族人围坐在篝火旁弹月琴、唱歌"，"出版的一些彝族文献资料"，"黔西观音洞遗址，盘县大洞遗址"，"彝族父子连名世系表"，"彝族地区的建筑和信仰、土地庙"，"出土文物、碑刻、遗址（有关彝族的）"，"奢香夫人墓"，"纳雍猴儿关古战场遗址"，"安健墓"，"捕鱼"，"挖洋芋"，"青稞地"，"荞麦地"，"收荞麦的场景"，"做荞酥（工厂）"，"做漆器（工厂）"，"博物馆中彝族的农具"，"织布工具"，"彝族人弹棉花的场景"，"彝文研究成果"，"教彝文的场景（学校）"，"彝族人的宇宙观念（展示图版）"，"彝族同胞赶集的场景"，"彝族同胞祭祖先的仪式，看鸡骨卦"，"过彝年的场景，吃饭、敬酒"，"跳铃铛舞"，"玩秋千"等。

影片拍摄了一个彝族人的婚姻个案，以此来表示彝族人的婚俗。

男方派人到女方家接亲，这帮小伙儿在进女方家寨子时，要被女方家的姑娘们用竹条打，然后要对歌才能进寨，通过用竹条搭成的拱门，进寨后，小伙们向女方家的父母长辈献礼，向父亲和男性长辈献酒，向母亲和女性长辈献布和刺绣。献礼仪式结束后，男方家的人来到女方家的家门口，准备进家，当正要进去的时候，女方家的姑娘们突然将大门关上，唱起歌来，需要男方家的人对歌后才能进去，进屋后，男方家的小伙们坐在桌子上准备吃饭，在唱完一段歌后，当他们拿起筷子正要夹菜时，站在他们身后的姑娘们立即将他们手中的筷子夺去，被抢筷子的小伙们，就只能用手夹菜。

新娘出现，由一男子将其从她的房间背到堂屋，背出来时新娘要用手捂住脸。在堂屋放有一张方桌，上放一个大米升，四角插着竹竿，上面盖了一块白纱，新娘被放坐在桌子旁，旁边的女伴开始唱歌，围着这个桌子转圈，新娘又被背上，也围着桌子转圈，然后走出堂屋来。在室外有一堆篝火，新娘继续捂着脸，坐在篝火旁，三个女伴手捧着一卷竹席，一边唱一边向新娘走去，把这卷竹席从新娘头上穿过，交到她们对面的另外三个姑娘手上，然后又将它展开，披在新娘背上。

第二日早上，在一段舞蹈后，新娘被背上马，头上盖着一块红布。

到了男方家的寨子后，在男方家院门口，新娘下马，一位毕摩先杀一只公鸡，扔掉一个茅人，在毕摩示意后，新娘和女伴才能通过。在堂屋门口，盖在新娘头上的红布被掀开，红布被一人扔向房檐（落在房檐边上），准备进屋，在门槛前（屋内）放一个马鞍、一个空碗、一把马勺，马勺要扣在碗上，新娘进屋时要跨过马鞍，踩碎碗。

进屋后，毕摩向新郎、新娘做一个仪式，然后把新娘带向其他房间，在屋外有人送鞋，喝咂酒。

另有两人，一人骑马在后，一人跑步在前，手拿酒和一个腊猪头，到一个角落将其挂上，敬一点酒。

影片中有一系列的镜头表现了各种彝族民居和建筑。其后，该片用长镜头表现了一个祭祖仪式、一个丧祭仪式，以及祭祀树神的仪式等。最后，影片在彝族火把节中结束。

《贵州仡佬族》

顾问：王朝文、龙志毅、黄瑶、王安泽、梁旺贵、李仁山、龚贤永、王思明；策划：郝鑫中、严天华、余克、李明金、龙国辉、黄世雄、潘廷映、罗廷华；总监制：苏太恒；监制：潘万洪、刘天文；撰稿：骆长木、熊茂全、郑继祥、田金海、申茂凡、朝军、王国璋；制片：黄秀清、刘振国；导演：李盛镛；摄影：程兴怀；剪辑：徐迅雷；录音：张为民；音乐：张人卓；副摄影：廖代谦；照明：李力；音乐：郑路；解说：舒伟。

全片长 30 分 10 秒。

影片用“自然风光”，“仡佬族人行走在田间、山间”，“一段明朝的城垣遗址”（遵义海龙屯）、“申忠节公祠”，“在山上砍柴”，“在石头间的一小片土地中用人工犁地”，“打铁、打农具”，“仡佬族男子们在练习武术、棍术”，“娄山关”，“道真县政府、务川县人大”，“遵义县平正民族中学”，“居住在石崖下的木结构房中的仡佬族人，在用石磨磨豆子，在粮仓里劳作”，“仡佬族村寨的全景”，“一位妇女抱着小孩儿在踩舂碓，在舂碓的另一边，一位姑娘在配合帮忙”，“一位男子在制作灯笼”，“一位男子在贴春联”等镜头表现贵州仡佬族人的生境、历史、文化，以及现实的生存状态。

影片随后是仡佬族人祭祀祖先的一系列镜头：王氏宗祖位。一男子拿着一只公鸡，面对宗祖位，口中念着什么。一男子拿着一只鸡作了三个揖。宗祖位前搭有一个木板，上放有四个粑粑，粑粑上分别放四个碗，四双筷子，插有一对大红烛，在木板左侧底部挂有一串东西。该男子将几片鸡毛贴于宗祖位上。在堂屋门外挂上灯笼。在宗祖位前摆一方桌，放有一碗肉，一碗土豆，两碗其他菜，四碗饭、两碗酒，还有一些纸钱，六炷香。一男子双手拿一些纸钱，站立在桌前，作三个揖后跪下，口中念着什么，念毕拜三次后，将钱纸烧掉。在另一家的神龛（天地君亲师位）前，一人先敲几下放在神龛上的磬，神龛前放有两张大方桌，桌上有六杯酒，九炷香，五根小烛，有一盘子中放有十二个粑粑，还有另外两盘东西，另一男子站立桌前，手捧钱纸作揖，口中念着什么。

这里使用了两组镜头来表示仡佬族人的祭祖仪式。

“三位老人在一块喝茶”，“仡佬族姑娘们在茶山上采新茶”，“众人在苞谷地中劳作，两男子在一旁打鼓、敲锣”，“祭神树，七八位男性长者和中年人在树前作揖、跪拜，树下插满香火”等镜头，分别表现了仡佬族人的茶文化、“薅草锣鼓”习俗，以及祭祀树神等。

仡佬族人有竹王崇拜习俗，所以该片使用了以下镜头来表现它。

“一位老人在一片竹林中的空地上，放有一盘东西，里面有四杯酒，一碗肉，两碗菜，一壶酒，他站在一旁，手上拿着钱纸，准备烧”，“三根竹子在江中漂”，“竹王城遗址”，“一男子在竹林中的一块地上挖了一个坑，埋入许多鸡蛋壳”等。

吃新节是仡佬族人最为重要的节日。影片有“一位老者，头戴草帽在田边做仪式（和居都相同，糯米饭团，用鸡血淋上去）”，“老人将泡桐圈和青杠藤叶插在屋顶的一角”，“杀牛，用青草堵住牛嘴，用刀割牛脖子，然后分牛肉，分好许多份牛心”，“长房主事到田中摘稻穗”，“收谷子”等一系列的镜头来表现它。

反映仡佬族妇女技艺的有“妇女们在纺线、刺绣”，“仡佬族女性服饰、银饰、刺绣作品”，“烤酒”等镜头。

仡佬族人有采丹的历史，所以有“在河滩里淘洗分离红色矿物”，“一个模拟淘矿的舞蹈”等镜头。

影片中的婚俗。一位妇女在给新娘打扮，盘头（妇女应该是她母亲），装扮完后新娘用一块帕子捂住脸，跪下给母亲哭。新娘又来到堂屋哭（有哭嫁歌和哭嫁的习俗，不哭不好）。一位妇女在神龛前烧一些用白纸封成的东西。男方家派人抬着轿子来接亲。两个人面对面站立，站在左边的人手拿一张红纸，双手拿着从下往上慢慢移到嘴边，这样做一次，往前走一点。另一人手拿一个小土罐，做类似的动作，也是做一次，往前走一点。放三响地炮。刚才那两人进堂屋后，红纸交到之前拿罐的人手中，两人面对神龛作揖、跪拜。另两人又来跪拜。新娘头盖大红布被带到堂屋来，在不停地哭，给父母跪下

（父母也在哭），新娘被送上花轿，随着嫁妆到男方家去。

在到男方家时，进屋前，轿子要在原地转三圈，才将轿子放下，放下后一位老者在轿前放一张方桌，桌上有一米升，其内插有两根烛，两根香，四杯酒，桌下还有一口大铁锅，老者头戴师冠，手上撕着纸钱，准备烧，口中念着什么。轿子抬入堂屋，新郎已经站在堂屋。一位老婆婆将新娘引出轿，出来时地下垫了一个簸箕，必须先踩在上面。

影片还表现了另外一个婚礼。

新娘和嫁妆到男方家，到了男方家的院子，在院中放有一条长条凳，新娘打着伞背对房子坐下，其旁边站有一人（男性），头戴大草帽，右手拿了一个藤条，他先喝了一口水，含住，向新娘头顶喷吐，然后新娘就将伞拿开，在他念一些内容后，新娘又正对房子坐着。她的面前有一张方桌，上放有一个米升，上插一对红烛，三炷香，三杯酒，两人一人拿一只公鸡，一人拿点燃的纸钱，围着她绕三圈。堂屋门前有一条长凳，新郎已坐在上面，此时新娘先过来，入座，然后两人要换上一双新鞋。门槛上放有一个马鞍，在门槛内反扣着一个簸箕，在马鞍边上，簸箕旁又放有一个盆，盆内用筷子架成此状，中间有一盏油灯，新人进入堂屋。新人向神龛敬酒。三位妇女领着一个小男孩回家，其中一位妇女捧着用红布包着的小瓜，到家后她将它放在床上，男孩则蹲在床边。

《贵州土家族》

顾问：王朝文、龙志毅、黄瑶、王安泽、梁旺贵、李仁山、龚贤永、王思明；策划：郝鑫中、余克、李明金、龙国辉、刘天文、黄世维、潘廷映、罗廷华；总监制：苏太恒；监制：严天华、潘万洪；撰稿：田宏鸠、陈国安、田永红、刘明军、萧忠民；制片：黄秀清、刘振国；导演：李盛镛；摄影：程兴怀；剪辑：徐迅雷；录音：张为民；音乐：张人卓、刘光华；副摄影：李力；解说：张北丽。

全片长35分55秒。

“梵净山山顶空镜”，“纤夫拉纤”，“土家族妇女背水”，“土家族妇女在田地中劳作，背柴”，“晒谷子”，“土司印信”，“田氏宗祠外景”，“某历史遗址工事”，“乌江红军渡”，“黔东特区革命委员会旧址”，“一处纪念碑”，“红二六军团会师纪念馆”，“小学生听老红军爷爷讲故事”，“土家族干部”，“思南乌江博物馆”，“水牛耙田”，“传统方式引水”等镜头作为开头，以表现土家族人的生境、历史、文化和现实的生存状态。

随后表现的是“田地”，“撒秧、插秧”，“在秧田中做某种仪式，打鼓敲锣”，“两位敲锣打鼓的老人又来到苞谷地中，又唱又跳（此为黔北地区著名的“薅草锣鼓”，一种半神性半娱乐的表演）。

土家族人的傩坛盛行，傩神崇拜是土家族人的基本民间信仰之一，所以，影片作了重要展示。

傩坛师手拿牌带，头戴师帽，身穿道服，在炉灶前跳跃舞蹈，左手还拿一红色的板子。一男老人在石制的小舂碓中舂芝麻。傩坛师在另一场景中走出，扔出两面旗子（一白一蓝），旁边走出一人，从地上捡起两面旗并不断挥舞，此时，之前夹道而站的共十名男青年汇聚到中间，站成三路纵队，每队四人，之前捡旗的人站在左起的第一队，并将两面旗帜交于队伍背后的另一人。三队人每人手呈握拳状，举过肩，头戴树叶编成的帽子，手不停舞动，身体不停晃动。傩坛师在神案前，手举牌带，头戴师帽，身着道袍，不停舞动转圈（在屋中举行，称为傩舞，按照卦位来移动舞步）。傩坛师在屋外空地上依旧跳着，旁边是之前的那十二个人。两群人手举着两根大竹子（还有枝叶）从家门冲出，冲到家外的空地上，该处提前放置有两张方桌，桌上放有一坛酒，两队人分别把大竹子插于方桌旁（每人腰上捆有红腰带）。插好竹子后，两队人各自围站在方桌前，用土碗倒出坛中酒，并喝下酒。一头黄牛被吊起，男人们用刀、用木棒来杀，来砍。一个用纸扎的假人，被人用刀直接砍向脖子，被砍倒（这叫“杀白人”）。排着杀猪、杀羊、杀鹅、杀兔子、杀鸡、砍鸭头、杀鸽子、杀鱼。刚才所杀的所有动物，在洗净后，都供在屋中的神案前，傩坛师在先向这些祭品作揖后，转向神案。人们围在一个大缸前，一人用葫芦瓢给大家舀饭，众人纷纷争抢。

在土家族人中，对起新房非常重视，有一系列的仪式，有以下镜头来表现。“一队乐人手拿锣鼓、唢呐在吹、敲击，然后又走上类似房架的木结构上”，“一人口中念着什么”，“从房架上又走下来”，“又走到大梁前做仪式”，“围着主梁吹、敲、击”，“一些纸钱、四个碗（碗里有两块刀头肉、米饭、酒）、一壶酒、一支小蜡、一条五花肉，旁边还站有一位男子（手上拿着某样东西）”，“该男子又手拿一只活着的大公鸡，用手掐掉一点红鸡冠，放在脚前”，“一手拿三炷香，另一手拿一小杯酒，香头朝下在酒杯上晃”，“在木梁的一端，用大铁钉把那块五花肉钉在梁上，铁钉中还有几串纸钱”，“该男子又用木槌敲击一排木架”，“众人帮忙起房架”，“上主梁前先生再做一次仪式”，“在主梁上捆上一块蓝布”，“上主梁”，“三开间的房架架好”，“一些人来送东西祝福主人家起房子，主人家给来祝贺送礼的人送一块红布”，“一男子坐在主梁上，拿着一盘糍粑，一边念着，一边将糍粑向下撒，下面有人将一把大伞反举来接粑粑，旁边的梁上也有人往下撒粑粑，下面的人不断争抢”，“回到家中，在堂屋前摆有几张桌子，桌子上放有一个猪头，六个碗，一人手拿一只大公鸡，站在桌前作揖”，“在堂屋大门的锁上钉上两根铁钉”，“在堂屋的门口放有一张桌子，三人坐在桌前说着什么”，“开门，有人送进一个本子和钢笔，一双鞋，一顶帽子和衣服，两捆用红布扎好的柴，还有一大盘硬币”等。

土家族人的婚礼仪式，有以下镜头。“众人抬着很多东西，有猪肉等”，“新娘挽着一位女性长辈在哭”，“一男子将新娘背出，并给她换上一双红鞋，并给一些钱，新娘一直在哭”，“一男子给她打上一把红油纸伞”，“众人抬着礼品、嫁妆到男方家”，“新娘到男方家，一位女性长辈向新人的床上撒大枣、花生，让其他小孩来抢”，“新郎、新娘来到堂屋，拜谒祖宗和父母，又给两位新人戴上红线团”等。

影片中有祭祀树神的一组镜头。“祭拜神树，树前有一个长条凳，凳上有四杯酒，一壶酒，三双筷子，一个碗里放有一块肉，肉上插有两炷香，一男一女跪在树前烧纸”，“向一个石洞内扔石块”，“一男一女手持三炷香在跪拜”，“石崖前有两杯酒，四块粑粑，三炷香，红烛，纸钱”等。

接下来是一组表现土家族人工艺的镜头。“采茶”，“众人齐敲木头，在用土法榨油”，“竹编工艺，编斗笠，做油纸伞”，“制作砚台”，“土法造纸的工艺，晒纸”等。

表现成年礼的镜头有“杀猪”，“几个男子拿着刀冲下来”，“在堂屋中，放一方桌，桌上放有一个猪头，猪鼻子上插着六根香，一男子站在桌前，口中在念着什么”，“一位男性成年人领着三个小孩儿来到堂屋前拜谒”等。

关于傩坛仪式的镜头。“拜土地庙”，“傩坛师将一只公鸡定住，一女性神性使者念了一个口诀，然后傩坛师将鸡取下，另一人在地上撒一些饭，让鸡来吃”、在木炭火中烧红的犁铧，几位男子用纸钱将犁铧取出放在地上，排成一列”，“一男子从一排烧红的犁铧上踩过”，“上刀山（女性）”等。

关于丧祭仪式的镜头。“戴孝”，“亡人停在堂屋右侧，脚朝外，头朝神位，穿有寿衣，面部用纸钱遮住”，“将亡人抬起，放在一张凳子上坐好”，“堂屋大门前半步的屋顶上被打开，瓦被揭开，搭有一个阶梯式的东西”，“傩坛师在做法事，另一人将亡人的牌位，从最下层逐渐拿到最上层（在傩坛师指挥下），直到拿出房顶，外面有人接住”，“绕棺，先生领着大孝子（手捧亡人照片）做仪式”，“出殡，上山”，“抬棺，棺材盖上有一只大公鸡”，“从家中又抬出一口红棺材”，“孝子背对棺材背土，烧纸火，撒硫黄粉”等。

在以上七部片子的基础之上，贵州省民委又编辑了《依山傍水布依人》《鼓楼情韵》《悠悠水家情》《杜鹃花盛开的地方》《黔乡土家族》《仡佬古风》等六部片子。其基础性内容和影像都是一个来源，但是在编辑中贯穿了“宣传”民族文化的指导思想，因而就省略了许多东西，把他们认为最适于向外“宣传”的东西编辑了出来，就成了以下的六部片子。这六部片子在贵州电视台播放过，有些类似于电视媒体中纪录片中民族专题片，但这又不是媒体角度的纪录片中的民族专题片。

以上的片子是影视民族志资料片中最为典型的呈现。

在贵州省，属于影视民族志资料片的拍摄还有一些，比如 2002 年以后的，在非物质文化遗产名义下的许多拍摄，就属于影视民族志资料片的范畴。在贵州，有许多世界级、国家级、省级非物质文化遗产代表作名录，每个名录都有影像资料。其中可以属于影视民族志资料片的数量很多。

三、四川、重庆、广西等地的影视民族志资料片和拍摄

四川、广西等地的影视民族志资料片的拍摄情形与其他各地类似，也是出自于民委系统的拍摄，以及院校机构的拍摄和研究机构的拍摄。

四川省

在四川，1992 年，四川电视台与四川省民委合作拍摄的《中国彝族》，应该是这样的影视民族志资料片。

广西壮族自治区

在广西，拍摄的影视民族志资料片，多在 20 世纪 80 年代以后。1985 年，由傅靖生任导演的中央民族学院（现中央民族大学）摄制组，在民族文化研究者刘保元的带领下，进入广西白裤瑶聚居地区，拍摄了反映当地白裤瑶人社会生活和风俗习惯的民族志影片《白裤瑶》，应该是广西重要的影视民族志资料片的拍摄。该片在 1986 年入围法国真实电影节并获得提名奖，据认为这是我国民族学人类学影视片第一次在国际电影节上亮相。

在广西所拍摄的影视民族志资料片，多在20世纪80年代以后，而且多是学院研究机构、民族问题研究机构或从事民族研究的教学科研部门。20世纪90年代以来，以广西民族大学、广西民族研究所、广西民族文化艺术研究院、广西师范大学为代表的广西科研院所，拍摄了大量反映广西少数民族地区风俗习惯和社会生活状况的影视民族志资料片。其中较有影响的民族志资料片主要有《斋醮》《京族哈节》《短衣壮人的习俗》等。进入21世纪以后，随着现代数码摄影设备的普及，众多的民族学者和民俗研究的爱好者拍摄了难以计数的影视民族志资料片。而广西各地的民族、宗教、文化管理部门以及相关的研究机构，也在其日常的业务工作中拍摄和积累了相当数量的影视资料片。这些影片的内容，主要涉及广西各个世居民族的传统节日或重大庆典、民间宗教仪式、民间歌谣、民间工艺、民族服饰、民族传统体育等方面的内容。

《斋醮》

策划：周建新；编审：王柏中；摄像：甘克凡、周松林、农智虎；解说词撰稿：依兵；非线性编辑：甘克凡；解说：杨茜婷；制作：广西民族大学民族学与社会学学院影视人类学实验室；拍摄时间：2009年11月。

内容介绍：2009年11月18日至20日，在广西大新县下雷镇巴贺屯举行了一次“斋醮”仪式。这是古骆越后人——广西南部壮族祈求天地神灵保佑的重要民间仪式活动。按照当地人的说法，举行“斋醮”仪式的目的，在于“酬天谢地”“安境保苗”，以求风调雨顺，国泰民安，五谷丰登，六畜兴旺，消灾弭难，更渴盼未来的一年千般如意，万事亨通。举行斋醮活动的村子被称为“斋曼”（即“斋村”之意）。类似巴贺屯这样的“斋曼”，一般每五年举行一次。当地有“三年补马，五年做斋”说法，“斋醮”仪式是定期举行的祈祷活动。

这次斋醮活动邀请了三位道士、一位麽师、三位密师来做道场。斋坛设在村旁的土地庙前，用竹子、茅草、棕树叶搭盖成一个五十平方米左右的毛寮屋子。斋坛东边设麽坛，中间设道坛，西边设密坛。道坛上设有神位、神牌、祖先、山河神位、祈求保佑的吊挂等。麽坛上设有神位、香炉、神幡，而密坛则设有香炉等祭祀用品。斋坛右侧另设一神台称“静默堂”。斋坛前广场上竖起三根旗幡，为斋醮盛典的标志。

斋醮仪式于下午一点半钟正式开始。按照当地传统的做法，村众要首先迎接醮主（村中最有威望的老者）到斋坛，然后全体人员到村旁泉水取水作为圣水回斋坛备用。接着，麽师在斋坛门口设祭坛，诵经驱走孤魂野鬼，然后到村边驱逐各类妖邪。到了晚上，道士将圣水施法作为法水，祭洒坛场。诸事完毕之后，再发咒请神，并烧化安词表以示送达。开坛仪式开始，道士带领全体村民跪拜神位、诵经。麽师、密师也诵经请神。密师是神的化身，为前来求神保平安的妇女占卜。最后，由密师向师傅（道士、麽师）敬酒拜谢。至此，第一天的仪式活动结束，斋戒开始。

翌日早上，从早朝开始，由道士带领全班人马和全体村民连续多次作8字形绕幡（旗）朝拜，道、麽、密在中间旗幡停下，诵朝幡经，之后返回醮坛，继续诵经。午朝的做法与早朝一样。与此同时，村民舂糯米，做糍粑祭祖和招待客人。誊写奏折（抄写给神灵的词表），道教模仿地方官员向皇帝上书的形式，向天地神灵上书，用烧化的形式通达阴阳。待烧化后表示接福迎祥、迓喜纳吉，门户更新。晚朝的做法亦与早、午朝类似，不过此时场面更加热烈，焰火绽放，鞭炮齐鸣。随后大家围坐在广场上，兴致盎然地欣赏当地山歌歌手的表演。壮族山歌由男女对唱组成，有贺喜歌、情歌等，词语优美含蓄，体现了民歌的赋比兴特点。而在另一边，下雷村的业余表演队则演唱一些现代流行歌曲。最后的单朝是活动的高潮。三位道士向天地神灵祷告，祈求消灾降福。单朝后，另加一道祭孤魂程序，斋戒到此为止，可以吃荤腥了。

第三天，散斋。在斋醮仪式结束之前要隆重祭奠，谓之“入荤”和“三献”，三献即献酒、献荤、献茶。上午，道士诵经奏乐，之后便是荡魔驱邪，开始挨家挨户扫荡，道、麽和全体人员组成驱魔队伍，敲锣打鼓举怪兽、旗幡、鸣炮，拒妖魔于境外。最后将怪兽、旗幡扔入河中，表示秽气荡尽，邪魔灭迹。回到斋坛后，众村民便争抢吊挂纸、八卦图等。这些东西被当地人视为吉利的象征，得到者如同获得一份护身符。之后，村众取来两条树枝给密师画符，并将其插于村外的田地里，以示庆境祈苗，保佑村民平安。最后，众村民欢送醮主回家。中午时分，参加斋醮仪式的全体人员和本村村民在广场欢饮宴席。拆醮坛烧毁，送客，全部活动结束。

《京族哈节》

策划：周建新、吕俊彪；编导：甘克凡；摄像：李道森、古咏认、梁武；解说词撰稿：甘克凡；非线性编辑：甘克凡；解说：韦牡；制作：广西民族大学民族学与社会学学院影视人类学实验室；拍摄时间：2010 年 9 月。

内容介绍：在长期的历史发展过程中，京族人民创造了绚丽多彩的文化艺术，形成了本民族优秀的文化传统。2010 年 9 月 17 日至 21 日（农历八月初十至十四），在广西东兴市江平镇山心村，举行了当地京族一年一度最盛大的节日——哈节。这是一个集敬神、祭祖、团聚、娱乐于一体的传统节日。哈节期间的各项庆典活动，主要由当地传统的社会组织——“翁村”负责组织。而其仪式过程大致包括迎神、祭神、坐蒙、送神四个重要组成部分。

（1）迎神。农历初十日上午十点钟左右，参加仪式活动的全体司文、工作人员、嘉宾和村民先到哈亭集合，然后由国旗引路，旗幡随后，鼓锣、祭台、八宝跟进，一行人前往海边迎神。待至海边的神碑后，参加祭祀的翁祝（司文）、翁磨（香公）等人向神灵献酒、跪拜、诵读祭文，恳请神灵驾临。待用杯珓（当地人在民间宗教仪式中所使用的一种法器）“验证”神灵“驾临”之后，迎神队伍即将神灵迎回哈亭，沿路所到之处的各家各户鸣炮以示欢迎。

（2）祭神。祭神仪式在哈亭里举行。在哈节期间，当地人每天都要举行祭神仪式。仪式有净手、献酒、献茶、跪拜、诵读祭文、哈妹唱哈等。祭神仪式结束后，村领导、嘉宾分别在哈亭前致辞，祝贺哈节的举行，而后，由当地的文艺艺术团体进行文艺表演。中午，“翁村”在哈亭旁宴请全体人员。晚上，在村委会前的球场上搭起舞台，由一个外地来的歌舞团为村民表演文艺节目。此后数日，哈亭内每天均要举行祭神、唱哈活动。

（3）“坐蒙”。农历十二至十三日为“坐蒙”之日。上午十点钟，当地村民入席“坐蒙”（即在哈亭内边唱哈、边吃饭）。坐哈者有一百多人，分坐十余桌，按年龄、辈分入席，六人一桌。坐蒙时的菜肴，由共坐一桌的两户人家提供。“坐蒙”时，亦要举行祭神仪式，其程序与之前大致相似，只是祭文内容稍有不同。祭祀完后，由哈妹在哈亭里唱哈，内容以颂扬各位神位的功德为主。傍晚时稍事休息之后，晚上继续由哈妹唱哈。20 日晚上，唱哈的形式有所不同，此时是由长者先唱，哈妹答唱，长者送硬币回谢，持续时间相对较长。最后，由哈妹表演极具京族特色的天灯舞、花棍舞等。

（4）送神。农历十四日为送神日。上午最后一次祭神与之前的内容相同，然后举行隆重的送神仪式。此时，村众在哈亭前的广场上摆好各式祭桌和祭品，由村中最老者代表全体村民行跪拜礼送神灵，祈望神灵保佑村里渔业丰收、人畜两旺。

《短衣壮人的习俗》

策划：周建新、农廷兴；导演：农英明、农向东；摄像：农建龙、农铁；表演：板价民俗艺术团；非线性编辑：甘克凡；解说：杨茜婷；制作：广西民族大学民族学与社会学学院影视人类学实验室；拍摄时间：2009年7月。

内容介绍：广西大新县宝圩乡上甲村板价屯位于祖国南疆边陲，距越南几十公里，现有101户，共478人。当地村民至今仍然保留着壮族古老的生活习俗和文化传统，服饰与傣族等壮侗语系民族的古老服饰相似。当地男人大多扎黑长头巾，身穿大襟上衣，黑裤，扎黑绑腿，脚穿草鞋。而妇女则戴花头巾，身穿绣花边的黑短上衣，着黑色的百褶长裙，也扎绑腿，脚穿船形花鞋，人们根据穿着称她们为“短衣壮”。

“短衣壮”的饮食文化别具一格，其中烤烧猪是重大节庆或迎客宴席中一道必不可少的菜肴。竹筒饭是壮家的传统饭食。还有彩色糯米饭、糯米糍粑、黑糯米粽子。这里的农家饭丰富多彩，有烧猪肉、空心菜、芋头、炒下水、烧鸭、炒肉片、炖香菇、焖肉片等。在一些重大节日里，屯中的村民时常相邀一起聚餐。此时长者围坐一桌，其余的人则分坐数桌。开桌时，先斟上自家酿制的米酒，举杯共饮，祝愿日子红火，家庭幸福。而妇女们则一边唱山歌一边轮流给长者们敬酒，祝愿他们身体健康，长寿百岁，长者也回敬小辈以示祝福。此时场面欢乐热烈，犹如一个温暖的大家庭。

“短衣壮”的民间传统工艺至今仍有相当的保留，彩色棉花的生产、加工工艺即是其中之一。彩色棉花是呈浅棕色的栽培棉花，是棉花家族中的珍稀品种，只有秘鲁、墨西哥等地有少量遗存，而板价屯的彩棉种植据说已有上千年的历史。如今，当地人不仅保留着种植彩棉的生产技术，许多农户还保留着古老的木轧花机和织布机等，其纺织工艺得到了较好的传承和发展。

“短衣壮”人人爱唱歌。传说古代的壮族人是以山歌来跟先祖布洛陀对话的，凡有壮族人聚居的地方就有山歌。在田间地头，晚间劳作之余以及红白喜事上，总能听到悠扬的山歌，而在各个大小节日，更是少不了山歌助兴。

壮族歌圩源远流长。歌圩有日歌圩和夜歌圩之分。日歌圩在野外，以青年人“以歌择配”为主要内容；夜歌圩则多在村子里，主要吟唱传授生产、生活知识和技能的生产歌、季节歌、盘歌和历史歌等。

土生土长的村民组成的民俗艺术团表演了一场近乎原生态的壮族歌舞《蹬荡》《簸箕舞》《侬垌欢歌》《农家乐》。依山傍水的板价屯，仿佛是镶嵌在祖国南疆的一颗绿宝石，多么具有诗情画意的一方水土，优美动听的送客歌在村口飘荡。

第七章　纪录片中的民族专题片和拍摄

在导论中，我们对于民族专题片有一个界说，认为民族专题片只是纪录片中的一个“题材”而已，是拍摄者利用纪录片的拍摄手段和理念来拍摄民族文化，从而为纪录片的表现目的服务的一个行为。所以，我们从民族专题片本身的表现来说，这一类片子在民族文化的影像书写中，其作用并不直接。即纪录片中的民族专题片并不是民族文化的直接书写，而是一种服务于纪录片基本目的后的间接性质的影像书写。但是，这样的片子却是巨量的。它的受众也最多，拥有的影像拍摄的资源也最多，媒体通道也最多，其影响面也最大。这是一个矛盾。我们的价值取向是影视民族志的历史和科学的价值，但是受众却希望通过影像得到娱乐性的官能享受，纪录片中的民族专题片就反映了这样的纠结。对于这样的片子，我们就处于这样的双重评价中。可以说，一部分纪录片中的民族专题片，其民族志影像的意义是相当高的，有的甚至比我们专业的影视民族志影视片的发掘和认识都要深刻。而且一部分所谓纪录片中的民族专题片，就是原来的影视民族志影视片“化身”和“适应”受众变化而来的纪录片。这使我们有时候很迷惑，再加之一部分所谓的影视民族学家的观点还认为这种“适应”是影视民族志影视片的未来发展方向……这让我们很难在一个价值标准上来评价它们。但又不能在一个体系中使用两个标准。所以，我们只能在影视民族学的这个基本标准上评价这些片子了。即处于媒体基本诉求的纪录片中的民族文化专题片，只能是民族志影像书写中的最次要的一个组成部分。

第一节　西北和内蒙古地区民族专题片和拍摄

纪录片的一般定义是以真实生活为创作素材，以真人真事为表现对象，并对其进行艺术的加工与展现的，以展现真实为本质，并用真实引发人们思考的电影或电视艺术形式。这与民族志影像的差异很大。但我们的影视民族学界却“引入”了大量的纪录片观念，以为用纪录片的方式就可以实现影视民族志影视片和影视民族志资料片的拍摄。有的甚至就把纪录片中的民族文化内容的影像作为影视民族志影像来看待，其实，这是大错特错的。纪录片的核心为真实，但它不是在影视民族志中的真实，而是电影艺术的真实。而我们在实践中常常把这二者的真实混淆。张江华在《影视人类学概论》中深感这样的混乱，所以非常强调这是“直接的真实”，以此来区别于影视民族志影像与纪录片影像的真实性。有时候，我们深感中国影视民族学理论中对这一理论问题认知的混乱程度之深。因为从电影艺术、传媒、影像爱好者、艺术家等一系列渠道“进入”民族文化影像书写的人士太多了，而中国高等教育体系中的文化人类学教育普及又太一般。

一、纪录片中的民族专题片

在现今的影像世界中，纪录电影是十分发达的。它作为人类影像文化的一个组成部分，在视听领域占有重要的地位，于此，我们来看一看它的分类就可见一斑。纪录片的分类没有固定的统一标准，依照题材与表现方法的不同，一般分为以下几类：政论纪录片、时事报道片、历史纪录片、传记纪录片、人文地理片、舞台纪录片、专题系列纪录片等等。还可分为：宣传纪录片、商业纪录片、独立纪录片（当然，根据分类标准不同，还有其他分类方法）。

从这个分类中不难看出，纪录片中的民族专题片甚至还不能是纪录片中的一个分类，而是人文地理片中的一个题材。但是，我们的影视民族学界在看待这一类片子和拍摄者的时候，却大大超越了这样一个定位。在 2011 年的 5 月，中国影视人类学会专门去看望了对于中国影视人类学片拍摄有重要贡献的拍摄者杨光海和孙增田。对于这样的“看望”没有什么可以言说的，但是，看望的背后对于看重从媒体系统得到大奖从而肯定其影视民族学片价值的判断有问题。我们在评价影视民族志影视片时，常常会以得到纪录片影展奖励为荣，这样的价值判断标准偏离影视民族学的基本标准太远了。

当然，在我们影视民族学的现实中，相应的影像拍摄技术水平很低，故而直接引进纪录片拍摄人员是实现建立影视民族学研究体系最佳的途径。现实中我们许多院校的影视民族学研究机构就是如此走过来的。这让我们的许多影视民族学的理念严重的纪录片化，直接影响我们的影视民族学研究的基本方向。在这样的现实面前，我们不得不在“影视卷”中叙述纪录片中的民族专题片，因为我们许多方面的推进，来自于媒体拍摄的民族专题片。

民族专题片的拍摄主体可能是多种多样的，但它有一个特点，就是其拍摄一定会受到电影和电视受众的影响。因为这样的片子一般会在媒体中播放，受众喜欢看什么，就是拍摄者追寻拍摄的依据，而不是民族志的实际表现是什么。在某个特定时期，出于某些目的，比如宣传民族文化，一些部门可以直接推进这样的拍摄，所以有的拍摄就主要考虑“推进者”的要求。我们许多的民族专题片就是在这样的“推进”下拍摄的。所以，它们包含一部分民族志的内涵一点也不奇怪。我们今天认为的许多好的、高水平的民族专题片就是在这样的时期拍摄的。但在媒体改革后的今天，情形就大不相同了，受众的眼光是收视率的唯一标准，所以今天的民族专题片少之又少就一点也不奇怪了。

20 世纪的 80—90 年代，这样的民族专题片拍摄在中国形成了一股风气，出现了一批非常有才气的拍摄者，也常常把影视民族学的基本理念和纪录片拍摄理念混杂在一起来使用，使得拍摄既受影视民族学学理的影响，也受纪录片方法论的影响。其中好的片子既受影视民族学界的好评，也受影视界的好评。中国的西部地区在那个时代也涌现了一批这样的拍摄者和片子，在各省区都有表现。其中尤其以四川的纪录片中的民族专题片拍摄成就最大，影响最大。

这样的民族专题片一般都是在民族中寻找一个人物，用影像的方式讲一个故事，以此来反映民族的文化和民族文化的命运，以及个人在民族文化中的意义。既关注影视的审美，也关注民族文化的元素表达，好看，但还要有意义等等。

民族专题片的拍摄基本来自于媒体，故而我们分列叙述的时候也是以此为依据的。

在叙述纪录片中的民族专题片时，我们亦以西北和西南两个地区分片叙述。

二、内蒙古、新疆民族专题片和拍摄

中国西部西北和内蒙古地区的民族专题片的拍摄资源丰富多彩，而这一地区的媒体事业的发展相对滞后。但这一地区的民族专题片拍摄也有一定成就，比如在新疆和内蒙古的拍摄就是。

内蒙古自治区

内蒙古纪录片中的民族专题片的拍摄主体是内蒙古电视台的摄制人员。但该地的其他人员也参与了这种纪录片的拍摄。在内蒙古地区，从媒体角度拍摄的民族专题片的数量应该是比较多的，因为内蒙古电视台专门设置了一个《纪录片之窗》来播放纪录片。在这个《纪录片之窗》里播放的片子不但有一般的纪录片，也有我们称为民族专题片的纪录片。有外面引进的纪录片，也有自己拍摄的纪录片。在自己拍摄的纪录片中，就有很大一部分是所谓的民族专题片。

我们在下面列举内蒙古电视台《纪录片之窗》播出的5部民族专题片：《山水神的崇拜》《开都河》《查干诺尔湖畔》《首都蒙古族的那达慕》《甘迪嘎（gandig）和他的母校》作为代表，从中我们可见内蒙古地区民族专题片之一斑。

《山水神的崇拜》

此纪录片是内蒙古电视台《纪录片之窗》节目2008年3月20日播出的第15期节目，片长30分钟。

该片是以电视媒体的方式，从历史文化的角度重新认识蒙古高原的首次尝试，也讲述了将圣山博尔汗哈拉屯的圣石从蒙古国搬到内蒙古自治区的一些过程，同时也讲到了蒙古族的来历源头。

该片通过采访资深的专家学者，客观地讲述了蒙古民族的历史文化，蒙古民族与大自然的和谐共处，对山水神的崇拜。片中讲到《蒙古秘史》中的很多文献资料，具有真实性。观看者通过该片可以了解蒙古高原的地理人文环境，成吉思汗的圣石中包含的民族文化的象征意义。

《开都河》

此纪录片是内蒙古电视台《纪录片之窗》节目2008年9月4日播出的第38期节目，片长30分钟。

民族传统体育赛事之一——赛马，随着现代市场经济的发展，愿意传承发展这一职业的驯马手也多了起来。片中的达木仁苏荣就是这些驯马手中的一员。该片以达木仁苏荣带着他的马匹和小骑手参加那达慕大会的情形为主要内容，歌颂为自己的民族文化做出努力的人们，以此来表达对这些人崇高的敬意和无比的期望。

片中讲的是新疆巴音郭楞蒙古自治州博湖县的那达慕上赛马的实况，所以纪录片制作时对于新疆蒙古族方言的处理方面非常到位，对不了解新疆蒙古族方言的观看者予以方便。除此之外，在那达慕上民族文化的展示也对观看者了解新疆蒙古族民族文化有一定作用。还有解说词在该片中起着至关重要的作用。

《查干诺尔湖畔》

此纪录片是内蒙古电视台《纪录片之窗》节目 2009 年 4 月 30 日播出的第 66 期节目，片长 30 分钟。

该片记录了吉林省前郭尔罗斯蒙古族自治县查干诺尔湖畔生活的具有代表性的几个蒙古族人。通过记录他们以自己的能力和民族情感为自己的民族文化所做出的努力和贡献来说明不一定每天用本民族语言对话、每天骑着马才叫对民族有贡献。像他们一样不一定每天说本民族语言，但是为自己的民族尽自己最大的努力才是对民族、对民族文化最大的贡献。

譬如片中的企业家彤特戈西在自己富裕后给很多蒙古族青年以帮助，他还喜欢收集蒙古族的手工艺品，建立了制作蒙古族服饰的场子；跟挚友包斯尔携手策划画一幅大幅的蒙古族题材的油画等；画家包斯尔的绘画中大部分都是体现蒙古族文化的作品；民间艺术家包朝格柱为蒙古族说书艺术所做的一切；包朝格柱的徒弟——热爱说书艺术的巴彦巴图（初二的学生）等。上述这些人物以一些本民族的符号象征表达了对本民族的热爱和将民族文化发扬光大的志向。这些人物对民族的感悟和作为，与内蒙古地区的一些蒙古族人形成了一定的对比，这不得不让人们反思对于本民族的理解和感悟。

该片让观看者看到了生活在内蒙古自治区以外的蒙古族对本民族的态度和作为，并让人们感受这种民族情感。

《首都蒙古族的那达慕》

此纪录片是内蒙古电视台《纪录片之窗》节目 2009 年 8 月 29 日播出的第 83 期节目，片长 30 分钟。

该片主要讲述了在京的蒙古族人在首都安家立业、学习生活的同时也举办各种对民族有意义的活动。以此来表达对本民族的情感和对蒙古民族文化传统的继承发扬，对民族的未来充满信心的积极向上的态度。

片中展现了第 29 届在京蒙古族那达慕是具有代表性的蒙古民族的传统节日。在京的蒙古族虽然远离自己的故乡，但是通过那达慕的平台互相认识和帮助，让其他民族了解蒙古族的传统文化。并且这也是在各种文化交融的国际大都市中的一种民族认同的方式。除了那达慕，还有年轻人举办的在京蒙古族第三届助学篮球赛、庆祝成吉思汗诞辰之日等活动，也表现出蒙古族青年对民族的自豪感和责任感。

片中对在京的几个蒙古族，比如创办在京蒙古族那达慕大会的中央民族大学蒙语系主任王满都嘎等做了采访，也做了解说，增加了影像的真实性。此片对于了解城市中蒙古族的文化和蒙古族对本民族所做的贡献提供了真实的影像资料，也是对蒙古族文化在城市生活中不被淹没的真实记录。

《甘迪嘎（gandig）和他的母校》

此纪录片是内蒙古电视台《纪录片之窗》节目 2011 年 5 月 4 日播出的第 171 期节目，片长 1 小时。

该片主要记录了六年级毕业班学生甘迪嘎和她的母校——内蒙古最后一所嘎查小学，也称为“马背上的学校”——赤峰市克什克腾旗达赉诺尔旁的巴彦门都小学的故事。通过这所学校的历史、学生和老师的生活及精神面貌，可以直观地感受到这所学校至今存在的原因及独特的魅力。

由于嘎查小学都集中到了盟旗，很多嘎查上的学生不得不到离家数十公里远的盟旗上学。虽然该片中没有记录上述学生的生活，但与甘迪嘎在家乡、在草原、在马背上接受的纯正民族文化教育相比，这些学生成了制度改革的牺牲品。该片正是通过对甘迪嘎和巴彦门都小学的种种学习和生活景象说明撤销嘎查小学虽是某种权力或是制度改革的需要，但并不是明智之举，反而给牧民和他们的孩子们带来了无形的压力和不便。并表达了嘎查小学的教育并不比集中起来的教育质量差。正相反，在嘎查上的学生既学到知识也学到了集中教育无法给予的纯正民族文化。

此片在记录小学的同时，拍摄到了很多蒙古族文化中很重要的部分。比如：拍摄期间出现了甘迪嘎家的夏营盘和冬窝子，这说明克什克腾旗还有部分牧民还在传承着四季转场的游牧生活；干卓尔敖包的祭祀；呼和德（蒙语中孩子的意思）敖包的祭祀，还有克什克腾旗蒙古族儿童传统那达慕大会以及呼和德敖包祭祀大会上甘迪嘎的表现；那达慕大会上蒙古族的很多传统游戏，包括玩儿髁和布谷（蒙古棋类一种）；人们最熟悉的蒙古族摔跤等。

除上述之外，影片里还反映出了生态环境的恶化。越见干涸的湖水和湖边常见的死鱼；日渐缩减的牧场和整夏不降雨水的气候；建电厂，使地下水减少等。

从这样的民族专题片中我们不难看出，纪录片中的民族专题片，其诉求和表达方式与影视民族志影视片和影视民族志资料片是截然不同的。但它也在某些方面与我们民族志的影像有所关联。

以上是来自于媒体的拍摄。但在内蒙古地区，还有个人性质的纪录片中的民族专题片的拍摄。内蒙古地区个人拍摄者顾桃的拍摄，就是一例。顾桃近年来以自己在纪录片上的理解，对中国鄂温克族的支系——敖鲁古雅使鹿部落进行了长期的拍摄，形成了一部名为《敖鲁古雅养鹿人》的民族专题片，并且出版发行。

《敖鲁古雅养鹿人》

导演：顾桃；摄影：顾桃、小猫、宏雷；剪辑：张振中。

该片是以导演顾桃童年对父亲的记忆为线索，以玛利亚·索猎民点为纪录对象，讲述了中国鄂温克族的支系——敖鲁古雅使鹿部落。总数不超过200人的敖鲁古雅猎民虽然已实现了定居，但是有些猎民由于无法适应山下定居的生活，还是长期在山上的猎民点饲养驯鹿。该片还讲述了在传统文化与现代文明之间游走的猎民们在当下的生活境况中呈现出的精神及身体状态，以及他们在现代文明进程中的感受。

鄂温克民族的几个支系中只有敖鲁古雅猎民饲养并使用驯鹿。顾桃所记录的正是中国唯一的使鹿部落。在鄂温克族的生产生活中，驯鹿扮演着很重要的角色。驯鹿是他们的唯一，在顾桃父亲的年代他们还骑着驯鹿出猎，但是在顾桃的年代，现在，也就是放下猎枪以来，整队出猎的壮观场面已经消失不见，狩猎文化却远离了所谓的猎民。

顾桃非常真实地记录了玛利亚·索猎民点的人们的日常生活的各个方面。比如去寻找被偷猎者套死的驯鹿；没有猎枪打猎后猎民青年无事可做整日酗酒的场景；搬迁营地等。通过记录他们三代人的性情、思想、内心和行动举止，给观看者以对于这个民族遐想和思考的空间，思考他们未来的命运，他们该何去何从。

对于民族文化的体现这方面，导演顾桃也非常真实地记录了下来。对于他们的节日、服饰、饮食、住行，都真实而且明了地交代了。在现代文明的冲击下，鄂温克人在妥协，也在努力争取保留自己民族的文化。这样对一个民族现在的生活环境、生产生活、精神层面的记录，从人类学的角度是对这个民族的文化在这一年代真实的记录的保存。或许在未来的某一时间段，现在这些记录的一切可能也会消失不见，就像顾桃父亲那个年代的鄂温克族的狩猎文化一样，就像在影片里顾桃说的那样，实现定居以后他们的生产生活方式完全发生了变化，而由这些变化造成的文化的消失一样。

鄂温克族使鹿部落继续存在的保障当然是现在的这些猎民。然而使鹿部落的猎民青年每年因疾病和酗酒早逝是导致纯粹鄂温克血统的敖鲁古雅人减少的主要原因。这样的情况一方面对这个民族的文化传承带来了困扰，加之在只有语言没有文字的情况下，文化传承真的成了一个问题；另一方面早逝的情况使得这些敖鲁古雅人对死亡有自己的态度。

导演顾桃是一个外族人，对玛利亚·索而言，是一个他者，这种他者的进入对玛利亚·索和猎民来说，要经过一个适应过程。对于一个对外族人相对陌生的民族和极度想融入这个民族的外族人，这样的定位在人类学的角度上也是一种文化与另一种文化之间的交集，两种不同文化间的互相渗入。

总的来说，顾桃真实地拍摄并解说了中国唯一的使鹿部落的猎民的生活文化，给观看者留下了真实而珍贵的影像资料。这对于了解研究鄂温克族的文化和当下的生活有着不可磨灭的功劳。这样的纪录片中的民族专题片拍摄，较之媒体系统的民族专题片拍摄有更多的民族志意义。

新疆维吾尔自治区

新疆最早的纪录片应该是1939年前后徐苏灵编辑的《新疆风采》。但关于其片的情形不详。不过，从这一点来看，新疆在早期应该有所谓的电影拍摄性质的纪录片出现。

在媒体方面，新疆电视台是在20世纪80年代才建立的，拍摄纪录片的只有新疆电视台经济生活频道，曾拍摄五集电视文献纪录片《历史的抉择》（1999年）、18集电视文献纪录片《党在新疆》（2001年）、50集大型电视系列片《新疆重点工程建设50年》（2005年）。所拍摄的民族专题片很少，像《家住沙漠中》可以说是类似民族专题片的拍摄。

新疆地区的纪录片中的民族专题片拍摄主要为个人拍摄，最著名的纪录片导演为刘湘晨。刘湘晨的拍摄可以作为新疆纪录片中民族专题片拍摄的一个代表，列举其8部片子如下。

1.《太阳部族》

1996年摄制，导演刘湘晨，摄像何明、孙莽。

《太阳部族》讲述了位于帕米尔高原东部边缘的一个名为“勒斯卡木”的小村子的故事。全村仅有七户人家，去县城买一盒火柴或一袋盐往返也要走五六天。老霍加夫妇共有十一个子女，除了嫁出去和另立门户的孩子们，二儿子托乎提一家常年厮守牧场放牧，三儿子多鲁坤在给外国登山队拉骆驼，四儿子夏尼是小村唯一一所小学的唯一一名教师。老两口则带着其他几个孩子务农……该片全面反映了帕米尔高山塔吉克人的生存状态和他们正在经历的变化。

《太阳部族》开创了新疆少数民族题材的纪录片在国际主流媒体播出的先例，先后在中国、新加坡、澳大利亚、新西兰、加拿大等国家播出，尤因美国“国家地理”频道连续播放四年而享有广泛的国际声誉。获得新疆广播电视一等奖。

2.《山玉》

1998 年摄制，导演：刘湘晨；摄像：刘湘晨。

《山玉》一片是有关昆仑山采玉人传奇人生的第一次影像描述。

该片以昆仑山山中的三个著名矿点为视点，其中，阿勒玛斯矿的采玉人以远离故土来疆打工的四川人为主，海尼拉克矿的采玉人是维吾尔族人，赛迪库拉姆矿的采玉人则是由当地的汉族人构成。围绕着找矿、采矿和最终将玉石运出山外的脉络，展示了采玉人延续数千年的艰苦异常、随时都在以命相搏的传奇生涯。

《山玉》获得第九届上海“白玉兰”国际电视节提名奖，并由新西兰NHNZ公司代理在世界同步发行。获得中国纪录片学术委员会十佳作品、新疆广播电视一等奖。

3.《柯坪记事》

1999 年摄制，导演：刘湘晨；摄像：孙莽；录音：赵晓英。

《柯坪记事》为新疆最大的一次性移民搬迁工程实施的全程纪实。

由于土地匮乏和水源有限，1999 年，柯坪县阿恰勒乡一万多人全部前往位于塔克拉玛干西缘的新辟农区启浪乡。围绕着搬迁和搬迁之后的建设，乡民们各有不同的疑虑。该片以老库尔班一家为对象，全程跟踪了搬迁移民前后历经的种种变化与纠葛。老库尔班的大儿子成了移民搬迁的带头人，最终在新垦区的当年获得大丰收，成了全乡有名的粮食状元。

《柯坪记事》获得新疆广播电视一等奖。

4.《海拔 5300 米的古那》

2001 年摄制，导演：刘湘晨；摄像：刘湘晨、党成华。

海拔 5300 米已是人类生存的极限，这是藏北高原春牧的草场。老嘎玛丹曲原是黑草甸一带最富有的牧民。他的女婿把他的 200 只羊和几十头牦牛吆去换大汽车已三年未归，弄得他不得不带着老伴儿和被女婿抛下的女儿又来到了早已另立门户的儿子家帮儿子放羊。老嘎玛丹曲每天都睡在帐外守着羊群，使之不被狼群袭击。儿子家和邻居才巴家凡跟羊群有关的事都让他感兴趣，秋后他将得到儿子和邻居们给他的几只羊作为报酬。他希望不久还能把自个儿的羊群攒起来。在离开春草场之前，邻居才巴和老嘎玛丹曲又去了一趟县城，买了两家下一季要用的面粉。老嘎玛丹曲的目的是看看能不能侥幸找到已去三年的女婿和他的羊群，结果又是失望而归。藏北高原草场的草情薄，仅能容几家人和他们的畜群短暂停留。一个多月后，老嘎玛丹曲又随儿子和邻居才巴家的羊群转往下一个牧场。

《海拔 5300 米的古那》获得第十三届上海“白玉兰”国际电视节提名奖、2010 年中国（青海）世界山地纪录片节人文类最佳摄影、2010 年中国（青海）世界山地纪录片节人文类纪录片大奖提名、2010 中国（青海）世界山地纪录片节人文类最佳长纪录片提名。

5.《驯鹰人》

2003 年摄制，导演：刘湘晨；摄像：刘湘晨。

《驯鹰人》说的是：从夏牧场回到冬窝子，作为一个养鹰世家，老阿德尔·买买提哈孜最操心的事就是给即将独立门户的三儿子艾沙拜克·阿德尔抓一只鹰。该片围绕这个线索徐徐展开，在帕米尔高原柯尔克孜浓郁的风情场景中记述了他们捕鹰驯鹰、与鹰为伴的传奇人生。

《驯鹰人》入围“德国 2010 年国际自然和动物电影节”、荣获 2009 年中国广播电视协会第三届“纪录·中国”银奖、荣获 2009 年中国广播电视协会“中国台山杯·新富源杯”第六届中国纪录片国际选片会二十佳作品。

6.《中国新疆维吾尔木卡姆》

2004 年摄制，导演：刘湘晨；摄像：刘湘晨、党成华；录音：李兵。

《中国新疆维吾尔木卡姆》所涉猎的内容，包括维吾尔木卡姆产生的地域环境、历史传承、内容构成、风格样式、所面临的处境及拯救措施等方方面面。

该片受邀为联合国教科文组织摄制。

为维吾尔木卡姆最终入选“人类口头与非物质遗产”名录最重要的影像媒介。

7.《大河沿》

2006年摄制，导演：刘湘晨；摄像：刘湘晨；录音：李兵。

《大河沿》是讲述塔克拉玛干沙漠最深入的居民——克里雅人的故事。克里雅人老赛迪肉孜一家世代居住在克里雅河畔，外孙女热比罕怀孕即将临产，一家人为此喜忧参半，原因是热比罕的男人是经常在这一带跑车的司机，与热比罕长久同居，直到孩子即将出生，才与前妻匆匆办理离婚手续与热比罕结婚。孩子顺利生产，是一个女婴，这是老赛迪肉孜家的第一个重外孙。在给孩子取名的仪式上，老赛迪肉孜请了能请到的所有人为孩子祝贺，孩子的父亲最终没有前来参加，孩子的取名仪式依旧正常举行，老赛迪肉孜不禁万千感慨。

该片获得世界人类学与民族学第十六届联合大会提名奖；四川“金熊猫”国际电视节最佳纪录短片、最佳摄像提名奖；荣获2008年中国纪录片学术奖十佳作品、德国莱比锡国际电视节“中国一日”特别展映；法国“列维－斯特劳斯百年诞辰”特邀展；入围莫斯科2010年国际电视节；入选2011年美国影视媒体年会。

8.《阿希克：最后的游吟》

2010年摄制，导演：刘湘晨；摄影：刘湘晨、党成华、谢熔铨；录音：李兵。

《阿希克：最后的游吟》历经波折，耗时五年才得以最终完成。该片第一次全面地记录了塔克拉玛干沙漠南缘维吾尔民间流浪艺人阿希克的生活。

“阿希克”一词，意为“痴迷者”。与伊斯兰世界正宗苏非的生活不同，除了少数的隐修者常年游历麻扎外，塔克拉玛干沙漠南缘的阿希克们大多选择了不同的职业或通过不同的方式来谋生：铁匠、乞丐、小商贩、掘墓人、剃头匠、种花匠、女阿希克、谢赫……但是，他们的吟唱及吟唱的内容依旧是一脉相承，不曾改变。他们仍然在用吟唱的古老方式向真主表达挚情，实现内心的忏悔。

该片以宏大的叙事视角展示了阿希克的整体面目。同时，详尽记录了年轻一代阿希克在今天都市境遇中面临的挑战与无奈。正是在这个意义上，阿希克的游吟生活成了今天整体人类的一个寓言：面临着内心坚守与现实挑战的多难局面，人类的信仰还有没有价值？还能不能成为我们最重要的指引与提升？

该片获得中国影视人类学最佳视觉奖、中国纪录片学术委员会长片二等奖、中国纪录片工作委员会长片银奖、受邀美国俄勒冈瑟勒姆大学展映并由该校图书馆收藏、受邀美国伯克莱大学加州分校展映并由该校图书馆收藏、受邀在我国台湾举办的“民族志国际影像”展映、受邀在我国台湾举办的“两岸三地首届纪录片展”展映、受邀北京宋庄·刘湘晨纪录片特邀展映。受邀清华大学、北京大学、中央民族大学、北京师范大学、北京电影学院、新疆师范大学、新疆大学展映。

在新疆，新疆大学人类学与民俗学研究中心主任热依拉·达吾提教授也拍摄了一些自己称为“民族志电影”的影片。但她的拍摄更像是纪录片中的民族专题片的拍摄，所以，我们也把其归为民族专题片来叙述。近年来，热依拉·达吾提教授拍摄了《乡村女苏菲》《师徒之情》《维吾尔族麻扎朝拜》《维吾尔族达斯坦演唱活动的记录》等4部片子。

1.《乡村女苏菲》

2009年在吐鲁番火焰山拍摄，拍摄周期2周，英文字幕。该片讲述当地著名女苏菲的个人故事、苏菲们在民间生活中的作用以及他们的仪式等。

2011年3月分别在英国肯特大学和英国皇家人类学会播放，得到很好的评价。

2.《师徒之情》

2009年在吐鲁番火焰山拍摄，拍摄周期1周，英文字幕。

该片主要是对当地1997年已故著名苏菲领袖去世纪念日仪式活动的记录，通过徒弟们的回忆，讲述他的个人故事。

2011年3月分别在英国肯特大学和英国皇家人类学会播放。

3.《维吾尔族麻扎朝拜》

2007—2010年每年的5月份在和田的大型麻扎游览活动中拍摄，拍摄周期3年。主要是对当地麻扎朝拜活动的记录。

2011年3月分别在英国肯特大学和英国皇家人类学会播放。

4.《维吾尔族达斯坦演唱活动的记录》

2008至2010年先后在哈密、和田和喀什等地现场拍摄8个民间艺人演唱的“卡尔巴拉”“亚其拜克”“玉素甫艾买提”“英雄斯依提”“伊玛目侯赛因的故事”“阿布都热合曼霍贾”等17部民间达斯坦（民间说唱）。目前已制作完成其中的11部纪录片，每部片都有英文字幕。

2011年12月在英国剑桥大学的国际口头文学会议上放映其中一部纪录片的部分内容。

三、西藏、青海、甘肃、宁夏民族专题片和拍摄

西藏自治区

西藏地区纪录片的拍摄历史是比较早的。一般认为西藏地区的纪录片拍摄的发轫，为1913年，意大利人马里奥·皮亚桑扎拍摄的《从克什米尔攀登喜马拉雅山》一片。早期的拍摄多数是外来者的拍摄。1939年，国民政府在西藏有一些纪录片拍摄，这是中国人自己最早拍摄的纪录片。在20世纪50年代之后，随着中国人民解放军18军的进藏，西藏地区也成立了摄影队。

西藏地区的纪录片拍摄主要有两方面的内容，一是地理方面的内容，一是人文方面的内容。这第二方面的内容中就有许多我们所说的民族专题片，或者说内容涉及民族的纪录片。

1939年，徐苏灵[①]随蒙藏委员会委员长吴忠信访问西藏，拍摄了纪录片《西藏巡礼》。该片结合1939年年底蒙藏委员会委员长吴忠信的参访活动介绍了藏地的人文地理、风土人情、宗教仪轨和抗战时藏族聚居地区的社会动态，对雪域的游牧文明、藏历新年的跳神跳鬼仪式及各大寺庙的雕塑、壁画艺术等都有展现。作为核心内容的达赖喇嘛坐床典礼仪式真实呈现了20世纪40年代的历史性场景。在这部纪录片之外，另外有一部独立播映的短片，片名叫《吴忠信委员长到西藏》。该两片，应该是西藏地区最早的与民族专题片类似的片子。

在1949—1976年这段时期里，有一些纪录片的拍摄，但是多为历史纪录片，其中有一些有关藏族的内容。

1951年，西藏就有了自己的摄影队，人员有泽仁、扎西旺堆、计美邓珠、次登等。他们拍摄有《战胜怒江》《康藏、青藏公路修建和通车》《达赖喇嘛

① 徐苏灵，1910—1997年，原名徐玉麟，笔名苏灵，原籍天津，生于上海。1930年，毕业于上海中华艺术大学西画系，后任哈尔滨艺术学院西画系教师。1931年年初来上海，担任《春潮》《矛盾》等文艺刊物的编辑工作。抗日战争爆发后，赴重庆进中央电影摄影厂任职。1952年，进上海电影制片厂任导演。拍摄和编辑的纪录片有《西藏巡礼》《东战场》《新疆风采》等。

和班禅喇嘛参观祖国各地》《中央代表团在西藏》等纪录片。他们是新中国西藏纪录电影的开拓者。

1959年，中央新闻纪录电影制片厂的郝玉生、何钟辛等拍摄了长纪录片《百万农奴站起来》。这一时期中央新闻纪录电影制片厂还拍摄有《平息西藏叛乱》《康巴的新生》《阳光照耀着山南》《欢腾的西藏》《山高水长》等纪录片。八一电影制片厂拍摄有《甘孜藏族人民的春天》等纪录片。它们都在一定程度上有民族志的影像。

在这一时期前后，西藏摄影队的摄影师们，与其他编导合作拍摄了《世界屋脊的传说》《拉萨一家人》（四集系列片）、《我们的家乡西藏》《我们走过的日子》《维修布达拉宫》《扎什伦布寺》《拉萨祈祷大法会》《拉鲁·次旺多吉》《十世班禅》《故乡行》《生命的最后时刻》等纪录片。它们基本属于我们所说的纪录片中的民族专题片。

1973年，毕业于中央民族学院的明玛才仁回到西藏工作，拍摄了《中华健儿登珠峰》《仁布掠影》《扎寺喇嘛的一天》等纪录片。

1976年秋，明玛才仁受命组建西藏电视台筹备组，并用一台10毫米的摄影机拍摄了纪录片《欢腾的高原》。

1985年，西藏电视台正式成立，此后拍摄了《青稞在欢唱》《走上唐古拉的女人》等纪录片。

这些纪录片都可以视为民族专题片。

后来王海兵与四川和西藏电视台合拍了14集系列片《西藏》，其中的《藏北人家》最为有名。

《藏北人家》拍摄地：藏北草原南部，念青唐古拉山主峰北边，纳木湖；拍摄对象：藏族牧民措达一家；上映年度：1992年。王海兵[①]拍摄。

该片以客观真实的影像叙事展示了纳木湖畔牧民措达一家田园诗般的游牧生活。通过对这个小康牧民家庭的描述展示了藏北牧民日常食用的酥油茶、糌粑、血肠等食物，以及剪羊毛、纺线、祭神等牧民日常起居和生活习俗。形象地刻画了藏北牧民的族群性格，以及他们在与大自然朝夕相处的过程中建立起来的相依相存的和谐关系。让观众在屏幕上体验了藏北牧民的生活方

---

① 王海兵，1956— ，我国著名纪录片导演，1982年毕业于北京广播学院电视系摄影专业。其纪录片代表作“三家”：《藏北人家》《深山船家》《回家》。

式、生存状态和他们独特的游牧文化。

王海兵在西藏还拍摄有民族专题片《古格遗址》。

《古格遗址》聚焦西藏历史上著名的古格王国遗址，回顾了古格文明的发展史。该片通过对吐蕃王朝分裂后建立的古格王国的历史追述，介绍了古格王朝的由来、古格城堡的建筑风格和功用、当时的社会状况及佛教在古格王国传播的情形，对那个时代遗存的寺院壁画都有形象生动的阐述。

中央电视台1985年前后拍摄的系列专题片《川藏纪行》中有部分属于民族专题片。

1985年，西藏民族学院拍摄的《门巴风情》《门巴婚礼》《珞巴风情》亦属于这样的片子。

1991年以后，中国藏学研究中心拍摄的一些片子，虽然是在“研究”的诉求上的拍摄，但它们更像我们所说的纪录片中的民族文化专题片。

1993年，中央新闻纪录电影制片厂的傅红星在西藏拍摄了《雪域明珠》《回访拉萨》，曾获少数民族纪录片骏马奖。

这一时期的中央电视台李晓山拍摄的《达赖喇嘛》，以及曲静深拍摄的《第十一世班禅额尔德尼》，也是我们所说的纪录片中的民族文化专题片。

《达赖喇嘛》记述了一个在青海湟中出生的幼童拉木登珠如何被确认为转世灵童，并经过坐床典礼成为十四世达赖喇嘛，以及少年达赖如何成长为西藏政教合一的封建农奴制度的精神领袖，而后又是如何走上分裂祖国的道路的过程。

《第十一世班禅额尔德尼》叙述了班禅额尔德尼圆寂后，一个叫确吉杰布、诞生于藏北嘉黎县的孩童经国务院批准，被确认为第十世班禅转世灵童真身的故事。该片围绕转世灵童的寻访、金瓶掣签、坐床典礼等传统仪轨，展示了藏传佛教特有的活佛转世传承方式，对领导人的关怀和他本人学经礼佛、在藏族聚居地区的巡访等活动也有记录。导演曲静深信禅不可言，所以该片没有解说词。

进入新时期后，有一批新人创作的纪录片，也可以视为西藏的民族专题片，比如段锦川的《八廓南街十六号》、季丹和沙青的《贡布的幸福生活》《老人们》。

《老人们》一片表现了几个风烛残年的藏族老人们的晚年生活，对他们参与当地寺庙的兴建与管理、协助邻人盖房、对村民们的吃喝拉撒、生老病死等日常细节都有呈现。老人们甚至还恢复了以前的“敬神除厄仪式”。片中老人们的对话也不时流露出源自俭朴生活的哲理，直观地反映了藏族人对生命的感悟。季丹选择将她的摄像机谦卑地停留在旁观者的角度，以她细腻的心理感知记录了村落中埋藏在藏族内心深处坚韧而顽强的虔诚信仰。这种信仰的力量构成的藏族的精神境界是具有弥久生命力的。

新时期的藏族摄影师也有自己表现。藏族导演万玛才旦拍摄的《草原》《静静的嘛尼石》亦是非常好的民族专题片。

这一时期外国的拍摄者也有作品，比如法国导演雅克·贝汉任制片人和监制的《喜马拉雅》。

《喜马拉雅》展现了藏族人特有的崇敬天地、与大自然融合、天人合一的信仰和生活观，以及人与自然之间心有灵犀、循环相生的和谐统一哲理。在富有浓郁民族特色的藏族民歌和神秘的藏密梵呗等音符营造的氛围中，喜马拉雅山脉仙境般优美绝伦的风光和藏族聚居地区特有的人文精神显露无遗。该片2000年曾获恺撒电影节、柏林电影节的最佳摄影、音乐、导演奖和奥斯卡提名奖。

青海省

青海省的记录影像可以追溯到斯文·赫定的拍摄。在斯文·赫定考察西北时，有一些记录影像留下来，但其情不详。

新中国成立前，这一地区也有纪录片出现。1940年，郑君里[①]在西康、青海等地拍摄了《民族万岁》，反映蒙、藏、回、苗等少数民族文化习俗和他们抗战时期的现实生活。对长江源和青海湖的地理、藏族舞蹈仪式、藏胞捐粮及在寺庙里为和平虔诚祈祷的喇嘛们等藏族聚居地区的战时社会情景有较多介绍。《民族万岁》有一定的民族志影像内容。

青海省的纪录片拍摄主要为青海省电视台的拍摄。系列片《走向西藏》《梦界》《西藏的诱惑》《格拉丹东儿女》《藏王的使者》等纪录片可以说是民族专题片。在其旅游文化类节目《走进三江源》中，也播出了一些类似民族专题片的纪录片，如《於菟》《同仁六月会》等。

---

① 郑君里，1911—1969年，男，汉族，曾用名郑重，千里。1911年12月6日生于上海，原籍广东中山，中国著名电影演员、导演。自幼家境贫寒，进义学念书。因酷爱艺术，读到初中二年级，毅然中途辍学，考入南国艺术学院戏剧科学习，开始了他的艺术生涯。拍摄纪录片《民族万岁》。

《格拉丹东儿女》由青海电视台的刘郎等人在海拔4000多米的长江源头拍摄。该片介绍了长江、黄河源头的自然概貌，反映了在严寒酷冷高原上藏族人家的游牧人生。

另外，由王娴等拍摄的《唐蕃古道》也是不错的民族专题片，它被许多藏族同胞称为“奉献给藏族人民和广大电视观众的一条圣洁吉祥的哈达”。在此片中，摄制组成员与藏学家一起研究唐蕃古道的走向，在万里跋涉中探寻沿途丰富的文化遗迹，从影像的视角阐释了“中华民族多元一体”的文化特征。

甘肃省

甘肃的纪录片拍摄主体为甘肃电视台。甘肃电视台有一个专门的纪录片频道“故事甘肃”，放映过一些民族专题片。

甘肃省民族专题片的拍摄成果主要为《团结奋进60载——甘肃省少数民族事业发展纪实》《长河星辰·中国西部少数民族甘肃部》两部大型系列片。前者为甘肃省民族事务委员会、甘肃省电视台联合摄制，后者为甘肃省民族事务委员会、甘肃省广播电影电视局和甘肃省广播电影电视总台联合摄制。

《团结奋进60载——甘肃省少数民族事业发展纪实》拍摄于2009年，是甘肃省民族事务委员会在新中国成立60周年之际，对甘肃省少数民族事业的发展进行的回顾与总结式拍摄。纪录片通过介绍甘肃省少数民族的族名认定、区域自治等，回顾了20世纪50年代以来，在中共中央的关心与指导之下，甘肃省人民政府按照国家的民族政策，建立健全甘肃省民族区域自治制度取得的巨大成绩。此外，纪录片从政治、经济、文教、医疗等领域对甘肃省的民族工作进行了拍摄与记录。

《长河星辰·中国西部少数民族甘肃部》是一部“大型人文电视纪录片”。纪录片有八篇十八集，其中前五部每部三集，每集三十分钟，各篇分别是《裕固族篇》《保安族篇》《东乡族篇》《回族篇》《藏族篇》《蒙古族篇》《哈萨克族篇》《撒拉族土族满族篇》（其中后三集为一部）。该片于2007年8月9日在甘肃省独有民族裕固族所在地肃南裕固族自治县开拍，历时两年多时间，于2010年春节前圆满完成。该片对世居甘肃的裕固族、东乡族、保安族、回族、藏族、蒙古族、哈萨克族、土族、撒拉族和满族等十个民族，从历史渊源、文化传承、生存状态等多方面进行了全方位的记录介绍。特别是对甘肃特有的三个民族裕固族、东乡族和保安族的形成、发展、文化衍变、生活方式和生存理念进行了深层次的记录。该片尤其对成功申报了国家、省级非物质文化遗产的文化现象进行了详细的记录与拍摄。如对东乡族叙事长诗《米拉尕黑》（国家非物质文化遗产名录）词、曲的纪录，年老的演唱者现场演唱与讲解等；对裕固族民歌的拍摄与录制（省级非物质文化遗产名录）；对保安腰刀制作者的采访，制作过程的现场再现（保安族腰刀锻制技艺是国家级非物质文化遗产名录）与保安族“新娘背对宴席”的婚俗文化的现场录制与过程拍摄；对东乡族的牛皮《古兰经》的找寻、来源经历的详细介绍，以及对保安族宗教信仰的奠基意义等进行了详细的介绍与记录；对东乡族擀毡技艺的现场全程摄制（保安族的毛纺织及擀制技艺是国家级非物质文化遗产名录）；回族古尔邦节宰牲仪式与古尔邦节节日的来源、节日庆典时的日程安排等进行了全方位再现。

《长河星辰·中国西部少数民族甘肃部》是《长河星辰·中国西部少数民族》的一部分。该片系统介绍了甘肃民族的历史文化、经济、民俗、宗教、古今杰出人物、居住环境和今天的生活状态等内容。拍摄涉及民族来源、地域环境、历史演变、今日现状、民俗节庆、宗教信仰、经济依托、文化价值与贡献、历史人物、重大记载等。

宁夏回族自治区

宁夏回族自治区的电视台建立于20世纪的70年代，有“纪录片”的栏目，有专题片的制作，比如《阴阳》（上、中、下）等，很少有专门的民族专题片的拍摄。但宁夏电视台的康健宁、辽宁电视台的高国栋拍摄的《沙与海》，应该属于纪录片中的民族文化专题片。

第二节　西南地区民族专题片和拍摄

西南地区的民族专题片和拍摄，其表现最为复杂和多样。

一、云南民族专题片和拍摄

云南省的民族专题片是我们所说的民族专题片中表现最为复杂的。中国西部其他各省区基本上都是电视拍摄界的拍摄人员，随着电视事业的发展而进入民族专题片的拍摄，而云南省的民族专题片的拍摄却有大量的专业影视民族学拍摄人员加入。所以，在云南，把这样的一批人拍摄的片子归属为纪录片中的民族专题片，是有些减弱他们片子的影视民族学的学术性质的。但是，他们确实是以纪录片为基本形态的，也只能这样来归类，不过，这也不影响我们对这些片子的崇敬心情。

在云南，最好的纪录片中的民族专题片应该是郝跃骏等人的一系列纪录片。

郝跃骏最早是云南省社会科学院民族影视摄制组的一员，在 20 世纪 90 年代，拍摄了《甫吉和他的情人们》《山洞里的村庄》《甲次卓玛和她的母系大家庭》《春节故事：回家》《最后的马帮》《盘龙江故事》2001 系列纪录片等纪录片、《雨崩村的故事》，有部分片子属于民族专题片，以《山洞里的村庄》《最后的马帮》影响最大。

《甫吉和他的情人们》

作者：郝跃骏、范志平；语言：中文；拍摄时间：1992—1994 年；影片时长：110 分钟；影片格式：彩色/DV。

展映情况：德国 1994 年“哥廷根国际民族学电影节”；瑞典“第十五届北欧影视人类学年会暨国际民族学电影节”；1994 年“英国皇家人类学协会电影节”；1996 年“葡萄牙第七届国际民族学纪录片电影节”。

《山洞里的村庄》

作者：郝跃骏；语言：中文；拍摄时间 1995—1996 年；影片时长：104 分钟；影片格式：彩色/DV。

主要内容：中国西南云南省境内，有一个叫作“峰岩洞”的石灰山洞，洞里有一个已经延续了八代人的村庄。这个山洞里的村庄有一套延续了上百年的村社习俗和“村规民约”，有古老的磨坊、学堂、诊所和小店，也有村民们自己推选出来的村主任，俨然一个完整而独立的社会。时至今日，村民们谁也不愿搬出这偏远而闭塞的山洞。山洞里所有的建筑均不用屋顶，各家各户的内部可一览无余，因此山洞里很少有隐私。人们和睦相处，犹如一个大家庭。洞里的所有声音，鸡鸣、狗叫、无线电、缝纫机都带有天然的混响，尤其是山里孩子们所特有的、带着阵阵回声的唱读，通过硕大的喇叭状的山洞口飘逸而出时，会在山里传得很远。这个山洞里的村庄，通过一条步行四五个小时的山路与外界相连，每年都有人通过这条小路走向省城的学府。这天，出外读书的人们回到了村里，因此发生了一系列很有戏剧性的真实故事。

展映及获奖情况：获法国“1996 FIPA”长篇社会报道“评委会特别提

名”；挪威“第 17 届 NAFA 国际民族学电影节”；1996 年德国“哥廷根国际民族学电影节”；英国“第五届皇家人类学协会电影奖提名”；意大利“第 39 届波波里国际电影节”（1999 年）；2002 年荷兰“影像中的影像”影视人类学电影节。

《甲次卓玛和她的母系大家庭》

制片人：肖锋，云南电视台纪录片中心，福建省东宇影视有限公司；导演：范志平；摄像：郝跃骏、程林、李文专；拍摄时间：1994 年 10 月至 2005 年 3 月；拍摄地点：中国云南省丽江市，宁蒗彝族自治县永宁乡落水村；制作完成时间：2005 年 4 月；时长：84 分钟。

“甲次卓玛是彩塔家第二代的第四个女儿，生活在泸沽湖畔的一个摩梭人母系大家庭。一个偶然的机会，她离家到了昆明，她的命运发生了巨大的变化。后来，大批游客的涌入，也使她的家乡发生了始料未及的变化。甲次卓玛是坚守母系大家庭的走婚传统，还是走出泸沽湖，投入到现代都市生活之中呢，这无疑是一个两难的抉择。”①

展映情况：1998 年德国“哥廷根国际民族学电影节”。

《春节故事：回家》

作者：郝跃骏；语言：中文；拍摄时间：1997；影片时长：36 分钟；影片格式：彩色/DV。

获奖情况：1998 年在我国台湾举办的“国际纪录片双年展”；1999 年“中国金桥奖”纪录片一等奖、最佳录音奖。

《最后的马帮》

作者：郝跃骏；语言：中文；拍摄时间：2000 年；影片时长：160 分钟；影片格式：彩色/DV。

展映及获奖情况：2000 年德国“哥廷根国际民族学电影节”；2001 年德国莱比锡国际纪录片电影节；2002 年荷兰“影像中的影像”影视人类学电影节；第 18 届中国电视金鹰奖优秀纪录片、纪录片最佳摄影奖；第 8 届“骏马奖”纪录片一等奖、最佳摄影奖；第 6 届中国电视纪录片学术奖长片二等奖、最佳录音奖；第 6 届“金熊猫”奖国际纪录片评选人文及社会类评委特别奖、

---

① 国际人类学与民族学联合会第十六届世界大会影视组编《文化之眸——国际人类学与民族学联合会第十六届大会影展》，云南大学出版社 2009 年版。

最佳长纪录片奖提名、最佳创意奖提名。

《盘龙江故事》2001 系列纪录片

作者：郝跃骏；语言：中文；拍摄时间：2001 年；影片时长：160 分钟；影片格式：彩色/DV。

获奖情况：云南省广播电视政府奖纪录片一等奖。

《雨崩村的故事》

Color/120min/DV/China/2006

作者：阿福；制片：郝跃骏；制作单位：云南电视台、迪庆电视台。

这是发生在世界上景色最美丽的一个藏族村庄的真实故事。藏族神山卡瓦格博峰下有一个仅 35 户人家的藏族村庄雨崩村。雨崩村至今保持着淳朴的民风，保持着包括刻木记事在内的平均分配制度……村民们崇拜自然、膜拜神山卡瓦格博，靠耕作和冬夏牧场过着自给自足、宁静而几乎与世隔绝的生活。随着旅游业的发展，这个村庄的宁静正在被打破……

田壮壮的《茶马古道——德拉姆》也是一部非常有影响力的纪录片，亦是非常精彩的民族专题片。

《茶马古道——德拉姆》这部长达一个多小时的纪录片，着力于对茶马古道上各种不同人物的生活、生存状态的真实记录。从赶马人到乡村牧师到藏族女教师……他记录的人物很多，记录的内容大多是他们的日常生活和现实生存形态，企图更为忠实地展示这条古道上原住民的生活、生存状态，以及变革时代古驿道上这段正在消逝的生活来折射古道的原生文化状态。

云南大学东亚影视人类学研究所欧阳斌拍摄的一些纪录片也很精彩。

欧阳斌拍摄的《六搬村》属于影视民族志影视片，见前叙。欧阳斌拍摄的纪录片有：《南侨机工》《“申豆浆”的故事》《城中村的孩子》等。

谭乐水为云南大学东亚影视人类学研究所常务副所长，其拍摄的路径与郝跃骏相似，不但拍摄了影视民族志影视片，也拍摄过影视民族志资料片，还拍摄了不少纪录片。

谭乐水拍摄的纪录片有《刀美兰和她的故乡》、10 集生态纪录片《最后的绿岛》、25 集文化专题片《南方丝绸之路》、10 集历史文献片《西南联大启示录》《巴卡老寨》《两个村庄》等。最具有民族志色彩者为《巴卡老寨》。

《巴卡老寨》

作者：谭乐水；语言：中文。

主要内容：西双版纳的边远地区，有一个基诺族聚居的山村。这里的人们依靠种植水稻为生。可是，水源并不丰富。为了提高水稻产量，村主任想把不远处的水源引入稻田。可是，修水渠需要资金，村主任为此四处奔忙。最终，他仍然一无所获。影片结束在他在州政府碰壁后，失望地走出政府办公室的跟拍镜头中。看过影片的观众，大都会同情他的遭遇，同时也会对影片提出的问题进行思考。

《巴卡老寨》代表中国影视人类学影片，应邀参加2001年莱比锡电影节。

昆明电视台的周岳军在20世纪90年代拍摄了不少纪录片，其中有民族专题片。

周岳军：1986年进入昆明电视台工作。1991年开始拍纪录片。作品年表：《路之恋》（1991年）、《深山守林人》（1992年）、《阳光》（1993年）、《滇南瑰宝》（1994年）、《印章》（1995年）、《长湖恋》（1998年）、《鱼鹰》（1998年）、《湖边》（1999年）、《偻尼山》（2000年）、《暑假的日子》（2001年）、《阿鲁兄弟》（2002年）、《雾谷》（2003年）、《风流泸沽》等。

《阿鲁兄弟》

Color/60min/Betacam/2002

作者：周岳军；拍摄地点：云南红河；单位：昆明电视台。

“处在人口与土地发生尖锐矛盾境况中的阿鲁一家，生活在风景如画的梯田里。千百年来，每当梯田新增一层，大山里就新增一个哈尼寨子，便是哈尼人解决矛盾冲突的历史见证。而今天，当梯田开到山顶，再开已没有地方的情况下，阿鲁及其同乡的年轻人，便跟上了中国社会变革的浪潮，外出打工，寻求机遇。

在这样的背景下，该片真实记录了作为当下中国农民一员的阿鲁，特别是地处边远少数民族的农民，由于知识、技能不足又面临社会变革衍生的诸多问题，必须外出寻找出路。该片揭示了某些恶势力对善良农民的伤害，探讨他们外出的原因，以及他们在困难面前吐露的朴实心声和对未来美好生活的追求与渴望。”①

《风流泸沽》

导演：周岳军；2005年拍摄；时长：51分钟。

---

① 《2003中国台湾国际民族志影展特刊》。

该片记录走婚的摩梭人。

早些时候，云南的泸沽湖边，有一个与世隔绝的摩梭部落，他们有着男不娶、女不嫁，情人之间夜合晨离（即“合法一夜情”），其子女靠母亲和舅舅抚养，而子女不知道父亲是谁的氏族婚姻形式。晚些时候，这个部落被外界称为人类仅存的母系氏族部落。

近20年来，由于外来文化的进入，特别是发展经济的影响，这个沿袭久远的习俗，开始分崩离析。

云南省社会科学院影视人类学研究中心的和渊也有属于民族专题片的纪录片拍摄。

《我们的院子，中国西南部的白族》

Color/15min/DV/China/2006

拍摄者：弗洛达·斯托拉斯[①]、和渊；拍摄地点：云南大理。

1953年土地改革前，曾祖父留下的祖宅里住着杨先生和他的叔叔等数户人家。据杨先生说，他家的祖宅已经有一百多年的历史了。土地改革时两个叔叔被划为地主后都被迁出祖宅。由于杨先生家被划为中农，得以留在祖宅居住。之后的五十多年里四家人共同生活在杨家的祖宅里。经历改革开放之后的今天，中国已经进入市场经济，房产的私人所有权利再度被承认。现在许多中国人已经拥有了比较富裕的生活。杨先生夫妇正盘算着赎回庭院里隔壁的一部分房间。同时，儿子却梦想着建造一个自己的独家小院。

参展情况：2007年云之南纪录影像展。

刘晓津在20世纪80年代拍摄有一系列的纪录片。主要有《无声世界的耕耘者》（1985年）、《开路的人》（1992年）、《拓荒者的故事》（1992年）、《高原上的彩泉》（1993—1994年）、《关索戏的故事》（1997—2003年）、《传习馆春秋》（2003年）等。其中有一些民族专题片。

《传习馆春秋》

Color/ 84mins / betacam /China /2002

---

① 弗洛达·斯托拉斯，哲学博士，挪威卑尔根大学副教授，卑尔根博物馆资深馆长，北欧人类学电影协会（NAFA）秘书长。他的人类学研究主要基于非洲对苏丹、肯尼亚、乌干达和埃塞俄比亚的游牧和半游牧者的田野调查。所发表文章涉及生态与适应、民族关系冲突，以及地方政治和发展。斯托拉斯同时也是一名电影制作人，出版了关于视觉人类学和纪录片制作的数篇文章。他的电影题材来自于非洲、挪威、巴基斯坦和美洲。

拍摄地：中国；导演：刘晓津；制片：马晓东。

1993年11月，中国中央乐团国家一级作曲家田丰自筹资金，带领一群来自云南边远农村的少数民族民间艺人，创办了“云南民族文化传习馆”。他们试图以此来保护保存面临经济大开发而濒临灭绝的少数民族传统文化。传习馆的经济来源完全靠田丰个人向社会集资。2000年6月，云南民族文化传习馆因陷入经济困难和由此引起的纠纷而被迫解散。

该片详细记录了1997年1月以后，传习馆师生在馆长田丰的带领下，所进行的奋争和最后失败的故事；记录了传习馆的兴衰过程。展示了个人/群体与社会，理想与现实之间错综复杂的关系和巨大的矛盾[①]。

2001年，香港大学社会学系的周华山，拍摄了《三个摩梭女子的故事》。

《三个摩梭女子的故事》

摄制：周华山；时长：56分钟；2001年完成。

毕业于英国约克大学的社会学博士周华山，在香港大学社会学系任教期间，到云南省丽江摩梭人居住的村寨，在从事性别研究的基础上，拍摄了纪录片《三个摩梭女子的故事》。该片主角居住的摩梭山区，中国云南省西北部，至今依然“保持着母系社会大家庭的文化。影片透过老中青的三代摩梭女子的自述，充分表达出摩梭人热爱生命、崇尚感情自由的理念。她们的际遇虽受时代变迁而异，但对感情和生活的态度仍然大致相同。对她们而言，自己成长的大家庭才是生命中最重要的部分。摩梭人的心态是自由而开阔的，他们不以占有及支配为目的，因此才能发展出自由和谐的男女关系”[②]。

从1992年开始，辽宁电视台的高国栋和段建国，一直在云南高黎贡山上的鲁门寨拍摄《守望》，直到2007年结束。

《守望》

导演：高国栋、段建国，中国辽宁电视台；拍摄时间：1992—2007年；制作完成时间：2008年；时长：52分钟。

波溢泗是怒族有名的民间艺人，他们一家祖祖辈辈就生活在高黎贡山上的鲁门寨。波溢泗念过初中，去过昆明、上海等大城市表演怒族的“哦得得”。他是村里有文化并见过大世面的人。他一直试图用自己的知识和见识改

---

① 《2003中国台湾国际民族志影展特刊》。

② 《云之南人类学影像展，二〇〇三年立春》。

变家庭尤其是三个女儿的命运。然而，由于各种条件的限制，女儿并没能通过读书改变命运，最终只能依赖婚姻走出大山。女儿们陆续出嫁了，传授“哦得得”技艺的父亲也离开了人世，大山里只剩下波溢泗和妻子以及年过百岁的母亲。波溢泗的内心有些孤独，但是他一直没有放弃改变生活的努力，在高山上开了一家小卖店。他还有一个最大的愿望，那就是在村里组建一个“哦得得”表演队，他希望这门在怒族传承了千年的民间艺术形式不要失传……①

2005年，云南电视台的周卫平拍摄了《打马石的家》。

《打马石的家》

导演：周卫平，云南电视台；拍摄时间：2005年；拍摄地点：中国云南；制作完成时间：2007年；时长：38分钟。

内容简介：怒族打马石家在怒江的悬崖之上住了一百年。他们在坡地上种洋芋，要在洋芋上放一撮杂草，不然种下的洋芋会一直滚落到山底。

20世纪90年代以前，怒江一直处于社会的变革之外，与外界的联系也仅限于政府每年对他们的救济。他们始终相信，神灵存在于大山、大江和草丛之中，而贫瘠的土地和险峻的环境成为当地人面临的最大难题，耕地就如同是这里人民的生命线，也会因此引起诸多社会矛盾。

2000年，随着中国政府扶贫政策和实施三江并流地区生态保护政策，打马石家庭面临一次新的生存选择，耐人寻味②。

2005年，刘军和梁荔拍摄了《人类童年印记：西盟佤族祭祀》纪录片中的民族专题片。

《人类童年印记：西盟佤族祭祀》

编导：刘军、梁荔；出品时间：2005年；片长：40分钟。

佤族自称“阿佤”，意为“住在山上的人”，主要分布在云南省西南部的西盟佤族自治县和沧源佤族自治县。该片主要反映的是西盟佤族祭司岗里和拉木鼓。在佤语中，“司岗”指山洞（亦有“葫芦”）之意，“里”意为“出来”。“司岗里”的意思即人类是从石洞里出来的。祭司岗里时，会有人扮演成米雀、

① 国际人类学与民族学联合会第十六届世界大会影视组编《文化之眸——国际人类学与民族学联合会第十六届大会影展》，云南大学出版社2009年版。

② 国际人类学与民族学联合会第十六届世界大会影视组编《文化之眸——国际人类学与民族学联合会第十六届大会影展》，云南大学出版社2009年版。

牛、豹子、白鼠等，重新扮演一遍神话传说中人类祖先走出山洞的过程。

木鼓，佤语称为“克罗”，是佤族人心目中可以通天的神器。在每个佤族村寨都建有木鼓房，供奉着木鼓。大约每年开春之前是阿佤人拉木鼓的日子。分为选料、拉鼓、制鼓、上架四个过程。佤族汉子扛着枪、斧、刀等，来到山上事前看鸡卦选好的大红毛树下，先由魔巴（巫师）念几句咒语，众人向大树鸣枪，意为赶走树鬼。树砍倒后，魔巴要拿一块石头压在树桩上，以示给神树的买树钱，求树神不要怪罪。然后精选一段树干砍下，凿下两个耳洞，拴上四根粗藤条，众人齐心拉回木鼓房。工匠开始制作木鼓。先剥去树皮，在树身上部的两侧按女性生殖器的形状（佤族的始祖安木拐是女性，因而佤族崇拜女性，将木鼓做成女性生殖器的形状）凿空四处，深浅不一，以发出不同音阶的声调。木鼓制作完后，魔巴会选一吉日，组织村民把木鼓抬到木鼓房。

剽牛是拉回木鼓后的第一件大事，一般在拉回木鼓的第二天举行。仪式开始前，牛已被拴在土场中央的木桩上。主持的老人手端一竹杯水酒，庄重地走到场地中央慢慢蹲下，开始念诵祝词，祈祷丰收，祝福健康，期盼事业成功。诵毕，老人慢慢退下。这时，早已在一旁等候的剽牛手，手持锋利的标枪瞄准牛左肩胛后部猛然刺入。牛倒下时，围观的群众欢呼雷动。接着便是剥皮分肉，将牛肉割成小条、小块，分别用竹篾串起，散发到全寨各家各户，每户一串。牛骨归主人，牛头骨被视为富有的标志。

2006 年，杨干才拍摄了《蜕变》。

《蜕变》

制片人：李洪宾、王毅；导演：杨干才、王毅；拍摄地点：中国云南；制作完成时间：2006 年；时长：116 分钟。

曼蚌小寨的阿卡人世代从事游耕业，然而现在世界变化了。他们从刀耕火种到开田种水稻；从茅草干栏到住进新式瓦房，从使用‘明子’照明，到家家拉线用电灯。特别是通电，再加上边防小路通车，他们跨入了‘现代文明’。短短三年，新的外在生活方式对阿卡人自身的文化、信仰、观念产生了巨大的冲击。他们渴望获得新的生活，却又对快速来临的一个个新事物不知所措，寨老们困惑不已，曼蚌小寨的阿卡人也充满迷茫[①]。

---

① 国际人类学与民族学联合会第十六届世界大会影视组编《文化之眸——国际人类学与民族学联合会第十六届大会影展》，云南大学出版社 2009 年版。

2007 年，尔青拍摄了《离开故土的依咪》（又名祖母房的故事）。

《离开故土的依咪》

导演：尔青；拍摄时间：2007 年；拍摄地点：中国云南泸沽湖；制作完成时间：2008 年；时长：28 分钟。

位于四川省与云南省之间，有个古老的摩梭村落，名叫里家咀。在这里每个大家庭都拥有一个依咪（祖母房），它是摩梭家庭中最神圣的部分，是每个摩梭人生老病死、举行所有重要仪式的场所，是整个家庭饮食、待客、议事、祭祀、敬神的地方。由于路通了，电来了，各种各样的朋友也来了，不同的故事也就发生着……

一些外国人来到偏僻的摩梭山村，看上了品初家的依咪（祖母房），并要求购买，搬到北京办展览。为了宣传摩梭文化，品初答应把祖辈传下来的祖母房卖给她们，由此而产生的各种冲突让品初陷入矛盾之中。如何来保护传统文化，不同文化背景的人有不同的解释①。

云南大学西南边疆少数民族研究中心近期组织拍摄的《云南边境的文化动态系列》中的《娜哈的假期》和《归去来》，也是民族专题片。

《娜哈的假期》和《归去来》拍摄于 2011 年 1 月，剪辑完成于 2011 年 4 月。拍摄地位西盟县大马散村。吴桂琴拍摄的《娜哈的假期》，记录的是一个缅甸籍、在中国内地打工的姑娘娜哈，利用春节前后一段时间回到大马散和未婚夫一起筹备婚礼的过程，以及这个过程中他们生活的不同片段。韦玮拍摄的《归去来》，记录的是一个从缅甸回迁、没有亲人、没有耕地、只会讲佤语的老年妇女，一个从缅甸嫁过来的新娘以及他们的婚礼，还有一个曾经在缅甸当兵、如今在村内闲混的单身男子的生活。两部影片的共性在于：都有缅甸新娘、都反映马散村民与缅甸的佤族之间的相互交往和联系。而揭示这些内容的基础在于 20 世纪 50 年代大量佤族流向缅甸，以及他们后来不断从缅甸回迁的历史过程。这是云南大学西南边疆少数民族研究中心组织拍摄的《云南边境的文化动态系列》中的两部。

中央新闻记录电影制片厂云南记者站的摄影师刘浪，从 20 世纪 80 年代起，也拍摄了一些电影作品，有《摩梭风情》《傈僳欢歌》《怒江情》《雪山

---

① 国际人类学与民族学联合会第十六届世界大会影视组编《文化之眸——国际人类学与民族学联合会第十六届大会影展》，云南大学出版社 2009 年版。

杜鹃》《云山深处》《土林探奇》《罗汉奇观》《中国西南行》等，其中有民族专题片。

在云南，我们还有许多属于民族专题片的纪录片可以历数。

摩梭人的《消失中的摩梭》《女儿国的秋天》，白族的《开秧门》《我们的院子》，梁虎、苏醒的《古村祭孔的故事》，彝族（撒尼人）的《撒尼男人的盛典》《糯黑石头寨》《撒尼公房习俗》，彝族的《火把节》，阿细人的《阿细可邑祭火》，尼苏人的《祭大龙》，基诺族的《特懋克》《大卡老寨》，傣族的《褪色的黑齿》，刘轶的短片《两个村庄》《二月槟榔寨》，苗族的《麻与苗族》《草田坝苗族花山节》，布朗族的《彩云深处的布朗族》，拉祜族的《拉祜歌舞村》，德昂族的《水鼓老人》，回族的《高原女人》，马佳的《瓦猫》等等，不一而足。

在云南省，有一个称为云南民族文化音像中心的机构，他们也拍摄了一些纪录片。主要有《山情——云南民族艺术节开幕式巡礼》（时长60分钟）、《东方彩霞（中国五十五种少数民族服饰集萃）》（时长95分钟）、《爱的足迹（云南民族婚恋舞剧）》（时长80分钟）、《民族民间歌舞（云南土风舞蹈集锦）》（时长90分钟）、《边疆七色花（云南少儿民族舞蹈）》（时长67分钟）、《异彩纷呈的世界（云南民族服饰之一）》（时长55分钟）、《民族服饰抒怀（云南民族服饰之二）》（时长60分钟）、《我的高原人（云南民族舞蹈专集）》（时长86分钟）、《蓓蕾初开（云南民族舞蹈）》（时长84分钟）、《民族民间美术集锦》（时长18分钟）。其中有民族专题片。

以上都是依托一定机构的拍摄，但在云南，个人拍摄的纪录片也很多，其中有许多纪录片中的民族专题片。

个人拍摄的民族专题片有：

郭净拍摄制作的《卡瓦格博》　《我心中的香格里拉——云南藏族纪录片》。

《卡瓦格博》，120分钟，以迪庆藏族信仰和生活为主题的纪录片。2005年、2007年在日本山形国际纪录片电影节放映。

《我心中的香格里拉——云南藏族纪录片》，120分钟，云南音像出版社2006年版。

现居住于云南省昆明市嵩明县的独立纪录电影作者季丹拍摄有《贡布的幸福生活》（1999年）、《老人们》（1999年）、《地上流云》（2006年）、《空城一梦》(2007 年)、《哈尔滨旋转楼梯》(2009 年) 等。其中有民族专题片。

在云南，有一个称为“云之南纪录影像展”的年展，里面有许多我们可以称为民族专题片的纪录片，其中代表性片子为《苏瓦仁巴》《亚丁调查笔记》。

《苏瓦仁巴》

Color/11min/DV/China/2007

作者：扎西尼玛（藏族青年诗人，就职于德钦县文产办）；拍摄于云南德钦；制片：韦国栋（［洛桑裙佩］，就职于德钦县委宣传部）、斯郎伦布（卡瓦格博文化社社长，就职于德钦县图书馆）。

阿主（次仁桑珠）是卡瓦格博地区的一名藏医，1992 年到昆明开办藏医诊所。在昆明行医的 14 年间，经历了酸甜苦辣。其精湛的医术和优良的医德得到昆明和云南其他州市以及厦门、广东、上海、北京等地患者的认可和赞扬。该片反映了藏族的民族文化在新时期的传播、实践的个人经历和体验。

《亚丁调查笔记》

Color/15min/DV/China/2006

作者：此里卓玛（白玛雪山国家级自然保护区生态旅游开发项目协作者，卡瓦格博文化社成员，白玛山地文化研究中心项目成员）。纪录片作品有：《卡瓦格博传奇》(合作编导)，2005 年日本山形国际纪录电影节放映；《小生命》(编导)，入选 2003 年 SONY Handy Cam 杯 DV 全国青年大赛、2005 年云之南纪录影像展和 2006 年中国台湾第十届乌山头电影节；《神山》(编导)，中国欧盟项目办赞助完成，并获得二等奖以及村民特别奖，入选 2005 年香港电影节和 2006 年中国台湾第十届乌头山电影节；制片：郑寒（西南林学院环境科学与工程系讲师，白玛山地文化研究中心项目成员，致力于西南山地民族文化及生态保护）；拍摄于四川稻城；单位：白玛山地文化研究中心。

亚丁被称为是“最后的香格里拉”，那里的“三怙主雪山”是藏族人民千百年来信仰朝奉的圣地。2005—2006 年他们受联合国教科文组织人与生物圈委员会赞助，在那里展开了一项名为“通过藏族神山信仰促进生物多样性保护”的调查研究。短短两年间，他们记下了看到的、听到的……他们期望所做的可以留住一些、改变一些。但最终他们也不知道，在滚滚旅游开发浪潮的冲击下，亚丁，还会是“最后的香格里拉”吗？

参展纪录：2007 年云之南纪录影像展。

在云南的民族专题片中，不得不提英国人拍摄的《云之南》。

《云之南》（Beyond The Clouds）

Phil Agland 菲尔·阿格兰德[①] 1990 年拍摄完成。

《云之南》以精彩镜头和敏锐的视觉再现了一个独特社会和一种独特文化。菲尔·阿格兰德（Phil Agland）在获得中国政府的许可后，在中国西南围绕一个美丽的小城丽江及周边地区花了五年时间来拍摄、深入了解当地人和他们的生活。通过讲述生活在这样一个多元文化小城中的四个家庭的故事，为我们展现了一个中国社会的缩影。

影片以丰富的镜头题材和贴近真实的表现形式，生动再现了中国遥远山村平民百姓的生活和他们的喜怒哀乐，这也就是我们人类共同的经历和情感。

《云之南》获得 1995 BAFTA（英国电影电视艺术学院奖）电视部分最佳真实纪录系列；1995 BAFTA（英国电影电视艺术学院奖）电视部分最佳摄影（真实类）；1995 BAFTA（英国电影电视艺术学院奖）电视部分最佳音效（真实类）提名；1995 美国电视皮博迪奖。

在云南省，关于民族专题片的历史还有一个话题值得一提，即郝跃骏在云南电视台主持的一个纪录片栏目，这个栏目没有拍摄，但是在具有深厚的影视民族学背景的郝跃骏主持下，推出了不少有很大影响力的民族专题片。

这个栏目名称为《经典人文地理》，2004 年 10 月开播，2007 年 1 月结束，在总计 27 个月的时间里，播出了由郝跃骏任总制片人的原创纪录片节目约 90 个，目前已经有《记忆的伤痕》《甲次卓玛和他的母系大家庭》《卡瓦格博》《茶马古道》《香格里拉女人》等节目，获奖 40 多次。

二、贵州民族专题片和拍摄

贵州省是西南地区民族专题片拍摄资源比较丰富的地方。在 20 世纪 80 年代有中国社会科学院民族研究所杨光海先生的影视民族志影视片的拍摄，

---

① 英国纪录片制片人、导演、摄像。菲尔·阿格兰德出生于英国，他的第一部纪录片《克鲁勃：非洲雨林》引领了一场全球性的雨林保护运动，并且促成了 1986 年喀麦隆首个国家雨林公园的建立。之后他拍摄的获奖纪录片《脆弱的地球》继续探索野生动物和生态环境的关系。在拍摄了自然历史类纪录片后，菲尔的视角转向了探讨人和自然的关系。以喀麦隆巴卡矮人族为题材的纪录片为他赢得了两项英国电影和电视艺术学院奖，以及 1988 年班夫电视节的最佳奖。

20 世纪 90 年代有贵州省民族事务委员会的影视民族志资料片的拍摄。以后，随着贵州电视台的发展，贵州省就进入了纪录片中的民族专题片拍摄的时期，而且这一时期的拍摄成绩卓著。

在早期的电视媒体中，就有一些民族专题片的拍摄，也在外界得到好评。但这样的拍摄最兴盛的时期还在 21 世纪之初。2006 年，贵州电视台唐亚平工作室的建立是一个标志。这个工作室建立之后，承担了贵州省电视台主要的专题片拍摄，数年来拍摄了数十个专题片。其中民族专题片主要有：《MYLOVE 嘎老》《人与山水的和声——侗族大歌》《人与山水的呼唤——布依族歌舞》《人与山水的旋转——苗族舞蹈》《神圣的仪式——十三年的轮回》《一棵树上一窝雀》《朗德苗族铜鼓舞》等片，其中《MYLOVE 嘎老》获奖最多，有 2006 年度贵州广播电视社教类一等奖、2006 年度“贵州新闻奖”一等奖、2007（第九届）四川国际电视节“金熊猫”奖人文类最佳长纪录片提名奖、人文类最具人文关怀奖提名奖、人文类最佳创意奖提名奖、2007 年度中国纪录片国际选片会十佳纪录片奖，并入选国际女性电影电视节目竞赛单元、获“第九届中国民间文艺山花奖民俗影像作品奖”金奖等一系列奖项。

《人与山水的呼唤——布依歌舞》获 2006 年度贵州广播电视社教类一等奖，获 2006 年度“贵州新闻奖”一等奖。

《神圣的仪式——十三年的轮回》，这部纪录片以国家级乡村名寨郎德苗寨为背景，以乡村旅游民族风情的开展与十三年一次的传统民族节日鼓藏节为主线，记录了一个特殊家庭在传统与现代文明交替中所产生的思想观念、生活价值与生活方式的变化。

《朗德苗族铜鼓舞》获中国广播电视协会举办的 2009 年度第三届“纪录中国”银奖。

《一棵树上一窝雀》获第 25 届中国电视“金鹰奖”好作品奖。

引述《人与山水的呼唤——布依族歌舞》的部分镜头描述于后。

1. 铜鼓舞十二则，02：52

布依族是一个古老的农耕民族，种植水稻是布依族的生存之本。

铜鼓十二则表现了一年中不同时节稻谷生长的过程，比如祭山神、开秧门、祭秧田、尝新等十二则，舞蹈庄严而神圣。

布依族的铜鼓十二则是布依族稻谷文化的活化石。铜鼓两个，有阴阳公母之分，公鼓为低音鼓，母鼓为高音鼓，组成民族五音调，调子有快板慢板，鼓音绵长不断。

2. 惠水棒上织布舞，02：08

棒上织布舞是布依族人民在劳动生活中创造出来的一个表现从种棉、抽纱、纺线到织成布匹全过程的民间舞蹈。

3. 打糍粑，02：18

在布依族地区，逢年过节，各家各户都有“打粑粑”的习俗。糍粑是布依族群众节日中最喜爱的食物，平时上坡下田做农活多用它做午饭、建新房上大梁时要洒下“梁粑”，嫁姑娘办嫁礼要抬去“红粑粑”，由此说来，打糍粑是布依族日常生活中最欢乐的景象。

4. 独山响篙舞，02：20

由于历史的变迁，民族的迁徙，艺人的流散，布依族地区的响篙舞已经大多失传，独山县丙怀村至今仍然保留着响篙舞这一传统舞蹈。响篙舞叙述了覃家祖先迁徙的历史，让族内子孙永远铭记。每逢年节、婚丧嫁娶、歌场和祭社，甚至月明星稀之夜，丙怀村的布依族男女老少就聚集在村头寨尾、院坝或堂屋，敲击铜鼓、皮鼓，跳起响篙舞纪念祖先，以舞祈神，以舞祈福。他们通过响篙舞保存了一个民族对历史的回忆，表达了布依族人民尊重生命、尊重死亡的朴素感情。

5. 香花舞，01：07

香花舞最早是在“杀牛祭祖”的祭祀仪式中表演的丧事舞蹈。过去布依族办丧事，在晚上给死者换寿衣入殓，吹熄油灯，焚香击鼓，一个家族的人聚集在院坝里跳香花舞，送老人上天。表达对已故老人虔诚的悼念，乞求子孙香火不断。

6. 铙钹舞，02：58

铙钹舞是一种迎神驱邪的娱神舞蹈，常在丧葬祭祀以及过年过节敬奉老人幸福长寿时表演。杀牛祭祖的传统风俗在布依族地区源远流长。每逢老人故世，常常请阴阳先生择定吉日办理丧事，杀牛时敲响铜鼓，燃放鞭炮，跳铙钹舞。在“点主”仪式中由巫师念“开路经”，送葬时，手持铙钹的人敲起铜钹，或蹲或跳，或翻或绕，或窜或扑，或转或跃，围着灵柩表演，一直跳到墓地。

7. 安顺文庙八音坐唱，03：30

布依古乐八音坐唱是布依族传统的一种民间说唱艺术形式，有着悠久的历史渊源，被人们誉为音乐的活化石，八音坐唱的演奏器乐有牛骨胡、葫芦胡、月琴、竹笛、刺鼓、泡泡锣、丁锣、钹等组成。不少“八音班”除加唢呐外，还加入了“勒尤”、木叶等民族乐器。这些乐器做工精湛，各有其妙，音色优美富有表现力。有庙堂音乐的恢宏壮丽，也有民间音乐的豪放活泼。

乐队演奏的曲目有“古歌”“老腔”“山歌”等。演奏时，乐手们各司其职，配合默契。女歌手的唱腔或婉转低吟，或高亢悦耳。伴奏中不时穿插应和、对唱等，演奏形式活泼、妙趣横生。常用于布依族的民族节日、婚丧嫁娶、祝寿、建房等场合。

通过这样的镜头影像书写描述，我们可以了解唐亚平工作室拍摄的民族专题片的基本情况。

唐亚平工作室还与贵州省民族事务委员会合作，拍摄有《贵州少数民族史料风情》系列片，计有八集：第一集开篇；第二集苗族；第三集布依族；第四集侗族；第五集水族；第六集土家族；第七集仡佬族；第八集彝族。

《贵州少数民族史料风情》片的大致内容是：

贵州是一个多民族的省份，苗族、布依族、侗族、土家族、彝族、仡佬族、水族、回族、白族、瑶族、壮族、畲族、毛南族、蒙古族、仫佬族、满族、羌族、汉族为贵州世居的民族。

《贵州少数民族史料风情》电视系列片用简朴纪实的方式，展现贵州各族人民与自然和谐的生存环境以及人与自然相依为命的生活方式；展现贵州各族人民恋爱婚姻生儿育女的风情；展现贵州各族人民生老病死丧葬祭祀的礼仪；展现贵州各民族“十里不同风，百里不同俗”的节日文化。

贵州位于云贵高原东部，是一个隆起于四川盆地和广西丘陵之间的亚热带高原山地地区，地势西北高东南低，多为山地与丘陵。乌蒙山脉、大娄山脉、武陵山脉、苗岭山脉纵横于贵州全境。南北盘江、红水河、乌江、清水江、都柳江奔流于万山丛中。其地理位置及特有的地形地貌，使贵州高原在中国历史发展过程中成为古代民族交汇的大走廊和民族集结地。华夏族系、氐羌族系、苗瑶族系、百越族系的诸民族及蒙古族、回族、满族等民族于不同时期、不同方向进入贵州，与原住贵州的濮人相交汇，逐渐形成多民族大杂居小聚居的局面。苗族、瑶族、彝族主要住在山上，仡佬族多住于山谷，布依族、侗族、水族等大部分傍水而居。

历经变迁，贵州各族人民依然保持着如此古老又鲜活的文化，贵州各族人民依然保持着如此古老又鲜活的记忆和梦想，这是属于贵州各族人民的传奇，这是属于贵州高原的传奇。

在贵州各民族的迁徙历史上，苗族具有代表性。苗族的“大迁徙舞”流传着一个民族惊心动魄的记忆。“大迁徙舞”，在苗语里表示寻找居住的地方，是赫章苗族迁徙历史的记叙性芦笙舞蹈。它是一首用舞蹈叙述苗族人民在大迁徙中不怕艰险，英勇善战，渡过难关，终于找到了安居之地并重建家园的史诗。

贵州高原以他博大的胸怀包容了历经苦难的各族人民，他们在青山绿水中休养生息，贵州的大山守护着他们的家园。

（一）生存环境和生活方式

贵州的世居民族都是古老的农耕民族，悠久的稻作文化传统和良好的生态环境，自然地赋予了贵州各民族朴实祥和的情感和精神，年年月月，人们都怀着相同的情感态度遵循相同的仪式程序做着相同的农事活动。

布依族的“铜鼓十二则”是布依族稻谷文化的活化石。表现了一年中不同时节稻谷生长的过程，舞蹈庄严而神圣。

贵州各族人民世世代代居住在大山里，为了适应山里的生存环境，他们创造了独具风格的民居建筑。苗族的“吊脚楼”，他们的房舍都依山而建，屋基的一边临山靠岩，另一边则以一排木柱支撑。人们在楼上生活起居，在楼下养猪养牛。这种“吊脚楼”结构奇特却朴素亲切，聚寨而建的房屋鳞次栉比，依着山势蔓延扩展，浑然一体而又错落有致，体现了人与自然的和谐。而侗族的鼓楼风雨桥、布依族的石板房依山傍水，巧夺天工。靠山吃山，男耕女织，日出而作，日落而息是这些古老的农耕民族传统的生活方式。

服饰是一个民族的审美意识和民族精神的象征，贵州各民族的节日聚会大都有祭祀祖先、祈祝丰收吉祥的性质。据说在这些活动中人们必须穿戴传统的本民族服饰才能得到祖先的认同，回到祖先的怀抱。所以人们说各民族的服饰是穿在身上的史书，披在身上的梦境。如梦如幻的历史让人们产生对过去的眷恋，对未来的向往。

在贵州，苗族服装款式就有一百多种，苗族姑娘们从六七岁孩提时代起就开始了挑花、刺绣的学习，孜孜以求，直到垂暮之年。这种对于美的终生追求，和他们在艺术上非凡的创造力一样辉煌。每一套盛装，都是姑娘们自己一针一线绣出来的，往往要绣制多年才能完成。因此，一套盛装，就是一个少女走向人生的毕业证书。苗族的银饰是美与富足的象征。苗族人民对富裕有着朴素的理解光明的追求……富有体现了一个民族的和善与和美，体现了一个民族的勤劳和智慧。

布依族的蜡染久负盛名，姑娘们只凭记忆构思绘画，手中的刻刀随意游走便能画出一个个充满奇思妙想的图案。布依族蜡染的传统染色，以蓝靛液浸染，呈蓝白相间的效果。

水族有养马赛马的习俗，所以马尾绣也就应运而生。这种举世无双独一无二的绣法工艺十分复杂，是以丝线裹马尾制作图案。所绣出来的作品具有浅浮雕感，造型抽象、夸张。而这些令人称奇的图案都是从水族最古老的文字——水书演变而来。

（二）婚恋风俗

为了民族的延续和传承，各民族都有自己的婚恋习俗。苗族的游方，侗族的坐歌行月、布依族的跳花会、水族的赶卯坡等习俗，都是青年男女们自由爱恋的形式。在贵州各民族古老的婚恋习俗中，人们择偶寻爱的活动被如此美妙地诗化和仪式化，我们也许能从中真正领悟到，爱情确实是人生的盛大节日，是我们人类真挚美好感情的至善至美的境界。

农历三月十五这一天，施洞乡一带的苗族村寨到处都呈现出一派节日的景象。节日里，妇女们显得格外忙碌和欣喜，因为这个节日就是姊妹节。关于姊妹节，在施洞苗族民间有这样一个传说：传说在远古的时候，由于大山的阻隔，苗族的生存环境封闭，往往姑娘小伙子到了嫁娶的年龄还找不到配偶，情况非常严峻。为了民族的生存繁衍，在特定的历史环境下，施洞地区苗族姊妹之间的子女，可以结亲通婚。从此以后，过姊妹节吃姊妹饭、跳踩鼓舞的习俗就流传下来，成为青年男女交往恋爱的节日。

生命是神圣的，欢乐是神圣的，婚姻是神圣的。这神圣的生命礼仪，让任何一个身临其境的人，都会留下美好的回忆。

历经迁徙的苦难，更懂得珍惜安居的日子；历经迁徙的苦难，更懂得珍惜生命中的每一天；历经迁徙的苦难，更懂得珍惜今天的家园。

酒是欢乐的源泉，酒是梦想的源泉，酒是倾诉与聆听的清泉，酒是节日燃烧的火焰。走进苗乡苗寨，一年四季都在酿制美酒，春夏秋冬都飘着酒香。以酒敬祖，以酒敬神，以酒敬客，以酒自醉。只要有节日就有酒，只要有酒就有歌声有舞蹈，只要有酒就有欢乐、有真情、有梦想。

（三）丧葬祭祀

像珍重生命一样珍重死亡，贵州各民族人民都有自己隆重的丧葬传统。由于地区和族群的不同，贵州各民族人民的丧葬仪式也不一样。

生则敬仰，死则敬享，敬祖祭祖，既是对祖先的崇敬也是对生命的崇敬，奉祖先为神明而视生命为神圣。祭祀仪式凝聚着一个民族的精神和理想。

祭祀是远古的回忆，祭祀是祖先的召唤，祭祀是发狂的梦想，祭祀是生命的延续，祭祀是对家园的怀念。

一个民族的祭祀就是让一个民族的历史从遥远的记忆中回到自己身上。

祭山祭水，祭草祭树，祭井祭桥，祭土地祭石头，祭太阳祭月亮……对自然充满崇拜，对万物充满敬畏，人类有了崇拜和敬畏之心，就有了人与自然的和谐之境。

“撮泰吉”是贵州威宁彝族祭祀仪式，反映的是变成鬼神的祖先当初迁徙、垦荒的艰难场面，并借助祖先的威灵来保佑后裔和驱逐邪魔瘟疫。

这些日子，雷山朗德寨的村民正在过自己的鼓藏节，鼓藏节是苗族传统中最重要的祭祖盛典，是一个宗族和氏族的共同祭祀活动。朗德寨有一百三十多户人家，寨上的十二个鼓脏头一大早就抬着铜鼓吹起芦笙挨家挨户地跳铜鼓舞，把祖先的恩泽和神的照顾送到每一个家庭。传说祖先的灵魂就在鼓中，他们认为通过敬鼓祭鼓，跳铜鼓舞的仪式能和祖先融为一体，从祖先那里获得安慰和力量；他们认为通过敬鼓祭鼓，跳铜鼓舞的仪式能获得祖先的保佑和神的照顾，使自己的民族繁荣富强。

（四）民族节日

贵州是节日之乡，一年四季，贵州的民族民间节日有上千个，是全国民族节日最多的省份。在全球化的今天，节日的艺术几乎在世界各地濒于衰落，而在贵州却兴盛如初。苗族的鼓藏节、姊妹节，侗族的萨玛节，布依族的六月六、查白歌节，水族的端节、卯节，仡佬族的祭祖，彝族的火把节……大大小小的节日令人眼花缭乱，这在世界上都是罕见的。

节日是认识一个民族、领略他们的风情，了解他们的文化的最好机会。“十里不同风，百里不同俗”，节日之乡，仿佛是一个古老的神话世界，一个民族艺术的博览会，一座汇集民族民间文化精华的宝库。吹芦笙踩铜鼓、游方对歌，斗牛、划龙舟，比衣裙、亮首饰……所有的才智和技能都能得以充分的发挥。沉浸在节日的欢乐之中，沉浸在自由的歌舞之中，一个民族的智慧和精神都得到了最完美的展现。

芦笙是贵州各民族人民普遍喜爱的乐器。传说芦笙里有祖先的声音，传说芦笙里有祖先的气息。芦笙舞历史悠久，在贵州各民族生活中具有崇高的地位，和各民族人民的生活习俗水乳交融，密不可分。

歌声引领我们走进侗乡的山水田园，歌声引领我们走进侗乡的村寨、鼓楼、风雨桥，歌声引领我们走进一个民族的心灵深处，歌声引领我们亲近这个民族的文化和精神。

侗族是一个歌的民族，侗乡是歌的海洋。侗族大歌是侗家人的歌，这人与山水的和声，凭着坦诚亲切的倾诉，把我们诱向入神的聆听。

布依古乐八音坐唱是一种布依族传统的民间说唱艺术形式，有着悠久的历史渊源，被人们誉为“音乐的活化石”。

在贵州，除了唐亚平工作室的民族专题片拍摄之外，还有个别的个人纪录片拍摄者的拍摄，但均没有什么有影响力和出色的作品。

三、四川、重庆、广西等地民族专题片和拍摄

四川省

四川是一个电视媒体非常重视纪录片拍摄，并且人才辈出的地方。在四川有一个在世界范围内都有一定影响的电视节，每年都会有国内外的许多纪录片来参与评奖。

在四川，纪录片中的民族专题片非常多，也有许多优秀的拍摄者。在这些拍摄者中，梁碧波、王海兵、彭辉等人影响最大。

梁碧波①拍摄有纪录片《三节草》《马班邮路》《冬天》《婚事》《守望三峡》《人极》等。可以明确为民族专题片的有《三节草》《马班邮路》。

《三节草》

导演：梁碧波；拍摄地：四川省盐源县泸沽湖镇五支罗村；拍摄对象：肖淑明（1927—2008年），女，享年81岁；上映年度：1997年。

该片用影像讲述了一个真实的故事，更是一个历史和文明、命运和爱情

① 梁碧波，男，汉族，国务院政府特殊津贴专家，“全国五一劳动奖章”获得者，高级记者、成都电视台专家工作室纪录片制作人。1963年10月出生于四川省三台县，先后毕业于绵阳农业专科学校和四川大学。1992年至1995年3月，主要从事新闻采访工作，共获全国及省市级新闻奖20多项（次）。1995年3月至今从事纪录片创作。共担任国际评委7次、获国际大奖5项、国际入围14次、国家级奖12项。

相交织的故事。故事的主角是泸沽湖畔70岁的老妇肖淑明，她的身世曲折、传奇。20世纪初，肖淑明出生于四川成都一个国民党中校军官家庭，1941年随父迁往雅安，入雅安县立中学女子班学习。两年后，拥有泸沽湖一带36个火头，48村百姓的摩梭人土司，32岁的喇宝成（编者注：应为“喇宝臣”）迎娶了16岁的肖淑明，婚后三天，肖淑明随喇宝成离开雅安，翻山越岭两个月来到泸沽湖。这一去就是54年。随着喇宝成政治生命的变化，肖淑明也经历了由贵族到干部夫人的角色转变。喇宝成去世后，肖淑明成了泸沽湖镇的普通农民。这时候两儿两女都已长大，在当地成家立业。几十年的风风雨雨，肖淑明完全融进了泸沽湖摩梭人中，平静地生活。直到1996年，一个名叫李安庆的商人在得知肖淑明的身世后，为商业宣传，资助肖淑明回一趟老家成都，肖淑明热泪奔流。“肖淑明回成都”在成都引起了巨大轰动。成都市已今非昔比，家里亲人早已相继去世，只剩下几个远亲。回到泸沽湖之后，肖淑明萌发了一个强烈的念头：一定要把孙女拉珠送回成都……纪录片记录了老人努力促成孙女去成都的过程。全片分为两条线，一条是肖淑明讲述自己早年的经历以及生活感受，另一条是肖淑明努力将孙女送往成都的全过程。

《三节草》获得第20届法国国际真实电影节特别奖、1998年阿姆斯特丹国际纪录片电影节入围、1998年爱沙尼亚国际电影节入围、第40届意大利佛罗伦萨波波里电影节入围、第4届中国纪录片学术奖、第7届中国电视骏马奖。

王海兵拍摄有纪录片《藏北人家》《古格遗址》《昌都喇嘛》《武陵源印象》《深山船家》《灯城自贡》《四川龙门阵》《回家》《从昆仑到唐古拉》《青藏高原之旅》《巡线一日》《乌蒙赤子赵春翰》《四姑娘山》《山里的日子》。可以明确为民族专题片的有《藏北人家》《古格遗址》《昌都喇嘛》。《藏北人家》《古格遗址》在西藏民族专题片中已经有所介绍。

彭辉拍摄有纪录片《王老汉和他的儿女们》，时长52分钟，1996年上映。《背篓电影院》，时长42分钟，1999年上映。《空山》，时长42分钟，1998年上映。《平衡》，时长74分钟，2000年上映。《忠贞》，31集，每集45分钟，2004上映。可以明确为民族专题片的有《空山》等。

《空山》

导演：彭辉；拍摄地：四川省通江县后坝村；拍摄对象：宋云国、何通远、绍娃子、朱银香；上映年度：1998年。

影片记录了四川省通江县空山坝，宋云国一家在严酷的自然环境之下生活的场景。影片以宋云国一家的生活为线索，展现了人们在环境等外部因素的作用下，不断努力改变生活、追求幸福的生命张力。

该片获得匈牙利国际艺术电影节评委会大奖，第 18 届法国国际环境电影节最佳人文影片提名奖，入围第 12 届法国国际视听节，入围在我国台湾举办的“国际纪录片双年展”，入围第 16 届金鹰奖最佳纪录片奖，国家广播电影电视总局“中国彩虹奖”，最佳摄影奖，中国电视纪录片学术奖，最佳摄影奖，四川省广播电视新闻奖纪录片类一等奖。

以上三人均是媒体的拍摄者，四川媒体的拍摄者拍摄有民族专题片的还有四川电视台张穗子，她拍摄有《大峡谷》。

《大峡谷》

该片从羌族人的日常居家生活入手，表现他们由历史的迁徙所造的碉楼和城堡文化，继而深入表现他们的神文化，再转而展现他们的自然风光，由此来了解羌族的基本文化特征。羌族是信奉原始苯教的民族，他们的生活、生产、劳动、爱情、婚丧嫁娶的一切传统的规范都来源于神文化。这一文化又通过口头传颂和祭神活动来传递。因此构筑了他们特异的生活色彩。该片正是抓住了这一点，让观众寻到了这个民族的古老的痕迹。

在四川电视台，还有一些后起之秀的拍摄，比如冷杉。冷杉毕业于北京电影学院，四川电视台编导。自 1995 年年底至 1996 年年初拍摄第一部纪录片《成都好人》以来，先后编导拍摄了《桃坪羌寨我的家》《暑期生活在中国》《我们的冬》《拖觉的节日》《通往理想之路》等一系列优秀纪录片。

较好的民族专题片有《桃坪羌寨我的家》。

《桃坪羌寨我的家》

编导：冷杉；拍摄地：四川理县；拍摄对象：龙小琼一家三代；出品时间：1999 年；片长：42 分钟。

该片讲述了四川阿坝藏族羌族自治州理县桃坪乡一个小村在现代社会变迁中的现状。片中以一个村落为缩影，并选择了村中一个家庭作为核心，展现了一个少数民族的古老生活方式以及面对新文化冲击时的态度。龙小琼一家三代人（奶奶、母亲、女儿）在面对新文化冲击时持不同的价值判断，背后是她们直面新生活的不同人生际遇、不同情感认同。纪录片通过对个人生活史和家庭生活史的展现，建构出一个少数民族传统与现代文明相遇的历史画面。

桃坪是位于四川横断山区的一个羌族村寨，古朴宁静，风景秀美，气候宜人。这里的一百多户人家祖祖辈辈都住在连成一片的、用一块块石头堆砌而成的“古堡”里，世代过着自足的生活。寨子依山傍水，源自岷江上游的杂古脑河穿寨而过。羌族是我国最古老的少数民族之一，自称“尔玛”。桃坪羌寨，始建于公元前 111 年，两千多年相对封闭的历史形成了羌寨的古朴传统。但如今，市场经济大潮的气息已经扑面而至。龙小琼一家三代人的故事就在这里展开。女主人公龙小琼是村里最早的大学生之一，毕业的时候她却顶着家里所有人的反对放弃了国家分配的城市工作，回到家乡开展旅游业。在她和她的团队的努力下，桃坪从一个默默无闻的寨子发展成了一个远近知名的民族特色旅游点，取得了旅游公司的支持和政府的鼓励政策。纷至沓来的游客给传统的羌寨带来了变化，宁静的村寨从此热闹起来。年轻的羌族人在龙小琼带领下开始把旅游业作为生活主业。对此，龙小琼的母亲和婆婆面对新生活却有不同的感受。此片通过三代人不同时期的生活经历、心境和选择揭示了民族文化在面对现代文明时产生的变迁，及当地社会经济结构和生计模式在转型时期的震颤。

该片获奖情况：1999 年第 18 届法国“人类学电影节”最佳短片奖、1999 年第 6 届巴西人文电影节展播、1999 年葡萄牙国际纪录片电影节展播、1999 年美国风城纪录片节展播、2000 年四川省第 2 届对外宣传品音像特别奖。

在四川纪录片中的民族专题片拍摄中，也有个人拍摄的身影。北京电影学院导演系研究生毕业的学生杨蕊的拍摄就属于此类。2005 年，杨蕊在四川凉山彝族自治州选择了三个毕摩为拍摄对象，拍摄了民族专题片《毕摩纪》，得到好评。

《毕摩纪》

编导：杨蕊；拍摄地：四川凉山彝族自治州；拍摄对象：三位彝族毕摩；出品时间：2005 年。

该片内容：在中国四川大凉山生活着原始部落的彝族人，他们的大祭司叫毕摩。千百年来，毕摩靠念诵各种经文做法事来沟通彝族人和天地鬼神之间的关系。

该片讲述了三位毕摩的故事。咒人毕摩，他家世代以咒人咒鬼闻名，是凶性法事的主持者。只要他念动咒语，就会有人伤病或者死去，但现在因为已被政府禁止做此类法事，悲哀地失去了他的职业；招魂毕摩，是人所尊敬的善性法事的毕摩。他为人治病招魂祈福，但他的内心有痛苦的往事，为得到儿子把毕摩的事业传承下去，他先后娶了四位妻子，当六十四岁得到儿子时，前三位妻子都被抛弃，悲伤死去；村干部毕摩，在彝族的神职人员里，他是少有的还担任着共产党干部的人，在人间神界他都拥有权力。但他过于自负自己的权力，终于在村主任选举中擅自做主，因违反了选举法而被政府免职…… 时代在变化，但在古老的部落里，毕摩的故事永远在继续着……

该片 2006 年 8 月入选第五十届洛加诺国际电影节、2006 年 10 月入选第十一届釜山国际电影节、2006 年 10 月入选维也纳国际电影节、2006 年 11 月入选第三十届纽约 Margaret Mead 电影节、2006 年 11 月入选意大利远东电影节、2007 年 3 月入选香港国际电影节。

重庆市

重庆原来属于四川，分设直辖市后，有纪录片拍摄，但基本没有民族专题片的拍摄。

广西壮族自治区

广西的纪录片中的民族专题片也是比较丰富的。20 世纪 90 年代中期，广西电视台和中央电视台在广西金秀瑶族自治县合作拍摄作为《中国瑶族》重要组成部分之一的《金秀瑶族的春节习俗》。该片详实地记录了金秀瑶族人传统的春节习俗，展现了当地人丰富多彩的节日生活内容。1996 年 7 月，《中国瑶族》这部由柯惠文、马长书编导摄制的大型历史文化纪录片轰动帕尔努，荣获第十届国际影视人类学电影节“最佳纪录片奖”。

2000 年，钟光琳导演与一些广西影像制作机构合作制作了大型多媒体作品《壮族》。该作品运用丰富的影视、文字和图片资料，并借助于先进的多媒体技术，较为全面地介绍了壮族地区的自然地理环境、历史发展状况、壮族传统文化艺术以及壮族人的生活习俗等方面的内容，在众多的多媒体作品当中独树一帜。2001 年，该作品获得“莫比斯”世界多媒体大奖赛中国赛区（亚洲）唯一大奖和纪念奖，并获得首届“中华杯”唯一金奖。

2005 年，由广西民族音像出版社民族影视部录制并出版发行的影视片《壮族人文始祖布洛陀祭祀大典》，多方位记录了 2005 年在广西田阳县敢壮山举行的“壮族人文始祖布洛陀祭祀大典”开幕式盛况以及当地人祭祀布洛陀的仪式过程。

2010年，广西电视台吴向列等人拍摄了反映在市场经济冲击之下的当代白裤瑶人现实生活的纪录片——《白裤子》。该片的取材，最初源于一位白裤瑶女孩的博客，讲述了被称为“人类文化遗产的活化石”的广西南丹县白裤瑶人，在坚守古老的文化传统与面对现代化的生活方式之间的艰难抉择。影片对非物质文化遗产传承与保护所面临的问题进行了深刻的反思。

另外，广西还有一批比较有影响的民族专题片，比如《龙脊》（1994）、《大石山的钟声》（1998年）、《伦格飘贝》（2002年）、《温飘贝哲》（2003年）、《那坡有个黑衣壮》（2003年）、《告别祖先的生活》（2003年）、《黑衣神韵》（2004年）、《中国有个黑衣壮》（2004年）、《遗爱大瑶山》（2006年）、《生命在山谷中诞生》（2006年）、《追问盘古》（2007年）、《寻找布洛陀》（2007年）、《度戒》（2010年）、《金秀盘王节》（2010年）、《我的梦想》（2010年）等。

《龙脊》《大石山的钟声》《伦格飘贝》《温飘贝哲》《告别祖先的生活》《生命在山谷中诞生》《我的梦想》等纪录片，主要反映广西少数民族现实生活状况以及当地人在经济与社会发展过程所面临的一些现实问题。

1994年由中央电视台拍摄的纪录片《龙脊》，以高度写实的叙事方式，讲述了广西龙胜各族自治县龙脊山区的一群孩子，在其长辈、老师和社会各界的关心和支持下，自强不息，克服重重困难，刻苦求学的故事。影片展示了当地少数民族勤劳质朴、积极向上的人生态度。

《大石山的钟声》，广西电视台拍摄。这部反映广西西北部大石山区少数民族窘困的物质生活条件和当地一些面临失学的孩子渴望读书的强烈愿望的纪录片，播出后在当地社会反响极为热烈。1998年，《大石山的钟声》获得了全国第十届优秀播音与主持作品一等奖。

广西电视台分别于2002年和2003年拍摄的《伦格飘贝》和《温飘贝哲》是专题片的姊妹篇。“伦格飘贝”意为“歌声飞出大山去”，而“温飘贝哲”的意思则是“歌声越飘越远”。这两部专题片记录了一位黑衣壮族女歌手从边远山区走出，登上国际民歌大舞台的真实故事。影片同时还展现了广西壮族地区的自然风光和人文景观。《伦格飘贝》曾在戛纳电影节和美国电影节展播，并荣获21世纪第2届匈牙利布达佩斯国际音乐电视艺术节评审团特别奖，而《温飘贝哲》更于2006年荣获第10届亚洲电视节最佳摄影奖提名奖。

《告别祖先的生活》讲述了一位黑衣壮姑娘向往现代生活，并决心走出大石山区，告别其祖先的生活方式，开始新生活的故事。

由何丹林导演的《生命在山谷中诞生》一片，真实地记录了广西南丹县一位白裤瑶孕妇分娩的艰辛历程。

2010年，广西柳州市广电中心在融水苗族自治县杆洞乡拍摄了专题片《我的梦想》。这部反映少数民族教育发展状况的纪录片，以真切动人的笔触，记录了当地少数民族学生的学习、生活情况，在当地播出后引起巨大反响。

在《伦格飘贝》和《温飘贝哲》之后，由地方电视台制作的《那坡有个黑衣壮》《黑衣神韵》《中国有个黑衣壮》《度戒》《金秀盘王节》等以广西少数民族为题材的纪录片，其内容均主要是反映当代广西少数民族地区的自然风光、少数民族的风俗习惯以及传统文化传承与目前发展所面临的问题。

在广西拍摄的民族专题片，主要反映当地少数民族现实的生产生活状况、风俗习惯等方面的内容。此外，近年来也有些以广西民族文化研究和学术探索为题材的专题片出现，比如《遗爱大瑶山》《追问盘古》《寻找布洛陀》等。

《遗爱大瑶山》（又名《费孝通与大瑶山》），2006年由中央电视台文化专题部《见证》栏目摄制组拍摄。再现了我国著名社会人类学家费孝通先生于1935年10月应邀偕同其新婚妻子王同惠到广西金秀县六巷乡（原象县东南乡），对当地瑶族人的社会发展状况进行实地调查的历史。

《追问盘古》，2007年由中央电视台国际频道《走遍中国》摄制组在广西来宾市拍摄。该片介绍了广西民族学研究者在盘古文化的起源与发展方面所取得的最新研究成果，体现了广西学者探索中国传统文化的不懈努力。

同一时期拍摄的《寻找布洛陀》，则透过部分壮学研究者对于壮族人文始祖壮山布洛陀祖庙的考察，反映了壮族人对他们的始祖——布洛陀的崇敬和追思之情。

在以上的纪录片中的民族专题片里，我似乎看到这样的情形：中国早期的影视民族志影视片的拍摄中，以及影视民族志资料片的拍摄中，社会历史以及民族文化的方方面面被国家和学者强烈地关注，从而成就了中国西部民族文化的民族志影像文本的出现。使我们中国西部的少数民族文化，不但有详细的文字文本，也同时有了影像文本。但是，到了20世纪的90年代以后，少数民族的影像文本虽然也还在有人书写，但多注意了现代和文化变迁的意义，使少数民族影像文本的书写发生了很大的变化。这在纪录片中的民族专题片中表现最为突出。这些纪录片中的民族专题片不但使用了纪录片的方法来记录民族文化的影像，也在记录的内容上与影视民族志影视片和影视民族志资料片大不相同。

第八章　机构和学术交流活动

本书主要表现的是各类片子及其拍摄，是它们构成了中国西部地区影视民族志的主体。本书的基本话语，是由这些各类影视民族志影像和影像书写构成的。但是，促成这些成就的还有许多因素，影视民族学理论和实践是一个重要方面，而各类机构及其开展的一系列的影展、教育和学术交流，也是我们本书的一个重要方面。在一定程度上，影视民族志影像的成就和民族文化影像书写与这些机构的存在和机构活动是成正比的。机构多，机构活跃，影视民族志影像的成就就大，反之就小。我们的影视民族志影像的历史亦证明了这样一个过程。

第一节　影视民族学机构和教育

中国的影视民族学机构最早应该从当时的中国社会科学院民族研究所的前身算起，因为是他们最早“执行和参与”了中国15部经典性影视民族志影视片的拍摄。

一、国内的官方机构和活动

影视民族学的官方机构指的是由国家和地方有官方背景的各种机构建立的学术研究机构。

中国的影视民族学的官方机构首推“中国影视人类学学会”。

其机构设置情况如后：

“中国影视人类学学会”为在民政部注册的中国民族学学会的二级分会，成立于1994年，主管单位为中国社会科学院。

学会顾问：杨光海、朱景和；学会名誉会长：杜荣坤；学会会长：揣振宇；常务副会长：陈景源；副会长：庄孔韶、邓启耀、王清华、尹绍亭、孙剑英、徐黎丽；常务理事：孙曾田、李德君、蔡家麒、庞涛、杨源、张胜庸、郝跃骏、徐德华、高永久、陈刚、周兴茂、陈学礼、刘世哲、邸永君、彭书华、杨洪林、杨青、俞灵、刘军；秘书长：邓卫荣；副秘书长：刘夏蓓、哈布尔、雷亮中、卢亮、范志平。

地址：北京中关村南大街27号6号楼，中国社会科学院民族学与人类学研究所影视人类学研究室。

2012年9月25—29日，在新疆乌鲁木齐新疆师范大学举行的“中国人类学民族学2012年年会影视人类学专题会议分会场”上，已经重新选举中国社会科学院民族学人类学研究所书记张昌东为中国影视人类学学会的新任会长，并且，中国影视人类学学会领导机构相应的人员也有所变动。

各省区的这类机构。

云南省

云南省参与影视民族志影像书写的官方机构比较多，有云南民族电影制片厂、云南民族大学现代教育技术中心、云南大学电教中心、云南省社会科学院影视人类学摄制中心、云南大学东亚影视人类学研究所、云南大学西南边疆少数民族研究中心影视人类学实验室、云南艺术学院电影电视艺术系、白玛山地文化中心、昆明电视台、云南电视台等等。

云南民族电影制片厂

云南民族电影制片厂建于1958年7月，原名昆明电影制片厂。1963年撤销。1970年又重新组建云南新闻电影摄制组，1975年更名为云南电影译制片厂，负责译制少数民族影片。1979年恢复昆明电影制片厂厂名，1985年3月改用现名，产品列入国家影片生产计划。

该厂主要致力于民族电影的摄制，以本地区题材、民族题材、现代题材为主，主要摄制故事片。年计划产量2部，同时拍摄本省民族风情、科教、纪录片，年计划产量20本，厂部下设办公室、创作室、生产办公室、美工车间、剪辑室、摄影车间、照明车间、录音车间、动作室等。

云南民族电影制片厂是我国唯一一个厂名中有民族二字的电影制片厂。从1983年到1987年，该厂先后拍摄了《博南古道话白族》《纳西族和东巴文化》《泸沽湖畔的母系亲族》等涉及云南17个少数民族的18部影片（见前述）。

云南民族大学现代教育技术中心

1978年，云南民族大学现代教育技术中心的前身——教务处的电教科成立，以拍摄本省少数民族题材的人类学片为己任。拍摄有《毕摩与祭坛》《云南师宗瑶族受戒仪式》《罗婺婚俗》和《傈僳族澡堂会》等十余部片子。

据曾庆新老师介绍，云南民族大学现代教育技术中心属于教学行政机构，其发展分为两个阶段。第一阶段为20世纪80年代到20世纪末，以机构形式，以电教中心为主体，拍摄了大量的少数民族文化专题片。

此阶段题材多是民族风俗、婚丧嫁娶仪式，拍摄手法是场景拍摄加上解说词的方式来纪录。具体有：少数民族婚俗系列（罗婺婚俗）；少数民族丧葬系列（金平红头瑶婚俗；师宗瑶族受戒仪式；孟定傣族丧葬仪式；苗族花山节等）。

1993年更名为云南民族大学电教中心（原云南民族大学电教科）仍致力于拍摄民族文化片。

第二阶段为21世纪初以研究中心的形式，以项目和个人形式拍摄了不少专业的民族志影片。

1999年，云南民族大学下设的云南省民族研究所成立影视人类学拍摄与研究中心，其后拍摄了影视人类学片：《吉祥格布》（2004年）、《永恒之路》（2005年）、《沉默的家园》（2005年）。这些都是与韩国大真大学、KBS以课题方式合作拍摄的。其中《吉祥格布》是曾庆新老师独立完成的。

随着学术交流越来越多，最开始的专家和摄制人员联合拍摄的路子继续进行着，而后一些摄制人员开始参加云南大学东亚影视人类学研究所的培训课程，在这期间，摄制人员开始尝试独立完成纪录片。另外一些会摄制技术如本科学习教育技术专业，并具有人类学、民族学学术背景的专业摄制人员开始涌现。如罗平（民族学硕士），陈柳（民族学博士），杨国兴（宗教学硕士），曾庆新（云南大学东亚影视人类学研究所毕业学员）等。

云南大学电教中心

云南大学电教中心成立较早，也有一些拍摄活动。

云南省社会科学院影视人类学摄制中心

云南省社科院自1987年起开始筹建影视人类学摄制中心，致力于抢救拍摄云南及周边正在逐步消失的各民族社会文化的形象资料，拍摄制作了《生的狂欢》《哈尼族》《西盟佤族边寨日录》等15部电影电视片（见前述）。

云南大学东亚影视人类学研究所

云南大学东亚影视人类学研究所（EAIVA）由中德联合建立，是目前亚洲最具影响力的影视教学、科研、影视制作机构。长期致力于培养具有人类学视野的专业影视制作人才。该所自 1997 年成立至今，已与世界各著名大学、研究所、媒体中心、电影节组织，以及从事影视人类学研究工作的个人有着广泛的联系，已培养了两届专业人才。在云南省，乃至中国的影视人类学教育上做出了卓越贡献（其主要内容见“影视民族学教育”部分的叙述）。

云南大学东亚影视人类学研究所所长为林超民教授，常务副所长为谭乐水。

云南大学西南边疆少数民族研究中心影视人类学实验室

进入 21 世纪，云南大学的影视民族学有了更新的尝试，开始筹备创立云南大学影视人类学实验室。最初作为云南大学“211 工程”民族学重点实验室建设的子项目之一投入建设。经过近两年的筹划，影视人类学实验室最终在云南大学伍马瑶人类学博物馆三楼落脚。2003 年 9 月开始，影视人类学实验室的实质建设工作正式启动。诸如购买数字拍摄设备，配备后期剪辑系统，收集用于筹建影像库的各种资料，建立多媒体点播系统，拍摄中国人类学、民族学者访谈，拍摄云南民族民间艺人纪录片，对 20 世纪 50 年代中国少数民族社会历史科学纪录片中云南的影片进行跟踪拍摄等。同时，还在每周三晚上举行“纪录影像论坛”活动，放映各种类型的纪实影片。其中绝大部分为人类学影片或民族志电影。该影像论坛至今已经有 130 多期，在云南大学乃至整个云南高校界小有名气，每场都能吸引很多同学、老师和爱好者前来观影，并在影片放映结束后参与讨论。实验室已开展了影片拍摄、人才培养、纪录片知识普及、学术活动开展、数据库建设等方面的工作。

影片拍摄有《家》《弥勒可邑祭火》《故乡的小脚奶奶》《撒尼男人的盛典》等片。由实验室牵头完成、为人类学民族学联合会第 16 届世界大会学术考察点拍摄、用于介绍学术考察点民族文化特征的 3 部影片；与云南大学校史办、档案馆合作，为迎接纪念费孝通先生诞辰百年学术会议而准备的影片《魁阁往昔》；以及记录云南省民族民间艺人技艺和生活的系列影片《技艺不会成为记忆》等。

除此以外，实验室从 2004 年年底开始筹划，准备对 20 世纪 50—60 年代“中国少数民族社会历史科学纪录片”系列中云南的 7 部影片进行跟踪拍摄。2008 年 1 月，该系列影片的拍摄正式启动。最先拍摄的是继 1958 年《佤族》和 1965 年《永宁纳西族的阿注婚姻》之后的两部影片。在拜访了当年主持、参与这两部影片拍摄的杨光海、徐志远、刘达成先生以后，进一步查阅文献资料，特别是中国少数民族社会历史调查的资料，最后在西盟佤族自治县选择了《佤族》拍摄主要村寨之一的大马散村，作为佤族影片的跟踪拍摄点；在宁蒗县选择了《永宁纳西族的阿注婚姻》两个拍摄点温泉、者波，作为摩梭人影片跟踪拍摄的田野。最后剪辑成影片《马散四章》《格姆山下》两片。该影片获得2008年度昆明市“金孔雀奖”二等奖，入选2009年人类学与民族学联合会第十六届世界大会“中国西南影像中的文化变迁”单元。

在上述两部跟踪拍摄影片完成后，实验室开始了《丽江纳西族的文化艺术》《独龙族》《景颇族》三部影片的跟踪拍摄。

人才培养（见“影视民族学教育”部分）。

纪录片知识普及。

云南大学纪录片知识普及活动的开展，肇始于以云南大学东亚影视人类学研究所学生为主体形成的“复眼电影小组”和“昆明电影学习小组”。2003年10月20日至24日，由云南大学影视人类学实验室、云南大学东亚影视人类学研究所、云南大学人类学系、云南艺术学院、云南民族大学联合举办了“云南省首届高校学生影视作品联展”。

活动主要分为两个部分：其一是影视作品展映。包括云南大学东亚影视人类学研究所学生的作品《东巴和》《我要的生活》等数部；云南艺术学院的学生作品《我的家庭录像》《春蕾》等。同时，还放映了《北方的纳努克》《极乐园》等经典民族志电影。其二是邀请刚刚参加过2003年8月中国台湾国际民族志影展的纪录片人刘晓津做报告，介绍中国台湾国际民族志影展的相关情况。在2003年8月的中国台湾国际民族志影展上，出生于云南大理，曾经拍摄过多部中国少数民族社会历史科学纪录片的杨光海导演，云南的纪录片人魏星、周岳军、刘晓津，多年一直从事影视人类学研究的蔡家麒研究员等的作品都入围参展。影片展播的同时，蔡家麒还以《鄂伦春族》为例，专门探讨《鄂伦春族》的拍摄……

从2008年9月，纪录影片放映活动的名称由“纪录片放映”改为“纪录影像论坛”。

截至2011年6月，纪录影像论坛举办了近百期，放映影片近200部。其中70%以上的放映活动都实现了影片作者和观众面对面交流的初衷。放映的影片虽然也有已经很知名的纪录片导演的影片，但更多的是初学者的第一部影片。纪录影像论坛虽然以非虚构电影为主要的播放对象，但是也鼓励放映某些情况特殊的虚构电影。

纪录影像论坛在云南大学校本部的长年坚持，以及取得的经验，得以在云南大学新校区（洋浦校区和呈贡校区）开展“民族学专业纪实影像沙龙”。

除了每周三晚上的定期放映和讨论以外，纪录影像论坛还会与其他机构合作，举行一些不定期的合作放映。

2010年10月16—20日，由云南大学影视人类学实验室、北京国际交流协会影像文化工作委员会（CNEX）共同主办了“CNEX－AOC”主题纪录片影展。5天的时间内，播放了影片《1428》《伞》《音乐人生》《街舞狂潮》《和祖先一起唱歌》《蒙古草原，天气晴》等，有近1800人次观摩了该次论坛放映的影片。

2011年3月22日，云南大学影视人类学实验室与北京草场地工作站合作举办题为“民间记忆影像计划：饥饿”的主题纪录片交流课程。来自中国传媒大学、中国美术学院、中央民族大学的四名学生，带着反映自己家乡在1959—1961年中国三年困难时期的情况的影片，与云南大学影视人类学实验室的近二十名学生，一起分享他们在影片制作过程中的经历、经验和反思。

学术活动的开展。

影视人类学实验室建立以后，除了与德国哥廷根科教电影研究所、英国曼彻斯特大学格林纳达影视人类学中心、澳大利亚梅铎大学传媒学院等机构保持着联系以外，还与国内部分从事民族志电影拍摄、影像实践的机构保持着联系。除了与不同机构联合举办影像展映活动以外，实验室还主办了两届“人类学纪录影像年度论坛”，与云南大学的其他机构共同承办“第三届影视人类学国际学术研讨会”，协助处理国际人类学民族学联合会第十六届世界大会中的场地、设备、会议过程记录等工作。

2004年3月9—12日，云南大学伍马瑶人类学博物馆、云南大学东亚影视人类学研究所、云南大学影视人类学实验室联合举办了“展望未来——第三届影视人类学国际学术研讨会”。（见后叙述）

2009年7月27日至31日，国际人类学与民族学联合会第16届世界大会在云南昆明召开，其中包含了影视人类学分会会议（见后叙）。云南大学影视人类学实验室，从一开始就作为影视人类学分会的主要力量之一，负责诸如场地、设备、会议拍摄等工作。

在2009年国际人类学与民族学联合会第十六届世界大会影视分会中，来自云南的从事影视人类学研究和实践的部分学者参加了不同的影视专题。如云南大学的何明教授组织了“非物质文化遗产保护（文化诠释与摄制）”单元，以影像再现和文字阐释的方式来诠释非物质文化遗产，以及其面临的问题。内容涉及哈尼族长街宴（郑宇），云南白族接圣母仪式（杨文辉），西双版纳傣族泼水节（金少萍），云南摩梭人的葬礼（张海），佤族的精灵信仰（缅甸的Kyi Win），云南西盟佤族的水酒（郝雯），云南基诺族的特懋克（朱映占），云南回族的婚俗（桂榕），纳西族古代仪式乐舞《白沙细乐》（和晓蓉），布朗族新年（周晓红），越南非物质文化遗产保护的现况和问题（越南的Nguyen Minh Duc），土锅与土锅寨（吴晓慧），藏族唐卡艺术的现状及保护（秦永章）①。由时任云南省人大常委会主任戴光禄、云南大学东亚影视人类学研究所的谭乐水导演主持的“区域民族志”单元中，除了播放由他们制作的纪录片《那》《帕比帕空》《铜鼓》《歌圩》《竜》《禀礼》《糇糯》《掌雅》以外，还有与影视人类学相关的研究报告。如云南省社科院的刘达成研究员的“一部填补中国少数民族影视族群志空白的纪录片”，英国国家电影电视学校的Dick Fontaine的“人类学影片的新视野”（New View Point of Anthropology Film），以及澳大利亚国立大学的Judith Macdougall的“跨文化的影视表达”（Video Presentation of Cross Culture）等②。毕业于云南大学东亚影视人类学研究所，工作于中国社会科学院的鲍江，作为荷兰莱顿大学马蒂亚·帕斯特玛的合作主席，主持了“民族志电影中媒体的认识论”专题③。由中国社科院的杨光海编导组织的“中国50—60年代人类学影片回顾”专题中，播放了《鄂伦春族》《佤族》《苦聪人》《赫哲族的渔猎生活》《黎族》《额尔古纳河畔的鄂温克人》《独龙族》《永宁纳西族的阿注婚姻》《独龙族》等影片。云南民族大学的蔡家麒教授参加了会议，云南省社会科学院刘达成研究员做了

---

① 国际人类学与民族学联合会第十六届世界大会影视组编《文化之眸——国际人类学与民族学联合会第十六届大会影展》，云南大学出版社2009年版。

② 国际人类学与民族学联合会第十六届世界大会影视组编《文化之眸——国际人类学与民族学联合会第十六届大会影展》，云南大学出版社2009年版。

③ 国际人类学与民族学联合会第十六届世界大会影视组编《文化之眸——国际人类学与民族学联合会第十六届大会影展》，云南大学出版社2009年版。

题为“云南——中国影视人类学的摇篮”的发言①。挪威 Bergen 大学（Bergen University）的 Hans Frode Storass，与云南大学民族研究院的张海联合主持了“中国西南影像中的文化变迁”专题，以影片播放和讨论相结合的形式展开。云南大学陈学礼的《马散四章》，美国南加州大学圣克鲁斯分校 Brian Kirbis 的《老茶园的故事》，云南民族大学曾庆新的《吉祥格布》，云南大学张海的《格姆山下》，云南民族博物馆赵菲的《傣族水力榨糖》，Hans Frode Storass 与云南省社科院和渊的《我们的院子》，昆明市儿童福利院赵锦云的《家》，红河学院宋崇林的《相亲会》，西南林学院李建钦的《刘永周和他的皮影》，以及中国社会科学院鲍江的《魂兮归来》等影片在该专题中展播②。由云南大学杨慧教授组织的“云南影视人类学研究和实践”专题，则放映了更多的与云南各民族社会文化变迁、影像实践相关的作品。如独立制片人杨干才的《蜕变》，云南大学谭乐水的《曼春满的故事》，云南大学杨慧和徐菡的《泼水节纪事》，云南民族电影制片厂向真、云南红河影业有限公司龙霖的《雕刻大山的民族》，云南大学周龙彬的《曼丈人新年祭祀》，永宁摩梭民俗博物馆尔青的《祖母房的故事》，云南大学东亚影视人类学研究所毕业、云南省警官学院邹辉的《棕榈家园》，北京山水生态伙伴自然保护中心吕宾的《盛开红莲花》，北京山水生态伙伴自然保护中心旺扎的《吉沙纪事》，以及一批来自于村民影像的作品《玩一天》《丧葬仪式》《我们佳碧村》《谷魂》《我们怎么办》等③。

在这些学术活动中，以“人类学纪录影像年度论坛”的影响最大。该部分内容归属在后面的“学术活动”部分来叙述。

影像库的建设。

影视人类学实验室自成立之初，就开始筹划影像库的建设事宜。

首先，通过拍摄获取影像库建设的资料。从 2003 年 9 月开始，实验室就开始通过拍摄建立“中国人类学民族学者数据库”“云南民族民间艺人数据

① 国际人类学与民族学联合会第十六届世界大会影视组编《文化之眸——国际人类学与民族学联合会第十六届大会影展》，云南大学出版社 2009 年版。

② 国际人类学与民族学联合会第十六届世界大会影视组编《文化之眸——国际人类学与民族学联合会第十六届大会影展》，云南大学出版社 2009 年版。

③ 国际人类学与民族学联合会第十六届世界大会影视组编《文化之眸——国际人类学与民族学联合会第十六届大会影展》，云南大学出版社 2009 年版。

库”，加上实验室拍摄的系列影片作为影像库建设的主要资源。从2003年9月开始，实验室主要在云南、北京、武汉三地，对中国近60位从事民族学、人类学研究的学者进行访谈。访谈内容主要集中在该学者主要的研究领域和方向上。如陈永龄先生、宋蜀华先生、邵献书先生、杨圣敏教授、张海洋教授、王铭铭教授、王建民教授等从事民族学、人类学研究的学者，以及杨光海编导、蔡家麒教授、刘达成研究员、杨毓骧研究员、徐志远教授等曾经参与过中国少数民族社会历史科学纪录片拍摄的学者。目前，有部分学者的访谈已经剪辑成片，作为中国人类学民族学者数据库的内容。

2004年7—8月，云南大学影视人类学实验室组织了8个人，分成两个小组，分别到云南各州市拍摄云南民族民间艺人的纪录片。拍摄结束后，实验室还挑选了一部分拍摄素材比较丰富的题材进行剪辑，完成了诸如《壮族音乐艺人王国春》《壮族面塑艺人杜武超》《扎升斗》等影片，并命名为“技艺不会成为记忆”系列。

还有一部分拍摄的内容就是前文提到的实验室自己拍摄的影片，以及《纪录片创作与实践》课程中学生的田野作业和毕业影片。

其次，通过与国内外从事影视制作、影视人类学研究的机构之间的交流，不断积累用于教学的影像资料。

第三，实验室通过购买、征集已经出版的或民间制作的影像资料，以充实和丰富影像库的内容。

云南艺术学院电影电视艺术系

云南艺术学院电影电视艺术系这一机构不是专门的影视民族学学术机构，但是他们的一些研究和拍摄与民族专题片有关。

云南省白玛山地文化研究中心

云南省白玛山地文化研究中心成立于2004年，现为云南省社会科学院所属的研究—行动组织，由一群从事文化研究和参与式行动的志愿者组成。其成员包括来自不同族群的研究者和社区工作者。

中心的研究—行动目的是同中国西南高山—大河流域地区的当地民族合作，促进环境和文化的保护。其基本理念可以概括为：神圣的山地（sacred mountain）。这个词包括“神圣”（sacred）和“山地”（mountain）两个概念：山地指的是中国西部的山区，是其工作的对象；神圣指的是这个对象的性质。其含义是：山地不仅是一个地理或生物的概念，也是一个文化的概念。正是居住在山地的众多民族对这一地理环境的长期认识和互动，使山地从外在于人的“自然”，转变为与人的生计，以及与人对自然的利用方式息息相关的文化载体。人是山的一部分，山也是人创造的文化的一部分。同当地人民生活及信仰有关的山，大多被奉为“神山”。所以“神圣”一词，正贴切地表达了山的文化属性，也表达了当地人民看待山地的独特视角。

中心一直致力于从文化的角度，从当地民族看待山的角度，来开展和山地有关的研究，以及在此基础上的保护和发展行动。因而，“圣山”又被赋予了“社区参与”的含义。与神圣之山有关的保护和发展计划，只有和当地人民的历史传统及现实愿望相一致，并依靠当地人民的主动参与才可能实现。所以，其理念有三个要点：文化是连接自然和人类的纽带；一座自然的山，也是神圣的山，文化的山；不同当地人民合作，不与他们分享，将无所作为。

目前，其机构分为三个部。山地文化部：致力于圣山文化的保护，开展参与式行动；影像教育部：主要在项目区域利用影像手段开展文化传统的教育，并组织“云之南人类学影像展”；社区环保部：以文化的手段，开展环境保护的行动和研究。

中心完成和实施的项目有：

1. 卡瓦格博拟建保护区对当地社区的影响，美国大自然保护协会赞助项目，2001 年；

2. 滇西北保护与发展行动计划，云南省政府、美国大自然保护协会主持项目，2000—2002 年；

3. 社区影视教育，福特基金会赞助项目，2000—2003 年；

4. 社区为基础的生物与文化多样性教育，福特基金会赞助项目（合作），2003—2005 年；

5. 第一届云之南人类学影像展（合作），2003 年；

6. 第二届云之南纪录影像展（合作），福特基金会赞助，2005 年；（说明：“云之南人类学影像展”自第二届起，更名为“云之南纪录影像展”）

7. 第三届云之南纪录影像展（合作），Get It Done 基金会和 Jan Vrigman 基金会赞助，2007 年；

8. 第四届云之南纪录影像展（合作），香港乐施会赞助，2009 年；

9. 第五届云之南纪录影像展（合作），赵涛（电影演员）、昆明 KCC 城建股份、天画画天（北京）文化传媒有限公司资助，2011 年；

10．云南·越南社区影视教育交流坊，福特基金会赞助，2006—2009 年；

11．乡村影像计划，中国—欧盟生物多样性项目赞助，2009—2010 年；

12．乡村之眼系列活动之“乡村之眼影像计划”，北京山水自然中心赞助，2011—2012 年。

新疆维吾尔自治区

新疆维吾尔自治区的影视民族学研究机构有新疆师范大学社会文化人类学研究所、新疆大学人类学与民俗学研究中心。

新疆师范大学社会文化人类学研究所。

新疆师范大学社会文化人类学研究所成立于 1993 年。研究所专业涉及新疆少数民族文化、宗教、民俗、社区现代化、生态及可持续发展等方方面面。所长为地木拉提·奥迈尔教授（博士），副所长为崔延虎教授。

地木拉提·奥迈尔教授先后拍摄编辑了《突厥语诸民族原生态民间信仰与萨满教》《南疆维吾尔伊斯兰教苏菲主义》等 10 部影视民族志影视片。内容涉及新疆及中亚部分少数民族萨满教、伊斯兰教苏菲主义、生态环境、医学医疗（艾滋病关爱与控制项目）等方面，积累了大量第一手的影视资料。

2004 年，新疆师范大学在社会文化人类学研究所下设影视人类学工作室，配备了较为先进的系列摄录设备，先后组织拍摄了《和田地区皮尔仪式》《维吾尔麻扎朝拜》等影视民族志影视片。

2008 年至 2010 年，社会文化人类学研究所获得中央财政、地方财政和新疆师范大学 200 万元的基本建设投入支持。在原有研究所的基础上又成立了“新疆少数民族非物质文化遗产研究中心”省部共建实验室和“影视人类学工作室”。配备了目前先进的高清摄录编辑系统，引进了著名的纪录片导演与影视人类学专家刘湘晨先生作为影视人类学专业的学术带头人，民族学一级硕士点研究方向中设立了影视人类学研究方向。2010 年，该研究方向的第一位硕士研究生努尔巴哈提·吐尔逊毕业并获得硕士学位。《神与灵的选择》为该研究生的毕业作品。同年，“新疆少数民族非物质文化遗产研究中心”省部共建实验室和“影视人类学工作室”编辑完成了第一部高清影视人类学电影《阿希克：最后的游吟》。

新疆师范大学社会文化人类学研究所及影视人类学工作室目前已有 20 部（集）的影视人类学影片摄制完成，为新疆维吾尔族、哈萨克族、柯尔克孜族等少数民族宗教、文化、社会生活等方方面面的研究积累了大量的第一手影视资料。部分影片在国际国内高端学术会议和各个高校展映交流广受好评。

新疆大学人类学与民俗学研究中心

新疆大学人类学与民俗学研究中心于2007年12月成立，直属学校管理。中心主任热依拉·达吾提教授。该中心主要对新疆各民族的历史、文化、宗教进行调查与研究，着重使用视频、音频、图片、文字等手段记录各民族民俗文化现象与信息；举办人类学与民俗学相关学术活动，加强国内外同行之间的学术交流与合作。

近年来，中心组织人员进行比较广泛的田野调查，获取了大量的有关维吾尔族民间仪式、民间艺术方面的音频、视频资料，并建立了数字民俗实验室。该实验室的主要功能之一是民俗纪录片的制作。先后完成有关维吾尔族麻扎朝拜、苏菲妇女仪式与生活方面的3部纪录片。

在内蒙古自治区、甘肃省、贵州省、广西壮族自治区等省区，内蒙古大学、兰州大学、西北民族大学、贵州民族大学、广西民族大学的民族学与社会学学院里，都有相应的影视民族学研究和教学机构。在兰州、呼和浩特召开过两次中国的影视人类学学术研讨会，各个研究机构都拍摄了一些影视民族志影视片和影视民族志资料片。广西民族大学民族学与社会学学院影视人类学实验室拍摄有《斋醮》《京族哈节》《短衣壮人的习俗》等片。贵州民族大学拍摄有《最后的蔡伦》《作为仪式的婚礼》《埋岩》《贵州布依族“殡亡”仪式》《贵州土地信仰图像志》等片。

在世界上，影视民族志的民间机构是比较发达的。但在中国西部地区未见明确的存在和发展。其他省区没有，就是在云南省也不是很明确，像“昆明‘复眼’小组”“云南·越南影视交流工作坊”这样的情形也是项目性质，最多可以说是影视民族学民间机构不太明确的表现。

二、影视民族学教育

有了影视民族学的相关机构，就会有一系列的活动。其中就包括影视民族学的教育。因为这些机构多数都设在大学和科研机构，大学的影视民族学机构，在进行影视民族学实践时，一般都要包括影视民族学的教学。在中国西部，乃至全中国，云南大学的影视民族学教育是进行得最完备和最好的。它基本上代表着中国影视民族学教育的主流。所以，叙述中国西部影视民族学教育，云南大学的成就和影响力最大。

云南大学的影视民族学教育是从1987年开始的。

1987 年，当时担任云南大学历史系主任的林超民博士，经过长时间的准备和筹划，最终实现了在历史系建立人类学本科专业的愿望。这是国内继厦门大学之后设立的第二个人类学专业。这个专业建立后，于 1991 年在课程的设置中率先开设了“影视人类学”选修课，并聘请 20 世纪 50 年代曾经参与中国少数民族社会历史科学纪录片拍摄制作的前辈蔡家麒教授、刘达成研究员，以及云南电视台从事纪录片制作的范志平导演、当时还在云南省社会科学院工作的郝跃骏导演等为学生授课。讲述的内容既包括世界影视民族学的历史、现状、理论流派及原理等，也包括中国影视民族学的历史和发展，并把 20 世纪 50 年代中国少数民族社会历史科学纪录片的拍摄制作作为主要内容。

尽管当时可用的影像教学资源很有限，几位老师还是尽可能地寻找用于教学的影片给学生观摩学习。比如 20 世纪 50 年代中国少数民族社会历史科学纪录片中的《独龙族》《苦聪人》等；也有云南省社会科学院的纪录片导演郝跃骏于 1984—1986 年在红河县拍摄的纪录片《生的狂欢》。这是云南大学影视民族学教育的开端。当时由于物资条件较为艰苦，仅仅只能将理论传授给学生，无法涉及实践的层面。加上影视民族学作为本科学生的一门选修课，每周只有两小时，很难培养出在实践基础上更好地理解影视民族学相关理论的学生。这个状况一直持续到 1998 年年底云南大学与德国哥廷根科教电影研究所的合作项目实施之前。

1998 年年底，云南大学东亚影视人类学研究所的学生培养项目正式启动，开始了云南大学第二阶段的影视民族学教育：即由云南大学东亚影视人类学研究所主持的以培养专业民族志电影制作和教学人才为目标的影视民族学教育。

1991 年，也就是云南大学历史系本科开设“影视人类学”选修课时，林超民教授与香港美亚影视公司、广州东亚影视公司合作，开始筹建“东亚影视人类学研究所”，并拍摄了第一部介绍中国人类学发展状况的影片《人类学在中国》。同时开始四处寻求人才培养的合作项目。

1994 年 7 月，德国哥廷根科教电影研究所的代表，在范志平导演、郝跃骏导演的陪同下，先后考察了云南大学、云南省社会科学院、云南民族大学（当时为云南民族学院），经过多方比较，最终选定了云南大学作为影视民族学合作项目的中方伙伴。由于获得了初步的合作意向，一直精心筹建的云南大学东亚影视人类学研究所，最终于 1994 年 10 月，在云南大学和广州东亚影视制作有限公司的共同努力下成立了。这也是国内第一个在高校中建立的影视民族学研究机构，也标志着云南影视民族学迈入了一个新阶段，开始培养和训练真正意义上的影视民族学工作者。

项目正式启动之前，时任云南大学副校长的林超民教授，时任云南大学人类学与社会工作系主任的王筑生教授，邀请了美国影视人类学杂志的主编保罗·霍金斯（Paul Hockings）到云南大学举办影视民族学讲座，并一起商量《影视人类学原理》一书的翻译和出版事宜。这本书最终于 2001 年正式出版发行，它是继 1989 年《影视民族学》一书在国内引进翻译出版后，又一本向中国学者和学生全面介绍国际影视民族学历史和发展的重要资料。该书的撰稿人是来自美、英、法、德、日、澳大利亚、新西兰等国的二十几位影视民族学家或人类学、民族学影片制作家，包括了这一领域内几乎所有最重要的学者，为大家提供了较为新鲜的学术动态。该书 2007 年再次出版了中译本第二版，将第一版未收录的文章补齐，使该书的内容更加丰富翔实。

1999 年年初，云南大学东亚影视人类学研究所最终在云南大学科学馆建立了自己的教学基地。在三楼建立了设备及资料室、录音室、影片剪辑室。在五楼建立了德国专家办公室、中方专家办公室、教室等。德国大众基金会资助了 200 万马克支持该项目的运作，购置了当时品质一流的数字摄像机、录音和灯光设备，以及非线性后期编辑系统。聘请了来自德国、英国等世界知名的影视民族学家、摄影师来给学生上课，如 Barbara Keifenheim, Paul Harris, Rolf Husmann, Manfred Krueger, Judith Macdougall, Anette Fleming 等。德方的瞿开森博士、安莉女士，以及中方的林超民教授、王筑生教授、杨慧教授、刘永青女士、白志红女士、杨静女士等也投入到项目的具体运作之中。

云南大学东亚影视人类学研究所开展的民族志电影制作专业人才的培养以项目合作的形式展开。第一期合作从 1999 年 3 月开始，至 2000 年 2 月结束，由云南大学与德国哥廷根科教电影研究所合作。第二期从 2001 年 8 月开始，至 2003 年 3 月结束，合作双方是云南大学和德国的基尔大学。在兼顾少数民族学生、性别的要求和前提下，杨昆等 9 人参加了第一期“影视人类学硕士高级班”。参加第二期合作项目培训的学员有曾庆新等 11 人。第二期民族志电影制作专业人才合作培养期间，曾经参与第一期项目的学员和渊、李建钦、曾益群、陈学礼四人还专门作为云南大学未来的师资培养对象，参加了高一层次的培训，这样的培养模式使得整个合作不仅是一个“输入”的过程，同时也为后来云南大学影视人类学的自身发展储备了大量的人才和资源。

东亚影视人类学研究所举办的影视人类学培训班被认为是全中国，甚至整个东南亚国家和地区的第一个影视人类学培训班。

参加这两届培训班的学员，目前都已经成了云南影视人类学或纪录片发展的重要力量。

培训项目开设的课程主要包括：民族志电影历史和电影理论、一般电影分析和理论及影视人类学方法、影视民族学理论问题介绍、支持人类学田野共工作的理论方法、影片分析写作、影视拍摄训练与实践、录音训练与实践、影视编辑与实践。在培训结束时，学员必须提交一部民族志电影作为毕业的作品。第一期和第二期学员的毕业作品有所不同的是，第一期合作项目的学员是两个人合作完成一部民族志电影，第二期的学员是每个人独立完成自己的民族志电影。

大众基金会非常重视培训项目取得的成果，并于 2000 年 1 月，专门聘请国内外一批著名的影视人类学家，到云南大学对合作项目的运作、取得的成果进行评估。这个评估活动中有一项重要内容是影片展播。当云南大学东亚影视人类学研究所第一期学员的 5 部作品在云南大学科学馆放映完后，获得了国内外专家的一致好评。比如云南省电视台一直坚持民族志电影拍摄的范志平导演曾经说：“这些仅仅经过 11 个月训练的学生（他们中许多人从来没有摸过摄像机）拍出来的影片，从基本功、从把握影片创作基本元素的能力来看，比一些在电视台干了多年的编辑、记者还强。”

第一期学员的作品中，除了《应》（Ying）以外的四部影片，都入围了 2000 年 4 月德国哥廷根国际民族志电影节，其中《卖报人》（Qin，the Newspaperman）还获得了该电影节学生单元提名。2000 年 9 月，《不再缠足》（No More Bound Feet）也获得了云南大学日本国际研究基金青年一等奖。第二期学员的作品中，一部分入围了 2003 年 7 月英国皇家人类学会国际民族志电影节，其中《文化秀》（Culture Show）获得该电影节的“物质文化与考古”奖，《窗》（Lost in the City）获得该电影节学生单元提名，《看上去很美》（Face Value）则在 2004 年美国大学生人类学电影节中获奖。

与此同时，参加教学人才培养项目的四名学员，也与第二期学员一起完成了结业作品。这四部作品分别是杨昆的《为了孩子的上学问题》，和渊的

《儿子不在家》，李建钦的《刘永周和他的皮影》（合作者陈学礼），以及陈学礼的《撒尼男人的盛典》。

云南大学东亚影视人类学研究所在举办第二期学员培训的同时，于2002年8—9月举办了暑期影视人类学进修班，包括一个中文班和一个英文班。中文班由来自中国台湾的影视民族学家胡台丽授课，英文班由来自于挪威特罗姆瑟大学（University of Tromsø，Norway）的影视民族学家Peter I. Crawford授课，两个班一共有30多人参加。

之后，由于未寻找到进一步合作的资金支持，云南大学东亚影视人类学研究所不得不暂时停下了民族志电影摄制专业人才的合作培养，成为影视民族学教学在云南的“黄埔军校”。为了能够实现合作项目中最初提出的一个目标和理想，云南大学的影视民族学教学发展开始进入另一个新的阶段——完成自身造血能力，实现自我发展。东亚影视人类学研究所聘请国内知名编导、时任云南电视台海外中心副主任的郝跃骏研究员担任东亚影视人类学研究所副所长，同时聘请时任云南省博物馆馆长郭净研究员担任东亚影视人类学研究所客座研究员。为了让曾经参加过培训班的学员掌握新的影片剪辑技能（非线性剪辑软件），2003年11月6日至12月1日，德国哥廷根科教电影研究所影视技术专家Manfred Krueger来昆，为第二期合作项目中教师班的学员授课，教授Adobe Premier编辑软件的使用、DVD制作方法及后期剪辑中的声音处理等内容。经过这样的强化培训，其中一些学员具备了在高校中继续推动影视民族学本土化发展的实力。

云南大学人类系和民族学与人类学所为本专业本科学生开设了“影视技术基础”“影视人类学”，同时为全校本科学生开设了通识教育课程“纪录电影赏析”“影视与中国民族”等。这些课程主要讲授影视民族学、民族志电影的发展历史和理论流派等。同时辅以民族志电影的观摩和分析，但没有民族志电影拍摄实践的内容。2001年至2008年间，由云南大学人类学系以及云南大学民族研究院民族学与人类学所主持实施，以硕士研究生进修班的形式培养影视人类学专业的学生。该进修班曾经以“人类学与影视制作研究生进修班”“人类学电影拍摄与制作”为专业名称，前后一共招收了四届学生。鉴于报名参加研究生进修班的很多学员欠缺人类学民族学专业背景，云南大学人类学系、民族学与人类学所认为“通过学习影视人类学，可以进一步加强用影视手段对民族文化的记录和保护，同时，也可以使影视人类学理论和原则在人类学电影中得到研究应用，从而使人类学电影与人类学研究更加紧密地结合起来，从更广阔的领域探讨民族、文化、现代传媒、影像之间的互动关系”。所以，该进修班设置的课程除了与民族志电影制作直接相关的课程外，还开设其他课程以提升学生的专业研究能力，如文化人类学理论与方法、人类学田野调查方法、经典民族志导读、婚姻家庭与亲属制度、社会性别与文化等。该课程学制为两年的时间，最后也需要学员完成一部民族志电影作为结业作品。

另一方面，云南大学东亚影视人类学研究所继续开展影视人类学教学。2008 年，云南大学东亚影视人类学研究所所长林超民教授聘请知名纪录片导演谭乐水担任研究所常务副所长。研究所在多年积累的基础之上，在制作诸如《丽哉勐僚》等影片的基础上，重新开始了云南大学东亚影视人类学研究所最初的目标——培养民族志电影制作的专业人才。研究所以“研修班”的形式招收学生学习民族志电影的制作，采取“书院式教学法，小班教学，名师授课，针对每一个学员的具体情况，设置教学内容。力图让每一个学员能够在一年之内达到影视专业人员的中上等水平”。聘请林超民教授、谭乐水导演、谭乐山教授、祁云导演、徐菡、李昕、欧阳霓霞等老师授课。开设的课程有影视取景（构图）、中外影视民族学史、影片分析、照明技术、美术基础、影视剪辑、影视摄影技术、导演创意、人类学的视野、纪录片创作、田野调查拍摄、影视非线性编辑等课程。课程时间为一年，要求学生在此期间至少完成 5 个 5 分钟的作业、3 个 15 分钟的短片，以及 1 部毕业作品。

到了 2009 年，云南大学的影视民族学教育主要由云南大学西南边疆少数民族研究中心影视人类学实验室来进行。

2009 年 9 月开始，影视人类学实验室开设了课程《纪录片创作与实践》，作为云南大学民族研究院硕士研究生的一门选修课。主要从云南大学民族研究院二年级的硕士研究生中选拔产生。想学习该课程的同学经过报名——面试的方式，最终确认录取名单。至今已经招收了 3 届，来自云南大学民族研究院、云南大学文化产业研究院、云南艺术学院，共 24 名学生。课程设置为 3 个学分。为了保证学生结业作品的质量，课程扩充为每周 3 次课共 9 个学时。授课的内容主要包括民族志电影史、民族志电影理论、视听表达、摄像机基本操作、电影元素拍摄训练、剪辑软件基本操作、后期剪辑等；每周三晚上影视人类学实验室还组织了“纪录影像论坛”和“民族学纪实影像沙龙”两个活动。邀请民族志电影的制作者来放映自己的影片，并和观众进行深度对话和交流。

纵观云南大学的影视人类学教学科研和实践历程，实现了从单一实践到理论研究与实践同步发展的突破。并完成了自身发展能力的建设，使得影视人类学在云南有了一块能够不断培养新鲜血液的基地。从笔者的角度来看，它就像一支健全的足球运动队，不仅仅有一支极具实力的成年主力队，还已建设并在逐步完善保证不断发展的梯队体系和青训体系，为影视人类学在云南高校的发展不断提供新鲜血液。

像这样的影视民族学教育，在厦门大学、中央民族大学、新疆师范大学、新疆大学、贵州民族大学、西北民族大学等大学中都有一定表现。但都不具备像云南大学这样的规模和连续性。

第二节　学术交流活动

中国西部地区的学术交流活动由以下几个部分组成：一是以影视民族学为主题的会议；二是涉及影视民族学的电影节和展演；三是民间组织的电影节和展演交流。

一、以影视民族学为主题的全国性会议

以影视民族学为主题的全国性和国际会议至今一共有 8 次，在中国西部地区举行 6 次。中国影视人类学学会自 1995 年在北京召开了第一届中国影视人类学学会学术研讨会之后，2002 年，第二届中国影视人类学国际学术研讨会在兰州召开；2004 年，“展望未来——第三届中国影视人类学国际学术研讨会”在云南昆明召开；2005 年，第四届中国影视人类学国际学术研讨会在内蒙古呼和浩特市召开；2006 年，第五届中国影视人类学国际学术研讨会在广州召开；2009 年，国际人类学与民族学联合会第十六届世界大会影视分会在昆明召开（故第六届中国影视人类学学术研讨会包含其中）；2010 年，第七届中国影视人类学国际学术研讨会在兰州召开。2012 年 9 月，中国人类学民族学 2012 年年会在甘肃兰州西北民族大学召开。随后，中国影视人类学学会作为“中国人类学民族学 2012 年年会的影视人类学专题会议分会场”，在新疆乌鲁木齐的新疆师范大学召开了题为“田野与呈现”的专题会议。这些会议是中国影视民族学发展中的重要事件。我们以时间顺序来叙述，并且只叙

述在中国西部（包括内蒙古地区）召开的学术会议。

第二届中国影视人类学国际学术研讨会（2002 年）

2002 年 9 月，第二届中国影视人类学国际学术研讨会在兰州召开，学术会议由兰州大学西北少数民族研究中心、中国民族学学会影视人类学分会、兰州铁路局电视台联合举办。来自德国、美国和中国台湾、湖北、四川、云南、广东、内蒙古、青海、宁夏、北京等地的研究所、博物馆、大专院校、电视台、影视公司的 80 多位专家学者参加了会议。

开幕式由西北少数民族研究中心主任杨建新教授主持。中国民族学学会影视人类学分会会长杜荣坤教授致开幕词。兰州大学校长李发伸和中国社会科学院民族研究所党委书记揣振宇到会祝贺。多位与会代表专家、学者在会上发言，有美国纽约州立大学人类学系杰克罗尔瓦根教授、中国视协电视纪录片学术委员会副会长朱景和先生、兰州大学马曼丽教授、北京广播学院陈刚先生等在会上发言。会议的中心议题是“21 世纪影视人类学的发展”。围绕这一主题，与会专家学者就影视人类学学科体系建设、人类学影片与大众传媒、多媒体技术与人类学影片制作以及西部地区影视人类学资源优势与开发等相关议题展开了热烈讨论。会议还首次进行了影视人类学影片的评比，这也是本次会议的重要内容和特色。提交会议展映的影视人类学影片共二十四部，经过民族学人类学界和影视界共同组成的专家评审委员会认真严格的审评，共有十三部影片分别获得一、二、三等奖。会议历时三天，杨建新先生在闭幕仪式上致闭幕词，总结了此次会议的五个特点。此次会议成果颇丰。除了影视民族片中的展演外，会后还出版了《视觉对话——兰州 2002 影视人类学国际学术研讨会》（杨建新主编，民族出版社 2003 年版）论文集。此次会议，中国民族学学会影视人类学分会召开了与会理事会议，会议推举产生了影视人类学分会第二届理事会的领导班子。新的领导班子为积极促进我国影视人类学研究工作的进一步开展做出了贡献①。

“展望未来——第三届影视人类学国际学术研讨会”（2004 年）

云南大学伍马瑶人类学博物馆、云南大学东亚影视人类学研究所、云南大学影视人类学实验室联合举办了该次会议。该次会议是继 1995 年在北京召

① 该部分参考了邓卫荣的论文《2002 年影视人类学国际学术研讨会综述》，文章来源于中国期刊网。

开的中国首届影视人类学国际学术研讨会、2002 年在兰州召开的第二届中国影视人类学国际学术研讨会之后的又一次影视人类学的盛会。这次会议邀请了来自德国、美国、挪威、泰国、越南、柬埔寨、老挝以及中国各省区的近 100 名影视人类学专家参与了会议。

会议的主题包括：（1）影视民族学理论。即讨论影视民族学发展历史上研究的各种理论。（2）人类学电影拍摄与实践。从实践的层面来探讨人类学电影拍摄的方法，可能面临的问题，以及解决这些问题的方法。（3）影视民族学教学方法。主要讨论影视民族学教学的理论、方法，在教学过程中遇到的问题，以及如何解除老师和学生之间的障碍，并实现二者之间的互动。（4）影视民族学在中国的本土化。于中国而言，影视民族学作为一门新兴的、外来的学科，必然面临本土化的问题，即找到合适中国自己的影视民族学教学、研究、拍摄实践的道路。

在会上，郭净做了“学习我们自己的传统——关于社区影视教育 Azara 影像工作站”的报告，提出该项目旨在帮助云南藏族运用自己拍摄的纪录片，发出自己的声音，并将这些影片用于社区小学的自我传统文化课程。范志平导演以云南大学东亚影视人类学研究所副所长的身份，做了题为“影视人类学教学国际合作的一次实践”，对云南大学东亚影视人类学研究所与德国哥廷根科教电影研究所合作培养影视人类学专业人才的历程进行了详细的介绍。当时受聘于云南艺术学院电影电视艺术系的周传基教授，以“从大班到一对一的小班的电影教育的经验”为题，在梳理中国电影教育历史和模式的基础上，提出“一对一”电影教育的经验和发现。来自云南人民广播电台的杨在彭，对联合国教科文组织通过录制景颇语广播剧的方式，宣传艾滋病知识，增强少数民族群众自我保护意识的项目进行介绍。来自中央民族大学的庄孔韶教授做了题为“探索应用性的影视人类学”发言，深入讨论了影视人类学片制作的学术特点、教学特点，以及在现代社会生活中可以挖掘的应用性特点，强调影视人类学摄制的应用性实践。Jeny Chio 在会上做了“只缘身在此山中 Martin Parr 和矛盾的画面”报告。在其中提出了纪录影片和人类学影片中之间的界限和联系，以及这条界限在人类学的影视研究中能够得出怎样的成果。来自越南民族博物馆的阮春江，以电影《家节——变迁与延续》为个案，分析影片制作中的一些经验和细节：比如强调影片中民众的声音，而不是过去越南科学纪录片和民族志电影中解说员和研究人员的声音；强调拍摄节日时不仅需要关注节日的过程和进展情况，还需要对其社会时代背景、社区相关故事、问题进行挖掘。杨光海先生在会上做了“我在云南拍摄的五部人类学影片的回顾与本土民族文化的思考”的发言。在介绍五部影片（《佤族》等）的主要内容后，指出影片的学术价值以及如何利用这些资料的问题。来自云南艺术学院的宋杰教授，在会上做了“论纪录片中试听语言的运用”发言。在提出“绝对的客观是不存在，每一部影片都倾注了记录者的主观认识”观点的基础上，指出在视听语言的格局下，纪录片依然是一种创造性的表达。来自云南民族大学的蔡家麒教授，在会议上做了“民族志电影的重塑方法”的发言。“通过20世纪20—70年代利用‘重塑法’摄制的几部中外民族志影片进行分析和比较”，指出“民族志影片的重塑方法的意义、基本特点和做法。”张江华在会上就“影视人类学与人类学的关系”提出了自己的见解。认为“人类学是影视人类学学科的根基，这对影视人类学工作者来说是不可动摇的信念”。Barbara Keifenheim 教授就自己在云南大学东亚影视人类学研究所的教学经历，讨论“学生在影片制作和研究课题的不同阶段遇到的典型问题，以及学生的学习过程如何影响她自己的认知”[①]。还有许多来自于世界不同地区的专家和学者在会议上贡献了精彩的发言。

第四届中国影视人类学国际学术研讨会

第四届中国影视人类学国际学术研讨会2005年8月在内蒙古呼和浩特市举行。此次会议由中国影视人类学学会、内蒙古电视台、内蒙古影视人类学学会联合主办。内蒙古电视台、内蒙古影视人类学学会承办。会议中心议题是新世纪影视人类学的创新与发展。来自中国社会科学院、中央民族大学、北京师范大学、北京大学、中国传媒大学、北京理工大学、北京服装学院、中国藏学研究中心、云南省社会科学院、兰州大学、湖北民族学院、重庆邮电学院、内蒙古电视台、湖北电视台、内蒙古乌海电视台、民族出版社的专家学者、电视制作人、媒体代表以及来自美国和澳大利亚的学者近50人出席了会议。

中国社科院民族学与人类学研究所所长、中国民族学学会会长郝时远研究员致开幕词，内蒙古自治区党委宣传部副部长孟树德致欢迎辞。中国驻澳

---

① 此部分内容的摘录总结来自《2004年“展望未来——第三届影视人类学国际学术研讨会”摘要》。

大利亚特命全权大使傅莹女士，内蒙古广电局助理巡视员额尔德尼、王大为，以及内蒙古电视台副台长恩和巴雅尔、张德贵、鲁杰等出席了开幕式。会议由学会秘书长陈景源主持。

会议共收到论文二十余篇。观摩人类学影片十多部，并考察了草原文化。内蒙古广电局助理巡视员额尔德尼、中国藏学研究中心陈默、北京服装学院民族服饰博物馆馆长杨源、美国加州洪堡州立大学族群研究所学者包·乌尔丽歌、美国学者威廉姆·斯瑞沃尔、澳大利亚学者杰瑞等做了大会发言。研讨会观摩和讨论了以下影片：《隆务河畔的鼓声》（中国社会科学院）、《唱哈的日子》（中国社会科学院）、《赫哲族的鱼皮衣》（北京服装学院）、《金平哈尼族的纺织工艺》（云南省社会科学院影视中心）、《椎牛》（重庆邮电学院）、《托毛人是蒙古人吗》（兰州大学）、《船工》（湖北电视台）以及内蒙古电视台的《驯鹰散记》《沙漠散记》《留学驼乡》等。另外还放映了由刘达成、乌嘎担任民族顾问的故事片《花街少女》。

提交会议的论文有《影视人类学与视觉人类学》（邓启耀）、《文化多样性与非物质文化遗产保护中影视人类学的角色》（刘卫国）、《人类学纪录片拍摄中的干预》（邓圆也）、《被表达的事件性——曹斐〈父亲〉的叙事结构》（冯原）、《人类学片在科研与教学中的作用》（徐黎丽）、《另一片“田野”——对影视资料的人类学分析》（邓卫荣）、《多媒体技术在影视人类学教学和科研中的作用与地位》（徐德华）、《影视人类学创作文本分析——以武陵土家族为例》（杨洪林）、《“和而不同”：论影视和文本双重建构》（雷亮中）、《“虚构”与“真实”——从人类学影片拍摄实践看真实性问题》（陈景源）、《关于影视人类学的研究对象、方法与基本原则》（周兴茂）、《从韩国电影看文化的保护意识》（宋丽丽）、《中国台湾少数民族民族志纪录片的新貌》（胡台丽）等。

这次会议受到了内蒙古自治区党委宣传部、广电局、电视台领导的高度重视与好评。内蒙古自治区学术界和新闻媒体更给予高度关注。《人民日报》新华社内蒙古分社《内蒙古日报》《呼和浩特日报》，内蒙古电台（蒙汉语）报道了会议情况。内蒙古电视台蒙汉两个频道、电视台通讯、电视台网络主页全程及时报道了会议内容。

国际人类学与民族学联合会第十六届世界大会影视分会（2009年）

2009年7月27日至31日，国际人类学与民族学联合会第16届世界大会在云南昆明召开。该次会议以“人类、发展与文化多样性”为主题。其中影视人类学分会主要设人类学电影节单元和16个影视专题论坛。

在人类学电影节单元中，一共收到来自世界各地的362部人类学电影。分别经过2009年3月下旬和4月中旬的两轮国际评审，23部作品入围展映。其中有17部影片获得该次电影节的提名奖。其中由云南本土纪录片作者摄制，或者在云南摄制的人类学电影有：云南电视台周卫平导演的《打马石的家》；高国栋、段建国导演的《守望》；肖锋制片、范志平导演的《甲次卓玛和她的母系大家庭》；杨干才、王毅导演的《蜕变》；尔青导演的《离开故土的依咪》；Frode Storaas、和渊导演的《我们的院子》；邢莉制片、嘉日姆几导演的《火把节》；郝跃骏导演的《搬迁：最后的洞穴村庄》；王艺忠导演的《生活在金三角的人们》。与云南相关的影片占入围展映影片总数的39%。经过评选，最终有6部影片获得了此次电影节的优秀奖，即《家族》《Duka的困境》《Koriam的法则与统治的逝者》《祖先留下的规矩》《韩信复仇记》《生活在金三角的人们》。

在16个影视专题论坛中，一共收到近500篇文章，我们翻译了与影视民族志影像直接关联的部分主要文章的提要。这也是中国西部地区影视民族志的一笔财富。另外，有的文章就直接是中国西部地区影视民族志影视片、影视民族志资料片、民族专题片内容和拍摄的介绍，可以视为本书内容的一个补充。

这些文本按照大会的要求，全部做成了英文的文本，故这些资料全部从英文翻译而来。

见附录中的《2009年国际人类学与民族学联合会第16届世界大会影视分会论文简介》。

第七届中国影视人类学国际学术研讨会

2010年8月16日，由中国影视人类学学会、西北民族大学主办，西北民族大学现代教育技术学院承办的2010年中国影视人类学国际学术研讨会在兰州国际大酒店召开。西北民族大学副校长郭郁烈、现代教育技术学院副教授徐德华，中国影视人类学会会长揣振宇，中国影视人类学学会秘书长邓卫荣，中国人民大学教授庄孔韶，中央电视台纪录片导演郝跃骏，北京大学社会学与人类学研究所教授蔡华，中央民族大学教授李德君，中国传媒大学教授陈刚，我国台湾“中央研究院”民族学研究所研究员胡台丽等出席了开幕式。

开幕式由中国影视学学会常务副会长陈景源主持。开幕式上，首先由西北民族大学副校长郭郁烈致欢迎词，由中国影视人类学会会长揣振宇发表讲话。此次大会的议题是“文化传承、多元共存、和谐发展”，此议题关注民族文化生存状况、城市与乡村发展进程、民俗与文化遗产保护、文化与社会变迁等热点话题。会议历时三天，有30余部参评影片进行放映和交流，参会学者在交流中共同分享各自的成果、经验和喜悦。这次会议是甘肃省兰州市承办的第二次影视人类学国际会议，对甘肃影视人类学理论与实践的发展具有巨大的推动作用。

2012年9月25—29日，在新疆乌鲁木齐新疆师范大学举行的“中国人类学民族学2012年年会的影视人类学专题会议分会”，可以视为中国影视人类学会的第八次全国性的学术研讨会。

会议于9月26日举行开幕式，国家民委民族问题研究中心副主任、中国民族学人类学研究会秘书长黄忠彩，中国社会科学院民族学与人类学研究所党委书记、副所长张昌东，新疆师范大学校长卫利·巴拉提，中国民族学人类学研究会副会长、中国影视人类学研究会副会长庄孔韶，中国影视人类学研究会副会长陈景源，新疆师范大学历史与民族学学院院长地木拉提·奥迈尔与会，中国社会科学院民族学与人类学研究所党委书记、副所长张昌东，新疆师范大学校长卫利·巴拉提分别致辞。

研讨会的议题为“田野与呈现”。会议选取了全国各地的7部片子在会议上放映，观影后即展开学术讨论。展映和研讨分别由庄孔韶和刘湘晨主持。参加展映讨论的7部影片为：庄孔韶新编25周年怀旧纪念版的《端午节》，云南大学寸炫的《我的姓氏我的家》，法国人范华的《斗佬朝科》，中国社会科学院民族学与人类学研究所影视人类学研究室张小敏的《太极拳师》，云南大学张海的《独龙记》，云南电视台郝跃骏的《蘑菇房的故事》，云南大学学生李龙晓的《阿娜的家》，新疆师范大学刘湘晨的《献牲》等。全国各地高校、研究机构、电视台的专家和摄制人员40余人与会。

会议没有纸质论文，但就影视拍摄的田野和呈现等学术问题，展开了多方位的讨论。

会议选举了张昌东为中国影视人类学研究会新任会长。

二、以影视民族学为主题的地方会议

在中国西部地区，省一级的国内国际会议也有，比如在云南大学举办的

“人类学纪录影像年度论坛”就是。2010年起，云南大学就举办了两届题为“人类学纪录影像年度论坛”的会议。这是以地方名义举办的最为重要的关于影视民族学的学术研讨会。

重现的边疆：首届人类学纪录影像年度论坛·2010年·昆明

云南大学影视人类学实验室每周三晚上的纪录影像论坛活动中，由于影片放映之后的讨论时间很充裕，很多与影片制作有关的理念、思想、伦理、实践细节等经常被卷入到讨论中来，使得纪录影像论坛的讨论与大多数民族志电影节上的讨论环节有着很明显的区别。其中涉及的有些问题因为其过于细节、琐碎的特点，导致历届中国影视人类学国际学术会议中无法专门列入讨论议题。然而，这些似乎登不上学术殿堂的细枝末节，恰恰是民族志电影制作实践、影视民族学研究中至关重要的问题。因此，影视人类学实验室打算每年举行一次切入点较小的学术会议，并力图把该次提出的问题探讨清楚，逐年积累，以期能促进中国影视民族学的学科建设和发展。

在此思路的指引下，云南大学西南边疆少数民族研究中心以“重现的边疆”为主题，于2010年4月21日至25日，举办了首届人类学纪录影像年度论坛。

这次论坛力图透过历史上与边疆少数民族有关的照片、图像、视频等载体，再现不同时期边疆少数民族的社会、文化、生活状况的发展和变迁。在此基础上提出了如下议题：（1）边疆的意义和历史上的边疆。即从政治、历史、文化等不同层面对边疆进行界定。（2）中国早期民族志电影的制作、研究、跟踪拍摄以及由此而衍生出来的新民族志电影方法论。即把20世纪50年代开始拍摄的中国少数民族社会历史科学纪录片、云南大学影视人类学实验室率先对这批影片进行跟踪拍摄等问题进行历时的探讨。（3）中国西南边疆少数民族的影像研究，以及西方世界眼中的中国西南边疆。（4）影片作者、研究者、本民族学者同时出席探讨人类学（民族志）电影个案《云之南》。（5）边疆少数民族的自我影像再现。即讨论村民影像计划中当地村民如何利用摄像机记录自己眼中的世界。（6）电影资料馆学框架下的历史影像的维护、保存与再研究。（7）西南边疆跨境民族影像库的建设规划讨论等。

根据论坛提出的论题，论坛邀请了英国River Film电影制片公司制片人，即《云之南》导演Phil Agland，英国总领事馆文化教育处艺术高级官员曾臻女士，台南艺术大学音像媒体中心主任井迎瑞教授，台湾大学人类学系王鹏惠博士，中国人民大学人类学研究所所长庄孔韶教授，中国社会科学院民族学研究所影视人类学室杨光海编导，中国社会科学院民族学与人类学研究所影视人类学室主任陈景源研究员，中国社会科学院民族学与人类学研究所影视人类学室邓卫荣研究员，汕头大学国际学院瞿开森教授，兰州大学历史文化学院暨西北少数民族研究中心宗喀·漾正冈布教授，云南大学前任副校长林超民教授，云南大学西南边疆少数民族研究中心主任兼民族研究院院长何明教授，云南省社会科学院副院长杨福泉研究员，云南省社会科学院郭净研究员，著名当代诗人、云南大学人文学院于坚教授，云南大学民族研究院书记张跃教授，云南大学民族研究院副院长李志农教授，云南省剧协、作协谭碧波研究员，原曲靖师范专科学校历史系主任徐志远教授，云南省民族研究所杨毓骧研究员，云南省民族研究所蔡家麒研究员，云南省少数民族古籍整理出版规划办公室刀永明副研究员，云南大学东亚影视人类学研究所常务副所长谭乐水导演，昆明电视台纪录片导演欧阳斌，山水自然保护中心的影像协调员吕宾，中国近代影像历史研究学者殷晓俊，云南省文山州文山县薄竹镇烂泥洞村村民侯文涛，云南省昆明市五华区厂口乡台磨山村村民王忠荣，以及云南大学影视人类学实验室的李昕、张海、陈学礼等30余名学者和民族志电影的作者参加该论坛。

在论坛的组织形式上，主要采取了学术研讨，民族志电影制作过程深度访谈，影片作者与观众对话，影片作者、研究者、被拍摄者等多方主体直接对话，同一地点同一民族新老民族志电影对比研究等方法，使论坛的形式多种多样。

会议代表的具体发言，就影像与边疆之间的关系，林超民教授从历史、政治、文化的角度上对边疆的意义和内涵进行了界定和阐述；殷晓俊、于坚教授通过对方苏雅等外国人留下的影像分析，解读西方世界眼中的中国西南边疆；王鹏惠则专门探讨了民国时期的中国西南边疆少数民族的影像。就影片的制作，杨光海、谭碧波、蔡家麒、徐志远、刀永明、杨毓骧等曾经作为20世纪50年代中国少数民族社会历史科学纪录片云南部分的主力摄制人员，一起回顾了云南七部早期民族志电影拍摄中的诸种问题，特别注重这批电影制作的实践细节；Phil Agland在详述《云之南》制作诸多细节的基础上，与井迎瑞教授、杨福泉教授一起，从不同的视角来讨论《云之南》的制作和意义；于坚教授也专门分析了纪录片《碧色车站》的制作中涉及的诸种理论和实践问题。就目前中国影视人类学的发展，井迎瑞教授以我国台湾的研究案例为参照，探讨了历史影像的维护与保存；庄孔韶教授就纪录电影的人类学地位和专业化方向，提出了自己独到的见解；陈景源和邓卫荣研究员在会上讨论了新时代背景下人类学影片的新特征；就民族志电影的制作，谭乐水、陈学礼、张海、欧阳斌四人一起讨论对20世纪50年代中国早期民族志电影跟踪拍摄中遇到的问题，以及对新民族志电影方法论的探索；郭净研究员、侯文涛、王忠荣、宗喀·漾正冈布研究员等与会代表，一起讨论边疆少数民族自我影像再现模式以及面临的新问题。

这次论坛由云南大学西南边疆少数民族研究中心影视人类学实验室和北辰财富中心影院联合主办。除了在云南大学人类学博物馆举办学术研讨以外，还在北辰财富中心影院播放了《苦聪人》及其跟踪拍摄的影片《六搬村》，《西双版纳傣族农奴社会》及其跟踪拍摄的影片《曼春满的故事》，《永宁纳西族的阿注婚姻》及其跟踪拍摄影片《格姆山下》，《佤族》及其跟踪拍摄影片《马散四章》，以及与云南相关的另外三部早期民族志电影《独龙族》《景颇族》和《丽江纳西族的阿注婚姻》。同时也播放了回应主题重现的边疆的影片，如《碧色车站》《卡瓦格博传奇》《发现卓尼》《麻与苗族》《方苏雅短篇集》等。其中，由云南大学影视人类学实验室与 Phil Agland 协商并翻译完成中文字幕制作的《云之南》，自20世纪90年代拍摄完成后，这是第一次在中国大陆电影院内完整地播放7集影片。在北辰财富中心影院播放影片，也是本次论坛力图扩大公众参与的一次有益尝试。

由于论坛选题新颖，公众参与程度较高，媒体也争相报道。《时代周报》《民族画报》《民族时报》《精品消费报》《大观周刊》《春城晚报》《都市时报》《云南信息报》《云游客》、云南大学党委宣传部等媒体和机构，都从不同角度对论坛进行了报道。

影视人类学与纪录片教育：第二届人类学纪录影像年度论坛·2011年·昆明

2011年6月20—21日，云南大学西南边疆少数民族研究中心影视人类学实验室举办了第二届人类学纪录影像年度论坛。为了延续“人类学纪录影像年度论坛”发起的宗旨，依然以影视人类学领域中的一个小问题为切入点，并展开深入的讨论。该次论坛的主题确定为“影视人类学与纪录片教育”。选择这个主题主要基于两个原因：一方面，影视人类学的教育是影视人类学发展中非常重要的主题；另一方面，影视人类学实验室2009年开始了影视人类学和纪录片的教育，希望通过会议举办和讨论促进实验室影视人类学和纪录片教育的发展。

此次论坛中，德国的知名影视人类学家 Barbara Keifenheim 教授、英国格林纳达影视人类学中心主任 Paul Henley 教授、韩国国立艺术大学的影视人类学教授 Hong - Joon Kim 教授、台南艺术大学的井迎瑞教授、云南大学原副校长兼云南大学东亚影视人类学研究所所长林超民教授、中国国家艺术研究中心的单万里研究员、云南大学西南边疆少数民族研究中心主任何明教授、云南大学社科处李东红教授、北京草场地工作站的负责人吴文光、中山大学的邓启耀教授、贵州民族学院的吴秋林教授、香港浸会大学珠海分校的刘保华教授、清华大学的雷建军教授、北京大学朱晓阳教授、著名诗人兼云南大学教授于坚、台湾“清华大学”马腾岳教授、云南省社会科学院郭净研究员、云南大学东亚影视人类学研究所执行所长谭乐水，以及在云南从事纪录片拍摄、教学、社区影像教育的李淼、吕宾、章忠云、曾庆新、张静红、徐菡、李昕、张海、陈学礼等参加了会议并发言。

由于会议以影视人类学和纪录片教育为主题，学生也是该次论坛中重要的参会代表。如北京草场地工作站的邹雪平、章梦奇，贵州民族学院的马秋晨、郎丽娜、彭娜娜，云南师范大学的倪崑浩、张圣，云南艺术学院的王晓天、隋娜、李俊，云南大学影视人类学实验室的逯文杰、涂盛、马佳、李玲、阮明德、王清清、胡敏、吴桂琴、韦玮、阮池银、卢学英、许沃伦、郭少妮、谢黎蕾、邹珍珍等也作为会议代表，参加会议发言和讨论。

结合论坛提出的主题，拟定了如下一些具体的议题：（1）影视人类学学科的发展与影视人类学、纪录片教育机构之间的关系。希望讨论不同国家和地区从事影视人类学、纪录片教育的机构的建制，以及其开展的工作和本国、本地区影视人类学学科发展之间的相互关联，以期实现不同国家和地区的影视人类学、纪录片教育机构之间相互交流和沟通的目的。（2）影视人类学、纪录片教育理论与方法。通过讨论具体的影视人类学、纪录片教育的理论和方法，而不是泛泛的影视人类学和纪录片理论与方法，以促进影视人类学、纪录片教育实践的同时，丰富影视人类学、纪录片理论方法的研究。（3）个案研究：由学生和指导老师一起分析某个作品的创作。以学生的作品为切入点，探讨学生和教师在一部民族志电影创作过程中的互动。（4）纪录片与社区教育。希望能够讨论通过纪录片在社区放映而达到的教育效果，以及社区居民自己制作纪录片过程中产生的教育效果。比如促使社区居民自发爱护、保护自己生活的环境，促发社区居民通过不同方式来保护和传承本民族的文化等。(5) 纪录片制作过程对影片制作者本人的教育。纪录片的制作过程也是制作者向被拍摄对象不断学习的过程。这种教育既包括知识方面的获得，也包括心灵、精神上的触动。(6) 影视人类学、纪录片教育网络建设。希望通过论坛的举办，从事影视人类学、纪录片教育的不同机构之间能够建立一个相互沟通、交流、合作的平台。

论坛主要采取了会议主题发言、影片观摩及深度讨论两种形式。白天安排会议主题发言，晚上则放映来自不同国家和地区的教育机构的学生制作的影片并展开讨论。从实际产生的效果来看，这两种论坛形式还促成了另外两个效果：首先，在介绍不同国家和地区影视人类学、纪录片教育机构建制和教育状况的过程中，来自不同教育机构的人员之间实现了交流和对话。其次，会议期间的三天晚上，放映了来自于英国曼彻斯特大学格林纳达影视人类学中心、韩国国立艺术大学、清华大学清影工作室、贵州民族学院、云南大学影视人类学实验室等不同教育机构的学生制作的影片。在影片的放映和深度讨论中，有来自于不同教育机构的学生之间的交流和对话。

在会议上，英国曼彻斯特大学格林纳达影视人类学中心、韩国国立艺术大学、中国台湾地区、中国大陆的中山大学、清华大学、香港浸会大学珠海分校、北京草场地工作站、贵州民族学院、云南省社会科学院、云南师范大学、云南艺术学院、云南民族大学、云南大学等从事影视人类学、纪录片教育的机构参会代表，分别贡献了本机构影视人类学、纪录片教育的一些基本状况，详细到诸如机构发展历史、机构设置、课程设置、教学中取得的经验等。与此同时，云南大学的徐菡老师在会议上做了“当代西方影视人类学教学概况”的发言。

同时，与会代表还就自己的研究专长做了一些颇有特色的发言：如云南大学西南边疆少数民族研究中心主任、何明教授的“纪录片教育与数字化时代的人文社会科学经验研究”，强调了当前纪录片教育的重要意义，以及云南大学影视人类学实验室着重发展影视人类学教育的原因。英国曼彻斯特大学影视人类学中心主任 Paul Henley 教授的“作者死了！作者万岁！——西方民族志电影中关于作者身份模糊性的一些评论”，则试图反对当前学界“否定民族志电影作者身份”的观点。这也是格林纳达影视人类学中心教学的根本原则之一。韩国国立艺术大学 Hoog - Joon Kim 教授的“视觉媒体下的人类学研究”，通过分别来自文化人类学系、电影系的学生制作的两部影片的对比，讨论影视人类学、纪录片教育中可能的方法。李昕、陈学礼以及云南大学影视人类学实验室的十一个学生一起的“田野教学：民族志电影训练的实例分析”，通过对课程《纪录片创作与实践》中十天的田野教学的缘起、实施过程中遇到的问题，老师与学生之间的互动等问题进行了阐述。贵州民族学院的吴秋林教授与他的学生一起就“影视民族学多媒体教学方法论研究”进行了探讨。云南大学的张静红博士的“影像与文本在纪录片字幕里面的互动”，以一种新颖的、细腻的视觉来讨论纪录片中字幕制作应该注意的问题。由于身体原因未能亲自到会的孙健三先生，贡献了关于他父亲孙明经先生的报告——“孙明经的教育电影与中国早期纪录片教育的开创”。来自清华大学的雷建军教授，通过纪录片个案《戏·末》的创作，与代表分享致力于影像制作、传播、研究的清影工作室的纪录片教育。来自浸会大学珠海分校的刘保华教授，在介绍学校自2008年开始的纪录片教育的同时，对其创作的纪录片个案《马夫》进行分析。北京草场地工作站的吴文光和他的两个学生，与与会代表一起分享了北京草场地工作站“民间记忆影像计划下的纪录片教育、训练和实践”。云南省社会科学院白玛山地文化研究中心的郭净、章忠云，以及该中心社区影像教育项目成员吕宾、曾庆新，在会上回顾了“社区影像教育在云南的实践”的历史、实践和经验。台南艺术大学的井迎瑞教授以“纪录片的行动研究”为题，指出如果将“行动研究”注入纪录片拍摄中，其外在的功能是学习纪录片拍摄，其内在的功能在于参与者人文素养的提升和成长。中山大学邓启耀教授的“视觉人类学与影像民族志”，从理论和实践层面介绍中山大学的影视人类学与影像民族志教学和实践。印度的 P. Subramaniam 教授以南印度的部落个案为例，讨论了影像民族志在部落认同中的运用。新西兰 Veronica Strang 教授，探讨了澳大利亚和新西兰水生物影像里的含义和道德。云南大学于坚教授、北京大学朱晓阳教授以《故乡》为例，云南大学的张海以《格姆山下》为例，探讨了人类学影片制作对作者的教育以及反思问题。除了这些会议主题发言以外，还安排了学生和老师一起分析影片创作的个案讨论，如云南师范大学的李淼老师和他的两个学生一起分析的影片《米轨沿线》和《车轮滚滚》；Barbara Keifenheim 教授与她两个学生一起分析的影片

《我要的生活》和《美丽的黑齿》；以及谭乐水导演与他两个学生一起分析的影片《临终》。

除了云南大学这样的学术会议之外，中国西部的个别高校也有一些小型的学术交流活动。

三、涉及影视民族学的电影节和展演

在中国西部举行的影视民族学学术会议中，都会有一些影展。有时候这些影展很专业，但有时候这些影展就包含了许多其他诉求和因素。我们把有影视民族志影像关联的影展都做一个叙述，它们也是中国西部影视民族志影像的一部分。这样的影展不少，尤其是在云南，但我们仅叙述规模比较大的“四川电视节”和青海“中国（青海）世界山地纪录片”节评奖活动。

四川电视节

四川电视节由国家广播电影电视总局和四川省人民政府主办，四川省广播电影电视局承办。首届四川电视节于1991年举办，隔年一届，至2011年11月，已经举办了11届。

四川电视节源于1990年2月成都举办的“中国四川国际友好电视周”。两个月后，原国家广播电影电视部决定在全国设上海电视节和四川电视节，各隔年一次举办，力争把两个电视节办成广播电视系统对外开放的窗口。

四川电视节的办节宗旨为：和平、友好、交流、合作；办节方针为：国际化、专业化、市场化。至今，四川电视节已成为亚洲最有影响力的国际影视节，一个综合性博览会，兼具节目评奖与交易，设备展览与研讨，并逐渐形成了具有规模的节目交易和设备交易两大市场。

下面介绍电视节的部分情况。

第一届四川电视节（1991年）

首届中国四川电视节于1991年9月24—29日在四川省成都市举行。来自世界五大洲32个国家和地区3500多名（含外宾近400名）代表参加了电视节。在此期间主要举行了“金熊猫”奖国际电视评选、国际电视节目交易会、国际广播电视设备展览会、国际电视学术和技术交流等活动。

《藏北人家》（中国）获得“金熊猫”奖。

第二届四川电视节（1993年）

第二届四川电视节于1993年9月22—27日在四川省成都市举行。来自世界五大洲31个国家和地区328家（境外148家，境内180家）影视机构和厂

商，2400多名（外宾400余名，内宾2000余名）来宾参加了电视节。主要内容有“金熊猫奖”国际电视节目评选、国际电视节目交易会、国际电视设备展览会暨国际音响影视展览会等活动。

“金熊猫”奖纪录片评选获奖的有：《远在北京的家》（中国）、《人·鬼·人》（中国）、《深山船家》（中国）等。

第三届四川电视节（1995年）

第三届四川电视节于1995年9月21—26日在四川省成都市举行。共有来自30个国家和地区的2800多位中外宾，参加了电视节的各项活动。其中外宾585人，内宾2300人。该届电视节主要进行了“金熊猫奖”国际电视评奖、国际电视节目交易会、国际广播电视设备展览会暨国际音响影视展览会、国际电视学术研讨会等活动。

“金熊猫”奖纪录片评选获奖的有获最佳自然科技类纪录奖的《回家》（中国）和获妇女儿童题材特别奖的《龙脊》（中国）。

第四届四川电视节（1997年）

第四届四川电视节于1997年10月28—31日在四川省成都市举行。为了与国际通行名称惯例接轨，该届电视节使用了“1997四川电视节”的名称。来自20个国家和地区的1152家机构和3500多名中外代表参加了本届盛会。电视节主要举办了国际电视节目交易会、国际广播电视设备展览会暨国际音响影视展览会、国际电视节目市场研讨会、国际广播电视学术研讨会等活动。

因故未举行“金熊猫”奖纪录片评选。

第五届四川电视节（1999年）

第五届四川电视节于1999年10月28—31日在成都国际会议展览中心举行。来自22个国家和地区的1376家中外影视机构的6000多位代表光临本届盛会。电视节主要举办了国际电视节目交易会、国际广播电视设备展览会暨国际音响影视展览会、国际电视节目市场研讨会、国际广播电视学术研讨会等活动。在为期4天的节目交易中，达成意向性签约引进的各类海外电视节目达3152集，成交额865万美元；向海外输出各类电视节目达1595集，成交额112万美元。国内影视机构之间的销售也十分活跃，销售达5621集，成交额1.92亿元人民币。

因故未举行“金熊猫”奖纪录片评选。

第六届四川电视节（2001年）

第六届四川电视节于2001年10月27—10月31日在成都举行。节目交易达成意向性签约的各类海外电视节目达1530部（集），向海外输出各类电视节目达3621部（集），成交额362万美元。国内影视机构之间销售各类电视节目8313部（集），成交额达2.37亿元人民币。参加本届“金熊猫”评选的电视纪录片共342部。四川电视节是中国广播电视事业改革发展成就和实力水平的展示，是中国影视机构电视节目和广播电视设备网络进出口的主渠道之一，也是中国广播电视对外合作交流合作的窗口。

“金熊猫”奖纪录片（社会人文类）评选获奖名单：

最佳长纪录片奖：《英与白》（中国湖北）；最佳短片奖：《登陆海湾》（西班牙）、《我的小学》（中国安徽）；评委会特别奖：《驿路杏花遍地开》（黎巴嫩）、《最后的马帮》（中国云南）、《青春爵士乐》（日本）；最佳创意奖：《英与白》（中国湖北）；最佳导演奖：《英与白》（中国湖北）；最佳摄影奖：《漓江渔家》（中国广西）；最佳音效奖：《英与白》（中国湖北）。

“金熊猫”奖纪录片（自然及环境类）评选获奖名单：

最佳长纪录片奖：《蓝色星球——广阔的海洋》（英国）；最佳短片奖：《猴王》（中国广西）；评委特别奖：《龟墓探秘》（英国）、《大草原的清道夫》（法国）、《沼泽里的老虎》（英国）；最佳创意奖：《渡过生命的危机》（中国四川）；最佳导演奖：《猴王勇士》（英国）；最佳摄影奖：《蓝色星球——广阔的海洋》（英国）；最佳音效奖：《蓝色星球——广阔的海洋》（英国）。

第七届四川电视节（2003年）

第七届四川电视节于2003年10月28—10月31日举行。达成意向性协议金额4.8亿，创历届电视节的新高。该届电视节共有来自中国、日本、美国、英国、新加坡、荷兰等国家和地区的110家广播电视网络设备生产厂家、销售商参加国际广播电视网络设备展览，前来观展和洽谈的用户达4万多人次，成交金额达1.1亿多元。国际广告设备展览会、国际标识标牌展览会共达成合同意向性交易额4200多万元。电视节还举办了第二届中国数字电视数据广播论坛、电视技术论坛、有线电视技术交流会等共13场，为近几届最多的一次。

该届“金熊猫”奖评选的电视纪录片共377部，其中人文及社会类202部，自然及环境类175部。共有17部国内外纪录片获奖。其中国外获奖作品8部，国内获奖节目9部。该届电视节新增的环境保护电视节目大奖赛共评出27个奖项（名单略）。

第八届四川电视节（2005年）

第八届四川电视节于2005年11月23—29日举办。来自33个国家和地区以及国内的652个机构的5000多名来宾参加了电视节的各项活动。各项交易活动达成意向性协议金额5.54亿元人民币。

该届评委会由来自英国、新加坡、印度、日本和中国声誉较高的纪录片专家和资深创作人员组成。有来自33个国家和地区选送的500多部作品参赛（名单略）。

第九届四川电视节（2007年）

第九届四川电视节于2007年10月28—30日举办。该届电视节吸引了来自49个国家和地区及国内省区的几千家机构报名参评、参展。参与群众达十多万人次。各项交易活动达成意向性协议金额8.9亿元人民币。据不完全统计，在为期3天的节目交易中，达成意向性签约的各类海外电视节目达1323部（集）；向海外输出各类电视节目达1850部（集），成交额300多万美元，是上届的2.8倍。此外，国内影视机构之间的销售也十分活跃，销售各类电视节目9521部（集），成交额达6.26亿元人民币，较上届增长40%多。共有76家广播电视网络设备生产厂家、销售商带来了具有世界先进水平和领先地位的广播电视、网络设备参加展览。在3天的展期中，前来观展和洽谈的用户达8万人次；成交金额达2.4亿元人民币，是上一届的4倍。本届电视节的所有活动都围绕“电视影响生活”这一主题来策划、设计和开展。采取“专业与大众相结合、交易与展示相结合、线上与线下相结合”三结合的方式，推出了9大类共20多项主体及配套活动。

“金熊猫”奖纪录片评选（人文类）获奖名单略。

第十届四川电视节（2009年）

第十届四川电视节于2009年11月6—8日举办。有来自70多个国家和地区及国内各省市区的几千家机构报名参评、参展，5000多名来宾参加。参与群众超过10万人次。各项交易活动达成意向性协议金额14.9亿元人民币，较上届增长67.4%。此次电视节“国际影视节目交易市场”吸引了27个国家和地区的1601家中外影视机构的3199位代表参加。在为期3天的节目交易中，达成意向性签约的各类海外电视节目1105部（集）；向海外输出各类电视节目1501部（集），成交额213万美元。国内影视机构之间销售各类电视节目8671部（集），成交额达11.75亿元人民币，较上届增长了87.7%。而金熊猫奖的评选活动也有62个国家和地区的3963部作品参评，创下了历届电视节参评的记录，盛况空前。

颁出国际纪录片、新媒体视听作品、大学生影视作品、动画作品、国际自然灾害影视节目五大系列的75类奖项，来自26个国家和地区的128部作品获132个“金熊猫”奖项。

在此次电视节上西部电视力量正在悄然崛起。四川、云南、贵州、河南、青海等一些西部省台都高调亮相，用具有浓郁西部风的歌舞、现场观众互动、派发小礼品等方式大力宣传。

还举行了“加拿大主题日”“澳大利亚主题日”“荷兰主题日”“法国主题日”“南非主题日”。四川电视节自2005（第八届）开始，引入国际“主题日”活动。节展期间举办的国际“主题日”活动由2005年的2个，增加到2007年的4个，该届电视节则达到6个。

“金熊猫”奖国际纪录片评选。48个国家和地区的797部纪录片报名参评，创历届新高，其中人文类纪录片294部，社会类纪录片352部，自然与环境类纪录片151部。经评选，来自14个国家和地区的节目分获39个大奖。

2009（第十届）四川电视节“金熊猫”国际电视节目评选活动，特别增设“国际自然灾害影视节目评选活动”，旨在通过对灾害节目的征集和评选，抢救和保存珍贵的视听资料，歌颂在灾害中焕发出的人间真情和英勇行动，增强人们的防灾减灾意识。此次评选活动共收到来自18个国家和地区的306部作品，分别参加了新闻报道、纪录片、科教片、特别节目的评选。《劫后》《真情相守》《为了生命》《解密：5·12大地震》《众志成城　抗震救灾》等来自4个国家和地区的节目分获32个大奖（名单略）。

第十届四川电视节“金熊猫”奖国际纪录片评选活动评委简介：

人文类评委：

陈汉元：“金熊猫”奖国际纪录片评选“人文类”节目评委会主席。中国著名的纪录片专家，高级编辑。时任中国电视艺术家协会纪录片学术委员会名誉会长，中国广告协会副会长。

周东元：中国著名的纪录片资深制作人，时任中央新闻纪录电影制片厂总编辑，中国广播电视协会纪录片委员会副理事长。

克里斯佛·奥利佛（Christopher Oliver）：澳大利亚荧屏国家和行业合作关系部高级经理，曾任澳大利亚电影金融公司（FFC）故事片、电视剧以及纪录片投资经理。

季卫国：中国山东济南电视台业务指导，高级编辑，中国广播电视协会副秘书长。

彭辉：中国广播电视协会纪录片工作委员会副秘书长，中国电视艺术家协会学术委员会副秘书长，国家一级导演。“中国电视艺术二十年突出成就奖”获得者，“中国电视纪录片十年特别成就奖”获得者。

社会类评委：

吴宝文：“金熊猫”奖国际纪录片评选“社会类”节目评委会主席，一级文学编辑。时任四川省广播电视学会会长，四川省电视艺术家协会主席。

陈宏：中国资深的电视节目制作人，导演，中国电视艺术家协会纪录片学术委员会副秘书长。

麦克·克朗西（Mike Clancy）：著名电视制作人，彭博电视亚太区办公室执行总编。

刘文：中央电视台高级编辑，海外中心专题部副主任，中国电视艺术家协会纪录片学术委员会副秘书长。

冷杉：中国资深纪录片制作人，全国百佳电视艺术工作者，四川省十佳电视导演。

自然及环境类评委：

卢子贵：“金熊猫”奖国际纪录片评选“自然及环境类”节目评委会主席。高级编辑。时任中国电视艺术家协会顾问，四川省电视艺术家协会名誉主席，四川省散文学会会长。

刘景锜：中国著名的纪录片制作专家。时任中国电视艺术家协会纪录片学术委员会常务副会长。

何重生：低地公司纪录片导演和执行制片人。

孙剑英：中国纪录片著名的资深制片人，中国电视纪录片学术委员会常务副会长，中国广播电视协会纪录片研究委员会副理事长。

李汝健：中国大连电视台纪录片创作室主任，国家一级摄像师，中国纪录片研究委员会副理事长，中国电视纪录片学术委员会副秘书长。

吴向列：一级导演。现任广西电视台卫视编辑部副总监，纪录片制作人，中国电视纪录片学术委员会西部分会会长。

第十一届四川电视节（2011 年）

主体活动包括：

国际影视节目交易市场：主办方认为这是中国最主要的电视、电影、纪录片、娱乐节目、资讯节目、电视栏目的节目交易、信息交流，跨区域、跨媒体洽谈合作的资源共享市场，中国影视节目进出口的主渠道之一。本届国际影视节目交易市场将重点提供在酒店进行商务洽谈、信息发布、会议及展览的服务，同时为了满足参展商的多种需求，在展馆设置机构形象展示区、节目展示区及影视外景拍摄地展区，将为不同客户提供更加灵活多样、经济实惠的分类推广及招商服务。

“金熊猫”奖国际电视节目评选活动：分别评选“金熊猫”奖国际纪录片、“金熊猫”奖国际动画作品、“金熊猫”奖国际大学生影视作品。

除1997年（第四届）、1999年（第五届）两届因故未举行“金熊猫”奖国际纪录片评选外，历届四川电视节均将“金熊猫”奖国际纪录片评析列为主体活动之一。参评纪录片从第一届138部（29个国家和地区）到第十届797部（48个国家和地区）。在8次评奖活动中，共有3142部中外纪录片参评。且“金熊猫”奖国际纪录片评选的类别、奖项设置也发生了一些变化，以适应纪录片创作的发展，遴选海内外的优秀之作①。

（以上资料多参考四川电视节官方网站、每年电视节期间新闻报道）

四川电视节是一个综合性的电视节，但是它的评奖活动对影视民族志各类片子的拍摄有直接的影响。

2008年9月，青海省开始举办“中国（青海）世界山地纪录片节”，其全称为“中国（青海）三江源国际摄影节暨世界山地纪录片节”。该节的主题是：山地世界、人与自然、多元文化的共享与传承。

纪录片活动方面：高峰论坛、纪录片交易活动、纪录片交易活动、优秀山地纪录片展播活动、“玉昆仑”奖国际纪录片评选活动等。

高峰论坛：邀请山地国家、地区共同参加，展播山地纪录片影视精品。围绕“山地世界、人与自然、多元文化的共享与传承”主题，讨论山地保护和发展，推动山地环保、经济、文化的综合发展。论坛突出青藏高原地域特点，特别是围绕青海的自然地理和民族文化的优势展开研讨。

“玉昆仑”奖国际纪录片评选活动：奖项设置共分三大类，二十一个单

① 陈慧谊《见证中国纪录片成长——四川电视节“金熊猫”奖国际纪录片评选回顾》，《中国电视（纪录）》2010年第8期。

项奖。

社会类有：社会类纪录片大奖、最佳长纪录片、最佳短纪录片、评委特别奖、最佳社会关注奖、最佳导演奖、最佳摄影奖。

人文类有：人文类纪录片大奖、最佳长纪录片、最佳短纪录片、评委特别奖、最佳人文关怀奖、最佳导演奖、最佳摄影奖。

自然及环境类有：自然及环境类纪录片大奖、最佳长纪录片、最佳短纪录片、评委特别奖、最佳环境保护奖、最佳导演奖、最佳摄影奖。

会上，“2008中国（青海）三江源国际摄影节暨世界山地纪录片节”组委会执行副主任、副省长吉狄马加首先做了题为《我们向大山呼唤，并倾听它的回声》的主题演讲。

在演讲中，吉狄马加指出，目前世界上还没有一个较大规模的针对山地这一主题而搭建的国际性展示与交流的平台。为此，地处世界屋脊、群山之巅的中国青海有责任、有义务、也有自信的理由来承担起这一时代的需要和历史的重托。他进一步强调指出，举办世界山地纪录片节，目的是要借助并且充分发挥青海高原得天独厚的自然存在、人文积淀和人类生活延续的资源优势，以众人之手树起一面具有号召意义的旗帜，进一步增进当今世界对山地自然和山地文明的关注，促进人与自然的和谐共荣和多样性文化之间的对话沟通；以影视的形式、艺术的视角、人文的思考，致力于探索在一种特殊的地域环境和文化背景下人类历史的发展、人与自然的关系，讲述万物生存的故事，并以此反省人类的共同命运和人类社会发展的得失。

随后，中国视协理事、中国视协纪录片学术委员会会长刘效礼；美国奥勒冈州立大学高级研究教授罗伯特·休斯博士；史迪福电视节目评估董事会成员、宾格电影工作室董事成员彼特·弗莱利；日本国际广播电视台卫星放送部高级主管广濑学；澳大利亚广播公司纪录片部责任编辑、高级时事评论员达莎·罗斯；中国电视艺术家协会纪录片学术委员会常务副会长兼西部分会会长孙剑英；美国环境影视节执行主管彼得·奥布赖恩；德国独立电影制片人塔玛拉·魏司分别演讲。

2010年8月，“2010中国（青海）世界山地纪录片节”又在青海省格尔木举行。主题是“山地民族、原生影像，人类记忆的延续与传播”。活动期间，包括中国在内的6个国家和地区的12位嘉宾在高峰论坛演讲；来自35个国家和地区的511部作品参加初选，并从中评出了“玉昆仑”奖22个单项奖作品。“玉昆仑”奖国际纪录片评选终评评委由来自中国、乌拉圭、加拿大、澳大利亚、俄罗斯、美国的14位国内外专家、学者组成。

据称，举办此次纪录片节，目的是展示山地的地域、历史、文化，推动国际纪录片山地历史、生活及所有历史记忆，用广大纪录片工作者的镜头凝望，用海纳百川的胸襟聚焦一个世界，捕捉一个世界，呈现一个世界，从而表达一种对人性终极关怀的悲悯情怀，让观众体味纪录片令人震撼和触动灵魂的永恒魅力。

在这个纪录片节评奖活动中，有影视民族志影视片获奖。

四、民间组织的电影节和展演交流

在中国西部地区，最成气候的民间组织的电影节和展演交流主要在云南省，其中以“云之南纪录影像展”为代表。

云之南纪录影像展从2003年开始举办以来，已经办了5届。

云之南纪录影像展由云南省社会科学院白玛山地文化研究中心主办。云之南纪录影像展策展团队的主要人员构成为纪录电影工作者、电影研究者、人类学者，以及参与式影像教育的社区工作者。在近十年的工作中，云之南汇集了一批国内外一流的纪录电影作者、研究者和批评家。

云之南纪录影像展是目前国内创办最早、规模最大、影响最广泛的公益性纪录电影双年展，已逐步成为中国纪录电影最重要的展映和传播平台之一。至今已经收藏和展映了近五百部中国当代纪录电影作品。

云之南纪录影像展的获奖作品先后获得诸多国际电影大奖，与日本、荷兰、法国、英国等国际电影节合办了一系列中国当代纪录电影活动；另与法国、俄罗斯、荷兰、以色列、比利时、日本等国电影机构合作，将这些国家经典纪录电影介绍到国内。

在上海复旦大学、广州中山大学、北京798伊比利亚当代艺术中心等地联合多次举办了“云之南巡回展”。

云之南纪录影像展，不但推动了纪录片的拍摄，也推动了影视民族志影像的拍摄。

第一届云之南纪录影像展

影展宗旨：“云之南人类学影像展”是一个以思想、艺术交流为主旨，以人类文化和生存环境多样性为主要内容，以纪实影像为主要表现形式的文化活动。它立足于一块以自然和文化多样性著称的土地——云南，它在全球化的进程中关注本土化，试图通过学术的探讨和视觉作品的展示，提供一个活泼、开放的空。以宽容的态度鼓励影像作者多视角、多维度的文化思考和艺术表达，从而促进不同人群之间的对话和相互理解，促进人们对本土化价值的思考。

此活动拟为双年展，鼓励具有原创性、多文化视角和艺术表现方式的纪实影像作品参加展示，并利用云南在世界的文化影响和独特的区位优势，逐步创造一个符合国际规范，具有一定学术地位的纪录影像展。

该年度主题：民间影像。

影像不仅是一种信息，更是一种声音，它是社会群体和个人“说出”自己观点的有力工具。

影像也是一种比语言文字更直接的沟通手段。它能在人与自然之间，不同民族和不同利益群体之间，历史与现实之间架起对话和理解的桥梁。

该年度设立“回放单元”“竞赛单元”“学生单元”“观摩单元”，以及“现场对话”等内容。投稿作品 93 部。

“回放单元”放映影视片：杨光海的《佤族》《鄂伦春族》《永宁纳西族的阿注婚姻》，段锦川的《八廓南街 16 号》，蒋樾的《彼岸》，郝跃骏的《山洞里的村庄》。

“竞赛单元”放映影视片：周岳军的《阿鲁兄弟》，四川彭辉的《背篓电影院》，湖北冯艳的《长江之梦》，四川赵刚的《冬日》，北京韩磊的《抖动的 20 分钟》，北京季丹、沙青的《贡布的幸福生活》及《老人们》，广州周浩、吉江虹的《厚街》，四川梁碧波的《婚事》，广东王雁、周晓林的《家园》，香港张虹的《平安米》，香港大学周华山的《三个摩梭女子的故事》，四川电视台冷杉的《我们的冬》，北京 Panorama Media 陈苗、李晓的《我属蛇》，福建电视台戴艺的《小屋》，云南电视台魏星的《学生村》，北京冯雷的《雪落伊犁》，北京五洲传播出版社焦波的《哑巴的正月》，成都丹鸿纪录片工作室唐丹鸿的《夜莺不是唯一的歌喉》，北京沙青的《在一起的时光》，重新零一百影像创作组廖一百、林绍忠、朱毅力的《职业哭泣者》，中国社会科学院民族研究所陈景源、庞涛的《仲巴昂仁》。

“学生单元”放映影视片：易思成的《卖报人》，朱佶丽的《春节印象》，曾庆新的《平衡》，金学丽的《窗》，荣莉的《文化秀》，朱凌飞的《在路上》，黄永刚的《傣医 · 口功》，陈学礼、李建钦的《不再缠足》，中央民族大学王克力的《旧州新貌》，昆明理工大学黄盛茂的《腾冲抄纸》，曾益群、赵心静的《弃婴与弹棉花匠》，赵卫东的《街头摊贩》，郑明莉的《灵魂穿越的村庄》，邹辉的《龙的记忆》，徐菡的《美丽的黑齿》，李佳燕的《撒尼医家》，张海的《我要的生活》（Mr. Cool），鲍江、艾菊红的《东巴和》，李昕的《看上去很美》。

“观摩单元”放映影视片：斯提芬妮·布莱克的《生活与债务》，段锦川的《拎起大舌头》，蒋樾的《幸福生活》，大卫·范恩歌德的《东南亚妇女拐卖》，阿里森·乐维斯的《1900—1950 云南影像文献：英国旅行家和传教士记录中的地方和人》，美国“阿帕影像工作站”的纪录片，伊莉莎白·白瑞特的《带摄像机的陌生人》，赫比·史密斯的《拉幅·斯坦雷的故事》，汤姆·汉塞尔的《煤铲歹徒》。

“现场对话”有周传基：我的家庭和电影；郭少棠：社区研究的方法学与社区发展的战略；木德安：照片之声；Azara 影像工作站：社区影视教育等。

云之南人类学影像展机构有“影展组委会”。主办单位为云南省博物馆。协办单位为云南大学人类学所、东亚影视人类学研究所、云南艺术学院电影电视艺术系、云南民族学院文学与新闻传播学院、山地文化研究所、诺地卡艺术中心、上河车间、彼岸艺术公司、昆明电影学习小组、复眼小组、中山大学人类学系。

评委会由段锦川、郝跃骏、于坚、吕新雨、木德安、白海思、吴家林等人组成。

顾问委员会由马文斗、瞿开森、周传基、杨光海、陈景源、刘春、宋杰、尹绍亭、郭少棠、陈友康组成。

第二届云之南纪录影像展

此届活动“竞赛单元”依旧，增设了以云南基层读者为主体的“社区影像单元”，以全国高校学生作品为主体的“青年论坛”，以日本经典纪录电影为主体的“回顾单元”，还有“特邀单元”等。此届投稿作品 98 部。

“竞赛单元”放映影片：《白塔》《背影》《风经》《盖山西和她的姐妹》《桂荣戏院》《寒鸦》《家在湖边》《庙里的时光》《男人》《南林村的歌声》《飘》《太爷》《淹没》。

“青年论坛”放映影片：《冰人》《不安定的生活》《不要告别》《陈炉》《此称家的幸福生活》《过年》《结婚》《空》《哭婚》《刘永周和他的皮影》

《咩》《农村妇女玉兰的文化生活》《秦关路十号》《青春墓园》《山里的老人》《失散》《水寨纪事》《他古租》《无烟煤店》《小桥流水人家》《小区》《小生命》《远和近》《媛媛》《在昆明》。

"社区单元"放映影片《吉沙村纪事》。

"回顾单元"放映影片《在路上》《水俣病患者们及其世界》《水俣日记》《三里冢之夏·日本解放战线》《三里冢·第二防线的人们》《牧野村千年物语》。

"特邀单元"放映影片:《暴风骤雨》《铁西区》《爵士信使》《天地玄黄》《天各一方》《情同手足》《无人问津》《身在黑处》《下一站，往何处?》。

第三届云之南纪录影像展

此届活动有"竞赛单元""青年单元""社区单元""回顾单元""特邀单元""影视人类学""影像仓库"等。

"竞赛单元"(把竞赛单元原定的15部影片增加为22部，是初评委们不约而同的提议)放映影片:《毕摩纪》《达官营》《蝶变》《活着一分钟快乐六十秒》《家园》《姐姐》《南京路》《排骨》《亲爱的》《三里洞》《莎莎》《乡村教师》《小周的故事》《在城市里跳跃》《仲夏九七》《风雨兼程》《高三》《秉爱》《碎片》《美美》《儿科》《乡愁》。

"青年单元"放映影片:《的士》《成长》《高考战士》《机械城市》《相对》《与你共度时光》《面人》《路点是个酒吧》《跑吧，中国》《上海新娘》《邮差》《周官今年无寨戏》《祈雨》《昆明—攀枝花》《废话滔滔》《Try to Remember》《明斯克》。

"社区单元"放映影片:《聆听》《希望》《山里的梦》《江坡神舞》《望精神家园》《寻找音乐，与现实》《亚丁的故事》《社区权利的回归》《荞地山村的婚礼》《文山苗族环境》《苏瓦仁巴》《一个学校的变迁》《云南·越南影视交流工作坊》《噶玛兰族祭典礼俗——Pagalavi(除瘟疫)》《雨崩村的故事》。

"回顾单元"放映影片:《今天，我们造一所房子》《站点》《小镇》《肖像》《风景》《工厂》《封锁》《生产合作社》。

"特邀单元"放映影片:《达尔文的噩梦》《重温维兰街》《浴火童心》《美好世界》《茶之道》《奶奶的老屋》《蝴蝶人》《我扮演的那个斯大林》

《蜕变》。

“影视人类学”放映影片：《我们的院子，中国西南部的白族》《冒险、舒展、还是死亡》《阿秋姐：金三角的云南女人》。

第四届云之南纪录影像展

评委：林旭东、若井真木子、吴文光、游惠贞、林鑫。

“竞赛单元”放映影片：《敖鲁谷雅……敖鲁谷雅》《大酒楼》《废城》《佛陀嫣》《家谱》《老安》《老年男女》《两个季节》《马大夫的诊所》《麦收》《人民艺术家贾晋蜀》《神衍像》《现实是过去的未来》《小李子》《淹没II——龚滩》《毡匠老马一家》。

“青年论坛”放映影片：《这个话题》《摆渡的岁月》《风花雪月》《花朵》《火车轰鸣》《贾医生的100个病人》《禁止沉默——记太原和重庆之间的火车》《KUN1行动》《妈妈》《没有你在……》《柠檬七区病房》《三只小动物》《新疆、新疆》《信心》《一个和六个》《曰明的暑假》。

“特别展映”放映影片：《彼岸》《大水》《的哥》《冬月》《空城一梦》《前门前》《我的父亲母亲和我的兄弟姐妹》《我这一辈子》《我最后的秘密》《乌托邦》《乡村档案：龙王村2006年影像文件》《寻找79消失的老兵》《音乐人生》《中国西南少数民族制陶术》《罪与罚》。

“东南亚印象”放映影片：《爱男人 爱女人》《别无选择的生活》《面条的滋味》《人类动物园》《我的戏台在寻找灵魂伴》《我的祖父》《微小的世界》《星期五晚上》《家庭录像》。

“回顾单元”放映影片：《宝道西之旅》《耶路撒冷断章》。

“社区单元”放映影片：《谷魂》《沈韦村“灵培”巫术仪式》《乡村之眼——自然与文化》《“村民影像计划”项目》《大栅栏计划》《我看变化中的昆明》《苏瓦仁巴》《我们的歌舞语言》《源生坊现在进行时……》《“我们是主角”——灾后重建村民影像纪录》《和留守儿童一起》《瑞尔保护协会和她的“自豪项目”》《黑虎羌寨我的家》《穿蜘蛛网衣的苦聪人》《认识我们的社区》《乌蒙矿工》《社区——传统文化与自然保护的社区故事系列》《贵州戏——珠郎娘美》《贵州枫染：枫树下的孩子》《影像重叠——回望摩梭》《“画笔下的传统”——哈尼族、苗族社区图画纪事》《盘龙江的故事》《江河之始，危机之源》《西南山地自然影像》以及青原社民间2009纪录短片四部。

第五届云之南纪录影像展

“竞赛单元”放映影片：《手语时代》《姑奶奶》《八宝粥》《余光之下》

《博弈》《算命》《危巢》《未完成的生活史》《消逝的倒影》《猪脚 葡萄酒 死亡迅速》《生活而已》《阿仆大的守候》《众生》《胶带》《两个人的村庄》。

"青年论坛"放映影片：《罗汉》《火星综合征》《老张》《恋曲》《上苍保佑》《马家塘》《没有道路的方向》《F》《正在消失的羊城》《复兴公园》《自画像和三个女人》《自梳》《马咀》《望喜》《小天真大寂寞》。

"特别展映"放映影片：《同学》《无镜》《新堡》《798 站》《喉舌》《五月一天》《玉扣纸》《治疗》《Kun3 我爱梁昆》《龙船》《神翳》《故乡》《语路》《在一起》。

"社区单元"放映影片：《麻与苗族》《水》《我的高山兀鹫》《离开故土的祖母房》、"乡村之眼"中的"年保玉则"专辑、来自"五一二"灾区的社区影像专辑、社区影像与城市社区发展、越南国家文化艺术研究院影视人类学学员作品专辑、"我、身体及回忆"草场工作站村民影像专辑、土地与生命的交响：国际农业与环境纪录片专辑、"和平与可持续生活——妇女生活实践"专辑、来自滇西北的乡村影像专辑、《七星潭事件》《赕威仙》《黑虎释比》《控拜村的鼓藏节》《台磨山村的传统故事（1）》《乌河的生活》《反拐你我共参与》。

五、民间项目组织的电影拍摄和交流

民间项目组织的电影拍摄和交流，在中国西部的云南、四川、青海、西藏都有出现。它们也是一种形式的民间拍摄和展映交流。在这样的拍摄和交流中，有数量不少的影视民族志资料片和民族专题片，在一定程度上推动了中国西部地区民族志影像的拍摄和交流。

这种民间组织的项目拍摄和交流有以下特点：一是有项目经费支撑，而且多为国外基金会；二是拍摄者多为以前的被拍摄者；三是以此来实现一些研究和教育目的，比如影像的权力、拍摄的本位视觉、民间的影像教育等等。

21 世纪初叶，在云南的这样的项目影像拍摄有社区影视教育和社区教育（2000—2005 年）、云南·越南社区影视教育交流工作坊（2006—2009 年）、乡村影像计划（2009—2010 年）等。

社区影视教育和社区教育（2000—2005 年）

课题负责人为云南省社会科学院白玛山地文化研究中心的郭净教授。

社区影像的实践者来源于两个方面：一些人是从事文化人类学、纪录片制作的科研人员，另一些人是生活在云南省迪庆藏族自治州的村民和民间知识分子。1998 年以来，城里的学者开始到这个地区的藏族村庄进行田野调查，然后又开展了以村落为基础的生物多样性和文化多样性保护计划。在这期间，这两部分成员逐渐相互沟通，成了朋友，共同尝试用摄像和参与式等手段，合作总结当地人对当地资源的认识，表达他们自己的文化和生态观念。从 2000 年起，逐渐把这个方法发展为“社区参与性影像教育”（Participatory Video Education）的课题，一步步付诸实施。

云南省社会科学院白玛山地文化中心的“社区影视教育”课题，开始于 2000 年 9 月。鉴于云南迪庆藏族自治州丰富的自然人文资源，以及经济的迅速发展，中心将其选作该课题的第一个实验区。按照拍摄、编辑、社区教育等三个过程开展了社区影像的实践。

拍摄选择在三个藏族村庄进行，这三个村子都是中心做人类学研究和文化多样性保护的长期调查点。对于拍摄的合作者及拍摄内容事先都有考虑，其内容与这三个村子的文化状况有关。拍摄的方法也很简单，就是直接把摄像机交给村民，让村民学会摄像机的简单使用方法：开机、拍摄、镜头推拉、关机，没有更多的技术方面的技能培训。

第一个拍摄点是汤堆村。负责这个村子的学者是长期在该村进行田野调研的郭净教授。拍摄的主要内容是黑陶的制作过程。这个主题的选择是与当地的村民商量决定的。因为这个村子自古以来就是云南藏族聚居地区著名的陶艺村。到今天，汤堆的制陶工艺仍然十分兴旺，村里的各个村民小组都有人家生产陶器。

第二个拍摄点是茨中村。负责这个村子的章忠云是本地的藏族学者，对当地文化和村民比较熟悉。拍摄的主要内容是与茨中村多元文化密切相关的天主教文化。

第三个拍摄点是神山卡瓦格博山脚下的明永村。负责在明永村拍摄的扎西尼玛，是当地小有名气的诗人。他中学毕业后，到附近的乡政府当过秘书，回村里开办过旅社，这两年又被县旅游局要去当小干部。这些年的经历，启发他要拍一部关于明永冰川的影片。

该项目由当地藏族拍摄的素材带，共有 36 盘。最后汇编为《我心中的香格里拉——云南藏族拍摄的纪录片》，云南音像出版社 2006 年出版。其中有 1.《黑陶人家》，孙诺七林/香格里拉县尼西汤堆/2002 年/彩色/DV/中英文字幕/29 分钟；2.《茨中圣诞夜》，刘文曾、熙饶桑波/德钦县茨中村/2002 年/

彩色/ DV/中英文字幕/10 分钟；3.《茨中红酒》，吴公顶，熙饶桑波/德钦县茨中村/2002 年/彩色/ DV/中英文字幕/14 分钟；4.《冰川》，扎西尼玛/德钦县明永村/2002 年/彩色/ DV/中英文字幕/31 分钟；5.《小生命》，此里卓玛/德钦县卡瓦格博外转经路上/2003 年/DV/中英文字幕/5 分钟；6.《2005 年卡瓦格博民间文化节》，德钦县升平镇/2005 年/ DV/中文字幕/25 分钟。

云南·越南社区影视教育交流工作坊（2006—2009 年）

该项目是白玛山地文化研究中心与越南民族博物馆合作项目，为期三年。

该项目本着以影像的手段，开拓对传统文化认识的新途径，促进在城市与乡村之间、学者（或大学生）与农村社区农民之间的相互沟通和认识，促进主流文化与传统文化之间的交流、沟通和对话，促进云南和越南两地城市文化与农村文化的交流与合作；通过这些动态的交流、沟通以及合作，促使对“现代化”和“传统”等问题的新认识，希望对社区发展和保护提供一定的参考为目的。

在这个项目中，首先从参与的人员入手。在参与的人员中，除了当地社区的一个村民拍摄者外，还必须有一个研究这个社区或这个民族的研究者或学生与村民密切合作，完成社区纪录影片的拍摄和编辑；其次从参与的社区入手，确定在云南和越南的不同民族地区选择有一定社区影视基础的村寨为项目点；再次要组织一个具有一定专业影像技术、社区影像工作经验的团队作为该项目的培训者或协助人；最后在这个项目中要探索与企业合作，开拓企业参与社会教育的途径。

通过此项目的实施，选择的云南德钦佳碧村、宁蒗落水村、文山烂泥洞村、版纳勐宋村、昆明台磨山村，越南的申伟村、河内傣族社区等 7 个项目点的藏族、摩梭人、青苗、哈尼族、大花苗、瑶族的部分社区成员开始了解到影像跨文化、跨语言沟通的力量，他们迫切希望能得到进一步培训，与城市来的研究者、大学生交流思想，学习拍摄和编辑技术。同时，一部分大学生、研究人员也认识到社区成员所带来的独特观念的价值，希望与他们合作。项目为这两个群体提供合作的机会，在一个对话的环境中，促进他们的相互沟通，促进知识界与社区的合作与交流。

此项目在各社区以当地社区居民为主要参与人的社区编辑讨论和该项目影片的巡展放映活动，给当地村民提供了一个思考自己文化和生活的机会。人们把茶余饭后的闲谈拿到一个正式的场合上来讨论。

乡村影像计划（2009—2010 年）

这是一个中国——欧盟生物多样性项目。

该项目于 2009 年 8 月启动，由云南省社科院白玛山地文化研究中心建立与其他的社区影视工作的机构，包括北京山水自然保护中心、香港社区伙伴、青海省尕多觉悟生态环境保护协会、青海省年宝玉则生态环境保护协会、青海三江源生态环境保护协会进行合作，建立相互沟通的网络来实施该项目。不同于以往社区影视工作主要在社区之间交流的形式。乡村影像计划的目标人群是城里的学者、官员、大学生、记者和更多公众，让他们看到来自社区的故事，一起讨论主流价值观和传统文化，探索以社区为基础的生态保护和可持续发展。因此在项目参与人员和机构上形成了多样性的特点，也获得了许多机构合作的经验和方法。

这个项目分别在青海的果洛、玉树、西宁，云南的宁蒗、德钦、腾冲、香格里拉进行，影片的完成得到了这些地方社区村民的广泛关注。项目最后完成的 8 部影片，在昆明两次公开放映，并且已经出版。

在这些项目中，由云南民族文化音像出版社出版了村民自己拍摄的影片系列。

《我们怎么办？——落水村的变化》曹红华、谢春波/云南省丽江市宁蒗县永宁乡落水村/2009 年/彩色/DV/中英文字幕/42 分钟；

《文山烂泥洞青苗丧葬仪式》侯文涛、颜恩泉/云南省文山县薄竹镇烂泥洞村/2009 年/彩色/DV/中英文字幕/58 分钟；

《谷魂》妹兰、吕宾/云南省景洪市大勐龙镇勐宋村/2009 年/彩色/DV/中英文字幕/38 分钟；

《我们佳碧村》鲁茸吉称、此里卓玛的/云南省德钦县云岭乡加碧村/2009 年/彩色/DV/中英文字幕/55 分钟；

《玩一天》王中荣、杨元捷/云南昆明市五华区厂口乡迤六村委会台磨山村/2009 年/彩色/DV/中英文字幕/35 分钟（以上为 2009 年出版）。

2010 年出版了以下村民自己拍摄的影片。

《离开故土的祖母屋》尔青（曹红华）/云南泸沽湖/2009 年/彩色/DV/中英文字幕/60 分钟；

《蒲公英》索昂公青/青海玉树/2009 年/彩色/DV/中英文字幕/17 分钟；

《鱼的故事》余文昌/云南腾冲/2009 年/彩色/DV/中英文字幕/29 分钟；

《麻与苗族》侯文涛/云南文山、昆明/2009年/彩色/DV/中英文字幕/47分钟；

《我的高山兀鹫》扎西桑俄、周杰/青海果洛/2009年/彩色/DV/中英文字幕/23分钟；

《我们村的神山》鲁茸吉称/云南德钦佳碧/2009年/彩色/DV/中英文字幕/16分钟；

《水》汪扎/云南香格里拉小中甸/2009年/彩色/DV/中英文字幕/20分钟；

《净土》加工扎拉、哈西·扎西多杰/青海三江源/2009年/彩色/DV/中英文字幕/27分钟，等8部。

除了以上在云南省组织实施的民间影像项目之外，近年来还有一个覆盖中国西部大多数地区的民间影像项目“乡村之眼”。

该项目的实施单位是“山水自然保护中心”。

“山水自然保护中心”是民政注册的生物多样性保护组织，于2007年在北京成立，是一个中国民间环保组织，创办人为北京大学生命科学学院吕植教授。目前的项目主要在中国西部，示范人与自然和谐相处的实例，并推动自然保护在国家和地方政策以及公众意识中的主流化。山水自然保护中心（简称“山水”）是“保护国际”（CI）的合作伙伴。“保护国际”是一家从事全球生物多样性保护的国际民间组织。

“乡村之眼”是“山水自然保护中心”2007年开始推行的一项公益影像计划，旨在帮助西南山地的乡村社区百姓用自己的视角，记录自己的传统文化和质朴的自然保护观，以及他们对环境变迁的担忧与展望。

该项目旨在帮助用当地人自己的视角，记录西南山地的乡村传统的文化与自然保护模式、它们面对的冲击和变化，以及村民如何通过参与式的方法进行讨论。通过影像培训，乡村交流、拍摄实践等多种方式，社区成员拍摄有关当地文化与自然保护的纪录片。然后利用这些拍摄作品，采取流动车放映等方式在当地再开展社区文化与自然的自我教育，让社区群众认识传统文化的价值，重视保护与发展并存，留住美好自然。这也是对中国人与自然和谐、建设新农村的有益探索。同时，利用电影节、电视、网络等多种方式让城市人群看到这些乡土题材的作品，了解更全面的乡村传统文化与传统的自然保护。

“乡村之眼”项目基本的流程：选题、选点、选学员、拍摄培训、社区回访、剪辑培训、乡村放映、城市放映、城乡互动。在这一系列活动中，乡村学员主要参加“拍摄培训”，在培训期间他们接受有关器材使用及影像构图、影像叙事等内容的学习。项目工作人员则是整个活动的主体。他们负责活动的全程安排、负责选取地点、学员、志愿者以及培训老师，会规定一些培训的基本内容。“乡村之眼”，作为一个非政府组织的项目，一方面体现了山水自然保护中心的理念。在实践中，让乡村学员掌握独立创作影像方法的理念，而作为核心内容的培训过程不仅仅只是一个简单的影像制作技术的教授，更是一个对乡村环境及文化变迁等问题的对话和相互启发。另一方面，作为文化持有者的拍摄者以影像的方式记录本文化则具有影视民族志意义。

2007 至 2010 年，“乡村之眼”已完成四期，四期的主题分别为：“自然与文化”“我们是主角——灾后生态文明重建”“每一个鲜活的生命”“年宝玉则——记录家乡的环境与文化”。

四期主要作品如下：

第一期：旺扎《吉沙记事》，扎西拉姆《大伍明与慈悲的父亲》，阿洛《旺期望》，索昂贡庆《尕朵觉悟》，扎多《游学草原》。

第二期：张开强《三江巡山日记》，赵天友《路》，肖永发《中坝村重建纪事》，王波《我家的鸟》，鄢玉彬《平溪村重建之路》，闫青荣《志愿者与山里娃》，钟光伦《中坝村巡逻队》，郭凝《我的日记》，邵良琨《走进王朗》，蒋忠军《灾后评估》。

第三期：朱加《藏鵐与小“藏鵐”》，克布金加《三智一家人的幸福生活》，牛龙本杰《归宿》，欧周《野驴节》，张志刚《十字路口的普氏原羚》，智华《我与大天鹅》，加悟《那仁四季》，孙建青《青海湖的精灵》，吴永林《普氏原羚，我们不会放弃你》，南加《兄弟》。

第四期：扎西桑俄《大自然的谢恩》，《朝圣》，勒旺《酥油》，周杰《索热家和雪豹》，兰则《牛粪》《鞍子》，旺扎《水》，扎西桑俄、朱加《我的高山兀鹫》，索昂公青《蒲公英》，哈希·扎西多杰《净土》。

在这一系列的影片中，有不少的影视民族志资料片。

第三节　拍摄主体

叙述完中国西部民族文化影像的拍摄历史，我们会发现，这里有太多的拍摄主体，有无数的机构和个人参与了拍摄。并且在不同的历史背景和诉求，以及拍摄动机下，形成了不同性质的拍摄。我们所叙述的是影视民族志的影像拍摄，但是，不同的拍摄主体，却给予了我们不同的拍摄结果。这对于我们的影视民族志影像书写是很有意义的。所以，我们也把“拍摄主体”作为本书的一个组成部分，期望从更深入的层面理解我们今天的影视民族志影像和影像书写。

一、机构的拍摄

在民族志影像的拍摄历史中，拍摄主体有一个基本的历史线索。中华人民共和国成立后，拍摄的主体最先是拍摄电影的摄影家和摄影技师，但受到了民族学、文化人类学理念的严格限制。后来是影视民族学等专门研究机构的拍摄。这时候的拍摄，电影摄影家和民族学家都拿起了摄影机，共同成为这一时期民族志影像拍摄主体。在 20 世纪 80 年代之后，随着中国电视事业的兴起和发展，以电视媒体为主体的拍摄者开始出现，并且迅速以纪录片的形式占领了民族志影像书写的“市场”。在 20 世纪 90 年代以后，随着小型 DV 技术的出现，多角度民间化的拍摄主体开始出现。他们也成了今天民族志影像书写的一个重要组成部分。经历这样的拍摄历史进程，今天的民族志影像书写已经呈现为多元化拍摄的状态。但是，每一种不同的拍摄主体，他们的拍摄性质都是不一样的。以下，我们可以把其分为两类，一是机构为拍摄主体的拍摄，二是个人为拍摄主体的拍摄。

中国社会科学院民族研究所等机构的拍摄

中国社会科学院民族研究所的拍摄应该是中国民族志影像拍摄的第一主体，他们的拍摄往往是国家性质的拍摄，影响力最大。中华人民共和国成立后 15 部经典片子的拍摄就属于此类。这样的拍摄是民族志影像书写最重要的构成。但是这样的国家拍摄不可能完全是民族学、文化人类学家左右的拍摄，虽然国家都会尊重这种拍摄的学术性，但国家的诉求和意识形态表现在拍摄中是极难于避免的。在这样的诉求和意识形态与民族学、文化人类学不矛盾时，民族志影像书写的意义就大，反之就小。

在中国西部的民族志影像书写中，这样的拍摄意义很大，其成品是中国西部民族志影像的经典。在中国，除了中国社会科学院民族研究所之外，各省的民族研究所也是这样的单位，只不过他们的拍摄角度就一般不会站在国家层面的高度来看待和安排拍摄，而是以一个省和地区的角度来看待和安排拍摄。

院校机构的拍摄

院校机构的拍摄主要指全国各大院校的民族志影像的拍摄。他们的拍摄有以下特征：一是多在民族类院校有这样的拍摄，以中央民族大学的拍摄最有影响。二是多数有相应的研究机构，以及有民族学和文化人类学研究的背景，其拍摄都在一定程度上有学术研究的目的。三是这样的拍摄一般都会有影视民族学教学的要求连带其中，所以其拍摄往往有教学拍摄的成分。院校机构拍摄的民族志影像的意义仅仅次于国家性质的专门研究机构的拍摄。

电影制片厂的拍摄

电影制片厂作为民族志影像的一个拍摄机构，很少有自己主动拍摄的民族志影像，往往是受到委托，以电影记录的方式为委托单位记录民族志影像而成为拍摄机构的。这是影像拍摄在特定历史时期的特定表现。这样的拍摄主体，往往是一种影像拍摄的服务。但是，他们的电影纪录片的方法影响了民族志的影像记录方式，为民族志影像书写打下了电影纪录片的烙印。在电影制片厂的拍摄中，云南民族电影制片厂可能是一个特例，但它的主要目的也是拍摄一般意义上的审美电影，只不过加上“民族”而已。

电视台的拍摄

电视台成为民族志影像的拍摄机构是在 20 世纪 80 年代之后。但是这样的拍摄往往是在纪录片的框架下的民族志影像书写的拍摄，即它们最初并不是作为民族志影像书写来拍摄的，而是以民族文化为题材拍摄了纪录片而成为民族志影像书写的一个特殊部分——民族专题片的。这样的拍摄只能以其片子中的民族志意义来判定，且作为一个民族志影像书写的补充或者说参考。但是，在这样的拍摄中，往往是影视民族学片的拍摄与纪录片拍摄相互交融的结果，所以我们在个别的片子上很难判断。

影视制作公司的拍摄

影视制作公司的存在是一种市场经济的存在，所以它的拍摄多数为一种拍摄文化的服务性质。在民族志影像书写需要这种拍摄服务时，他们就成了一种新的市场性质的拍摄机构。这样的拍摄机构主要就是受市场经济的制约，你有民族志影像书写的要求，拍摄的就是你要求的民族志影像书写，而你有审美电影的要求，它拍摄的就是审美电影，基本不受其他的影响。在中国西部的民族志影像书写中，已经出现了这样的拍摄。有时候，这样的拍摄机构还会事先投资，把民族志影像拍摄下来，做成他们认为的“文化产品”出售。

二、个人的拍摄

个人的拍摄是相对于机构拍摄而言的，这是DV时代和影像化时代的来临造就的拍摄。个人拍摄在中国西部民族文化影像拍摄中比例较小，但是它是影像化时代的一个未来方向，在未来的民族志影像记录中会有一定的发展。在个人的拍摄中，我们可以把其划分为民族学、文化人类学家的拍摄，独立制作人的拍摄，影视爱好者的拍摄，学生的拍摄等四类。在这四类中，都有可能形成民族志影像书写。

民族学、文化人类学家的拍摄

民族学、文化人类学家的拍摄指的是专家的拍摄。在新的时代里，民族学、文化人类学家不但具有了民族学、文化人类学家应该具有的学术修养，也会同时具有应用影像化技术的一般修养，加之影像化技术的小型化、自动化，影像化过程的技术操控已经在一定程度上成为一种现代人的常识。所以，民族学、文化人类学家在进行民族学、文化人类学田野作业时，影像拍摄已经不是摄影技师的事情，而是民族学、文化人类学家可以自己操控的事情，甚至包括后期的制作和学术表达，也可以是影像化的。所以，在现代，民族学、文化人类学家的研究过程也许就是民族志影像书写拍摄过程，自然就可能留下大量的专业化的民族志影像。这样的个人拍摄者的拍摄是未来中国西部民族文化影像最为重要的来源。在现今，我们的中国西部民族文化影像中，已经有不少这样的影像了。

独立制作人的拍摄

独立制作人的拍摄出现的时间不长，独立制作人的拍摄也不仅仅是民族志影像书写，他们的拍摄包含了所有的拍摄。但在中国西部民族志影像书写中，已经出现了这样的拍摄。这方面，可能在云南等省出现最早。这样的拍摄可以不受外界的影响，但是，其拍摄的片子受拍摄者自身民族学、文化人类学修养的影响。其修养好，拍摄的片子民族志影像书写的意义就大，反之则小。

影视爱好者的拍摄

独立制作人的拍摄会有一些明确的诉求，包括对于民族志影像的“留念”，但是影视爱好者的拍摄就可能更为自由。他们往往把拍摄作为一种修养，一种业余的爱好。当这样的爱好与民族志影像结合时，也能拍摄一些民族志影像。在中国西部的民族志影像书写中，也有这样的影像出现。

学生的拍摄

在影像化时代，影像拍摄的学习是一个到处发生的事情，任何一种学习都会产生拍摄。但有一些学生的拍摄与民族志影像关联，比如民族学、文化人类学，以及影视民族学专业的学生的拍摄，可以与民族志影像书写有关。即他们的拍摄中，有一些就是民族志影像的拍摄。

村民拍摄

村民拍摄是民间组织的项目拍摄而带来的拍摄主体，是一个比较新的拍摄主体。这些人在以前的各种类别的民族志影像拍摄中，往往是民族志影像书写的被拍摄者。在全球性影像化的时代，这些视角也被人们用项目的方式调动起来进行拍摄。这样的拍摄者在自己的眼睛中有与所谓常态不同的视角，所以，他们的拍摄很有特点。比如有人在评价“乡村之眼”的村民拍摄时指出，村民拍摄的有“镜头之眼”和“心灵之眼”两大特点。

“镜头之眼”，即保持了原汁原味的生活状态，认为摄像机并非作为一个需要特别注意的工具。它只是转换了眼睛的部分功能，看到什么就记录什么，影像作为记录的手段只起辅助作用。这也是“乡村之眼”影片不同于艺术创作纪录片的最大之处。

“心灵之眼”，这些乡村拍摄者，或者说文化自由者的拍摄把镜头作为眼睛的延伸时，镜头也是心灵的延伸。每一部影片都是有故事的，这些故事虽然不像影视作品有强烈的戏剧张力，有优美的故事情节，但这些故事是生活本身，是拍摄者发自内心的讲述。当地人拿起摄像机记录，这已经是一种文化的自我表述，是其他任何讲述都不能做到的。

参考文献

王恩庆、李一夫编译《国外民族学概况》，中国社会科学院民族研究所1980年印。

王建民编著《中国民族学史》（上、下），云南教育出版社1997年版。

吴秋林著《影视文化人类学》，民族出版社2009年版。

吴秋林著《图像文化人类学》，民族出版社2010年版。

邢玉林等编著《探险家斯文·赫定》，吉林教育出版社1992年版。

杨光海著《民族影志田野记录》，云南出版集团公司、云南教育出版社2009年版。

杨海光编《中国少数民族社会历史科学纪录影片剧本选编》，中国社会科学院民族研究所民族学研究室1981年印。

杨建新主编《视觉对话——兰州2002影视人类学国际学术研讨会》，民族出版社2003年版。

杨堃著《民族学概论》，中国社会科学出版社1984年版。

杨廷硕、潘盛之编著《百苗图抄本汇编》，贵州人民出版社2004年版。

易思成主编《云之南纪录影像文库，二〇〇九年春分》，昆明美林包装印刷公司印刷。

易思成主编《云之南纪录影像文库，二〇一一年》，云南美术出版社2011年版。

庄孔韶主编《文化之眸——国际人类学与民族学联合会第十六届大会影展》，云南大学出版社2009年版。

庄孔韶著《文化与性灵》，湖北教育出版社2001年版。

庄孔韶著《人类学概论》，中国人民大学出版社2006年版。

庄锡昌、孙志民编著《文化人类学的理论构架》，浙江人民出版社1988

年版。

张江华、李德君等著《影视人类学概论》，社会科学文献出版社 2000 年版。

云南省社会科学院、云南省生物多样性和传统知识研究会编《迪庆藏族自治州香格里拉县尼西乡汤堆小学乡土知识教育的实践》，云南科技出版社 2006 年版。

云南省社会科学院编《〈村民视角〉——云南·越南社区影视教育交流坊》，云南科技出版社 2009 年版。

云之南人类学影像展组委会编《云之南人类学影像展，二〇〇三年立春》。

《2003 中国台湾国际民族志影展特刊》。

中国社会科学院民族研究所影视人类学研究室编《影视人类学论文、译文和资料选编》，1995 年印。

［法］乔治·杜萨尔著，徐昭、胡承伟译《世界电影史》，中国电影出版社 1995 年版。

［美］埃里克·巴尔诺著，张德魁等译《世界纪录电影史》，中国电影出版社 1992 年版。

［美］保罗·霍金斯主编，王筑生、杨慧、蔡家麟等译《影视人类学原理》，云南大学出版社，2001 年第一版，2007 年第二版。

［美］卡尔·海德著，田广、王红译《影视民族学》，中央民族学院出版社 1989 年版。

［美］鲁道夫·阿恩海姆著，腾守尧、朱疆源译《艺术与视知觉》，中国社会科学出版社 1984 年版。

［日］鸟居龙藏著，杨志强译《中国西南少数民族地区行记》（待出版）。

［日］鸟居龙藏著，国学翻译馆译《苗族调查报告》，贵州大学出版社 2007 年版。

Charlotte Seymour - Smith, ed. , *Macmillan Dictionary of Anthropology*, London and Basingstoke: Macmillan Press Ltd. , 1986.

附 录

2009 年人类学与民族学联合会第 16 届世界大会影视分会论文简介

翻译：郎丽娜、马秋晨、彭娜娜

1.《艺术是用来做什么的?》

Holger Mohaupt 博士，讲师，约旦斯通邓肯艺术设计学院，时基艺术和数字电影部，珀斯路，敦提市，DD14HT，苏格兰—英国。

2004 年，一位叫 Roderick Buchanan 的年轻的苏格兰艺术家，赢得了贝克斯未来奖。获奖作品是一个名为“Gobstopper”的艺术品。“Gobstopper”是一段视频，记录了不同的孩子在通过格拉斯哥的公路隧道时，屏住呼吸的情景。这是一篇有插图的关于苏格兰当代艺术实践的文章。

这篇文章基于敦提大学的艺术家 Holger Mohaupt 所做的一个以实践为主导的哲学博士研究项目。在德国的汉堡艺术专业，他将视觉人类学作为跨学科课程的一部分来研究。

2.《衔接和电影叙事》

Joceny Pinheiro，曼彻斯特大学，视觉媒体和社会人类学系的哲学博士候选人，视觉资源部官员，格拉纳达视觉人类学中心，英国。

这篇论文探索了视觉媒体在有关种族和族群的人类学研究中所扮演的角色。在过去的十年里，在巴西的东北部，越来越多的人已经被识别为土著（和黑人）。这些人通过仪式、舞蹈、身体彩绘、音乐创作和讲故事等形式来传承和展示他们独特的文化，从而打消他们对自身文化真实性的疑问。从这个意义上来说，这些土生土长的地方性知识，通过身体和身体的表演被可视化。同时，复合文本、静态影像和视频剪辑可能有助于创造一个对识别和衔接这些形式的更深的理解。笔者认为通过民族志电影能够更好地表达某种意义。笔者的摄影作品样本和从笔者所做的民族志电影中提取的摘录将会在笔者的部分描述中被展现出来。

3.《被生成的用户民族志：从公共资源社区所学到的视觉文化》

本杰明 K·霍奇斯，哲学博士，助理教授，通讯议员，澳门大学社会科学和人文科学系。

这篇论文是关于网上社区的研究。从用户社区环境中举一些使用公开资源软件的例子，尤其是 Blender（三维绘图及绚染软件），一种公开的动画软件资源包。将特别关注用户通过制作专题报告、影像资料和一些可视化的内容，创造性地回应教育学和认识论上的问题。作为一个新的研究领域和一个可分配、共享他们个人所拥有的内容的例子，这种可视化文化是与人类学家和民族志电影拍摄者密切相关的。

4.《数字化时代的福古岛过程：如何在合作的民族志电影摄制中利用视频网站》

山姆派克，哲学博士，助理教授，人类学系，肯尼恩学院，甘比尔，OH 43022，美国。

在民族志电影拍摄的历史上，最有名的合作之一是在 20 世纪 60 年代，电影拍摄者 Colin Low 和福古岛以及纽芬兰岛的居民之间的合作。Low 决定为福古岛的岛民拍一部电影，而不是拍摄一部关于福古岛岛民的电影。这个边缘化的渔村的居民通过亲自参与电影制作过程的每一个阶段，对促进社会变迁起着关键性的作用。笔者计划申请以“福古岛过程”作为这部电影的名字。当下笔者正在拍摄的这部电影中，有一段是在复活节期间（圣周或复活节），在有乡村风味的洪都拉斯的一个偏僻的山村里举行的一个宗教仪式。在举行这个仪式典礼时表达的是一种值得注意的、有着本土观念的、用天主教习惯语表达的毅力，随后写出了这个仪式剧本。因为这个原因，天主教牧师中的一些成员是强烈反对把本土的庆典仪式明显地展示出来的。在各种各样的派系中存在很大的冲突。有一种强烈的可能性，即这个表演将不再保持它的活力或者实际上从现在开始还可以持续十年。而且，这种紧张感被加重了，因为被涉及的个人不会在面对面的交谈中感觉舒服。通过上传电影片段到视频网站上使村子里的居民和神职人员能观看和评论这部虽然已经被编辑过的电影，而且他们的反应将也会被拍摄下来。这部电影最终的目标就是在参与者之间打开一个交流的通道。

5.《光的出现：印度的 Dr. B. R. Ambedkar 的视觉生活叙述》

David Blundell，哲学博士，圣塔莫尼卡，CA 90402，美国。

笔者当前的电影是关于印度社会转型的，从影视文件的观点出发，以现实生活和南亚“贱民”（贱民——被剥夺公民权的人）领袖 Dr. Ambedkar 的灵感为基础，作为一个项目系列：光的出现。这个项目的本质是追寻“贱民”社区议程，从 Ambedkar 先生的生活到评价社会政治经济策略，无论是当前还是过去，都致力于去改善被剥夺了公民权利的人（低种姓）的生活。一些人打着 Dr. Ambedkar 的标语“教育、组织、鼓动”人民继续和平运动，这部电影将这些人的思想和行动都汇集了起来。作为一个人类学家的笔者正在调查“贱民”在社会流动问题上的个人和社区困境。

这是一个不同于其他企图去描述个人生活和 Dr. Ambedkar 的社会运动的故事，而是基于他的书信，地点和生活过程中的事件而形成的民族志描述。在这个描述中成就了一个为了印度的平等和正义而斗争的伟大的公民权利领袖。在 1947 年独立后，Dr. Ambedkar 成了印度第一任法官。在 1956 年 10 月，在那格浦尔，Arising Light 和他的拥护者信奉了佛教。电影名为《Dr. B. R. Ambedkar 和印度一个新纪元的诞生》。笔者此项研究的目的是在“贱民”经历和其领袖遗产的基础上理解印度的社会变迁——一种发展的模式。

6.《兰屿之声》

胡台丽，中国台湾影视民族学协会。

当电影开始时，一个兰屿岛的岛民说：“我一直认为人类学家在岛上做的研究越多，岛被破坏的也就越严重……”此部电影作品是影视人类学家对此问题的回答。

电影的导演尝试使用照相机去探索雅美人以及包括她自己在内的幻灭和挫折。她以三种身份扮演三种角色，在岛民和外来者间转换着，去思考伴随着“桃人”和外部影响相遇时的矛盾和冲突。

对旅游者的恐惧？在第一部分我们观察到雅美人（兰屿岛民）对观众的相机和知觉以及对钱的要求都持反对观点。对鬼的恐惧？第二部分拍摄了一个布农人，他作为一个医生自愿在兰屿岛上服务，他讲述了他自己存在的疑问，并且提示了面对现代医学概念的焦虑和挫折以及当地的传统信仰。对核废料的恐惧？在第三部分当地两个年轻的核抗议者和示威组织者直接面对镜头，讲述了他们行动的个人原因。他们讲述了自己独特的生活方式以及生活方式遭到破坏的威胁。在此电影完成拍摄后，在兰屿岛的各个村庄进行了巡回放演，并且得到了热情的回应。

7.《邂逅旅游》

雷亮中，中国社会科学院民族学与人类学研究所。

这部纪录片以新出现的情况为特点，以泸沽湖畔美丽的落水村，在旅游者到来后，以及在旅游业的发展中外来文化所带来的影响为议题。落水村被山和湖环绕着，在过去曾经是一个安静的村庄。

自20世纪80年代发展旅游业以来，泸沽湖畔美丽的风景和独特的走婚习俗已经吸引了许多的旅游者。摩梭人开始发展商品经济和参与市场竞争。随着旅游者的到来，他们的文化、原始语言、总体结构、婚姻关系、家庭结构、人际关系、道德标准和价值观都面临着空前的挑战。该纪录片通过对Geze家族的采访，反映落水村所存在的冲突与变迁。

当前，我们面临的问题是如何在保留摩梭人母系家族文化特点和发展当地经济之间取得平衡。为了促进当地社会和经济的发展并保护摩梭人独特的文化传统，需要外部力量的积极参与以及摩梭人对其传统文化的重新评价。

8.《中医》

杨红利，湖北民族大学；张惠，中国社会科学院民族学与人类学研究所。

武陵山地区在中国的中部，被中国人称为“草药银行”。自从土家族的祖先在几千年之前搬到这里后，土家族就一直居住在这里，成了当地的居民。这里的居民与当地丰富的动植物资源和睦地相处着。草药医生，被称作中医，他们采草药或自己种植草药来给病人治病。因为他们的医术精湛再加上草药价格便宜，所以他们在当地居民中很受欢迎。

梁庆芝就是其中的一位，他家在湖南省龙山县Miao'er Tan城，梁医生已经用其草药以及枞木皮和药酒治愈了许多创伤感染的病人。然而，梁医生不是村庄里唯一的医生，向雨良和田友黄也是这里另外两位有名的医生。向医生是Tima的学生，他被当地人认为是人和鬼之间的报信者。田医生已经学习了现代医药理论并且现在在诊所里工作。这三个人之间有一种相互补充的关系，并且在这个社区里组成了一个可靠的医疗系统。这部电影采用了视听方法，从学术的角度记录和研究这种文化现象。

9.《NvSi时期（尼姑庵）》

刘小北，北京师范大学，哲学社会学学院，人类学研究所。

"NvSi 时期"显示了两个尼姑庵中的尼姑的生活"Ge Dan Xing Fa Yuan"① 尼姑庵和"San Xue Xing Long Zhou"②尼姑庵。这两座尼姑庵坐落在甘肃省南部，LabuLeng 尼姑庵的旁边，这些尼姑在她们的情感和精神生活中寻觅着。

这部电影记录了两个尼姑的日常的宗教活动，并且全面地展示了尼姑世界的双重性。这个采访集中于"出家的原因"，介绍了她们的价值观，宗教观和生活理想。这部电影尝试着去理解女尼生活的意义以及宗教信仰和生活之间的关系。

从研究者的角度出发，这部电影回忆了电影制作者和参与到电影中的人之间的关系，并且讨论了影视人类学家的任务和在记录、反映及采访中的激情。

10.《娃娃亲》

蔡华，北京大学。

这部电影讲述了两对青年夫妇的婚姻和家庭生活，他们来自哈尼族的奕车部落。它反映了哈尼族奕车部落特别的婚姻制度，包括家庭包办婚姻的过程、早婚、离婚、相爱和重婚等。这部电影向我们展示了婚姻的多样性，并且讨论了婚姻的实质。

11.《姊妹节（姐妹们的节日）》

宋丽，中华人民共和国文化部，民族民间文学艺术发展中心。

苗族的姊妹节，在苗族中也被称为"农嘎良"。节日期间，苗族的年轻女性邀请他们的爱人在田埂上玩耍、对歌、吃姊妹饭、跳芦笙舞和木鼓舞，相互交换象征爱的礼物以及订婚等。与西方情人节相比，姊妹节是最古老的东方情人节。这部影片记录了贵州省台江县施洞镇的姊妹节，其最重要的是节日中的女性。

12.《一项关于河湟地区的族群之间语言互动作用的文化研究》

马建春，济南大学，中国古代文化研究所。

在历史发展的过程中，许多的族群在河湟地区相互交流、迁徙、繁殖、共同生活，并且还相互竞争，形成了一个多语言化的模式，这就是这一地区

① 作者：这个名字是根据调查对象的口头陈述得到的。在关于西藏佛教的女性研究中（Dekyi Drolma，2003），清真寺被称为"Huang Cang O Ge Dan Dan Lin Ni"。

② 作者：这个名字是根据调查对象的口头陈述得到的。

的关键点。

文章从以下的几个方面出发，研究了生活在共同的地缘社会中的不同的族群间的语言模式，彼此之间存在的关系和影响。1. 属于汉藏语系语族的族群间的关系；2. 阿尔泰语系的蒙古族和突厥语系的族群间的关系；3. 河湟中国方言和其他族群的语言间的关系；4. 河湟地区的族群间语言相互借鉴的现象；5. 河湟地区的族群语言的文化载体功能。作者解释了语言在族群的形成中所起的关键作用，族群间的联姻，族群间和文化载体间的交流。

13.《中国新疆的一种萨满仪式》

Dilmurat Omar，中国新疆，新疆师范大学社会文化人类学研究所。

作者与萨满教巫医进行了长时间的对话，萨满教巫医解释了他们的世界观和他们的萨满教僧的职业并表现了他们所拥有的精神的特点。在 1998 年，作者将萨满仪式拍摄成电影，其中的部分内容将在这里进行展示并做出解释。

14.《传统文化和社会发展》

Mwendanga Musengo，哲学博士，刚果电视台。

这篇论文的主题是“关系着非洲妇女一生的聘礼所带来的影响”，这是一个刚果民主共和国 Bashi 族群的例子。许多的人类学家对婚姻和女权主义做了许多重大的研究。在这个领域，我们能够找到足够的资料。因此，我们两次探访 Bashi 人（2006 年 2 月和 9 月），并且和他们生活在一起，参加了他们的仪式，为的是得到一些一手资料。通过参与式观察的方法，我们对聘礼及与其相关的一些问题，都获得了足够的信息。而且，我们拍摄了一部名为《妇女和牛的故事》的纪录片，去证实在此地所有的东西都被我们记录了下来。人们说：“看到比听到要好。”

我们不想说太多有关聘礼的话，因为任何研究婚姻的人类学家可能已经写了一些关于聘礼的东西。我们甚至不想做有关这个主题的民族志，但是我们将试着去深刻地理解它在这个社会中是如何起作用的。我们发现在刚果，聘礼是一种文化的束缚，是“一根系住妇女的腿和胳膊的绳子”。我们探讨聘礼、性别平等和社会发展这三者之间的关系。也许，在过去，没有人做这类研究；而且如果有人做了，那他也决不会研究 Bashi 人。这是我们伟大的贡献。

这篇论文分为六章：

首先在第一章中，我们将会介绍 Bashi 族群：地理环境，他们的社会的、政治的、经济的和文化的组织。Bashi 族群由三种不同的人群组成：Bantu，Hamite 和 Pygmies。我们将以独到的眼光来看非洲族群。在第二章中，我们将对聘礼做一个简短的回顾，并将 Bashi 族群与其他社会的人群做比较。但是，正如我们所知道的，聘礼是在结婚仪式上被给予的礼物。因此在第三章中，我们想展示风俗、法律和宗教上是如何赋予男人对妇女的完全的权力的。在第四章中，我们将发现聘礼的另一面，并且对妇女在他们家里以及社会上的遭遇进行检视，丈夫甚至也有权管理他们的家庭成员。第五章将会告诉我们有关今天的聘礼以及这是有问题的。事物改变了，但是在他们的心中什么都没变。甚至，他们没有能力支付聘礼，但仍然像需要聘礼一样，因为它赋予了他们对自己的权威。因此，我们讨论世界上的妇女为自己的自由所进行的斗争。中国将会是这些事件中的一个好的例子。我们将举出一个现代家庭的模型。最后，我们将试着理解这部纪录片《妇女和牛的故事》。这是更多了解非洲的一个好机会。婚姻在人的一生中是很重要的一件事，因此，舞蹈、音乐和快乐将会向我们展示另一个非洲，完全不同于人们所说的战争、饥饿、疾病等。作为一个非洲人，我懂地方语言、知道当地的风俗和习惯，因此这部纪录片一定是真实的和可信的。

15.《文化差异：一项关于有麻风病患者的村庄的人类学研究》

梁中雷，中国社会科学院民族学与人类学研究所。

这项研究的目的，是通过一项人类学研究——对麻风病患者进行身体的隔离和文化的区别，去理解为什么在中国的彝族人的社会中，麻风病被认为是不治之症的原因。而且，这项研究集中于去解释人们把麻风病患者看作是一种耻辱的原因。这种无意识的文化差异的建立过程，以及对有麻风病患者村庄的文化建构所造成的影响。

16.《对 HIV/AIDS 携带者的羞辱和歧视》

张有春，副教授，中国人民大学人类学研究所。

在过去的几年里，在中国，羞辱和歧视 HIV/AIDS 携带者（病毒携带者）这样的事情，已经被流行病学家和社会科学家所关注。他们更多集中于对以前的卖血者的羞辱和歧视以及医护人员对病毒携带者的歧视进行调查。大多数对注射药物的使用者和携带 HIV 病毒的性工作者的羞辱和歧视是与其“不道德和非法的”行为相联系的。然而，那些因为血液捐献或者母婴传播而被感染的人，是“无辜的受害者”，并且任何与这些人相关的羞辱是因为对

HIV/AIDS 携带者的恐惧和误解造成的。因此，恐惧和教化成了与 HIV/AIDS 相关的羞辱的两个主要的来源。

这部由中国人民大学人类学研究所拍摄的纪录片探索了公众、医护人员以及学者对病毒携带者的态度。

17.《在艾滋病防治和教育上开拓当地文化资源》

同继语，教授，云南省社会科学院。

这篇文章引用两个课题：瑞丽市的疾病控制和防治中心“HIV / AIDS 病人照顾的一般介入”，瑞丽的佛教协会，“云南一般介入艾滋病防治（佛教关怀)”作为例子，探索和分析了在艾滋病防治中，少数民族文化的作用和影响。

这篇论文，通过个案研究方法，分析了在瑞丽，中英项目通过民间力量，结合傣剧，使艾滋病的防治和对艾滋病的关注深植于当地文化中，提高艾滋病预防和控制的宣传和教育力度，以及将以上提到的这些，整合成如态度、行为和价值观一样的地方性知识。他们在许多社区做宣传和倡导，以及多层次地开发和利用项目阶段的傣剧资源做宣传。这不仅扩大了社会的参与和艾滋病防治及治疗的影响，减少了与艾滋病关怀相结合的社区中对艾滋病的歧视，而且在培养社区的艾滋病关怀的意识上起了积极的作用，并且，创造出了新的社区文化。这个项目结合了傣族人的宗教信仰特点，让当地佛教协会参与社区关怀和临终关怀。这不仅对艾滋病的关怀增加了更广泛的社会和文化的基础和努力，而且给病人及其家人提供了有效的心理支持和精神安慰，在心理支持上起到了重要的作用，消除歧视，扩大了艾滋病关怀的区域。公共领域和作为“爱心公园”的交流平台的建立，为社区关爱奠定了一个可持续的基础。

18.《五服（五个服丧等级）亲属团体和姻亲关系》

杜晶，副教授，青岛大学法学院。

生活在山东闽村（与曲阜市相连）的闽宗族，是孔子的一个学生 Min zi - qian 的子孙后代，是一个从宋代至今，被历代王朝所构造的一个宗族。

从这个对关于当地人亲属关系的调查实践中可以看出，它是基于“五服—姻亲”的。即，在个人周围的服丧圈（父系继嗣群）的范围和他的家庭间有互动或交流，并且，许多的母系和姻亲团体事实上是一个五服系统。在闽村附近的区域有数不清的五服—姻亲关系的团体。他们相互交织构成了一个地方性社会。

五服在一个结构中，是一个阻力的中心。闽宗族不同于 Z 形式（但在其他的表现和功能上，它有着 Z 的特征），并且所有层次的家庭仅仅发展为五服，然后就结束了，而不再继续向房和家族发展。整个闽村就像一个巨大的喷泉水池，每一个五服亲族团体是一个喷泉。在五服中没有等级，每一个五服在社会中都享有平等的地位。

为什么五服圈不能够发展为房呢？其一，每一个家庭在亲属礼物的相互交换中将会有经济负担，因为房的亲属圈比五服的要大；其二，如果圈太小，例如，中国的准数代同堂家庭，将缺少足够的互惠的供养资源；其三，从《尔雅》来看，自从金朝以来，帝国统治者已经加强了五服系统，解释了亲族和过去封建王朝的律法。

为什么五服圈没有垂直地发展成为像在中国的东南地区社会中的宗族，而是发展成为了五服姻亲关系？其一，从功能可以看出，闽人还没有遇到像在中国的东南部社会中这样的供养压力，五服姻亲能够处理各类的生活问题；其二，从历史人类学来看，帝国统治仅仅加强了五服体制，但是没有加强宗族系统。

同时，五服—姻亲关系有功能语境，在不同的相互作用的情况下，有不同的亲戚范围。而且，五服—宗族是一种演练场，因为个人的社会地位拥有相当的象征性的资金，因此，每个人都有一个不同的亲戚规模。

在亲属关系领域，亲属间的相互往来，遵循着孝顺和互惠的原则。尤其是，在服丧圈中，这种孝顺责任应该被优先考虑到，这种互惠的原则在对待母系的和姻亲的关系上是正面地处理。并且这种宗族体制的建立在于为五服—姻亲关系结构提供孝顺的责任。

最后，在这种姻亲关系结构中，妇女处在关键的位置上。那就是，她将两个五服连成了一个完整的亲属结构。对于妇女，婚礼是过渡礼仪的一部分。婚礼后，她担负着两个五服的责任。岳母和儿媳妇间的矛盾源于中国的社会制度，而不是两个家庭中存在着文化分歧。作为一个同父异母的家庭，娘家是镶嵌在五服—姻亲结构中的。

经过了很长的一段时间，我们用两类相互独立的解释模式，来观察中国社会，或者，这种姻亲关系至多被看作是一种补充的父子关系。但是这种父系继嗣的范式和“母系及姻亲关系”模型在闽村中是并行的。这个个案向我们提供了对中国社会本性的思考的一种可能性和世界的亲属制度理论的发展。

19.《关中“灌溉团体”和中国北部村庄中的社会组织》

石峰，副教授，贵州师范大学政治科学和历史学院。

此文以关中“灌溉团体”为例，讨论了中国北方的乡村社会组织。人类学汉族社会研究“宗族模式”，不能够解释复杂的汉人农村社会，尤其是在中国北方地区。从“非宗族社会”这个视角去研究，可能弥补这个缺陷。在北方乡村社会中，非血缘关系的组织“协会”通常正在引导乡村社会。本文的研究试图超越和扩展早期人类学汉族社会研究的框架和模式。

20.《对屯堡社区中妇女佛教组织的分析》

王文峰，贵州大学硕士研究生。

由屯堡人组成的社区，是一个独特的社区。在文化形态上，他们与其他地方的汉族或少数民族有着显著的不同。在整个历史中，中国的民间宗教信仰是多元的。屯堡人首先信仰佛教，且妇女是主体。根据传统，经历了生育年龄阶段的屯堡妇女需要加入到“佛教信仰”的团队中来，这是一个例程。屯堡妇女佛教组织是由“历史记忆”带来的，那是军旅生活转化为平民生活的反映。换言之，这是早期战争的残忍可能带来的心理压力；是对死去的亲属表示哀悼；是由后来的“七分耕作三分防御”的特殊体制所引起的“女性更善于经营农场”的身体压力。这些为妇女提供了空间，去获得急迫的精神上的支持，在宗教信仰的帮助下，在耕作后得到放松。这种自行组织在社区中，为相互交流和文化认同建立了平台。此文将以“屯堡第一村——九溪”作为例子，因为性别和历史的关系，主要解释在九溪，佛教仪式组织女性化的历史原因。此外，通过介绍妇女参与的佛教仪式，来分析女性组织能形成“内部稳定”的社区机制的影响。

21.《团体及环圈：士绅商人的社会和真人崇拜》

周红，副教授，中国社会科学院。

此研究是对天津杨柳青镇的农民和商人间传统的互补实践的一个社会历史人类学的研究。讨论了在杨柳青人的文化的形成和传播中，商人和商业的意义及其社会地位的改变；宗族信任结构和来自于天津地区的不同类型的社会阶层中的商人的商业管理功能；在杨柳青，这种农商经济与有农村和城镇居民的家庭；年画和士绅商人财产，士绅商人的职责以及杨柳青和新疆（国民党统治时期）的商会；在宗族和伦理上商务管理的角色，天津杨柳青商人的西部分公司的当地商务，尤其是，家族企业繁荣和官方士绅间的关系等。

我们发现，商业不仅是中国传统文化不可分割的一部分，而且是在人类学上将被开发的一块区域。商人，虽然没有被委任去传播文化，但常常是文化传播的先锋。在城市和城镇的社会记忆中，家族企业（商店和企业）是主要的元素。商人，作为文化重构的一个符号，是文化研究的主题。此研究由kinner挑战了中国城市和城镇的分类以及宗族的传统研究模式。同时，它也研究了城市和城镇的记忆元素。这项研究提出了士绅类型引导农村管理类型，士绅商人类型引导城市和城镇类型，并且士绅商人是农村士绅的时空延续的转换；宗族和扩大的组织不仅被农民占有而且也被商人占有，同时，宗族作为商人自身和内部信任组织，扮演着商业管理的角色；人类学研究以及宗族和家庭的研究不能被限制在村民，以及作为传统意识的村庄中，而是要扩展到商业和商人领域。此研究推断出：在城市和城镇中，家族企业和士绅商人成为宗族的典型元素和形式。在中国，这已经补充和扩大了有关宗族类型的人类学的研究。

基于由商会瓦解产生的反功能，人们认为，在社会系统中，进步不仅在革新中显示，也在对过去优点的重新确认中显示。有人提议，商会应该在杨柳青被重新建立，并且与商会相同的贸易组织在西庆也应该被重组，以便为这个基本的社会组织补偿一个缺少的环节。

22.《在中国和日本的农民社会中关于社会结构和文化变迁的比较研究》

秦兆雄，教授，神户市外国语大学。

此论文的目的，是基于在中国湖北的一个山村和日本石川县的一个小山村所做的长期田野调查所得出的具体数据的基础上，对中国和日本的农村社会的社会结构和文化变迁进行对比研究。首先，概观和比较将会从农民社会的几个层面展开，例如，两个国家的传统的乡村结构和生态环境，家庭系统，婚姻，亲属关系，祖先崇拜，通过仪式，宗教信仰，再加上政治经济体制，老龄化和出生率下降，国家政治。此论文将关注每个国家农民生活中的社会文化的持续和文化价值观的变化。在中国的农村社会，在儿子们中、宗族系统中存在的平等的继承和儒家的伦理道德是重要的特征。然而，在中国，对宗教体制与父系血统的连续性的优先考虑，导致了与计划生育政策的矛盾。在日本，家庭中的长子继承权，神道教和佛教信仰都对阶级社会的构建和现代化的推进有影响。然而，儒家伦理道德像孝顺（孝）在年轻一代人的心中正在衰退，这种现象对当今日本社会的老龄化和出生率下降有负面影响。基于田野调查资料和对先前研究的回顾，社会结构的多样性和普遍性及其在农村社会中的转换将会被分析。

23.《“秧歌舞在村村通”仪式的过程，结构和意义》

王洁文，副教授，中国传媒大学。

在陕北和晋西，有一个伞头秧歌仪式，只在中国传统的元宵佳节里表演。这个仪式过程不仅与冬天的过去和春天的到来相协调，这意味着“通过仪式”，而且也试着控制时间、宇宙和社会的秩序，这意味着“加强仪式”。在陕北和晋西的人们借助于伞头秧歌，仅仅是强调了社会秩序和普遍性规律，伞头秧歌仪式已经被系统化和象征化。

24.《在义序村的迎将军仪式》

阮云星，副教授，中国浙江大学；王京倪，学生，中国中央美术学院。

在福建省东部，迎将军仪式是一个传统节日。这部纪录片，记录了当代的迎将军仪式，包括组织系统和仪式过程。通过持有者的行动，主位的叙述和旁观者的非主位的描写和理解，这部电影讲述了文化传承的方式，文化的转换，无形文化财产的民众的保护机制和行动。

25.《中国临终关怀的人类学研究》

张庆宁，哲学博士，中国人民大学人类学研究所。

临终关怀的做法是因人而异的，同时也引发了许多思考。同时，这些观点是彼此间相互竞争的。当代临终关怀是伴随着矛盾的价值观而出现的。关于死亡的话题，文化、社会、宗教、族群、社会心理学和法律都各自给出了相应的建议。现代临终关怀的出现是那些因素中的冲突与妥协进行对话的结果。

临终关怀的这个观点已经被中医所接受，但是该政策在中国还没有获得一个合法的地位。在政府规定对老人实行临终关怀的医疗标准之前，医院、护理机构以及非政府组织的护理机构已经开始从事老年护理工作，且试着寻找它们自己的实践标准。事实上，实行临终关怀的组织在实际工作中遇到了困难，这些困难源于在临终关怀和既定规则间存在的冲突。例如，普通医院和临终关怀间的差异，心理学家、社会工作者、志愿者的缺乏等。

26.《青藏高原东北部的青苗会社团》

番长峰，讲师，华东师范大学。

在青藏高原东北部边缘的甘南高地，汉族和藏族、土族等生活在一起。各族群众组成了青苗会社团，热忱地参与每年的龙庆典，以及为保护生态环境所举行的封山仪式。

迎神赛会的祭祀目的是祈求风调雨顺。村民在寺庙周围的山上插了一些小红旗。这个仪式有两种含义：（1）这个仪式是提醒人们不能在这个区域放牛和在山坡上砍树；（2）祈求龙神驱逐冰雹，赐福于他们的家乡、人和牛，带给他们和风细雨。

这些仪式的意义不仅能够表达追求幸福，避免灾难和消除焦虑，而且也能增进各民族之间的交流和团结。因此实际上，这些仪式能成为社会组织的孵化器。这些仪式为各族群众提供了许多有效抵抗生态灾难的机会，以及在现实的生活中相互帮助与合作的机会。以这种方式，它加强了民族间的团结，促进了边疆社会的稳定。

27.《如此遥远的家乡——一次影视人类学实践》

杨大伟，北京大学社会学与人类学系。

很显然，传统的人类学研究对于“家宅式人类学”的关注不够，并不是因为“传统”而是因为“家宅”，如往常一样，包含了许多不确定的复杂意义。自我和他者，主位和客位，研究者和被研究者，或者地方性知识，以上的这些论述在家乡研究中是相混合的。做一部关于自己家乡的纪录片，这是一种陌生化的方式。形成的这个个案，将要去讨论的是在现代社会中个人家庭生活变化的意义。结合电影实践，影视人类学研究方法也将会被讨论。

28.《哈尼族的长街宴》

郑宇，云南大学。

在 HaBo 村的 Angmatu 仪式是哈尼族的三个主要节日之一。长街宴作为仪式的一部分，主要展现出了哈尼族丰富、多样和独特的文化。例如传统的仪式，宏伟的规模，和一些具体的方面：饮食文化、宗教文化、歌舞艺术、服饰文化、生态文化等。长街宴的真实意义是通过集体经济的花费重构本社区的社会秩序。

29.《白族的 SHENG MU 崇拜》

杨文慧，云南大学。

XUE - DE - SHENG - MU 是女性生育神，被洱海湖的东岸区域的白族人广泛地信仰。这部电影记录了 2008 年佛教节期间，高兴村的村民由于意见分歧而分成了两派。每一派村民只接受他们自己所期望的 SHENG MU。看起来像信仰上的分歧，事实上，是利益、资源和公共工程话语权上的纷争。

30.《云南 Tay－sai 村的仪式和消费》

Stan B－H Tan，新加坡国立大学；赵文娟，中国云南大学。

第一，笔者致力于在视觉上捕捉与神树仪式密切相关的消费。[a. k. a. 米的灵魂]，可能是 Tay－sai 村中最重要的仪式。Tay－sai 村人是传统的稻米的耕种者，在最近十年左右甘蔗才成为他们主要的耕种作物。事实上，在他们的农业生活中，甘蔗现在已占有主要地位，但是，神树仪式，和这种要求高消费行为的仪式，继续以一种神圣不可侵犯的形式举行着。第二，笔者致力于探索如何利用新媒体，即利用博客圈和网络来促进影视人类学在学术知情上的发展，而不是作为公众容易理解或接受的样式及档案来源。

31.《对西双版纳傣族泼水节文化内涵的探索——以成子村为田野个案》

金少萍，云南大学。

傣族人的泼水节，也被称作 Songkrant（傣历新年），是傣族社会生活中最为重要的节日。通过对成子村的实地调查和相关文件资料的收集（从以下的几个方面：傣族和水之间的缘分，对泼水节传说的剖析，献祭活动，新年的象征，民间习俗的文化现象，泼水节的国际意义等），此文试着去讨论和探索傣族泼水节的丰富多彩的文化内涵和在傣族社会层面上的重大意义。

32.《摩梭人的葬礼》

张海，云南大学。

葬礼是摩梭人文化中最重要的仪式。摩梭人通过传统的摩梭葬礼传播了他们的生活观、世界观、价值观和宗教信仰，其葬礼就像一个复杂的文化象征和解释的装置。在摩梭人看来，死亡比活着还重要，并且在其中，他们所要传达和表达的意涵也是非常丰富的。对于录像的工作者来说，通过镜头去解释葬礼背后的意义比简单地记录它要更困难。作者记录了在宁蒗县永宁镇巴竹村举行的一个摩梭人的葬礼，即使整个活动的过程被摄像机完整地记录了下来，但是如何去准确地解释这一体系的意义，仍需要一个很长的探索过程。

33.《佤族的精神信仰》

KYI WIN，缅甸，曼德勒。

通过在中国云南省西盟县 Damasan 村所做的关于佤族的田野工作，这部电影记述了一个特殊的文化主题：精神观念。佤族人相信自然界中的一切事物都有灵魂，一些自然现象都是被它们的精神所控制的，他们中的一些附着在自然物上。任何冒犯了这些精神的行为都将会导致人生病。通过驱除精神和治疗疾病，精神信仰变成了村民日常生活中重要的宗教内容。从频繁的宗教活动中，电影展示了村民的医疗和健康状况，以及在他们文化中的一些传统的环境保护观念。

34.《水酒的生活：对 Damasan 村佤族水酒的人类学个案研究》

郝雯，云南大学。

基于生态人类学理论和场景分析，这篇文章讨论了佤族水酒文化能够被认知和保持的深层原因。佤族总是说“没酒就不成仪式”，因此水酒文化已经成为他们文化中的一个重要组成部分。这项研究试着去探寻水酒作为一个媒介，在发展人际交流，协调人际关系，继承像宗教信仰一样的传统文化中的作用。通过描述多种多样的饮酒场景，对多层次的族群认同进行整合。因此，虽然水酒文化有一些改变，但在与民族传统文化的其他方面的互渗中，作为最程式化——生活的文化构成，仍然保持着传统的文化。

35.《Temaoke》

朱映占，云南大学。

Temaoke 是基诺族社会中最隆重的节日。Temaoke 是基诺语言的拼写，在汉语中的意思是铸铁件。Temaoke 起源于刀耕火种农业。一般而言，传统的 Temaoke 活动要举行三天。Temaoke 活动包括：木鼓崇拜、炼铁、筹备耕作和播种等活动。传统上，在基诺族的不同分支（Wuyou Aha 和 Axi）和不同的村庄中举行 Temaoke 的时间是不一致的。在通常情况下，每个村庄的长者将根据以下因素确定举行 Temaoke 的确切时间。一是根据物候学；二是根据内部的每个分支，哪些是父母的村庄，哪些是自己孩子的村庄。父母的村庄先举行 Temaoke 仪式，然后儿子和女儿的村庄再举行 Temaoke 仪式。

总之，在基诺族社会中，随着时代的变化，Temaoke 在举行时间、形式、内容和象征意义上都已经发生了巨大的变化。

36.《Nago 回族的婚俗——对一个村庄的民族志透视》

贵荣，云南大学。

婚俗在人口再生产和民族文化保护上都起着重要的作用。它们是回族人的非物质文化遗产。由历史遗迹、历史记录和 Nago 人的口述史所构造的婚俗文化，展示出了民族内婚制是一种重要的机制并分析了 Nago 婚俗的历史变迁。

37.《Benzilan 藏族锅庄》

李支农。

锅庄是藏族舞蹈的一种，在迪庆地区已经有上千年的历史。在藏语中被称为“桌”，意思是“圆圈舞”。这类锅庄舞的特点是严肃、稳定、无约束，它的曲调和节奏慢而自由。一支完整的锅庄舞由许多部分组成，例如欢迎来者、赞颂、相遇、告别、挽留、辞别。也就是说，整个锅庄舞反映了一个彼此相遇的过程。锅庄舞的歌词有一系列的规则——精确的并行和巧妙的比喻。并且歌词有特别的固定的规则，这就是：当唱到赞美天空，它必须包括太阳、月亮和星星；当唱到赞美人类，它必须包括皇帝、佛陀和智者；当唱到赞美大地，它必须包括北京、拉萨和故乡。锅庄舞融入到了藏族人的整个生命中，并且随着藏族现实生活的变化和发展，它也在发生着变化。

因此，锅庄舞包括歌曲和舞蹈，像“唱尼玛经典”“脱粒的青稞”“捻羊毛”“喂养牲畜”和“酿酒”，那里有“锅庄舞”的歌曲和舞蹈，包括歌颂英雄，展现藏族的社会风俗、婚俗等。

迪庆的锅庄舞，依据其风格，被分成了“锅庄”和“赛八桌”两类。“赛八桌”是指流传在迪庆金沙河区域的锅庄舞。因为“赛八桌”保护得完好和在 Benzilan 区域流传，因此，在民间也被称作 Benzilan 锅庄。

Benzilan 锅庄舞，依据曲调、咏叹调和舞蹈的节奏，被分成了四类，它们分别是：“要”（长调和座唱）；“桌巾”（缓慢和不太灵活的曲调与舞蹈）；“夏桌”（被分成了两类：桌巾夏桌和桌草夏桌）；“桌草”（轻快和灵活的节奏，依据环境的变化，人们来唱它）。

Benzilan 锅庄舞显著的特征是舞蹈动作幅度非常的大，伴随着舞动长长的袖子，舞步和声音从非常慢变得越来越快，最后达到最快。

在民俗活动中，Benzilan 锅庄舞与一些庆典和宗教仪式相联系，和以下的一些仪式相结合，像除草，去祭（拉四）山神，尤其是在除草仪式中。

38.《恢复民族的宗教信仰与民俗生活来保护少数民族非物质文化遗产——纳西族传统的仪式舞曲“崩石西离”》

和小荣。

“崩石西离”起源于唐宋时期，是一种庄严宏伟的仪式嬉戏。它结合了乐器和声乐，还有舞蹈。部落战争的悲剧，逻辑上穿行了“崩石西离”的全部过程，形成了一个完美的结构和凄惨而壮美的氛围。它通过相信士兵的灵魂和对和平的渴望，揭示了战争的残酷。然后，举行怀念纳西部落酋长祖先的仪式。

因为它原始和传统的本性以及它独特的价值观，“崩石西离”已经被尊称为“中国最著名的四大经典”之一。但是与其他的非物质文化遗产一样，“崩石西离”的存在继承正面临着灭绝的挑战。对“崩石西离”唯一的直接继承者的调查，真实地显示了其在存在和继承上的困难。

首先，民族传统宗教信仰和真实的民俗生活等方面的变化，已经使文化遗产失去了其可持续的生存和继承的环境。

其次，为了继续存在下去，继承者和林意及其乐队不得不在古城的土地上为游客举行大众表演。但实际上，这是一种可怕的选择和“将悲剧改变成喜剧”的一个讽刺：仪式的音乐严格地限制在某些场景，因为死人要与活人的生活环境分开，是要去愉悦那些不了解这个音乐的来者。从民族文化保护和继承研究的这点来看，这种行为已经冒犯了禁忌：与生活环境相分离，并且它的精神实质也被改变了。

针对目前中国政府所强调的加强对继承者的保护而不是对精神环境的保护的缺陷，作者提出在后现代社会中，通过恢复宗教信仰与其生活环境来保护少数民族非物质文化遗产。

39.《布朗族的新年》

周小红。

西部电影记录了云南省勐海县张榔村布朗族的“新年”。那些民族信仰佛教，并且受到傣族文化的深刻影响。通常他们传统的“新年”在每年四月中旬，正如傣族的“泼水节”。但是因为他们住在山谷，通信方面的限制以及民族文化的多样性，使他们在节日上比傣族保留了更多的民俗，并且有很多的传统文化包含在里面。凭这点，我们可以看出，在历史上，布朗族不断地从外部世界吸收文化元素，并且他们将其与本地的文化相结合。最后，他们将那些元素融入了本民族文化。

40.《保护非物质文化遗产：当前越南的现状和存在的问题》

阮明德，越南文化和艺术研究院。

源于联合国教科文组织对非物质文化遗产的看法，越南的文化研究员和文化管理者，普遍使用以下对于非物质文化遗产的定义："非物质文化遗产是精神的产品，它拥有历史的、文化的和科学的意义，它被人们的记忆、手抄本和传下来的口述所维持着，其他保存和流通的形式包括语言、手抄本、艺术品、科学、口头文学、民间表演艺术、生活方式、节日、烹饪、传统习俗和其他的民间知识。"（文化遗产法：2001）越南文化中一些显著的特点，如：农民、稻米的种植和村庄已经发展成为越南的非物质文化遗产的特色。因为它们存在于人们的记忆和精神生活中，除了儒家学者和文化参与者的创造之外，正在被进行口头上的流传和农民的创造。在越南，非物质文化遗产的保护已经从理论到实践。胡志明把非物质文化遗产当作"珍贵的宝石"，而且，越南共产党和政府已经实施了许多方案，并且计划去收集、保护和推广非物质文化遗产。很显然，这是一项致力于文化发展目标的国家的计划，制定于1997年。信息和文化研究所及越南民俗协会所实施的关于如何搜集非物质文化遗产的培训活动已经得到了重视。直到现在，有近500项保护非物质文化遗产的项目已经实施，包括少数民族的在内。在社会中，人们对非物质文化遗产的意识也在不断提高。文化和信息研究所已经建立了非物质文化遗产资料库。然而，对非物质文化遗产的保护还存在许多限制。例如：文化遗产的调查还没有在越南的所有省份进行，因此，尚不了解越南非物质文化遗产的整体分布情况，现存的人类财富还没有被给予足够的重视，非物质文化遗产还没有变成发展的内部能量。

收集、保护和传承非物质文化遗产的理论和实践已经造成了许多问题：一是非物质文化遗产原始性的问题；二是发展和改变之间的问题，在发展的环境中保护原始非物质文化遗产面临挑战；三是培训活动和让非物质文化遗产回到社区的问题；四是对于现存的人类财富所应付出的责任越来越多的问题。

最后，此文提出了搜集、保护和传承非物质文化遗产等方面的一些建议。

41.《土锅（土罐）村和土罐》

吴晓慧。

一个只有19户人家的傣族村寨——土锅村（土罐村）位于云南省新平县嘎萨镇。这个村庄的名字的由来是因为从当地人的先祖至今，他们都一直在做土陶器，尤其是当地的土罐非常闻名。村民使用木板、带有手柄的木球、鹅卵石、竹子和竹刀等传统的工具去烧制土罐。烧制土罐的主要过程是：泥浆搅拌、做陶瓷坯、烧制等。特别值得一提的是，土罐是由村里的妇女做的，而且当妇女在因为太忙而不能独立做时，男人才会给予帮助。通过制造土罐，村民不仅增加了经济收入，而且还丰富了傣族人的文化。

42.《西藏唐卡——艺术及其保护的现状》

秦永章。

在西藏文化中，唐卡不仅是一种独特的绘画形式，而且是有着最典型意义的民间艺术。由于其重大的价值，已经被列入中国非物质文化遗产首批名录。然而，当前的全球化对于原始的艺术形式和唐卡艺术家的思想，都产生了巨大的影响。此文呼吁关注这些影响并且呼吁采取急迫的保护措施。

43.《人类学视野中的游牧文化对蒙古语电视的影响》

恩和巴雅尔，中国内蒙古电视台。

游牧文化，是人类文明发展进程中一个重要的文化事项。从形成到发展，游牧文化都有着它自己的特征。游牧民族在认知和了解大自然过程中形成了他们自己的文化和习俗，这些东西以图腾、传说、壁画及书面的形式传承和记录下来。自电视问世以后，我们可以通过荧屏捕捉到一些游牧文化的信息。与此同时，它也给媒体带来了影响。蒙古族是世界上最典型的游牧民族之一，他们为世界文明做出了自己独有的贡献。此文从蒙古族电视节目对游牧文化的影响出发，试图描述和说明文化与媒体之间的相互作用，以及它们对接受者的影响。

44.《影视人类学在民族电视中的应用》

哈布尔，中国内蒙古电视台。

我们所了解的影视人类学包含了电影、电视纪录片、文化人类学研究和民间传说，也包括了人类群体通过视觉符号记录和储存下来的文化活动和图像信息的研究，以及视觉文化和信息的传播。它主要是通过录像的手段来研究民俗、人种学或文化人类学。将近50个少数民族在我国西部的12个省区都有分布。这里的文化遗产有游牧狩猎和农耕文化等。黄河沿岸的阿尔泰语系、汉藏语系的人，他们都是当前影视人类学研究的课题。这篇文章就是讲述影视人类学在电视节目中的应用。

45.《人类学纪录片的文化内涵》

旭光，内蒙古师范大学传媒学院副教授。

“文化”是人类学上的一个核心概念，并且人类学家们所关注的文化不仅仅是文化现象，而更重要的是去发现文化现象之下的潜在信息，也就是关于文化内涵的“发现”。此文探讨了人类学纪录片在表演、解释和传播文化中的优势作用，讨论了人类学纪录片的文化价值和表现功能。

46.《人类学纪录片在“后现代主义”语境下的发展趋势》

郭培筠，内蒙古师范大学传媒学院副教授。

后现代主义对人类学的冲击和影响表现在：第一，解构和重建人类学上的一些核心概念，如“文化”“异文化（文化差异）”；第二，对民族志文本的批判；第三，人类学家开始反思自己的角色。“引发人类学纪录片”便是一种具有“后现代人类学”特点的人类学纪录片，这种影片通常采用嘲弄和讽刺的手法来表达人类学方面的内容，不追求人类学纪录片的可靠性、客观性和真实性，而是通过对影片本身叙事的“解构”，超越了在传统规则下解释和说明文化的弊端，从而触发观众越过现实的阻碍来思考问题。

47.《高校音乐教学中的影视资料应用》

仁钦，呼和浩特民族研究所副教授。

对人类文化表达和民族观念的研究应该要研究视觉手段和人类视觉力量的发展，如视觉感知和视觉思维、视觉符号、视觉表达、视觉交流和视觉文化的继承模式。高校里的音乐教学，应该用基本的内在元素来解释民间音乐，进行研究和分析，要将其与产生的环境和历史上所发掘出的音乐家们相联系，用文化和社会心理的深度来进行理解。影视人类学在现代艺术和技术中反映了基本的人类学方向，也就是人类学家对人类生存和发展地位的关注。然而人类学纪录片包含了民族习俗、高校中的民间音乐鉴赏，用在人类学的教学之中，让学生理解音乐鉴赏，从不同的区域不同的民族中更好地了解民间音乐中的情感因素、历史因素和社会因素。音乐是人类共同的语言。音乐，作为文化的一部分，它也同样受到自然环境、民族和社会的影响，因为文化不是单一的。当我们学习音乐时，我们必须融入其中才能去理解它。目前，我们应该要对不同民族音乐和文化研究的经验，加强讨论和思考，消除那些极端的理论和思想。运用人类学片中的民间音乐作为民族音乐的基本学习内容之一，这将会对中国民族音乐的形成发展起指导作用。

48.《谈“草原派”纪录片的文化视角》

照纳斯图（Zhao Nasitu 音译），内蒙古电视台导演。

在 16 世纪，内蒙古的土默特草原曾经拥有非常丰富的自然资源和优越的地理环境，而到了20世纪，我们再也看不到真正的游牧草原了。来到这儿的游客在第一时间都经常会问道：“哪儿才是大草原啊？蒙古族人都在哪儿?”“世界闻名的呼伦贝尔大草原和锡林郭勒大草原还能存在多久?”不仅仅只是一群游客对内蒙古大草原的失望和担忧，还有很多制作电视纪录片的人也如此。从20世纪80年代开始，随着中国电视纪录片的发展，内蒙古电视台的电视纪录片制作者们把草原文化当作是他们最大的历史使命来完成。还有许多作品包含独特的文化风格，显示出了对草原文化内涵和价值的深刻理解，可以成为关于草原文化的“中国纪录片”。这篇文章从视觉人类学的角度来谈论草原的真正精神和文化内涵。

49.《阴山岩画》

葛光升、崔军，内蒙古巴彦淖尔市电视台导演。

阴山岩画是古代人类及我国北方游牧民族留下来的一座艺术宝库，也是中国北方游牧民族在历史上存在和生活过的真实例证。它们真实地展现了当时人类为了生存所进行的斗争。这些岩画是关于他们灿烂辉煌历史的一部史书，就像是一个窥看古代人类智慧和生活方式的万花筒。

据统计，目前所发现的阴山岩画就差不多有50 000幅。阴山岩画的创作者应该是古时候居住在阴山—河套一带的原始人类，或者是使用过微型石器和磨制石器的“大姚人”和“河套人”的后裔。每当进入放牧季节，许多人就在不同时期来到了这片地域并且在岩石上留下了他们的作品。在后期的岩画中有一些作品出自于鲜卑、突厥、高车、回鹘、党项、蒙古族等民族，也有的是现代的作品。因此阴山岩画可称得上是中国北方民族悠久历史文化存在和延续的重要内容。

阴山岩画的风格是古老而简单、粗糙、浓缩和现实的，但是在中后期，岩画所表现出来的写意和象征意识越来越浓厚，显示了一种混乱和神秘之美。它们是最古老最原始的岩画，也是巫术仪式的组成部分，虽然看起来很笨拙，但却是最美丽最神秘的。

阴山岩画是最古老的“原始语言”，记录了原始人类的生活状态和内心世界。也许它们是简单的，甚至是很粗糙、机械、笨拙的一种形式，可它们是表达了原始人和游牧民族情感和丰富内心世界的视觉作品，包含了一些我们至今仍无法解释和理解的秘密。但是今天，如果我们把具有相同风格的岩画放到一起，就能听到来自另一个时代的声音。通过这些原始的语言，我们能够看到的有原始人基本的生活状态，有那些能够令他们兴奋的美丽动物以及猎杀野生动物时的英勇斗争，有他们持着献给神灵的纪念物时那虔诚的眼神，有那些充满喜悦的原始舞蹈，有他们对天空、大地、天体和人类生殖的原始崇拜，还有原始人类是如何一步一步摆脱大自然力量的束缚，以及弓箭是如何带给他们力量和信心的种种状态等等。这些岩画记录了原始人类的思想和内心活动，展现了他们原始的逻辑形式，并描述了原始人类所理解的世界。

50.《科尔沁蒙古族民间音乐——蒙古族四弦乐器》

杰克·瑞尔沃根（Jack Rdlwagen，音译），纽约州立大学名誉教授。

对中国内蒙古的研究大多是集中在西部和中部地区，事实上，在美国人的印象中，与蒙古族人息息相关的是他们跨越宽阔的大草原放牧的浪漫情景。这也是大多数华人所津津乐道的场景。然而当前内蒙古的蒙古族的生活环境却与此大大不同。他们作为一个少数民族生活在一个汉族人口居多的国度，居住在中华人民共和国的一个省区。内蒙古的蒙古族现在大多数定居在村庄、城镇和城市，以不同于他们祖先的生计方式生活着。此研究主要是探讨生活在内蒙古东部的通辽、乌兰浩特市科尔沁蒙古族的当代生活。虽然现在生活在科尔沁地区的蒙古族人也有的还继续过着畜牧混群的生活，可大多数人已经定居生活在农牧混合的村庄。许多人生活在城市或接近城市中心的郊区。在那些地方就会有许多的机会去表演蒙古族传统的音乐，向他们提供了一种庆祝文化传统以及与其他人分享喜悦的手段。

“草原之歌”的DVD项目包含的内容有：民族、身份、经济发展、文化变革和内蒙古东部科尔沁蒙古族音乐。着眼于内蒙古东部的科尔沁人的形象，以他们的音乐为主要表现手段，把那些与之密切相关的故事、诗歌等结合在一起。

51.《解读蒙古高原》

明华，内蒙古电视台电影制片人。

从地理位置上讲，蒙古高原是指东到大兴安岭，西到阿尔泰山，北到萨彦山脉，南到阴山的范围。如今，当人们谈论起高原这个话题时，它已不仅仅只是一个地理上的概念了。

现在我们生活在21世纪，所面临的一个问题便是“全球化”。具有不同历史文化、政治、族群和宗教背景的人开始面临着新的观念，回顾历史和现实，我们必须去探索和追寻发展的历程。

农耕文明、海洋文明和草原文明是人类文明的基本组成部分。这三种文明是不同历史时期不同地域的三种不同的文明形态。其中“独特的草原文明”以其强大的张力在世界历史发展过程中扮演着一个很重要的角色。

52.《文化载体与文化记忆》

乌恩，内蒙古社科院草原文化研究所负责人。

因受游牧生产方式的制约，游牧文化要得到发展就需要特殊的文化载体，比如说蒙古族的帐篷、社会组织，还有家庭的构成、马的喂养技术、审美能力以及蒙古族的“盟旗”文化等等。每一种文化都包含着大量历史和现实的信息。它通常都是由一些非常完善的文化链组成的许多文化载体，因此其中的每一项都是整个民族文化体系中的重要节点。一旦其中的某一项消失都会造成文化记忆的损失以及文化系统的变化，还会影响到一个民族的风俗习惯及审美倾向。对于游牧民族而言，保护文化载体是非常重要的，这等同于保护整个传统文化系统。

此文主要说明了通过一些研究、图表以及录像所呈现的“祭敖包”仪式所体现出的更多的功能。

53.《尼玛的困惑——西藏康区马背医生的人类学阐述》

林楚安，中国台湾。

从生物学角度来看，人类的历史就是一部与死亡和疾病斗争的历史。此文主要包括三个主题：对藏族人健康意识和行为进行讨论，从文化和生态环境角度来解释健康、疾病和对待健康的观点之间的关系，以及在当地医疗系统中的基础医疗人员关系。赤脚医生有中国最基层的医疗经验，并且懂得如何去发挥这种治疗方式的作用。尤其是在有最复杂的环境、有地方性疾病的区域，同时还要处在角色文化背景之下，他们要如何通过对本土文化、生化医学以及当地原始的医疗体系的交替使用以实现他们的医疗效果？医疗卫生改革后，当地要面对的是对传统与现代的选择和判断，医疗将会如何发展？在医疗和伦理方面，它将如何受到藏传佛教的影响？此文通过现实生活中的多种医疗系统，从医学人类学的角度来理解藏族人对健康和疾病的意识和行为，来认识医生在复杂医疗实践关系中的选择的逻辑分析。

54.《散居在中国内蒙古的布里亚特人——文化变迁的动力》

Darima Boronoeva，历史学博士候选人，布里亚特，俄罗斯联邦。

内蒙古的布里亚特人展现了一个独特的民族文化共同体的特征。这是移民运动的结果，并且它的特点表现在传统生活方式的保持以及经济、物质文明和精神文明上。关于它的历史源头以及部落的发展方式等进行详尽深入的分析，可以对近几十年里失落的布里亚特民族文化价值了解更多。在新的环境、形式下，这已经获得了不断上升的关注。

55.《当今世界的传统文化——永恒的传播》

纳塔利亚乌兰诺娃，俄罗斯联邦布里亚特人。

在当前，记录和思考原始传统文化中所留下的一切事物并促进传播这些有意义的信息是非常重要的。有关民族文化特点、民族精神和民族心理以及民族精神在当今世界相互作用的方式的信息是有社会必要性的。因此，我们的使命是通过文化交流使得生活在不同地域的同一民族的心更加贴近。对我们在中国内蒙古自治区拍摄的有关布里亚特人的系列片而言，选择了一个叫作“赦勒可赫”（从布里亚特语翻译过来的，意思是“新的地方”）的地点来拍。首先，因为散居在此地的布里亚特人保留着他们民族的文化、传统、习俗和仪式。其次，在俄罗斯从来没有过哪个记录短片描述过布里亚特这一独特的文化。再次，是因为“赦勒可赫”的布里亚特文化正在面临消失，因此我们不得不拍摄一组相关的纪录片。影片讲述的是一群在20世纪前30年因害怕大屠杀、同化和苏联政治改革而从俄罗斯迁徙到内蒙古的布里亚特人后裔。整个系列片内容包括了流散在“赦勒可赫”的布里亚特人的历史以及他们当前在中国的生活状况。惯例和节日，欢乐和忧愁，习俗和仪式，城市生活和乡村生活——所有的种种都被真实地拍摄下来，不掺杂舞台表演和装饰的艳丽与不真实。“赦勒可赫”被以西方文化的眼光审视着。有关纪录片《当今世界的传统文化——永恒的传播》的所有素材都拍摄于2007年中国内蒙古赦勒可赫、Khulen－Buyr市。

56.《民国期刊中的中国少数民族——从王孝廷到庄学本》

陈学圣，中国台北世新大学。

新中国成立后，尤其是在20世纪中期以后，可以看作是中国现代化影视纪录片的开端。摄影者和写真编辑们一起将本土的纪录片拍摄从萌芽进一步推向前发展。其中包括了王孝廷（Wang Xiaoting 音译）和庄学本曾经在川藏地区所做的少数民族的调查。实际上，他们各自代表了纪实摄影发展上完全不同的两个方面。从王孝廷的“他者”到庄学本的“同胞”，中国纪实摄影实际上已经完成了20世纪30年代现代化的进程。

57.《我看人看我》

邓启耀，中山大学。

“看”与“被看”是人类学上的两个重要概念。这同时也体现了人类学研究者与人类学学科之间的关系。“我正在看其他人”，“别人正在看我”，以及“我看到别人正在看我”等等。“看”与“被看”体现了不同角度之间的关系。“我看别人”，那么，我是谁？别人是谁？“别人在看我，我在看我自己”，文化持有者是如何来表达他们自己的？如何在跨文化交流中获得文化和视觉上的信息？“我看别人 ，别人看我”，如何做到内部和外界的彼此沟通？作为旁观者同时也是“他者”，影视人类学家们对在现代生活中“寻找”时企图寻求新颖和居高临下的态度做出反应。他们指在文化入侵者面前将会有道德上的质问，我们应该走出以前那种原始的狭隘的思想阶段去尊重外来文化，同时保持独立地看待外面世界的眼光。此外，当下有关“如何看待”的问题，考虑到影视人类学与其他学科之间的关系，当代影视人类学家应该改变他们以往传统的对“边缘”少数民族的研究，并对他们的研究进行再定义，从而达到从观看他者回到思考自己。在这些过程中，影视人类学家们应该特别关注那些掌握一定影视媒体的亚文化群体。

58.《走进他者世界的观察者：庄学本的人类学摄影及其民族志肖像》

邓启耀，中山大学。

提到庄学本，我们所看到的不应该仅仅是他照片的艺术价值，更应该关注到作为中国少有的一名人类学摄影者的学术地位。同时他的照片都显示出了对弱势群体的人文关怀，充满了人类学精神。在旧中国，当“中心”无视了“边缘”并且由主流主宰了一切时，这样的精神便显得极其可贵。此外，在世界大战期间奉行的是弱肉强食，强大的国家通常要去蹂躏和奴役其他民族，在这种时候，这样的态度便显示出了一种百折不挠的人文精神和一种彼此观看的姿态，同时还是一种自我认识的意识。

59.《曝光的“中国”与庄学本的边疆影像——一种图像比较的研究》

冯原，中山大学。

此文分析了民间艺术是如何进化以及思维方式是如何来创造民间象征系统和重建社会的。这篇文章同时也分析了社会意识形态是如何以我们所看到的方式变化的，以艺术作为一个社会学的个案。

60.《以庄学本早期探索为起点的少数民族影像志建立方法研究》

付爱民，中央民族大学。

此文以庄学本对少数民族影视人类学的早期探索为个案，总结了早期影视人类学的成功经验。同时从八个方面谈论了当前影视人类学的建构和发展：调查记录、自然和文化环境、族群和地方性观点、服饰象征、体质特点、宗教仪式和民俗活动、代表性肖像以及生产和生活用品。

61.《欢乐的民族大家庭：1949 年以后的庄学本民族志摄影》

顾筝，复旦大学。

此文是对 1949 年以后庄学本有关中国少数民族的一些作品进行尝试性研究。作者试图对庄学本 1949 年之前和之后的作品进行比较研究。通过对两者不同点的研究，作者将要讨论的是 1949 年以后的中国少数民族代表性的变化。

62.《人类学与民族学调查中的建构性叙事——以庄学本的民族志摄影为个案》

李公明，广州美术学院。

人类学和人种学的研究是建立在描述性叙事之上的。这样一来，人类学摄影便成了描述和记录过程中的一种重要方式。庄学本没有受过人类学上的专业训练，但是他所留下的照片却被赋予了一种真实的意义，一种平等地描述和记录的意义。他的照片贴近地反映了 20 世纪 30 至 40 年代中国民间文学及民俗学研究的基调。同时也表现出了汉族政权与本土边界社会中的上层阶级之间在政治和权力上的建构。在这篇文章中，以庄学本的照片及其本人的日记为中心，研究了他的人类学照片的建构意义和局限性。

63.《观看的观看——庄学本拍摄的肖像阅读》

李媚，鲁迅美术学院。

从伦理上，从各种观点出发，通过阅读其肖像作品，找寻庄学本影像图片的源头及其摄影作品中的审美。与此同时，通过对庄学本人类学摄影以及爱德华·谢里夫·库里亚（Edward Sheriff Curia 音译）和约瑟夫（Joseph 音译）在 1922—1949 年在中国西南和西北及内蒙古地区所做的工作进行研究，以他们的视角，分析了他们的观点和我们当前的一些看法。

64.《人类学摄影及其在“黄金时期”的摄影风格梗概》

林梓，中国艺术研究院。

影视人类学，尤其是摄影，主要通过艺术的方式写作，似乎是在按传统模板所拍摄的一些很荒唐和错误的图像。这些照片中令人印象深刻的一种是在19世纪中期和后期殖民主义时期所拍摄的。正由于这个原因，人类学摄影被作为一种证据和广泛地作为灵感的来源，它们面临着质疑和批判。因为殖民主义对待本土和本土文化的僵硬态度，事情也就会像那样发展。我们所不能忘记的一件事就是，对殖民地当地的艺术历史投入更多的关注和重视，甚至把摄影作为其中一种方式，把这一时期的艺术形象风格和摄影技术水平联系在一起。这是很重要的，因为我们只有这样，才能够理解所谓的人类学摄影的积极和消极因素，并懂得如何运用它。

65.《视觉表达以及多样化民族生活世界的生动再现——庄学本田野工作及其摄影的个案研究》

麻国庆，中山大学。

从20世纪开始，中国的民族学家和人类学家把西方的科学体系运用到中国西部少数民族的研究当中，并取得了巨大成就。然而，在这些研究中，严格的学术标准也掩盖了那些生动的面孔和吸引人的故事。所幸的是，摄影大师庄学本在他的几千张照片和栩栩如生的游记中保留下了这些充满人性的瞬间。自1934年，庄学本就开始在四川、青海、陕西和甘肃等地进行采访和拍摄。他的照片中保存了大量的有关藏族、羌族、彝族、蒙古族、土族、撒拉族、纳西族、苗族、傈僳族等民族的图像信息。同时，他还写了一些有名的游记，比如说《羌戎考察记》《西康彝族调查报告》《新西康专号》《康藏猎奇记》和《康藏民间故事》。这些照片和生动的记录很有力地告诉了我们，在当前民族学人类学研究当中要特别重视并尊重图像和生动的生活以及社会本身及背后的能量。

66.《图像资料与人类学研究——本土经验及若干现象初探》

王建新，中山大学。

图像信息能为人类活动提供最直观的说明。它们反映现实的方法、信息的能力及带给读者的意识和概念的冲击力是不适合以书面材料表达的。因此，作为一门学科，它以人类的各种活动和结果为研究对象，人类学无法逃脱图像材料的应用。并且说得更长远一些的是，随着研究的更加深入，它也许又会派生出其他的学科，比如说影视人类学。笔者主要从事民族宗教的研究，而非影视人类学方面的专家。但是在长期的教学和研究中，也积累了一些实践经验。此文简单介绍了随着民族学、人类学在中国的兴起和发展过程中图像资料的应用，阐明了其重要的历史作用和现实意义，并且批判性地分析了当代民族学人类学中图像资料的应用，以形成一些理论反映到本学科的发展上。

67.《机缘与自觉——作为文化遗产的庄学本摄影》

叶星生，中国藏学研究中心。

在这篇文章中，庄学本的摄影为20世纪30年代的中国西部地区做了人类学上的记录，它被作为西藏文化保护中的一项特殊的文化个案。从这些照片当中，我们得出一些关于西藏文化认同的有力证据，更进一步地讨论人类学摄影在文化遗产保护中的重要性。

68.《从庄学本影像论当代少数民族文化建构中的“看与被看”》

殷会利，中央民族大学。

随着现代图像信息交流的迅速发展，看与被看之间的关系成了研究少数民族文化和艺术文化变迁的一条重要线索。摄影活动旨在通过人类学的调查来说明外界是如何从“看”的视角评价民族文化以及这种评价是如何影响到民族文化本身的构建和发展的。以庄学本早期拍摄照片为例，此文分析了庄学本观察的方式，那是一种关注民族文化的视角，并且将其与当前民族文化结构的改变做了比较。最后，此文总结了少数民族摄影的影响以及文化变迁力量的原则。在这基础上，此文探讨了在当前“看与被看”的社会中如何加快发展民族文化建设。

69.《摩梭人：别人眼中的“我们”和我们眼中的“我们”》

多儿，摩梭民间博物馆。

曾经有一个外国人来到了偏远的摩梭村庄，并且要求品珠（Pinchu 音译）将祖母房卖给他以便在北京做展览。为了宣传摩梭文化，品珠同意将祖母房卖了，但因此也产生了许多冲突，使品珠陷入矛盾。提到如何保护传统文化，不同文化背景的人就会有不同的解释。

70.《泸沽湖纪行：论纪录片跨文化田野合作个案分析》

翁蝶蝶，纽约州立大学布法罗，多伦多，加拿大。

2004年的夏天，笔者陪同美国学者卡罗·布里斯（Carol Bliss 音译）和摩梭作家拉木嘎吐萨（Lamu Gatusa 音译，云南省社科院）去搜集摩梭的传统民间歌谣。笔者给布里斯的研究拍摄了一组田野作业片子并将笔者自己的田野调查延伸，制作了一部时长38分钟的纪录片，叫作“摩梭歌谣之旅”。在这篇文章中笔者想要反映的是在这项课题的合作田野调查过程中所遇到的以下几个问题。第一，布里斯和笔者都没有搞清楚研究调查摄影与纪录片摄影之间的区别，这是笔者田野作业中的一项致命要点。第二，尽管摩梭作家拉木嘎吐萨有着较长的对摩梭文化的田野工作和研究的经验，但是缺乏对角色和期望的说明，以及紧张的时间框架也限制了嘎图萨充当“翻译和导游”的角色。第三，旅游业和大众媒体在一些区域的高速发展胜过了其他地方，这就使得笔者被区别对待，并且提出了与当地村民相互影响的不同策略。笔者希望自己对这次田野经历的反应能够帮助到那些打算做相似课题的研究者们。

背景介绍：泸沽湖周围群山环绕，处在云南和四川西南部交界地区，摩梭人已经在泸沽湖边生活了上千年。由于这样独特的背景，摩梭人在 20 世纪 90 年代初期也受到了发展旅游业的鼓舞。结果，摩梭社会以一个“母系王国”的形象向世界开放，吸引着全世界的目光。在 2004 年的夏天，中国电影制作人翁蝶蝶陪同美国学者卡罗·布里斯和摩梭作家拉木嘎吐萨一同去搜集摩梭民间歌谣。从受旅游业支配的村庄到偏远山区的村庄，在旅游业影响下，影片反映了处于过渡阶段的一代又一代摩梭人的歌唱，通俗文化和现代化教育。

71.《关于记忆的图像叙事》

陈晓阳，广州美术学院。

这篇文章主要是讨论田野工作中记忆与图像之间的关系。我们第一次进入田野就会从我们所拍摄的照片中发现大量的信息，但我们无法解释社区当中全部重要的细节。那些隐藏在众多和杂乱的图像背后的当地的故事，田野工作者意识到这种记忆不仅不会消失，而是刚刚才开始。其结果会像桥梁一样将分散在田野的东西聚集融合到一起。

72.《谁令你们脱下了传统服饰——探究苗族服饰的全球化流动》

邓圆也，香港中文大学，中国香港。

此文主要以苗族服饰从本土的卖方到国际性的买方的“流动”过程为中心，讨论了“如何”、“为什么”以及“谁”将传统的服装从温暖的身体脱下放到了冷冰冰的无意识的地方，如博物馆。苗族服饰不再是穿在人们的身上，而是变成了在分层次的市场上销售的商品——从山区的小集市到大范围的消费者，包括游客、当地政府、“传统艺术博览会”，甚至是中国台湾的博物馆。通过对这个“流动”过程的调查，可以明确的一点是，服装与人类最原始的关系已随着这种流动和交换而改变，而产生了一种新的连接和关系。这些

“新的”相互作用是笔者在此文研究中的另外一个关键点。在谈到这点之前，笔者将要回到传统，去看看服装在过去是如何充当“历史学家”的角色的。在传统上，苗族服装的制作是同苗族的起源神话、历史、民间传说以及祖先的信息有密切关联的。由于苗族没有文字，他们就通过缝和纺在服装上书写历史，故事和服装就这样一代一代地传承下来。现在，不管怎么说，服饰是在“流动”而不是“流逝”。它们被出售给了游客、政府、文化遗产组织、私人收藏家、博物馆……这些消费者没有一个是服装的原始接受者，所有的意义和关系都完全改变，并形成了新的意义和目标。这些服装不再扮演着给苗族年轻一代讲述历史故事的角色，取而代之的是，它通过博物馆的海报标语或者是简化了的游客旅游手册向消费者出售故事，变成了一个“民间传说出售者”。服装的模式还在那里，但是原初的“文化模式”已经丢失。说得再详细一些，笔者的文章主题研究了文化产品重组和交换的过程——以苗族服饰为例——同时也批判性地提出了几点理论意见。一方面，笔者想要了解，在民族界限、民族文化和身份改变的环境下，以苗族服饰来讲，传统是如何被再定义、改革和再创造的。另一方面，就生产和消费而言，笔者试图详细说明这种文化商品和实践的流动情况。为了更进一步了解是什么使得人类与文化商品之间产生了联系和相互作用。最后，笔者解释了存在于这种现象中的潜在的逻辑关系和优势。以上列举的仅仅是这个主题的一个大纲轮廓，我将要从以下几点做理论上的深入探索，回答以上的问题。第一点，“改变了的民族界限”：苗族服装是如何变成“苗族服装”的？讨论在环境改变的情况下苗族传统是如何变换和再创造的，以回答在当代中国苗族服装是如何变成“苗族服装”的问题。第二点，“潜在的逻辑关系”：苗族服装是如何流动的？为什么？这将要讨论让人们出售和购买的潜在逻辑和动机，以解答这些服装是如何流动以及为什么流动的问题。第三点，“除了文化还剩下什么？”将要说明主要问题，探讨文化以外的理论分析；这全都与文化有关吗？是谁令你们脱下了传统服饰？

73.《苗族吊脚楼的保护与图像记录》

黄英峰，中国台湾长河艺术文物博物馆。

这篇文章介绍了贵州省河口村苗族吊脚楼的历史背景、变迁及修复，研究了吊脚楼文化及其保护。

74.《人类学电影项目——“美国村庄的生活”》

杰克 R · 洛尔瓦根（Jack R. Rollwagen 音译），纽约州立大学，美国纽约。

DVD 系列片《美国村庄的生活》（LAV），是一部应用于大学的人类学、社会学，以及一些相关学科教学的片子，并且在海外的其他国家作为英语教学片的一部 DVD 系列片。影片的意图是通过人类学家提供的一整套系列影片来让大学课堂里的观众了解普通美国人的生活。这部系列片以纽约西部的一个小村庄为焦点，围绕社区里大部分群体的生活而展开拍摄。每一套 DVD 片子（通常是 3—4 个 DVD 为一套，每个 DVD 包括了大量的自立式电影）表现这个社区某一方面的生活。每一组 DVD 影片还包括了对 DVD 主题方面的专家进行的额外采访，为主题提供了相关的背景。每一组 DVD 都包括了大量长度适合在大学课堂里播放的影片。第一套 DVD 以系列片（《美国村庄的生活：艺术、自我实现和社区》）形式发行，共四套，讲述了生活在该社区的四个艺术家的工作：一个民间艺术家、一个水彩艺术家、一个雕塑家、一个珠宝制造商，还有那些艺术活跃分子。第二套 DVD（《美国村庄的生活：集会、信仰为基础的服务以及社区》在 2009 年发行）所展现的是村庄里两种不同的集会，两个以宗教信仰为基础的服务机构，一个宗教学校，一个农民教育机构，还有一些增添了话题深度的几个生动的故事。另外，还有对三位美国专家的采访。

75.《新桃花源记》

何阳，中国北京。

西双版纳的勐宋乡是僾尼人居住的一个古老的地方。四周被茂密的原始森林所环绕，他们有自己的民族性格和巫术文化。通过展现传统对一对僾尼年轻夫妇的婚姻的影响，这部影片展现了勐宋的各个方面与文化底蕴，以及传统文化和现代文化之间的融合与冲突。

76.《神庙前的文艺演出——西江悦城龙母诞辰仪式再造与视觉表达》

李文，中山大学。

对龙母的祭拜主要集中在中国西南地区的西江，至少是在宋朝时候就已经开始的。在当地的传说中，广东省的龙母庙是龙母居住、死亡和安葬的地方。每到龙母诞辰那段时间（农历五月初一至初八），西江开始进入汛期。在文献资料中，自清朝开始，在龙母诞辰期间就举行一些宗教活动。不过，在 1960 年至 1980 年期间也有过中断。在近十年里，龙母诞辰期间的宗教活动变成了神庙前打着“龙母旅游文化节”标签的表演。通过对 2005 年田野工作数据的运用，笔者试图去分析在不断变化的社会背景中传统仪式的重建。

77.《典型广式家族秀》

刘琛，中山大学。

外地媳妇嫁给当地男子，从文化上探索典型的广式家族。家庭生活的主要部分是婚礼、葬礼、周岁生日、清明祭祖和日常生活（在房间设有壁龛）节日宴会等等。作为传统的一种延续，这种家庭生活在现代生活里更多起着消极影响而少有积极影响。比如说，家庭中的新一代被要求按传统方式举办婚礼，否则将会被亲戚责备，而且他们的父母也会受到各种舆论的压力。大部分的广州居民都以这样的家庭模式生活着。笔者试图以影视人类学的方法来记录和解读它。

78.《作为视觉人类学的符号语言视界》

王海龙，哥伦比亚大学，美国纽约。

此文的目的是通过视觉人类学和象征人类学的理论重新解释人类文化的创造和发展，从认知人类学的概念来考察物质文化和精神文化——尤其是通过讨论视觉和象征来看文化积累的深层概念及其影响。视觉语法不同于语言学语法，作为文化语法它扮演着更直观的更容易理解的角色。它从无语言时代存在到后文明时代。我们现在对人类学上的视觉语法及其子结构的研究，事实上是要企图找到开启另一扇人类文化之门的密钥。它将更积极地扮演一个了解不同文明的角色和交流的工具。

79.《20世纪初期美国学者路得·那爱德（Luther Knight）在四川拍摄的照片》

王瑞，美国纽约。

路得·那爱德在中国拍摄了一些综合性的照片。由于他渊博的学识和高超的摄影技术，他拍摄的照片能够触碰到社会观点、人们的生活、自然情景和其他方面。因此，这些照片具有极高的历史价值和人文价值。最重要的一点是这些照片的艺术成就和路得·那爱德的摄影技术与质量。他眼里的中国形象也有些不同寻常，他的作品内容包含在那段时间内的一些高端摄影领域，如社会记录，自然风光，静物等等。

80.《生活在金三角的人们》

王艺中，云南电视台。

影片描述了一幅被大山阻隔的佤族烟农在金三角特殊社会背景下的生存

画面。它以大量鲜为人知的极具有视觉冲击力的场景展开，是从多年里在金三角腹地拍摄的资料中筛选出来的。影片反映了一群几乎被孤立的佤族人。这里的村民居住在破旧的小屋里，以最原始的装备求生存，世世代代繁衍生息在海拔将近2000米的大山里。他们延续着原始的刀耕火种的种植方式，通过砍伐森林来开拓土地，他们从日出干到日落，种植着罂粟、玉米和谷子……但增加的只是日复一日的贫穷。他们不知道罂粟炼制的海洛因在全世界造成了多大的危害，只知道大烟可以为他们换来钱。他们仅仅是希望通过种植罂粟来让自己穿得更暖、吃得更饱一些。他们仅仅只是徒劳地通过供奉鬼魂和神灵来乞求丰收，避免不幸。他们信奉巫师摩巴的驱邪招数，通过吸食大烟来治病，这样一来他们就形成了一种“大烟治小病，摩巴治大病”的习俗。他们已经无法摆脱对鸦片的依赖……2005年当地军政府公开宣布“在辖区内禁种罂粟，以实现无毒源区”，并派军队铲除了他们种植的罂粟。大烟禁种了，可世代靠大烟换取粮食、盐巴、衣物为生的他们将何去何从?

81.《小喇嘛奴布和他的葬礼》

吴晓慧，云南。

通过小喇嘛奴布（Nubu 音译）的生和死（两年的时间），这部影片讲述了有关社会生活、感受、概念及 Anung 人的宗教信仰，他们生活在云南省怒江北部。影片中奴布的行为使得他像普华寺的一位喇嘛明星。奴布常常协助他的师父在一些仪式上驾驭鬼魂、安抚灵魂等等。奴布因病于2005年11月6日去世。Namsa（男巫师）、来自喇嘛庙和村庄的喇嘛都参加了葬礼仪式。同时，不同宗教信仰的村民也前来参加葬礼，给死者带来了礼物和劳动服务。

82.《镜头下力量的转移：对传统仪式的观察》

杨晓芹，中山大学。

2008年笔者在云南省一个小村庄做田野调查，这里居住的是傈僳族人。因为修水电站，这个村庄才从山里搬出来。这里有一个传统的节日——刀杆节，成员们要在这一天攀爬刀杆。在笔者做调查的时候，这个仪式的原生意义已经消失，但笔者仍然惊讶于这种存在的力量。为了促进当地的经济发展和社会资产的运行，这个仪式的内在影响已经变成了一种外在的力量。政府的干预和控制是一个直接的因素。政府和村庄领导间不平等的关系以及他们对传统仪式力量的促进和转移之间的协作关系，这些方式是为了借助仪式推动一个“生产—消费”圈的形成。利用这个仪式来创造经济效益，扩大政府的影响力，也使社会资本转移到了少数民族之中。

83.《在文化人类学与终极信仰之间》

杨小彦，中山大学。

此文通过讨论几个特殊的摄影师及说明其意义，尝试阐述文化人类学调查与纪实摄影运动中终极信仰之间的关系。

84.《文化人类学视野下的壮族》

戴光禄（云南省人大常委会），谭乐水（云南大学东亚影视人类学研究所）。

壮族是中国人口最多的一个少数民族。云南省文山州是壮族历史文化印记保留得最鲜明最完整的地方。从文山州壮族社会中摄取素材，影片《丽哉勐僚》从文化人类学的视角系统地反映了壮族文化。主要有十二个方面：铜鼓文化、生态文化、稻作文化、饮食文化、服饰文化、村寨文化、医药文化、节日文化、习惯法、艺术文化、宗教文化和音乐文化。作为从文化视角对壮族的一种了解，这部影片被看作是一部填补中国少数民族影视族群志空白的纪录片。2008 年 11 月，这部影片获得了第二届中国中山国际环保纪录片周暨第五届中国纪录片国际选片会金奖，并同时入选德国“自然视界”电视节和英国自然电视节。2009 年 3 月，这部影片获得了云南省文学艺术基金奖。

85.《“那文化”是稻作民族历史文化的印记》

王明富，云南省文山壮族苗族自治州民族事务委员会。

有一些居住在中国南方和东南亚国家的民族是古代越人的后裔。作为有着亲缘关系的民族，他们在语言上属于同一个语族。“那”就是这个族群中赋予稻田的名称。几千年以来，以“那”命名的地方已形成了一个特殊的区域，被称为“那文化区”。在文山壮族苗族自治州，有 518 个村庄的名称中有“那”。这是其中的一个以“那”来命名的区域。影片《丽哉勐僚》着重关注了那些地名中含有“那”字的古老地区。通过对野生水稻、传统稻作文明技术和稻作礼仪等的研究，这部影片证明了文山州是稻作文明起源地之一。同时，它还展示了这个地方尚保留着壮族先民传下的丰富多彩的“那文化”印记。

86.《人类学影片的新主张》

Dick Fontain。

民族志影片在过去通常是运用叙述和启示来呈现其主题。这种表达方式也许会造成一种结果，那就是增添了作者或研究者个人的观点，这是会摧毁影片“纯度”的。此文给出了一些建议，关于如何保持这些元素的“纯度”和“多样性”。笔者希望这能够为民族志影片提供一种新的视角。

87.《跨文化的影视表达》

朱迪思，大卫·麦克杜格尔（Judith & David MacDougall 音译），澳大利亚国立大学，澳大利亚。

每一种文化都有它独自的影视表达方式。尽管如此，某一些影视表达方式也在不同文化中应用着。通过对影视表达方式共性的研究，笔者总结出了一整套跨文化表达中的影视表达方式。

88.《壮族铜鼓文化研究》

何正廷，云南省民委。

在漫长的发展历程中，壮族创造了一套独特的铜鼓文化。从句町王朝开始，这种文化便已经融入了壮族人民有关“三界”和“万事万物皆是相对的”哲理之中。铜鼓被看作是民族祖先的标志以及子孙后代的命脉。它一直被当作神圣的灵魂、“具有魔力的武器”以及民族的象征而传承到现在。铜鼓便是民族历史传承的载体。因此，我们得出了一个结论：“能理解铜鼓的人，才能理解壮族。”

89.《一部填补中国少数民族影视族群志空白的纪录片》

刘达成，云南省社会科学院。

12 集新闻系列短片《丽哉勐僚》，是中国第一部从人类学视角讲述壮族文化的影片。这是一部伟大的作品，它试图填补中国少数民族影视族群志空白。在这篇文章中，笔者从六个方面对它进行了系统的评价，包括文化人类学和影视人类学的基本概念，它们的特征、历史功能，意识形态和艺术的相互作用。

90.《隆务河畔的鼓声》

陈景源、庞涛，中国社会科学院民族学与人类学研究所。

生活在青海省同仁县隆务河畔的藏族信仰的是藏传佛教，但同时又保留着原始的多神崇拜。每户家庭、每个村民都有他们自己信仰的神灵。他们像敬奉佛一样地崇拜和祭拜着这些神灵。每年农历六月举行的六月会是一个重大的仪式，期间巫师要念咒将神灵唤起。村民们纷纷身着盛装，供奉神灵，向神灵跳舞取悦神灵，向神表达他们的感激，庆祝丰收和祈求幸福。

91.《藏族史诗说唱者——游牧的仲巴昂仁》

陈景源、庞涛，中国社会科学院民族学与人类学研究所。

影片《仲巴昂仁》讲述的是说唱藏族史诗格萨尔的藏族牧民仲巴昂仁以及他在青海藏族聚居地区的游唱经历。影片的制作者阐述了藏族史诗中的价值观念是如何在藏族聚居地区牧民及他们的宗教仪式中体现的。说唱者尤其要突出地现表出他所传唱的史诗中的精神。

92.《银饰》

张小敏，中国社会科学院民族学与人类学研究所。

革家人，生活在贵州省黔东南的一个族群，他们有华丽的节日盛装。这些盛装通常以独特的银饰装饰着，使得革家人看起来像古代中国的战士们，既英俊又靓丽。银饰通常是一个家族里从母亲传给女儿的家产。而银匠的手艺则是从父亲传给儿子的。黄平县的塘都寨被称为银匠之乡，因为那儿有许多革家风格的银匠。这些银匠都姓“李”，他们的手艺都是从父亲一辈一代一代传下来的。影片《银饰》讲述了革家银匠李德祥的故事，揭示了革家人的日常生活，银匠技艺由父亲传给儿子，而银饰又由母亲传给女儿的风俗习惯。还阐述了银饰在革家人社会生活中的功能及其历史价值。同时它还传达出一些信息，那就是当前市场经济等概念对革家年轻一代所带来的影响以及该族群的银匠们所面临的挑战。

93.《山洞里的村庄》

郝跃骏，云南电视台。

这部影片带我们走进了中国西南山区的洞穴村庄。多少年来，生活在这儿的村民们用火把和油灯作为家里的照明工具。有一天，村里领导得到一个消息，说电力传输线正在离他们村 10 公里外建立。他希望村里能够牵上电线，因此要求大伙捐钱。无论如何，他的计划打破了村庄的平静。内在地已经开始产生了一些冲突和矛盾。冲突主要是直接针对村领导的。在外人看来，村庄的老百姓还是依然悠闲地聊着天，像往常一样相互称兄道弟。

94.《甲次卓玛和她的母系大家庭》

范志平，云南电视台影视导演。

在云南和四川之间有一个泸沽湖，那是一个处在海拔 2700 米有着清澈湖水的湖。摩梭人，这个族群就生活在泸沽湖畔，仍然保持着他们的母系大家庭。在这样的社会中，男人和女人都不按照我们常见的习俗结婚，每个家庭的姓氏以及财产都是按照母系制来继承。

甲次卓玛是彩塔家族第二代中的第四个女儿。1983 年有一次偶然的机会，甲次卓玛离开了她庞大而温暖的母系家庭，来到昆明工作。与此同时，接踵而来的旅游业开始使甲次卓玛家所处的泸沽湖畔发生了不可逆转的变化。现在甲次卓玛面临着一个困境：她是要坚持她们自古就传承下来的母系制，回到泸沽湖畔，还是选择在大城市里过现代的生活？

这部影片从1994年拍摄到2005年。坚持了10年的拍摄工作。影片记录了甲次卓玛的生活，真实地反映了泸沽湖的变迁。所有的这些因素都显示了那深深扎根于甲次卓玛内心和灵魂深处的摩梭文化的力量和韧性。

95.《赫哲族的鱼皮衣》

杨源，中国妇女儿童博物馆研究员。

鱼皮衣是中国北方民族服饰的财产，它象征着赫哲族独特的渔猎文化。同时，鱼皮衣的制作技术也是一项具有民族特色的中国传统工艺。

在近一百年里，由于民族族群经济和文化的发展，外来移民的增殖，以及过度捕鱼和砍伐森林破坏了生态系统，穿鱼皮衣的习俗已逐渐淡化了。并且，鱼皮衣的制作技术已经成为历史和文化遗产的一部分。

为了抢救和保护正处在消失边缘的珍贵的赫哲族鱼皮衣制作技术，在1999年至2000年，北京服装学院附属民族服饰博物馆的专业人士到赫哲族居住的区域，观察和研究他们制作鱼皮服饰的技艺及相关习俗。在他们的调查期间，发现仅仅只有一个叫游翠玉（You Cuiyu）的老妇人还懂得制作鱼皮衣。并由此拍摄了一组人类学纪录片。

96.《拍摄节日的探索与困惑》

李松，文化部民族民间文艺发展中心。

节日是呈现某个群体社会生活和民族精神经验总和的文化空间。反映节日的纪录片实际上就是反映文化基因的纪录片。无论如何，完整性的周期性障碍、客观性，以及真实性等复杂的节日事项所包含的因素如亲属关系、经济、政治、艺术、宗教、道德、法律和民俗等，都时常困惑着拍摄节日纪录片的人们。通过对一些节日纪录片的彻底调查研究，如《姐姐的节日》《锅庄节》《傩舞》（驱邪舞蹈）和《毛节》，笔者探索了一些拍摄节日纪录片的理论和方法，并根据所观察到的现象提出了一些问题。

97.《西藏一年》

王红，北京藏学中心。

这部系列片主要讲述的是生活在西藏江孜地区的藏族的社会生活。《西藏一年》记录西藏南部江孜地区八个普通的藏族人在一整年里的生活。他们分别是政府女官员、乡村医生、旅馆老板、三轮车司机、建筑师、萨满以及两个僧人。

从夏末对十一世班禅的采访，秋天的丰收和冰雹，在漫长的冬季里了解三轮车司机的工作以及寺庙里佛像的被盗，到春天女官员的突然退休和初学僧侣的被开除以及庆祝佛的生日——西藏的一年反映了每一个人物的变化及其面临的挑战和他们永恒的价值观。

《西藏一年》这部系列片分为5个部分，每个部分30分钟，主要以每一个季节为一集，由于西藏冬季漫长，因此用两个部分来讲述冬季。在每一集中同时展现三个人物的故事。

98.《〈德拉姆〉人类学透视》

马小燕，西藏民族学院人文学院。

茶马古道或者称为“南方丝绸之路”，是一条马帮运载茶叶、食品、盐和其他商品的险峻道路，它已经存在了2000多年。马帮运载着物品通过这条路线穿越了崎岖险峻的山区到达了西藏，甚至远到了尼泊尔和印度。怒江大峡谷位于云南省和西藏自治区的交界处，有着特殊的自然和文化环境。多样的族群和宗教信仰同时存在并相互影响。藏族、怒族、独龙族、傈僳族、纳西族、白族和汉族像一个大家庭一样共同生活在这个区域。藏传佛教、天主教、基督教以及原始宗教共同和谐地存在于这些地方。田壮壮导演了一部影视人类学绝无仅有的《德拉姆》（“德拉姆”在藏语中是“和平”之意），那是一个人们共享着古老怒江沿岸的自然与文化的美丽地方。《德拉姆》对我们更好地理解自然历史与人类未来有着特别的意义。

99.《神鹿》

孙增田，中央电视台。

“在城市里，我是一个少数民族”，柳芭说。她是一个女画家。她家世世代代都生活在鄂温克族聚居地区。大学毕业后，柳芭留在了城市并工作了7年。在1992年春天，城市生活的孤独感令她回到了大兴安岭，回到她那个以饲养驯鹿而闻名的鄂温克族群体内。但是，由于她曾长期生活在城市里，她发现自己现在很难适应家乡传统的大山里的生活。与此同时，心碎的伤痛，一次又一次的回归以及失去爱的记忆已经成了一种折磨。回到大山，柳芭找不到归属感。“我的家人说我是属于大城市的”，于是，处在边缘的柳芭既不属于城市也不属于大山。她变成了无家可归的人。在 1993 年，她离开了家乡开始流浪，直到她遇到了一个男人，是他收留了她并最终成了她的丈夫。结婚后，柳芭常常凭着记忆中的部族生活场景作画。之后，她们家中神圣的驯鹿死了。传统的饲养驯鹿的文化处在了凋谢的边缘。柳芭将要生孩子了……这部影片沿着柳芭三年里的生活，记录了她的内心世界。

100.《唱哈的日子》

邓卫荣，中国社会科学院民族学与人类学研究所。

京族，是主要分布在广西的一个少数民族，并且也是一个沿海居住的跨境民族，有独一无二的唱哈节，一个唱歌的节日。在京族的语言里，“哈”的意思就是“歌”。“唱哈”就是京族人一种独特的娱乐方式。在唱哈节期间，京族人要通过唱哈来敬奉神灵，向神灵祷告。作为一个跨界而居的族群，京族与越南的民族在族源上是一样的，同样是源于百越族群。唱哈节将“唱哈”看作一种象征符号，并且通过“哈节”仪式的变化来反映随着生产环境和生产方式的变化而带来的“哈节”中的变化和“哈亭”（唱歌的亭子）的社会功能。同时，这部影片还试图去探索“哈节”在构建、停用、复活和复兴中的社会转型以及民间社会与国家间的相互关系。这部影片突破了影视人类学纪录片的传统方法，它仅仅只是简单记录了仪式的全过程，并强调了文化的整体观。

101.《新疆电视人类学片的创作》

刘贝贝，中国传媒大学。

在过去的几年间，新疆的人类学影片得到了繁荣发展。新疆人类学片展示出了高度的文化意识，并且现在不再受其产生的边疆地域的限制。

到目前为止，新疆的人类学片已经形成了一种独特的文化现象，以人类学为主题，聚焦少数民族的其他方面。这种现象的形成与新疆独特的地理位置和文化等其他因素是密不可分的。这篇文章的目的不仅是揭示在新疆拍摄制作人类学片的一般规则，还要说明这些纪录片与当地文化密切的、自然的关系。此文包含了三个部分，第一部分分析了这些纪录片的视野、定义、发展及特征等；第二部分主要通过观念和创造行为，分析了影片创作过程中的内在特征；第三部分简要探索和分析了当前新疆人类学片的发展。论文的研究方法包括文献综述、观察电影本身以及访谈电影制作人等。

这篇文章的亮点是提出了“新疆人类学纪录片”这个概念以及填补了有

关新疆人类学影片特殊理论研究的空白。这个创新是通过说明人类学片的范畴和定义来呈现的。同时，建立在普遍意义上的研究，评价了新疆人类学片的地位，还展示了这篇文章中这种综合了人类学、地理文化研究、民族学、美学和媒体研究的方法。这种混合了多元化因素的方法给洞察力的形成提供了一种多元的视角。通过结合新疆地区的垂直海拔以及探索和讨论有关人类学片中“虚构”的创造技术，介绍了学术界当前的一些前沿性概念。

102.《羌笛，藏曲》

艾菊红，中国社会科学院民族学与人类学研究所。

甘肃省宕昌县位于“藏彝走廊”的东部，那是一片自古以来就有多个族群和多种文化相互融合的区域。在古代，有一个古老的族群——羌，就曾活跃在今宕昌县境内。羌人还在金王朝的西部建立起了宕昌王国。由于宕昌藏族，这个人口超过4000人，现生活在深山峡谷之中的族群，有着自己独特的习俗、宗教和语言，他们对自己的族源有着不同的说法。这部影片通过2007年的春节期间的一系列的活动，通过他们和当地政府，反映了在全球化大背景下的宕昌藏族和他们的民族认同。由于“育林复垦”的政策，这里传统的生计方式已经发生了变化，越来越多的人离开家乡到别处去工作，这就使得传统文化比以前变化得更快了。并且，传统的宗教信仰也更加剧烈地衰亡消失。然而，旅游业的发展使文化向另一个方向发生着变化——地方性得到了加强。尤其是像宕昌这样的地方，在古代是羌人所占据的区域，这对于发展旅游业就是一个非常重要的条件。当地政府和知识分子试着以宕昌人是古代羌人后裔为由来发展当地旅游业，由此引发了许多争议。宕昌藏族认为他们是藏族，不是羌族，但他们之间也有人持怀疑的态度。不管他们主观上有什么样的民族认同，宕昌藏族都在有意无意地构建着他们的文化，但是宕昌藏族也有他们自己的文化选择。这部影片就是通过当地知识分子和宕昌藏族之间不同的声音，展示了他们主观的民族认同，揭示了在有意无意的文化选择过程中体现出来的宕昌藏族的文化变迁和文化重建。

103.《何为现实主义的影像？新近的民族志纪录片和非虚构电影中关于视觉表现的真实性及策略的话语》

瞿开森，教授，北京师范大学联合国际学院资深研究员。

现实主义纪录片影像的真实性是如何被构建的，非虚构电影的制作者们是如何在他们的影片工作中运用对非虚构电影认识论地位的认识，以及运用对普遍影片的研究和理论，这个问题已经有很长的历史了。笔者在早期开始了中国民族志影片的研究，去回答笔者试图提出的关于这些研究的问题，以一些当前中国的、西方的非虚构电影，包括民族志纪录片为例。此文同时还吸收当前的一些有关于电影真实性问题的学术理论发现，尤其是“数码图像”领域的理论发现。

104.《表现与记录：影视人类学的使命与激情——以影视人类学片〈童婚〉为例》

刘夏蓓，北京师范大学。

著名的人类学家路易斯·迪蒙认为，只有人类学家赋予了他们自己理解整个社会的使命，那是一项艰巨而可怕的任务，但是我们不能抱怨。我们将要抱怨，抱怨我们有这样一项艰巨而庄严的任务。我们不仅需要人类的智力，还要有这样那样的手段和工具。因此，关于这项艰巨可怕的任务的多种多样的研究工具就出现了，视觉手段就是其中之一。从最初的对人类学记录的多样性的研究到今天表现的普遍性，它不仅提升了人类学记录的质量，并且还拓宽了人类学的表现领域。并且形成了一门人类学的分支学科——影视人类学。影视人类学是怎样来记录这些特征的？怎样展示研究者们所理解的普遍性？今天他们既有影视人类学发展的激情与力量，同时也还有使命。

这篇文章以影视人类学片《童婚》为例，分析了影片如何表现和记录人类学研究中的多样化的家庭关系以及对多样性中的普遍性的认知。同时还分析了这部影片是如何处理“人类学家使用的辅助记录工具”——影片的原始使命。还指出了如何运用科学方法来观察和认识认知，以及认知的过程。此文认为，表现和记录是影视人类学中不可缺少的基本元素，它们是影片最基本的两个功能，也是影视人类学使命和激情的发展。

105.《纪录片中的人类学价值》

林晴，中国传媒大学。

无可争议的是：人类学是一门科学，而纪录片是一门艺术。它们都研究自然和社会，虽然途径不同，但它们所要达到的目的是一致的。随着人类学研究的发展，人们对纪录片的思想观念的转变，它们正在相互渗透。这样一来就产生了以下这些概念：影视人类学、人类学纪录片等等。由于这一系列的概念，就会有两种不同类型的纪录片产生：一种是有意识地利用人类学的研究来制作纪录片，一种是根据纪录片拍摄的原则来制作人类学意义上的纪录片。其中，前者强调了科学性，是一种理性的科学的制作，是对自然存在的记录；而后者是一种对心理感觉的记录，是对真实存在的一种解释。此文的目的是探索如何去评论从静态描写到动态记录——人类学影片的新特征。

中国影视人类学大事记①

方静文 张晓莹 整理

20 世纪 50 年代之前

1844 年 10 月 24 日，法国海关总检察官于勒·埃及尔（Jules Ltier）在“阿基米德”号轮船上拍摄了迄今所知中国历史上第一张照片。

1851 年，英国人麦可西拍摄了许多关于中国的照片。

1868—1872 年，苏格兰摄影师约翰·汤姆逊游历了中国华东、华北地区以及长江流域，拍摄了被认为是关于中国的民族志记录的大量照片［2009 年 6 月，北京中华世纪坛世界艺术馆联合 6 家机构举办了“晚清碎影——约翰·汤姆逊眼中的中国（1868—1872 年）”摄影展］。

1873—1874 年，约翰·汤姆逊推出《中国和中国人画报》（Illustrations of China and lts People），采用凹版印制的方式，展示了 200 幅他拍摄的中国照片精品，每幅照片都有记录式的文字说明，开创了利用摄影制版印刷方式向西方大规模介绍、报道中国和中国人民的先例。

1896 年夏季至 1900 年，日本人类学家鸟居龙藏在我国台湾进行实地考察，将摄影术用于调查过程，拍摄了 1300 余张照片。

1902 年，日本人类学家鸟居龙藏在中国西南地区进行田野调查，拍摄大量照片，并撰写《中国西南部人类学问题》《苗族调查报告》等著作，配以照片辅助说明。

1908—1932 年，美国汉学家、社会学家西德尼·甘博（Sidney David Gamble）先后在中国进行了四次关于城乡社会经济的调查，拍摄了 5000 多幅反映 19 世纪初叶中国自然环境、都市和乡村生活、公共事件、建筑以及宗教等方面的照片。部分收录于其学术著作《北京的社会调查》（1921 年）、《北平市民的家庭生活》（1933 年）、《定县——华北农村社会》（1954 年）、

① 该文见于庄孔韶主编《流动的印象》，知识产权出版社 2012 年版。使用这一文件作为附件，笔者在新疆直接取得了庄孔韶主编的同意。

《1933 年之前华北乡村的社会、政治和经济活动》(1963 年) 之中，具有重要的人类学价值。而且，甘博还于 1924—1927 年先后三次去北京妙峰山，使用 16 毫米电影胶片拍摄了一部纪录短片《妙峰山朝觐》(Pilgrimage to Miaofeng shan)，1989 年被重新剪辑。

1927 年 5 月至 1935 年 2 月，由徐旭生、斯文·赫定等组成的科学考察团对中国西北进行了综合性考察，沿途拍摄大量照片和电影片，有自然景观、人文景观和考察活动的记录，也有反映西北人民生活等人类学内容的风土人情片。

1928—1932 年，约瑟夫·洛克在云南丽江、金沙江上游拍摄了东巴舞蹈、祭风仪式、羊皮筏子等内容的照片。

1933 年 5 月，南京国民政府中央研究院社会科学研究所研究员凌纯声、芮逸夫等对湘西南的苗、瑶等民族的生活和社会状况进行了历时 3 个月的考察，拍摄了有关苗族生活的影片。这是中国民族学者将电影手段应用于民族学田野调查的开端。

1934 年 10 月，凌纯声、勇士衡在云南进行民族考察，使用了照相机、电影摄影机等设备。

1934 年，庄学本进入川青两省交界处考察，沿途拍摄上千张照片。其后，出版《羌戎考察记》(1937 年) 和《西康彝族调查报告》(1940 年)。

1937 年，杨成志等组织岭南大学与中山大学对海南岛黎族、苗族进行民族学调查，广州三星电影社应邀参加，邝广林负责拍摄电影。

1941 年，庄学本在重庆、成都、雅安三城市举办《西康影展》。

1942 年，庄学本访问了印度的新德里、孟买、大吉岭、噶伦堡等地，拍摄了 1000 多张照片，摄影集《西竺剪影》1945 年在印度加尔各答出版。

20 世纪 50—70 年代

自 1950 年起，中央人民政府先后派出四个民族访问团和两个民族工作视察组到西北、西南、中南、东北和内蒙古等地进行调查。人类学家、民族学家费孝通、林耀华、吴泽霖、方国瑜、江应樑、杨成志等均是其中成员。

1956 年，中央提出对全国各少数民族进行广泛而深入的社会历史调查，并决定拍摄少数民族电影。人类学家、民族学家参加了调查并指导影片拍摄。如影片《苦聪人》在第一次拍摄后，听取了林耀华的学术性建议并返回拍摄点补拍。人类学家的参与使影片的民族志特征得以充分展示。

1957 年，正在筹建的中国科学院民族研究所（今中国社会科学院民族学与人类学研究所的前身）受全国人大民族委员会委托，开始具体组织实施拍片工作。同年，八一电影制片厂组成了三个摄制组，分赴海南黎族、西盟佤族、凉山彝族等三个民族地区拍片。北京新闻纪录电影制片厂、北京科学教育电影制片厂、新疆电影制片厂等机构，杨光海、杨毓骧、徐志远、刘达成等人员参加了影片拍摄。

1958 年 7 月，云南民族电影制片厂建立，这是我国唯一一个以民族命名的电影制片厂。

1958 年，新中国第一批人类学电影《佧佤族》（“佧佤族”中的“佧”意为“奴隶”，含贬义，故 1963 年 4 月 2 日，经国务院批准，同意“佧佤族”改称“佤族”。此后，此片片名也相应改为《佤族》)、《黎族》《凉山彝族》摄制完成。此后，1959 年拍摄《额尔古纳河畔的鄂温克人》；1960 年拍摄《独龙族》《景颇族》《西藏农奴制度》《新疆夏合勒克乡农奴制》《苦聪人》；1962 年拍摄《西双版纳傣族农奴社会》；1963 年拍摄《大瑶山瑶族》《鄂伦春族》；1964 年拍摄《赫哲族的渔猎生活》；1965 年拍摄《永宁纳西族的阿注婚姻》（1976 年完成）；1966 年拍摄《丽江纳西族的文化艺术》；1976 年拍摄《僜人》（1978 年完成），这批影片被定名为“少数民族社会历史科学纪录片”，简称“民纪片”。

1958 年，由参与少数民族社会历史调查工作的谭碧波执笔，拟写了题为《边疆民族纪实》的脚本，得到文化部对拍摄“民纪片”的支持。2005 年，收录该脚本的《二十世纪五十年代云南民族社会历史纪录片脚本汇编》（谭碧波），由中国戏剧出版社出版。

1961 年 11 月，中国科学院民族研究所根据数次审片会的讨论，整理出《少数民族科学纪录片摄制工作总结提要》，形成了中国影视人类学的初步理论框架。

1964 年，中央电视台首次拍摄少数民族题材电视纪录片《欢乐的新疆》。

1978 年 7 月至 1980 年 8 月，中国社会科学院民族研究所在贵州拍摄《苗族》《清水江流域苗族的婚姻》《苗族的工艺美术》《苗族的节日》《苗族的舞蹈》5 部影片。

1979 年，中国社会科学院民族研究所成立电影组，1987 年更名为影视组，1989 年改称影视民族学研究组，1995 年发展为影视人类学研究室，结束了委托电影制片厂拍片的历史，集研究与摄制于一体。

1979—1981 年，中央电视台与日本 NHK 合作拍摄《丝绸之路》。

20 世纪 80 年代以后

1980 年，首届中国民族学学术讨论会暨中国民族学研究会成立大会在贵阳召开，与会学者主张用电影手段记录正在消亡的少数民族社会文化现象。

1982—1990 年，云南省社会科学院拍摄《目瑙纵歌》（1982 年）、《刀杆节》（1982 年）、《生的狂欢》（1984 年）、《西盟佤族边寨日录》（1985 年）、《拉祜族宗教祭祀》（1986 年）、《高原弥撒》（1986 年）、《山乡婚礼》（1986 年）、《拉祜长房》（1986 年）、《城市与档案》（1986 年）、《滇海撷珠》（1986 年）、《铜鼓文化之谜》（1988 年）、《傣族佛教节庆》（1988 年）、《傣族佛寺生活》（1989 年）、《澜沧江》（1989 年）、《祭龙》（1990 年）15 部影片。

1983 年，中国社会科学院民族研究所拍摄彩色影片《今日赫哲族》。

1983 年，中央民族学院（后改为中央民族大学）电教中心成立后，拍摄《柯尔克孜族》系列片（1983 年）、《西藏》（1986 年）、《雪顿节》（1986 年）、《哲蚌寺》（1986 年）、《古羌子孙》（1989 年）等专题片。

1983 年，中央电视台开设首个民族栏目“兄弟民族”。

1984—1990 年，云南民族电影制片厂与云南省社会科学院民族学所等单位合作拍摄《博南古道话白族》《纳西族和东巴文化》《泸沽湖畔的母系亲族》等 24 个少数民族的 30 部民族志风情风光片。

1985 年，时任国际影视人类学委员会主席的加拿大蒙特利尔大学埃森·巴列克西（Asen Balikci）教授把“影视人类学”（Visual Anthropology）这一学科名称介绍到中国。

1985 年，中央民族学院在广西百色地区摄制了《白裤瑶》（傅靖生），该片在 1986 年法国真实电影节上获提名奖。

1985 年，西藏民族学院拍摄《门巴风情》《门巴婚礼》和《珞巴风情》等有人类学色彩的电视片。

1985 年，我国台湾“中央研究院”民族学研究所纪录片《神祖之灵归来：排湾族五年祭》（胡台丽），参加 1985 年玛格丽特·米德纪录片影展。

1986 年，中央民族大学李德君在南加州大学《影视人类学会通讯》上发表《影视人类学在中国》，首次撰文向国外介绍中国影视人类学。

1986年，中央民族大学电教中心（后改称技术部）傅鸣参与拍摄了《中国塔吉克》，此后长期致力于人类学影片的拍摄。其担任摄像或编导的作品还有《我妻我女》（1997年）、《长江沿岸田野纪行》（1997年）、《大凉山的孤儿》（2005年）和《村医》（2008年）等。

1986年，中央民族大学陈永龄受聘为国际影视人类学委员会中国委员。

1986年，中国藏学研究中心成立，并自20世纪90年代开始拍摄了一些关于西藏的纪录片。1991年拍摄《纳木错湖畔牧民》，1994年拍摄了《藏民族文化村》和《雍和宫打鬼》，1998年拍摄了《西藏一年》（5集）影视片，并和西藏国际影视文化中心合拍了6集《西藏文化系列》。

1987年，云南省社会科学院开始筹建“影视人类学研究摄制中心”，1995年5月正式成立。

1988年7月，《佤族》《永宁纳西族的阿注婚姻》两部影片在原南斯拉夫的萨格勒布举行的第十二届国际人类学与民族学大会上放映。

1988年7月，于晓刚等在《云南社会科学》第4期上发表《影视人类学的历史、现状及其理论框架》一文，“影视人类学”这一术语首次公开出现在刊物上。

1989年5月，杨光海应邀参加在德国福莱堡市举行的国际人类学电影研讨会，播放《佤族》《苦聪人》《独龙族》等影片，并向与会者介绍中国人类学电影的情况。

1989年，我国台湾“中央研究院”民族学研究所《矮人祭之歌》（李道明、胡台丽）入选玛格丽特·米德电影展，并于1990年入选皇家人类学学院国际民族志电影展。

1989年，《影视民族学》（卡尔·海德著，田广、王红译）由中央民族学院出版社出版。

1990年11月，《岷山深处的羌族》（李德君等）入围加拿大阿尔伯特“印第安之夏国际土著电影节”。

1990年，独立制片人吴文光拍摄纪录片《流浪北京》。他的作品还有《江湖》（1999年）（该片获阿姆斯特丹国际纪录片基金会奖）、《我的1966年》（1993年）、《四海为家》（1995年）、《和民工跳舞》（2001年）、《你的名字叫外地人》（2003年）等。其中多部作品有相关的文字作品出版，如《1966年，革命现场》（1993年）、《流浪北京》（1994年）等。

1990年后，我国台湾多家单位以投入资金、设立影展等方式支持纪录片拍摄。主要基金包括：电影基金会的短片辅导金、新闻局的纪录长片辅导金、联合报系文化基金会自1997年起的年度纪录短片赞助等。主要影展有金马奖、金穗奖、文建会的地方文化纪录像带奖（前身为金带奖）、台北电影奖、中国台湾“国际纪录片双年展”等。

1991年，宁夏电视台《沙与海》（康健宁、高国栋）获得第28届亚洲广播电视联盟大奖。

1991年，四川电视台《藏北人家》（王海兵）获得了四川国际电视节“金熊猫”奖。

1991年，林超民与香港美亚影视公司、广州东亚影视公司合作，在云南大学成立“东亚影视人类学研究所”。其后，该所拍摄了首部介绍中国人类学的影片《人类学在中国》。

1991年，云南大学历史系人类学专业开设影视人类学选修课，这是中国影视人类学教学的首次尝试。

1991—1995年，《昆明社科》杂志开办“民族影视文化研究”专栏，陆续发表了20多篇文章，对影视人类学片拍摄进行理论探讨。

1992年，民族志电影《端午节》（英文版，庄孔韶1989年摄制）入围玛格丽特·米德电影节，并由美国华盛顿大学出版社出版。《银翅》为同一地点的人类学专著。

1992年，中国社会科学院民族研究所与德国哥廷根科学电影研究所合作，将20世纪50—60年代的部分少数民族社会历史科学纪录片向欧洲发行。

1992年，中央电视台《最后的山神》（孙曾田）拍摄完成。该片于1993年获年度亚洲太平洋地区广播联盟（ABU）大奖，为中央电视台第一个国际奖项；1995年获第九届“帕尔努”影视人类学电影节特别纪录片奖。

1994年5月，《甫吉和他的情人们》（范志平、郝跃骏）入选德国哥廷根国际民族学电影节。

1994年，我国台湾“中央研究院”民族学研究所《兰屿观点》（胡台丽、李道明）获1994年美国芝加哥国际影展纪录片银牌奖，并入选1994年法国巴黎人类博物馆主办的国际民族志影展、1995年纽约自然史博物馆主办的玛格丽特·米德纪录片影展等。

1994年，湖北民族学院开始致力于影视人类学研究，雷翔教授、田万振教授等在研究民间仪式还坛神的过程中对仪式程序进行了拍摄记录，并编辑了人类学影片。此后，湖北民族学院的学者在进行人类学课题研究中将影视资料的拍摄作为田野调查的方法之一。至今，已经拍摄完成《土家跳丧——撒尔嗬》《中国土家族》《药匠》《武陵土家人》《回家过年》《椎牛》《土家摆手舞》《恩施社节》等25部影片。

1994年，云南华文影视人类学研究制作所成立，这是首个以“影视人类学”为名的民间实体。

1994年，新疆师范大学社会文化人类学研究所所长地木拉提·奥迈尔和影视人类学工作室的努尔巴哈提等人开始拍摄关于新疆少数民族文化、宗教、医疗等方面的影视材料。至2009年共拍摄了《突厥语诸民族原生态民间信仰与萨满教》《南疆维吾尔伊斯兰教苏菲主义》《维吾尔麻扎朝拜》《吐鲁番鄯善县维吾尔女萨满治病仪式》《和田地区皮尔仪式》《塔河断流与罗布人渔猎文明的终结》《哈萨克族都市萨满教》《萨满与疾病》《生命的呼唤》（艾滋病预防与社会关爱国际合作项目）、《图瓦人祭敖包仪式》等16部关于萨满教治疗仪式和民间信仰文化变迁的影视人类学作品。

1995年4月24日至28日，中国社会科学院民族研究所、德国哥廷根科学电影研究所和广州东亚音像制作有限公司在北京共同组织首届中国影视人类学国际学术讨论会。这是中国大陆首次召开影视人类学学术讨论会。

1995年10月，“中国民族学学会影视人类学分会”在北京正式成立，编印不定期内部刊物《影视人类学通讯》。

至1995年，贵州省民族研究所与贵州省内其他单位合作完成《贵州布依族》《贵州苗族》《贵州侗族》等8部影片的拍摄。

1995年，中央民族大学实验影视人类学中心成立，中心主任为庄孔韶。

1995年，中央民族大学民族学系实行教学改革和课程更新，在本科生中开设“影视人类学”课程；同时，在该校新闻系开设同类课程。1996年在民族学系设立影视人类学硕士点。

1996年1月，云南省社科院影视人类学摄制中心的《山洞里的村庄》（郝跃骏）获在法国举行的“第九届国际影像节”“长篇社会报道”的“评委会特别提名奖”。

1996年7月，大型民族历史文化纪录影片《中国瑶族》（柯惠文、马长书）获第十届国际影视人类学电影节“最佳纪录片奖”。

1996 年，《排湾人撒古流》（李道明）入选玛格丽特·米德电影展。

1996 年，《沙漠人家》（新疆电视台）、《古堡的故事》（张胜庸）、《山洞里的村庄》入围德国哥廷根第三届民族学电影节。

1996 年，四川电视台《藏北人家》（王海兵）入围法国戛纳电影节。

1996 年，新疆电视台刘湘晨拍摄纪录片《太阳部族》，该片于 1997 年获中国新疆维吾尔自治区“五个一”工程奖，并在美国“国家地理”频道连续播放四年。刘湘晨的其他作品还有《山玉》《新疆线上》《激情纵横》《海拔 5300 米的古那》《驯鹰人》等，2005 年摄制“人类口头与非物质遗产”申报片《中国新疆维吾尔木卡姆》，获得一致通过。

1996 年，香港中文大学张展鸿开始对日本北海道原住民爱奴族（AINU）的照片进行研究，以视觉映像研究族群身份、政治关系等问题，并于 1996 年、2000 年和 2004 年分别在影视人类学期刊（*Visual Anthropology*）上发表相关论文。

1996 年，广西民族学院开设影视人类学专题讲座。

1997 年 5 月，《鄂伦春族》等中国 20 世纪 50—60 年代摄制的人类学电影在芬兰举行的国际人类学电影节上展映。

1997 年，《神鹿呀，我们的神鹿》（孙曾田）获得帕尔努传记片电影节评委会大奖。该片还获得 1998 年德国柏林大学电影节评委会大奖、1998 年第七届上海国际电影节评委会特别奖、1998 年国际纪录片协会“劳伦斯”提名奖和 1998 年中国纪录片学会长片一等奖。

1997 年，《八廓南街 16 号》（段锦川）获法国蓬皮杜中心真实电影节大奖。其他获奖影视片还有《深山船家》《中国瑶族》《两个孤儿》等。

1997 年，我国台湾“中央研究院”民族学研究所人类学纪录片《穿过婆家村》（胡台丽）首次在商业电影院放映。其后入选 1998 年德国哥廷根国际民族学电影节影展、1998 年纽约玛格丽特·米德纪录片影展等。

1997 年，庄孔韶、潘守永、傅鸣、吴东颖、蔡盛和、孟华平、陈长平等组成的人类学教学片拍摄组结合教学实习和人类学考察，在三峡等地拍摄《长江沿岸田野纪行》。

1997 年，林超民教授、王筑生博士以云南大学东亚影视人类学研究所的名义，邀请美国著名影视人类学家保罗·霍金斯（Paul Hockings）到云南大学讲授影视人类学的理论和实践。

1998 年，中国社会科学院民族研究所与法国国家科学研究中心影视部、法兰西学院汉学研究所在青海黄南藏族自治州合拍的纪录片《神圣的鼓手(安多)》，获得第 17 届法国国际人类学电影节特别提名奖。

1998 年，成都电视台《三节草》（又名《土司的最后夫人》）（梁碧波）入围法国第 20 届真实电影节并获得提名奖。

1998—2001 年，云南大学先后与德国哥廷根科教电影研究所、德国基尔大学合作，由云南大学东亚影视人类学研究所牵头，培养民族志电影摄制的专业人才，先后共培养了 20 名学员。他们拍摄了《不再缠足》《卖报人》《东巴和》《文化秀》《看上去很美》《窗》《美丽的黑齿》等 16 部影片。其中，《卖报人》获 2000 年德国哥廷根国际民族志电影节学生单元提名，《不再缠足》获 2000 年云南大学日本国际研究基金青年一等奖，《文化秀》获 2003 年英国皇家人类学会国际民族志电影节物质与文化考古大奖，《窗》获 2003 年英国皇家人类学国际民族志电影节学生单元提名，《看上去很美》获 2004 年美国大学生人类学会电影节最佳影片奖。

1998 年，中央民族大学庄孔韶、傅鸣完成“中国独生子女教育个案”专题片《我妻我女》的摄制，制片人景军。

1998 年，中国民族音像出版社与国家教委教育司联合摄制发行了 57 集电视录像片《中华民族》。

1998 年，我国台湾公共电视台正式开播，为独立纪录片工作者提供资助并设立专题纪录片栏目进行播放。

1999 年，《老人们》（季丹、沙青）入围阿姆斯特丹国际纪录片电影节，2000 年入围美国玛格丽特·米德电影节；2001 年入围中国台湾“国际民族志影展”。

1999 年，云南民族大学、云南省民族研究所成立影视人类学拍摄与研究中心，其后拍摄影视人类学片《吉祥格布》（2004 年）、《永恒之路》（2005 年）、《沉默的家园》（2005 年）。

2000 年，《祖屋》（孙曾田）拍摄完成，该片于 2001 年获第 34 届美国国际影视节“银屏奖”。

2000 年 9 月，第一部中国影视人类学专著《影视人类学概论》（张江华等著）由社会科学文献出版社出版。

2000 年 9 月，由云南省社会科学院郭净研究员主持的“社区影视教育”

项目，在云南迪庆藏族自治州的三个藏族村寨展开。

2000年起，中国社会科学院社会学研究所罗红光进行学术对话《学者对谈》的录制工作，并发表了相关的文字作品。

2001年9月，《影视人类学原理》（霍金斯著、王筑生等译）由云南大学出版社出版。

2001年10月，德国莱比锡第44届国际电影节特设“中国影视人类学电影回顾展”，20部中国影视人类学片被选映，10部入围。其中，影片《“新疆街”怀想》（庄孔韶）和相关论文2002年收录于《中国食品的全球化》（*The Globalization of Chinese Food*），由英国柯曾（Curzon）出版社出版。

2001年创办中国台湾“国际民族志影展”，为亚洲第一个国际民族志影展，每两年举办一次，主办单位为台湾民族志影像协会。

2001年，《爱恋排湾笛》（胡台丽）入选2001年美国人类学会年会影展、2002年法国巴黎人类博物馆主办之国际民族志影展、2003年英国皇家人类学院国际民族志影展、2007年北欧视觉人类学大会影展等。

2001年，兰州大学西北少数民族研究中心成立影视人类学研究所；2005年，该中心又建立了影视人类学实验室。2008年，拍摄了影视人类学片《过年》《祁连山下》《发现卓尼》。

2002年1月，山西教育出版社出版研究生教材《人类学通论》（庄孔韶主编），专门设有影视人类学一节。

2002年6月，《人类学电影》（王海龙著）由上海文艺出版社出版。

2002年9月，以“21世纪影视人类学的发展”为主题的第二届影视人类学国际学术讨论会在甘肃兰州召开，会后出版论文集《视觉对话》。

2002年10月，《图像人类学视野中的侗族鼓楼》（王良范主编）由贵州人民出版社出版。

2002年10月，湖北民族学院影视人类学研究室成立，并为本科生开设选修课“影视人类学理论及实务”。

2002年，四川电视台《拖觉的节日》（冷杉）获第十六届爱沙尼亚帕尔努国际电影节“最佳信息题材片”提名，并于2002年第十五届法国国际音像节上展映。同年，《我们的冬》（冷杉）荣获第六届德国哥廷根国际人文电影节提名、首届中国影视人类学会节目评选一等奖。

2002年，中国摄影家协会主办的第三期《中国摄影》编发《庄学本——

一位被淡忘的摄影大师》专题。

2002 年，新疆师范大学建立了影视人类学工作室。

2002 年，内蒙古自治区影视人类学会成立。

2002 年，中山大学人类学系成立视觉（影视）人类学工作室。同年，为研究生开设“视觉人类学”和“影视文本分析”课程，为本科生开设“影视人类学”课程。

2003 年 3 月，云南省社会科学院主办“云之南人类学影像展”（2007 年起更名为“云之南纪录影像展”）。以后每两年一届，至 2009 年已举办四届。

2003 年 4 月，《视觉表达：2002》（邓启耀主编）由云南人民出版社出版。

2003 年 7 月，云南大学民族研究院人类学博物馆影视人类学实验室成立，尹绍亭任实验室主任。该实验室建成了中国高校第一个包含上百部民族志电影的多媒体点播系统；对近 60 名民族学和人类学者进行了影视访谈；完成了对 48 位云南民族民间艺人的纪录片拍摄；在影视人类学实验室拍摄的作品中，《格姆山下》（该片获 2009 年昆明市政府金孔雀奖纪录片组二等奖）、《马散四章》是对中国 20 世纪 50—60 年代早期民族志电影的跟踪拍摄作品；同时，实验室联合云南各高校及影视机构组织“纪录影像论坛”活动，截至 2009 年 6 月底，已经举办了 59 期。

2003 年 10 月，吉首大学影视人类学实验室成立，拍摄《通道侗族文化展演》（2004 年）、《逝水忘川：镇远》（2005 年）、《苗族道场》（2007 年）、《沣水流域考察纪行》（2007 年）等影片，并在该校开设影视人类学课程。

2003 年 10 月，云南大学影视人类学实验室联合云南艺术学院电影电视艺术系、云南民族大学等部门，举办了“首届云南高校学生影像作品联展”；2004 年，“第二届云南高校学生影像作品联展”由云南艺术学院电影电视艺术系主办。

2003 年，中国人民大学人类学研究所设立影视人类学实验室，推行人类学影像与文字相结合的研究模式，并积极转向影视人类学的应用研究。

2003 年，人类学纪录片《虎日——中国民间戒毒的人类学发现与成功实践》（庄孔韶）获中英性病艾滋病防治合作项目“中国最佳实践”；2005 年英国贝尔法斯特第 16 届公共卫生国际会议暨电影节特别提名奖。2006 年 4 月 21 日，庄孔韶应邀在哈佛大学国际问题研究中心发表题为《虎日——民间戒毒禁毒仪式的人类学发现与应用实践》的演讲并播放《虎日》。

2003 年，中国人民大学人类学研究所拍摄社会公众对艾滋病态度和改善社会歧视努力的纪录片《回声》，2005 年完成，在北美限量发行。其延伸性作品，关于商业性工作者流动方式的《流莺》也在 2006 年完成。

2003 年，李道明主持的我国台湾少数民族影音知识库建立，以立体的方式展现台湾少数民族的真实样貌。

2004 年 3 月 10—14 日，德国哥廷根科教电影研究所与云南大学东亚影视人类学研究所、中国民族学学会影视人类学分会在昆明共同举办了主题为“展望未来”的第三届影视人类学国际学术讨论会。

2004 年 8 月，在康定举行的第四届康巴艺术节为庄学本、孙明经两位 20 世纪 30 年代的老摄影家举办了《康定老照片展览》。

2004 年 11 月，贵州民族学院旅游与影视人类学研究所成立；其后，拍摄了《最后的蔡伦》《作为仪式的婚礼》等影片。2005 年 9 月，在民族学专业本科中设“影视民族学（人类学）方向”；2007 年在民族学硕士研究生专业中，开设了“影视民族学”方向，并招生；2008 年，《影视文化人类学》（吴秋林）由民族出版社出版；2010 年，《图像文化人类学》（吴秋林）由民族出版社出版；两书成为贵州民族大学影视民族学本科和硕士研究生教育的专业教材。

2004 年，民族志影片《石头梦》（胡台丽）入选 2004 年荷兰阿姆斯特丹国际纪录片影展竞赛片，并入选 2005 年法国巴黎国际民族志影展、2005 年意大利纳努克影展、2006 年德国哥廷根国际民族学影展等。

2004 年，复旦大学中文系艺术人类学与民间文学专业为研究生开设“视觉人类学”课程。

2005 年 3 月，《视像与人 · 视像人类学论纲》（林少雄）由学林出版社出版。

2005 年 5 月，中国民族学学会影视人类学分会、内蒙古电视台、内蒙古自治区影视人类学学会在呼和浩特市主办了“中国影视人类学第四届国际学术研讨会”。该次研讨会论文集《视觉记录》由民族出版社出版。

2005 年 5 月起，吴文光影像工作室草场地工作站策划并组织系列影像项目及活动，包括影像制作、讲座和作品放映等。2005 年 7 月，“村民影像计划”由草场地工作站开始策划运作，是一项旨在让具有“草根背景”的村民亲自参与拍摄的影像计划。

2005 年 9 月，德国哥廷根科教电影研究所与云南大学合作培养的学员，开始为本科生开设《影视与中国民族》《纪录电影赏析》等全校性选修课。

2005 年 11 月 3—4 日，中国人民大学人类学研究所主办“人类学国际演讲会暨影视展播（中国汉人社会专题·2005）”。

2005 年 11 月，《影视人类学：思想与实验》（邓卫荣、刘静著）由民族出版社出版。

2005 年，中国人民大学人类学研究所受中英性病艾滋病防治合作项目委托，拍摄中英项目经验示范片。至 2006 年，先后完成《男性接触者性病艾滋病综合干预实践》《HIV 感染者和艾滋病人综合关怀经验》和《女性性工作者性病艾滋病综合干预实践》三部艾滋病防治经验片。

2006 年 1 月，《中国摄影家丛书——庄学本》由中国工人出版社出版。

2006 年 4 月，《高三》（周浩）获第三十届香港国际电影节“最佳纪录片人道奖”。

2006 年 5 月 26—27 日，中国人民大学人类学研究所召开“中国艾滋病防治与公共卫生专题——应用人类学国际演讲会暨影视展播”大会。

2006 年 7 月《人类学概论》（庄孔韶主编）由中国人民大学出版社出版。该书设有影视教材专题部分，并编入与教材相配套的 7 部人类学纪录片。

2006 年 8 月，中央民族大学少数民族语言研究“中国少数民族濒危语言影像资料收集”课题组拍摄了《最后的赫哲语》（刘岩），并撰有同名专著。

2006 年 9 月 10 日起，中国社会科学院民族学与人类学研究所摄制的《新疆维吾尔族传统手工业——喀什铁器》（2000 年）等人类学影片在内蒙古电视台《经典纪实》栏目进行系列展播，学术电影开始进入大众媒体。

2006 年 11 月，中国影视人类学会与中山大学传播与设计学院在广州联合主办了主题为“文化多样性与当代世界”的第五届影视人类学国际学术会议。

2006 年 12 月，中国摄影出版社出版《摄影中国——中国摄影 50 年》，内含“云南民族人类学摄影”专节。

2006 年，云南电视台拍摄的《茶马古道》荣获了 KBS 中、日、韩三国电视论坛最佳纪录片奖。

2006 年，北京师范大学人类学所人类学硕士专业设立影视人类学方向。现拍摄有影视人类学片《重回隆务寺》（2000 年）（该片在 2002 年影视人类学国际研讨会上获二等奖）、《更藏扎西与“六月会”》（2001 年）、《女寺断章》（2007 年）和《高僧之梦》（2009 年）。

2006 年，云南大学民族研究院民族学与人类学研究所开设影视人类学研修班。

2007 年 4 月，浙江大学影视制作与传播中心成立。

2007 年 12 月 10 日，中国人民大学人类学研究所联合第 16 届世界人类学民族学大会影视展映筹备组、欧洲—中国视听网络（Euro - China Audio - Visual Network，Belgium）、中山大学传播与设计学院在北京召开“人类学影视专题观摩与评论——教育与文化保护”学术研讨会。

2007 年，民族志纪录片《穿过后》（胡台丽）入选 2007 第十届英国皇家人类学会国际民族志影展竞赛片和 2007 德国柏林民族学博物馆民族志影展等。

2007—2008 年，新疆师范大学社会文化人类学研究所与澳大利亚红十字会、新疆维吾尔自治区红十字会合作拍摄了以艾滋病预防及社会关爱为主题的影片《生命的呼唤》。

2008 年 1 月，云南大学民族研究院组织了对 17 个少数民族村寨的调查，各组都用数码摄像机拍摄了该民族的不同文化事项，这些视频资料将用于云南大学西南边疆少数民族研究中心“西南少数民族信息数据库”建设。

2008 年 2 月，华东师范大学开设“影视人类学”公选课。2009 年 3 月为中文系民俗学专业研究生开设“影视人类学理论方法”课程。

2008 年 3 月，12 集大型壮族文化电视系列片《丽哉勐僚》（戴光禄、谭乐水）在云南文山州首播，该片运用影视人类学手段，表现族群文化。

2008 年 9 月，云南大学民族研究院实施研究生课程改革，在多师一课的“社会研究方法”中，专门开设“田野调查中的音像纪录”方法。

2009 年 3 月 20—22 日，由吴文光、何明策划，云南大学西南边疆少数民族研究中心影视人类学实验室主办，云之南纪录影像展、草场地工作站合办的纪录片论坛“真实的现场，来自乡村的影像纪录”，在云南大学人类学博物馆举行。

2009 年 7 月 27—31 日，以“人类、发展与文化多样性”为主题的第 16 届国际人类学民族学联合会世界大会在云南昆明召开。大会设影视人类学电影节单元和 16 个影视专题论坛。本次电影节收到来自世界各个国家和地区的共计362部人类学片和纪录片，经过3月下旬和4月中旬两轮国际评审，推选出23部入围作品，其中有6部电影获得本届电影节优秀奖，17部影片获得大会电影节提名奖。

后　记

在后记中我想说的第一句话就是，这本书不是我一个人写的，而是我汇集了许多人的成果编著成的，是集体智慧的结晶，我只承担了编著的任务。为此我要感谢这些人，其中最要感谢的就是杨光海先生、张江华先生、李德君先生，以及许许多多的人……没有这些前辈的努力，我们这些人是不可能有今天的成就的。

这本书具体而言，还是各省区同仁共同努力的结果，于此也要感谢他们，以及许许多多关心和支持此事的师长和朋友们。云南省社会科学院的章忠云，撰写了“社区影像在云南的实践”；云南大学的陈学礼撰写了“云南大学的影视人类学教育”“云南大学影视人类学实验室发展简况”“云南影像志”等一系列的内容；郭静伟执笔了“云南的影视人类学理论研究综述”；甘肃交通大学的任鸿红撰写了“甘肃的影视民族学概况”；新疆师范大学的努尔巴哈提·吐尔逊撰写了“新疆影视人类学发展概况”；四川大学的李春霞等人撰写了四川、重庆等地的影视民族学概况的部分内容；广西民族大学的吕俊彪撰写了广西影视民族学发展概况的部分内容；贵州电视台的唐亚平提供了贵州的大量影视民族学资料；内蒙古大学的宝力格同仁亦提供了内蒙古地区的影视民族学资料。这些各省区同仁的努力，共同铸就了《中国西部民族文化通志·影视卷》。于此，笔者向他们致以深深的谢意！

在写作过程中，我的学生马秋晨撰写了贵州省民委拍摄的13部影视民族志资料片的镜头解说，郎丽娜、彭娜娜、马秋晨翻译了“国际人类学与民族学联合会第十六届大会影展”全部16个论题的论文提要，于此一并感谢他们。

当然还要感谢庄孔韶先生，感谢他允许我们使用他主编的《流动的印象》一书中的《中国影视人类学大事记》，感谢“大事记”的整理者方静文、张晓莹。

在一年前，当我接受了瞿明安老师的邀请，承担《中国西部民族文化通志·影视卷》的编撰任务之后，我就深感“冒失”，深感“这个山芋有点烫手”，但一想到瞿明安、尹绍亭老师的信任和鼓励，我就“把娃娃背上背”了。一路走过来遇见了许多事情，尤其是我的眼睛“网脱”，动了二次手术还不行，2011 年 5 月再来一次。进入 2011 年的 7 月份，我就不管不顾要“开工”，而经历了半年左右的资料收集，还有许多缺口……好在有陈学礼这样的学友鼎力相助，有我的学生鼎力相助，我现今基本可以“把娃娃放下背来”了。现在想起来真得感谢瞿明安、尹绍亭两位老师，让我有这样的一个学习的机会，看到了中国影视民族学的历史，看到了这么多优秀的学人和前辈的业绩，看到了他们的光荣和骄傲！也理解了中国的文化和人类的文化是怎么积累起来，并且是怎么促进社会和历史进步的。我们个人和社会都应该尊重这样的一些人和事，这也是尊重和理解我们自己的一部分……

是为记！

吴秋林

2014 年 10 月 26 日

图书在版编目(CIP)数据

中国西部民族文化通志. 影视卷 / 吴秋林, 陈学礼著. -- 昆明 : 云南人民出版社, 2015.4

ISBN 978-7-222-13033-3

Ⅰ. ①中… Ⅱ. ①吴… ②陈… Ⅲ. ①民族文化-文化史-西北地区②民族文化-文化史-西南地区③电影史-西北地区④电影史-西南地区⑤电视史-西北地区⑥电视史-西南地区 Ⅳ. ①K28②J909.2

中国版本图书馆CIP数据核字(2015)第075213号

出 品 人：李 维 刘大伟
责任编辑：尹 杰 李 萍
装帧设计：王曦云
责任校对：余 祁 骆 虢
责任印制：洪中丽

中国西部民族文化通志 影视卷

作 者 吴秋林 陈学礼 著
出 版 云南出版集团 云南人民出版社
发 行 云南人民出版社
社 址 昆明市环城西路609号
邮 编 650034
网 址 http：//ynpress.yunshow.com
E-mail ynrms@sina.com
开 本 787mm×1092mm 1/16
印 张 27.25
字 数 422千
版 次 2015年4月第1版第1次印刷
印 刷 云南国方印刷有限公司
书 号 ISBN 978-7-222-13033-3
定 价 106.00元

如有图书质量与相关问题请与我社联系
审校部电话0871-64164626 印制科电话0871-64191534